Sommaire

Cet ouvrage, périodiquement révisé, tient compte des conditions de tourisme connues au moment de sa rédaction. Mais certains renseignements perdent de leur actualité en raison de l'évolution incessante des aménagements et des variations du coût de la vie. Nos lecteurs sauront le comprendre.

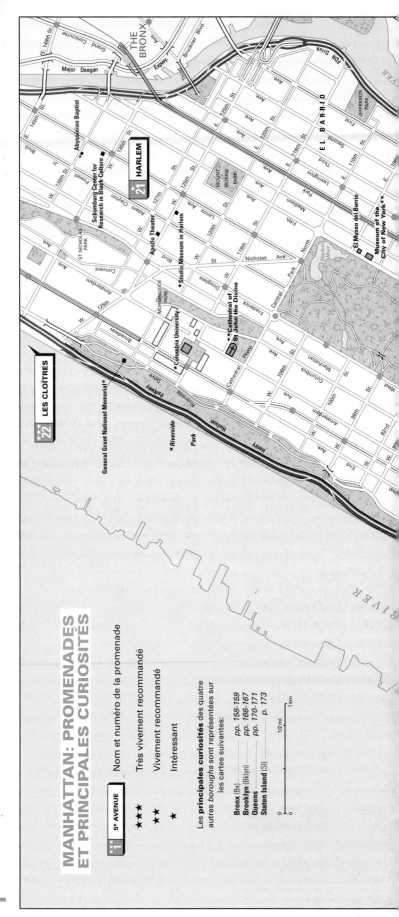

MANHATTAN: PROMENADES ET PRINCIPALES CURIOSITÉS

★★★ 1 5ᵉ AVENUE — Nom et numéro de la promenade

- **★★★** Très vivement recommandé
- **★★** Vivement recommandé
- **★** Intéressant

Les **principales curiosités** des quatre autres *boroughs* sont représentées sur les cartes suivantes:

Bronx (Bx) ———— pp. 158-159
Brooklyn (Bklyn) ——— pp. 166-167
Queens ———— pp. 170-171
Staten Island (SI) ——— p. 173

0   1/2mi
0   1/2   1km

★★★ 22 LES CLOÎTRES

★★★ 21 HARLEM

THE BRONX

EL BARRIO

General Grant National Memorial★

★ Riverside Park

★Columbia University

★★Cathedral of St John the Divine

Abyssinian Baptist

Schomburg Center for Research in Black Culture★

Apollo Theater

★Studio Museum in Harlem

El Museo del Barrio★

Museum of the City of New York★★

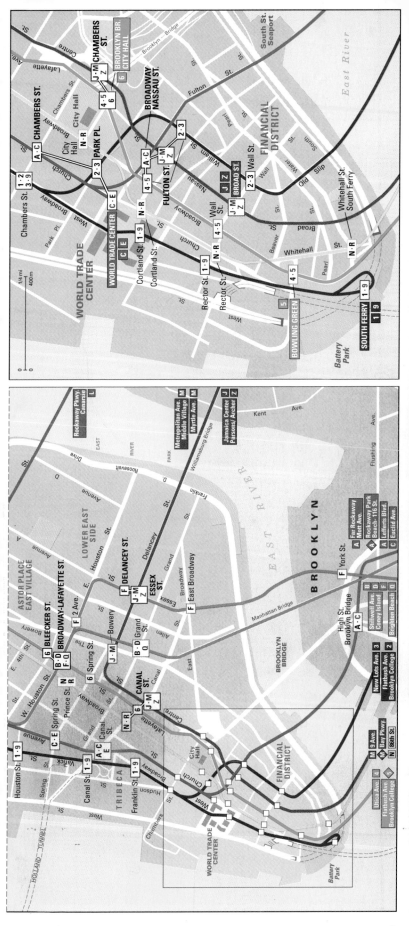

PROGRAMMES DE VISITE

En deux jours, même quatre, il est difficile de connaître une ville aussi gigantesque que New York. Les programmes ci-dessous s'adressent aux visiteurs disposant de peu de temps, et conviennent de manière idéale à la période d'avril à septembre où les journées sont plus longues. Pour une description individuelle des sites mentionnés, se référer aux numéros de pages indiqués entre parenthèses.

Le chapitre de Renseignements pratiques, en fin de volume, fournit des précisions supplémentaires sur les visites organisées de New York et sur les distractions qui y sont proposées. Pour la liste des principaux théâtres de Broadway, se référer à la p. 53.

Où se restaurer – Les sites comportant, dans leur description, le symbole ✗, offrent aux visiteurs la possibilité de se restaurer sur place. Des vendeurs ambulants tiennent négoce sur les principales artères et au croisement des rues, et proposent toutes sortes de collations (hot-dogs, bretzels, brochettes, sandwiches divers). Un repas léger pourra également être consommé dans les nombreux *delis* (traiteurs), *coffee shops* et pizzerias de quartier. Pour plus de détails sur les restaurants, consulter le chapitre de Renseignements pratiques en fin de volume.

PROGRAMME DE DEUX JOURS

Premier jour	Découverte de New York
Matin	Grand tour en car avec la Gray Line (circuit n° 3). *Départs tous les jours 9h, 11h & midi (mi-juin–mi-oct., départ supplémentaire à 14h) du 900, 8ᵉ Av., à la hauteur de la 53ᵉ Rue. Durée: 4-5h. Visite commentée. 28$. ☎397-2600.*
Déjeuner	Dans Midtown
Après-midi	Metropolitan Museum of Art★★★ *(p. 125)*
Soirée	Broadway – Times Square★★ *(p. 52)* ou Lincoln Center★★ *(p. 98)*

Deuxième jour	Du Rockefeller Center à SoHo et Greenwich Village
Matin	Rockefeller Center★★★ *(p. 37)* 5ᵉ Avenue★★★ *(p. 30)* Empire State Building★★★ *(p. 31)* Quartier des affaires★★★ *(p. 59)*
Déjeuner	Dans Lower Manhattan
Après-midi	Statue de la Liberté★★★ *(p. 55)* Ellis Island★★ *(p. 57)*
Soirée	SoHo★★ *(p. 76)* ou Greenwich Village★★ *(p. 78)*

Vue aérienne de Manhattan

Stefan Schulhof

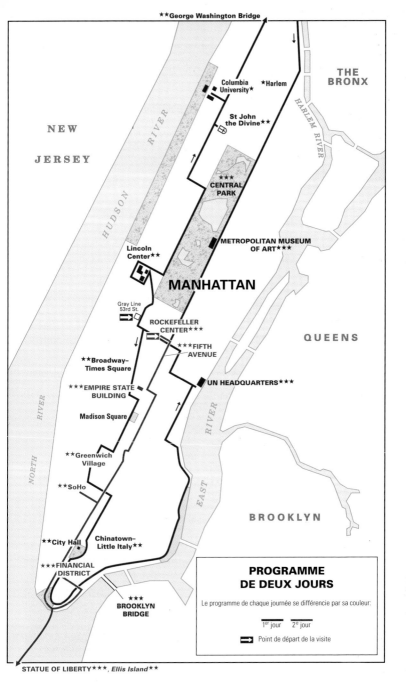

★★George Washington Bridge

THE BRONX

Columbia University★ ★Harlem

NEW JERSEY

St John the Divine★★

HUDSON RIVER

HARLEM RIVER

★★★ CENTRAL PARK

Lincoln Center★★

METROPOLITAN MUSEUM OF ART★★★

MANHATTAN

Gray Line 53rd St.

ROCKEFELLER CENTER★★★

QUEENS

★★★FIFTH AVENUE

★★Broadway– Times Square

UN HEADQUARTERS★★★

★★★EMPIRE STATE BUILDING

EAST RIVER

Madison Square

NORTH RIVER

★★Greenwich Village

★★SoHo

BROOKLYN

★★City Hall

Chinatown– Little Italy★★

★★★FINANCIAL DISTRICT

PROGRAMME DE DEUX JOURS

Le programme de chaque journée se différencie par sa couleur:

1er jour   2e jour

➡ Point de départ de la visite

★★★ BROOKLYN BRIDGE

STATUE OF LIBERTY★★★, Ellis Island★★

Flâneries dans Manhattan:

*Pour l'amateur de visions insolites, **Manhattan** est une immense scène où le spectacle se renouvelle sans cesse. Pour s'en rendre compte, il suffit de se promener:*

- *dans **Central Park** (p. 89) le dimanche, quand les citadins de toutes origines viennent se mêler à une foule bigarrée.*

- *dans **Wall Street** (p. 62) ou **Midtown** (p. 30) pendant la semaine, quand s'activent entre les gratte-ciel les banquiers en costume strict et les élégantes à l'image des vitrines luxueuses de la 5e Avenue.*

- *dans **SoHo** (p. 76) et **Greenwich Village** (p. 78), où se côtoient galeries d'art, restaurants et cafés, clubs de jazz et théâtres d'avant-garde.*

- *dans l'**East Village** (p. 84), quartier à l'aspect parfois délabré où évolue une faune hétéroclite.*

- *dans **Chinatown** (p. 73) et **Little Italy** (p. 74), où l'on a l'impression soudaine de se retrouver sur un autre continent.*

- *dans **Broadway** (p. 52) la nuit, quand les immenses enseignes lumineuses s'allument pour transformer les lieux en un véritable royaume du néon.*

PROGRAMME DE QUATRE JOURS

Premier jour	**Du Rockefeller Center à Broadway**
Matin	Rockefeller Center★★★ *(p. 37)* Museum of Modern Art★★★ *(p. 147)*
Déjeuner	Dans Midtown
Après-midi	Croisière en bateau autour de Manhattan avec la Circle Line *(renseignements en fin de volume). Départs tous les jours mi-mars–mi-déc. du Pier (quai) 83, sur la 42ᵉ Rue O. Aller-retour 3h. 18$. Visite commentée. Horaires ☎563-3200.*
Soirée	Broadway – Times Square★★ *(p. 52)*
Deuxième jour	**De l'Empire State Building au Lincoln Center**
Matin	Empire State Building★★★ *(p. 31)* Promenade sur la 5ᵉ Avenue★★★ *(p. 30)* et la 57ᵉ Rue★ *(p. 41)* Central Park★★★ *(p. 89)*
Déjeuner	Pique-nique dans Central Park *(le quartier de Columbus Circle contient de nombreux traiteurs)*
Après-midi	Metropolitan Museum of Art★★★ *(p. 125)* ou Solomon R. Guggenheim Museum★★ *(p. 123)* Upper East Side★★ *(p. 93)*
Soirée	Lincoln Center★★ *(p. 98)*
Troisième jour	**De la statue de la Liberté à SoHo et Greenwich Village**
Matin	Statue de la Liberté★★★ *(p. 55)* Ellis Island★★ *(p. 57)*
Déjeuner	Sur Ellis Island
Après-midi	Quartier des affaires★★★ *(p. 59)* Civic Center – Pont de Brooklyn★★ *(p. 69)* Chinatown – Little Italy★★ *(p. 73)*
Soirée	SoHo★★ *(p. 76)* ou Greenwich Village★★ *(p. 78)*
Quatrième jour	**Siège des Nations Unies, les Cloîtres, Park Avenue**
Matin	Siège des Nations Unies★★★ *(p. 49)* Promenade sur la 42ᵉ Rue Est★★ *(p. 46)* Grand Central Terminal★★ *(p. 46)*
Déjeuner	Dans Midtown
Après-midi	Les Cloîtres★★★ *(p. 105)* Fort Tryon Park★★ *(p. 110)* Promenade sur Park Avenue★★ *(p. 43)*
Soirée	Dîner dans l'un des grands hôtels à proximité du Grand Army Plaza *(p. 93)*

Les personnes disposant de plus de temps pourront découvrir les grands **musées** new-yorkais *(pp. 115-154; voir aussi p. 88)* ou prévoir une visite des principales curiosités du **Bronx** *(p. 155)*, de **Brooklyn** *(p. 160)*, de **Queens** *(p. 168)* ou de **Staten Island** *(p. 172)*.

Peggy Rockefeller Rose Garden, New York Botanical Garden (Bronx)

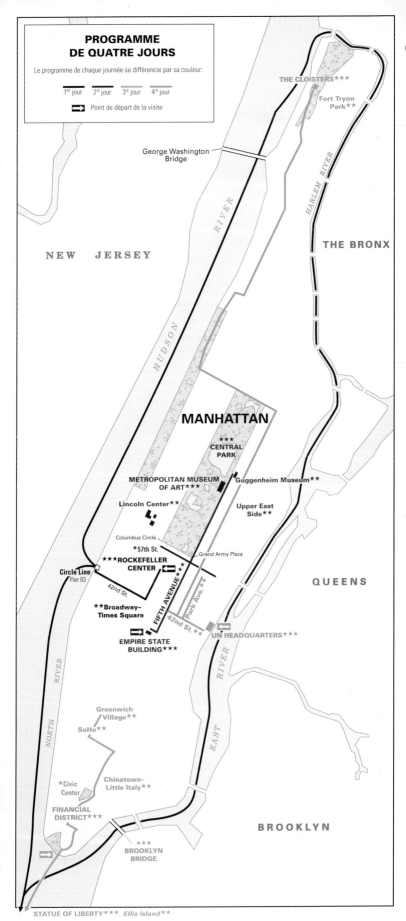

PROGRAMME
DE QUATRE JOURS

Le programme de chaque journée se différencie par sa couleur:

1er jour 2e jour 3e jour 4e jour

Point de départ de la visite

THE CLOISTERS★★★

Fort Tryon
Park★★

George Washington
Bridge

NEW JERSEY

THE BRONX

HUDSON RIVER

HARLEM RIVER

MANHATTAN

★★★
CENTRAL
PARK

METROPOLITAN MUSEUM
OF ART★★★

Guggenheim Museum★★

Lincoln Center★★

Upper East
Side★★

Columbus Circle

★57th St.

Grand Army Plaza

★★★ROCKEFELLER
CENTER

Circle Line
Pier 83

42nd St.

QUEENS

★★Broadway–
Times Square

FIFTH AVENUE

Park Ave.★★

42nd St.★★

EMPIRE STATE
BUILDING★★★

UN HEADQUARTERS★★★

EAST RIVER

Greenwich
Village★★

SoHo★★

NORTH RIVER

★Civic
Center

Chinatown–
Little Italy★★

FINANCIAL
DISTRICT★★★

BROOKLYN

★★★
BROOKLYN
BRIDGE

STATUE OF LIBERTY★★★, Ellis Island★★

13

D & J Heaton/First Light

Introduction
au voyage

LA VILLE DE NEW YORK

Des élégants boulevards aux bruyantes rues commerciales, des enclaves huppées de l'Upper East Side aux quartiers bigarrés de Chelsea et de Greenwich Village, New York ne cesse d'étonner par sa diversité et sa démesure. Cette hétérogénéité se reflète de façon éloquente dans son riche patrimoine architectural, qui unit à l'austérité des tours de verre et d'acier, le charme et le raffinement des splendides demeures et des magnifiques églises édifiées au cours du siècle dernier. Mais la diversité de New York réside avant tout dans sa population, véritable microcosme de l'humanité, qui vit au rythme d'une intense activité culturelle et économique.

Situation – Baignée par l'océan Atlantique que refroidit ici le courant du Labrador, la ville de New York bénéficie d'un littoral de plus de 930km, dont environ 22km de plages. Elle se situe sur la côte Est des États-Unis, à 40°40' de latitude Nord (Naples: 40°37') et 73°58' de longitude Ouest.
La ville occupe un site portuaire remarquable (p. 22), à l'embouchure de l'Hudson et de l'East River, qui est en vérité un bras de mer, tout comme l'Harlem River. Elle jouit au Sud d'une baie profonde que protègent deux îles: Long Island et Staten Island, anciennes moraines frontales déposées par les glaciers durant le pléistocène. Entre les deux, un détroit, les «Narrows», donne accès à sa rade, l'une des plus grandes et des plus sûres du monde, dépourvue d'écueils et toujours libre de glaces.
La ville de New York englobe l'extrémité Ouest de Long Island, Manhattan, Staten Island, et au Nord, une section continentale attenante à l'Hudson. Elle comprend également d'autres petites îles, notamment GOVERNORS ISLAND, l'une des principales bases de la garde côtière américaine; ROOSEVELT ISLAND, lieu résidentiel très prisé qui regroupait auparavant des établissements de santé; et Riker's Island (au Nord de l'aéroport LaGuardia), site d'une vaste prison municipale. Liberty Island, où se dresse la STATUE DE LA LIBERTÉ et ELLIS ISLAND, ancienne station de contrôle des immigrants, font techniquement partie du New Jersey.
Les cinq *borough*s (ci-dessous) dont se compose la ville représentent une superficie totale d'environ 828km². Leur plus grand axe, du Nord-Est au Sud-Ouest, mesure approximativement 56km. L'altitude varie de 1,5m (BATTERY PARK, à la pointe Sud de Manhattan) à 122m (Washington Heights, au Nord de Manhattan). Le climat, de type continental, se caractérise par des saisons très contrastées: hiver glacial et été étouffant, avec prédominance des vents d'Ouest, encore que l'on y respire le souffle vif de l'air marin (renseignements sur les saisons en fin de volume).

Les cinq «boroughs» – À l'origine, New York n'occupait que l'île de **Manhattan** (comté de New York). Elle comprend, depuis 1898, quatre autres *borough*s (sortes d'arrondissements métropolitains investis d'un statut administratif et juridique) dont les limites sont les mêmes que celles des comtés primitifs auxquels ils se sont substitués: **Brooklyn** (comté de Kings), **Queens** (comté de Queens), le **Bronx** (comté du Bronx) et **Staten Island** (comté de Richmond). Ces comtés, dont les noms désignent encore aujourd'hui des circonscriptions judiciaires, correspondent aux divisions administratives établies à l'époque coloniale.
Les cinq *borough*s n'ont pas tous évolué au même rythme, et ne constituent donc pas une agglomération au sens strict du mot. Des lambeaux d'espaces libres subsistent encore à la périphérie de Brooklyn et de Queens, tandis qu'à Staten Island, c'est encore la campagne, malgré une forte poussée immobilière au cours des dernières décennies. Brooklyn, à l'extrémité Sud-Ouest de Long Island, est le *borough* new-yorkais le plus peuplé. Queens, au Nord-Est de Brooklyn, est le plus grand *borough* et celui qui

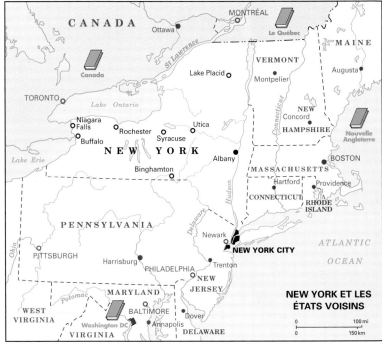

NEW YORK ET LES
ÉTATS VOISINS

connaît actuellement la croissance la plus rapide. Le Bronx, fortement développé, est le seul *borough* à faire partie du continent; pour les résidents des banlieues affluentes du Nord, il constitue la porte d'accès à la ville. Staten Island, le moins peuplé, se transforme à un rythme soutenu depuis l'ouverture du PONT VERRAZANO-NARROWS (1964). Enfin, Manhattan, avec ses 57km² de superficie, est le plus petit des *boroughs;* il affiche néanmoins la densité de population la plus élevée des États-Unis, avec 1 487 500 habitants. Cœur incontesté de la ville, il a pour sommets les plus beaux gratte-ciel du monde, témoins d'une activité démesurée.

L'unification des *boroughs* remonte à près d'un siècle, mais les habitants des *outer boroughs*, c'est-à-dire des *boroughs* plus éloignés du centre, ont toujours tendance à dire qu'ils «vont en ville» lorsqu'ils se rendent à Manhattan...

La région métropolitaine – La vaste région métropolitaine de New York inclut 22 comtés. Elle s'étend sur plus de 18 000km² et compte environ 18 087 000 habitants. Sept de ces comtés relèvent de l'état de New York, neuf du New Jersey et six du Connecticut. Outre la ville de New York, la région englobe l'agglomération de Newark (275 200 habitants), dans le New Jersey, et dix autres villes de plus de 100 000 habitants. Parmi les organismes responsables du fonctionnement et du développement des services de transports régionaux, on compte notamment le Port Authority of New York and New Jersey *(p. 22)* et le Triborough Bridge and Tunnel Authority.

L'état de New York – La ville de New York (New York City), que les Américains appellent familièrement «The Big Apple» (la grosse pomme), a donné son nom à cet état, le onzième des 13 états fondateurs de l'Union. Washington l'avait gratifié d'un surnom flatteur: l'«Empire State», surnom que l'on retrouve aujourd'hui sur les plaques minéralogiques des voitures. Quatre fois plus vaste que la Belgique, l'état de New York s'étend de l'Hudson aux Grands Lacs et aux chutes du Niagara; au Nord, il touche au Canada. New York fut brièvement la capitale de l'état, de 1784 à 1797, date à laquelle ses fonctions politiques, administratives et gouvernementales furent transférées à Albany. Le drapeau de la ville de New York, à bandes verticales bleu, blanc et orange, est inspiré du drapeau des Pays-Bas au 17e s. De par ses couleurs, les Français ont tout naturellement tendance à le confondre avec leur emblème national.

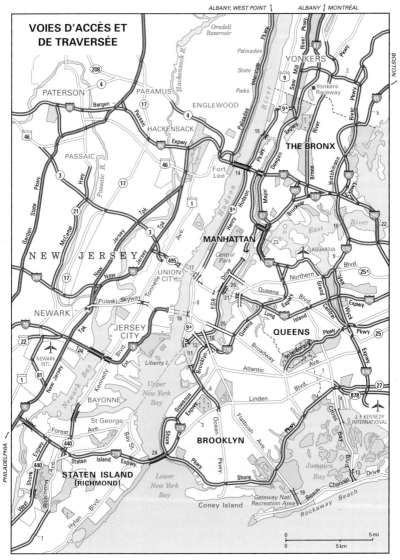

TABLEAU CHRONOLOGIQUE

De Nieuw Amsterdam à New York

Avant l'arrivée des Européens, Manhattan est peuplée d'Iroquois et d'Algonquins. Ces derniers la surnomment «l'île des collines».

1524 Explorateur florentin au service du roi François Ier, **Giovanni da Verrazano** est le premier Européen à fouler le sol de Manhattan *(p. 165)*.

1609 Recherchant une route vers le Nord pour le compte de la Compagnie hollandaise des Indes orientales, **Henry Hudson**, à bord du *Half Moon,* remonte le fleuve qui porte aujourd'hui son nom.

1614 Devenue colonie hollandaise, la région correspondant aux alentours de New York prend le nom de Nieuw Nederland (Nouvelle-Hollande).

1625 Le premier comptoir européen à s'installer sur l'île de Manhattan est baptisé **Nieuw Amsterdam** (Nouvelle-Amsterdam).

1626 **Peter Minuit**, au service de la Compagnie hollandaise des Indes occidentales, achète Manhattan aux Algonquins pour l'équivalent de 24 dollars.

1628 Arrivée d'un pasteur de l'Église réformée hollandaise et édification de la première église sur l'île.

1639 Le Danois Johannes Bronck s'établit de l'autre côté de l'Harlem River, à l'emplacement actuel du Bronx.

1647 **Peter Stuyvesant** est nommé gouverneur général de la Nouvelle-Hollande.

1653 Nieuw Amsterdam est reconnue comme ville et dotée d'un statut. Stuyvesant fait construire une enceinte à l'emplacement de WALL STREET.

1654 La première colonie juive permanente se fixe à Nieuw Amsterdam.

1661 La première colonie permanente de Staten Island s'installe à Oude Dorp, près de l'actuel Fort Wadsworth.

1664 Les Anglais s'emparent de Nieuw Amsterdam sans rencontrer de résistance, et la rebaptisent **New York**.

Le régime anglais

1667 Traité de Breda: la Nouvelle-Hollande passe totalement sous la domination britannique, et l'anglais remplace le hollandais comme langue officielle.

1673 Les Hollandais reprennent New York sans aucune difficulté et changent son nom en Nouvelle-Orange.

1674 Traité de Westminster: la Nouvelle-Hollande passe définitivement à l'Angleterre.

1686 Octroi de la charte Dongan, sur laquelle figure le sceau de la ville.

1725 Premier journal new-yorkais, la *New York Gazette* est fondée par **William Bradford**.

1729 Construction de la première synagogue de New York sur Beaver Street.

1733-1734 **John Peter Zenger** fonde le *New York Weekly Journal* dans lequel il prend à parti le gouverneur. Un an plus tard, il est traduit en justice. Son acquittement marquera le début de la liberté de la presse.

1754 Création du **King's College**, premier établissement d'enseignement supérieur (correspondant aujourd'hui à l'UNIVERSITÉ DE COLUMBIA).

1763 Le traité de Paris met fin à la guerre de Sept Ans (1756-1763) et affirme l'autorité anglaise sur le continent nord-américain.

1765 Réunion des représentants des neuf colonies pour protester contre la Loi du timbre (Stamp Act) en vertu de laquelle le gouvernement anglais perçoit des taxes sans pour autant accorder aux dites colonies le droit d'être représentées au Parlement britannique.

1766 Abrogation de la loi du Timbre. Une statue est érigée en l'honneur de **William Pitt**, auteur principal de cette victoire politique.

1767 Les **lois Townshend** (Townshend Acts) imposent lourdement les colonies sur les produits importés et menacent leur autonomie. L'abrogation de ces lois, trois ans plus tard, se solde par le massacre de Boston.

1775-1783 **Guerre d'Indépendance** (American Revolution).

New York vers 1850

1776	4 juillet: adoption de la **Déclaration d'Indépendance**. 17 novembre: Fort Washington, situé dans la partie Nord de Manhattan, tombe aux mains des Anglais qui occupent la totalité de New York jusqu'en 1783.
1783	**Traité de Paris**: l'Angleterre reconnaît les 13 colonies américaines et évacue le pays. Retour triomphal de George Washington dans la ville.
1784	New York devient capitale de l'état, et un an plus tard, capitale fédérale.
1788	Ratification de la **Constitution américaine**.
1789	Le premier Président des États-Unis, **George Washington**, prête serment sur le balcon du FEDERAL HALL.

Un siècle de croissance

1790	Premier recensement démographique de Manhattan: 33 000 habitants. Philadelphie devient capitale fédérale.
1792	Création du premier marché des valeurs de la ville, en plein air, sur Wall Street *(p. 62)*.
1797	La capitale de l'état de New York est transférée à Albany.
1807	**Robert Fulton** essaye son bateau à vapeur, le *Clermont*, sur l'Hudson. John Fitch avait effectué un premier essai sur le Collect Pond en 1796 *(p. 69)*.
1812	**Guerre de 1812**: les États-Unis déclarent la guerre à la Grande-Bretagne. Le port de New York est durement touché en raison du blocus qui paralyse son activité. Inauguration de l'actuel CITY HALL (mairie).
1814	Le traité de Gand met fin au conflit anglo-américain.
1825	Ouverture du **canal Érié**. Porte d'accès vers les Grands Lacs et l'Ouest, New York devient un port de première importance grâce au commerce outre-atlantique florissant.
1828	Le quartier de SOUTH STREET SEAPORT devient le centre des activités portuaires de New York.
1834	La municipalité de Brooklyn est annexée.
1835	Un terrible incendie détruit une partie du quartier des affaires *(p. 59)*.
1853	Exposition universelle au Crystal Palace *(p. 33)*.
1857	Début de l'aménagement de CENTRAL PARK, achevé en 1876.
1861	Début de la **guerre de Sécession** (Civil War). La ville de New York se bat du côté des Nordistes.
1865	Fin de la guerre de Sécession. Assassinat du Président Lincoln *(p. 69)*.
1868	Mise en service du premier métro aérien, le **«El»**, dans Lower Manhattan.
1869	Panique financière du 24 septembre, connue sous le nom de «Black Friday» (vendredi noir).
1882	La centrale de Thomas Edison, dans Lower Manhattan, met l'électricité à la disposition de tous.
1883	Mise en service du **pont de Brooklyn** *(p. 72)*.
1886	Inauguration de la **statue de la Liberté** *(p. 55)*.
1891	Inauguration du **Carnegie Hall** *(p. 42)* sous la baguette de Tchaïkovsky.
1892	Ouverture de la station de contrôle d'immigrants d'**Ellis Island** *(p. 57)*.
1898	Création du **Grand New York** comprenant cinq *boroughs*: Manhattan, Brooklyn, le Bronx, Queens et Staten Island. New York est alors la plus grande ville du monde (plus de 3 millions d'habitants).

Le vingtième siècle

1902	Achèvement du FLATIRON BUILDING.
1904	Mise en service du premier métro souterrain.
1913	Achèvement du GRAND CENTRAL TERMINAL et du WOOLWORTH BUILDING. Exposition internationale d'art moderne: l'**Armory Show** *(p. 26)*.
1916	Première ordonnance de zonage *(p. 25)* destinée à réglementer la hauteur et le volume des gratte-ciel.
Années 1920	Harlem *(p. 103)* connaît son apogée durant la grande époque du jazz. Ses clubs accueillent des célébrités (Duke Ellington, Cab Calloway).
1929	En octobre, la panique financière à la Bourse de New York annonce la Grande Dépression.
1931	Achèvement de l'**Empire State Building**, commencé deux ans plus tôt *(p. 31)*.
1934-1945	La ville de New York est administrée sous la direction du maire Fiorello H. La Guardia *(p. 171)*.
1939-1940	Exposition universelle à Flushing Meadow (44 millions de visiteurs).
1940	Achèvement des 12 bâtiments principaux du **Rockefeller Center** *(p. 37)*.
1948	Inauguration de l'AÉROPORT KENNEDY dans Queens.
1952	Le SIÈGE DES NATIONS UNIES, au bord de l'East River, accueille les premières sessions de l'Assemblée générale.
1959	Début de la construction du **Lincoln Center** *(p. 98)*.
1964	Inauguration du PONT VERRAZANO-NARROWS, plus grand pont suspendu des États-Unis reliant Brooklyn à Staten Island.
1964-1965	Exposition universelle sur le même emplacement qu'en 1939-1940.
1965	Assassinat de l'activiste noir Malcolm X dans Harlem.
1969	Parade d'ovation: la population new-yorkaise réserve un accueil triomphal aux premiers astronautes ayant atterri sur la lune.
1973	Inauguration du WORLD TRADE CENTER à Manhattan.
1975-1976	Célébrations du Bicentenaire de la nation américaine.
1980	John Lennon est assassiné devant son domicile new-yorkais, le DAKOTA.
1986	Centième anniversaire de l'inauguration de la **statue de la Liberté**.
1989	Élection de David Dinkins, premier maire noir américain de New York.
1990	Ouverture de l'ELLIS ISLAND IMMIGRATION MUSEUM.
1993	Explosion d'une bombe terroriste au World Trade Center.

LA POPULATION

New York est à la fois la métropole américaine la plus peuplée, et l'une des rares villes du Nord-Est industriel à avoir enregistré une nette poussée démographique entre 1980 et 1990. Cette hausse est due, en partie, à une augmentation du taux d'immigration au cours des années 1980. On recensait ainsi 7 071 639 résidents en 1980 contre 7 322 600 dix ans plus tard (dont plus de 28% de personnes nées à l'étranger).

Ce phénomène migratoire fut amorcé vers le milieu du siècle dernier, avec l'arrivée d'un important contingent européen. Dans les années 1920, le taux d'immigration baissa sous l'effet de lois limitatives, mais ces dernières furent assouplies dans les années 1960, ouvrant la voie à une nouvelle immigration en provenance de l'Amérique latine, de l'Asie et du Moyen-Orient. Au cours des années 1980, une forte reprise de l'immigration et le rassemblement de minorités par affinités ethniques ou nationales dans certains quartiers ont considérablement modifié le paysage urbain. Citons le cas de CHINATOWN dont la croissance rapide a contraint les habitants de LITTLE ITALY à se déplacer vers le Nord. L'arrivée massive d'immigrants russes à Sheepshead Bay (Brooklyn) et celle d'immigrants dominicains à Washington Heights (au Nord de Manhattan) en sont d'autres exemples.

Aujourd'hui, le nouvel arrivant sera donc frappé par l'extraordinaire diversité ethnique et culturelle de la population new-yorkaise. Produit de cet étonnant brassage, le New-Yorkais est fier de son appartenance à une communauté dont il glorifie volontiers l'exubérante vitalité et la prospérité financière.

Évolution de la population de 1626 à 1990

Date	Habitants	Événements marquants
1626	200	Le premier bateau de colons affrété par la Compagnie des Indes occidentales à destination de Nieuw Amsterdam comprend surtout des protestants d'origine française.
1656	1 000	Anglais, Écossais, Allemands et Scandinaves se joignent aux premiers immigrants.
1756	16 000	
1790	33 000	Premier recensement démographique officiel de Manhattan.
1800	60 000	La population new-yorkaise compte alors environ 50% d'habitants d'origine anglaise.
1856	630 000	Importante vague d'immigration allemande et irlandaise.
1880	1 911 700	Européens de l'Est et Italiens du Sud arrivent par grandes vagues successives jusqu'en 1924.
1900	3 437 200	Ce chiffre inclut les habitants des cinq *boroughs,* annexés en 1898.
1920	5 620 000	Après la Première Guerre mondiale, l'immigration noire en provenance du Sud des États-Unis et des Antilles s'amplifie.
1924		Instauration de lois limitatives en matière d'immigration.
1930	6 930 500	Déclin du pourcentage d'accroissement de la population new-yorkaise.
1950	7 892 000	Après la Seconde Guerre mondiale, une importante communauté portoricaine s'établit à New York.
1960	7 782 000	Installation progressive de nombreux New-Yorkais en banlieue: la ville même perd plus de 100 000 habitants de 1950 à 1960.
1970	7 896 000	L'exode des New-Yorkais vers les banlieues se poursuit, suivant un processus commun à beaucoup de cités du Nord-Est.
1980	7 072 000	
1990	7 322 600	Le nombre de New-Yorkais nés à l'étranger (plus de 2 millions) s'explique largement par un important afflux, depuis 1965, d'immigrants originaires d'Asie, d'Amérique latine et des Caraïbes.

Une ville cosmopolite

Au 19e s. et au début du 20e s., la bonne société new-yorkaise, d'origine britannique et hollandaise, n'entretenait guère de rapports avec ceux qu'elle appelait alors les «citoyens à trait d'union» (Irlando-Américains et autres), immigrants d'horizons divers venus pourtant grossir la population des États-Unis. La structure sociale new-yorkaise ne put cependant résister aux forces du changement et aujourd'hui, son multicultura-lisme en constitue sans doute le caractère le plus marquant.

La souche irlandaise – L'immigration irlandaise remonte au 17e s., mais c'est la famine de 1846 qui déclencha un exode massif vers les États-Unis. En 1890, un quart des New-Yorkais se déclaraient d'origine irlandaise. Ceux-ci s'intéressèrent d'emblée aux affaires publiques et jouèrent un rôle actif dans l'administration de la ville. Perpétuant la tradition religieuse de leur patrie, ils ont largement contribué à répandre l'influence de l'église catholique aux États-Unis, et forment encore un groupe homogène. Ils sont particulièrement connus pour leurs célébrations exubérantes à l'occasion de la Saint-Patrick *(p. 35)*, le 17 mars.

La souche germanique – Parmi tous les immigrants, ce sont sans doute les Allemands et les Autrichiens qui, malgré leur grand nombre, se sont le plus rapidement intégrés. Ayant le plus souvent abandonné leur langue d'origine, ils ne forment pratiquement plus un groupe cohérent et ne sont plus liés que par quelques rares traditions. Arrivés surtout dans la seconde moitié du 19e s., plus particulièrement après l'échec de la révolution de 1848-1849, les immigrants d'origine germanique s'installèrent alors autour de TOMPKINS SQUARE qu'ils quittèrent par la suite pour aller habiter plus au Nord. Un petit noyau homogène subsiste encore à YORKVILLE.

La souche italienne – Ce n'est qu'après 1870 que les Italiens arrivèrent à New York en grand nombre; la plupart étaient des ouvriers et des paysans originaires du Sud de l'Italie et de la Sicile. Certains retournèrent au pays après avoir réalisé leurs premières économies, mais la majorité persuadèrent leur famille de venir les rejoindre en

Amérique. Beaucoup d'entre eux travaillaient dans l'industrie du bâtiment. Néanmoins, ces années de dur labeur, combinées à l'esprit d'entreprise, leur permirent souvent de s'établir à leur compte (dans la restauration, la construction et le camionnage). Les Italiens d'Amérique demeurent profondément attachés aux traditions familiales et à la vie communautaire. On retrouve encore, dans le quartier de LITTLE ITALY, l'atmosphère de leur ancienne patrie.

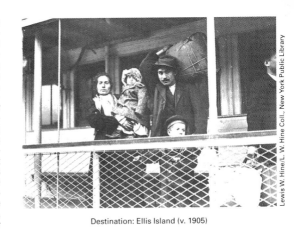

Destination: Ellis Island (v. 1905)

Lewis W. Hine/L. W. Hine Coll., New York Public Library

La communauté asiatique – Elle a doublé au cours des années 1980 et représente aujourd'hui un total de 512 000 personnes, dont 360 000 d'origine chinoise. Arrivés en Amérique après la guerre de Sécession pour travailler sur les lignes de chemin de fer et dans les mines, les immigrants chinois étaient pour la plupart originaires de Canton. L'arrivée plus récente d'anciens résidents de Hong Kong, Shanghai et Taiwan est venue grossir leurs effectifs. Principalement rassemblés dans Chinatown, ils ont dépassé les limites de ce quartier en constante expansion pour aller s'installer dans d'autres *boroughs*, en particulier celui de Queens.

Les Européens de l'Est – Les grandes vagues d'émigration en provenance d'Europe de l'Est étaient surtout composées, avant la Première Guerre mondiale, de minorités diverses: Ukrainiens, Polonais, Lithuaniens et autres. Comme la plupart des nouveaux venus, ces derniers tendaient à se regrouper dans les mêmes quartiers que leurs compatriotes. La révolution de 1917 n'amena à New York qu'un petit nombre de Russes blancs (la majorité s'étant rendus à Paris et dans d'autres capitales européennes), mais beaucoup d'Ukrainiens et de Russes vinrent s'y installer après la Seconde Guerre mondiale. Plus récemment (années 1980-1990), l'immigration s'est intensifiée, et de nombreux arrivants ont choisi d'aller s'établir à Brooklyn.

La communauté juive – Venus pour la plupart de Hollande et d'Amérique latine, les Juifs séfarades (d'origine espagnole et portugaise) immigrèrent à New York au 17e s. De 1880 à 1910, le célèbre LOWER EAST SIDE, quartier des débuts et des espérances, fut le refuge de 1,5 million de Juifs; un grand nombre s'implantèrent également à Brooklyn. Aujourd'hui, la plupart des membres de la communauté juive new-yorkaise sont de descendance ashkénaze (c'est-à-dire originaires d'Europe non-méditerranéenne). En prenant une part active à la vie économique et culturelle de la cité, beaucoup se sont fait un nom et restent étroitement liés à l'histoire de la ville.

Les Noirs américains – La présence des Noirs à New York remonte à l'époque coloniale hollandaise, mais ce n'est qu'à partir du 20e s. qu'ils arrivèrent en grand nombre. Aujourd'hui, la communauté noire de New York se compose de plus de 1 757 000 habitants, soit près d'un quart de la population new-yorkaise. Les premiers résidents noirs venaient du Sud des États-Unis. Les derniers, originaires des Caraïbes, se sont établis dans le Nord de Manhattan et à Brooklyn.
La ville doit à la communauté noire de grands écrivains, des dramaturges, des interprètes et des musiciens célèbres (le «rhythm and blues» et le jazz ayant profondément influencé la scène musicale américaine). Les Noirs se sont peu à peu affirmés dans le domaine professionnel, et occupent aujourd'hui des postes importants dans la politique et les affaires; ainsi, David Dinkins devint-il le premier maire noir de New York en 1989. Mais cette évolution est lente, comme le démontrent clairement les indices sociaux (chômage, sans-abri, mortalité infantile et abandon scolaire), et de nombreux quartiers noirs – dont certains secteurs de HARLEM (Manhattan), Bedford-Stuyvesant (Brooklyn) et South Jamaica (Queens) – affichent clairement les conséquences de la pauvreté (immeubles abandonnés, commerces blindés, etc.).

Les Américains d'origine latine (Latinos) – La forte poussée démographique des Portoricains a porté leur nombre de moins d'un millier en 1910 à presque 900 000 en 1984. Citoyens de l'Union, ils sont libres de voyager entre Porto Rico et les États-Unis sans visa, et ne sont soumis à aucun quota. Le terme *Latinos* désigne l'ensemble formé non seulement par les Portoricains, mais aussi par les nouveaux venus du Sud (Cubains, Dominicains, Colombiens, Equatoriens et originaires d'autres pays d'Amérique latine). En 1990, la communauté hispanique comptait 1 783 000 personnes, soit environ un quart de la population new-yorkaise, et l'espagnol était la langue la plus parlée après l'anglais. La plus forte concentration de Portoricains se trouve dans le Bronx, mais le véritable cœur de la communauté portoricaine se concentre à East Harlem, mieux connu sous le nom de EL BARRIO. Certaines parties de l'UPPER WEST SIDE, du Bronx, de Brooklyn et de Queens, abritent également un grand nombre de Latino-Américains, fortement attachés à leur culture.

Autres groupes ethniques – Une communauté grecque assez importante réside à Astoria (Queens). Le Bronx compte quant à lui un certain nombre d'Arméniens. La libéralisation des règlements liés à l'immigration a entraîné l'afflux d'autres nationalités: Coréens, Indiens, Vietnamiens, Haïtiens, Arabes et Sénégalais, faisant de New York le foyer de plus d'une centaine de nationalités différentes.

L'ÉCONOMIE NEW-YORKAISE

La ville de New York jouit d'atouts économiques impressionnants. Avec 7,3 millions d'habitants, elle possède la plus forte concentration démographique du pays, et occupe une place de pointe dans le domaine de la finance, de l'industrie, du commerce et des transports. L'économie new-yorkaise engendre plus de 3,5 millions d'emplois, la majorité relevant d'un ensemble de 200 000 compagnies qui représentent les secteurs les plus variés. La ville réunit à elle seule 41 des sociétés industrielles et 59 des entreprises de services classées au palmarès de *Fortune 500* (liste des 500 plus grandes firmes publiée dans la prestigieuse revue financière *Fortune*). Certaines de ses rues sont synonymes d'industries clés: Wall Street (activités bancaires), Broadway (spectacles), Madison Avenue (publicité) et la 7ᵉ Avenue (confection).

Le port – Doté de 1 200 km de quais offrant un accès aisé vers l'Atlantique, à l'abri des glaces et des agressions de l'océan, bénéficiant d'une atmosphère généralement dépourvue de brumes et d'un fond rocheux ayant peu tendance à l'ensablement, le port de New York – le plus grand des États-Unis – a joué un rôle fondamental dans le développement de la ville.

Pendant que se construisaient des emplacements d'amarrage au Sud de Manhattan, le long de l'East River et de l'Hudson, New York devenait l'un des principaux centres de négoce unissant la jeune nation américaine au reste du monde.

Plus récemment, la généralisation des navires porte-conteneurs, nécessitant de vastes terre-pleins et l'emploi de grands portiques, a entraîné le déplacement des quais les plus actifs de Manhattan vers les rivages plus vastes de Brooklyn, de Staten Island et du New Jersey où se trouve Port Newark/Elizabeth, site du plus grand terminal à conteneurs du monde. Une centaine de lignes maritimes desservent environ 300 ports dans 120 pays différents. En 1990, 50 milliards de dollars de marchandises sont passées par le port de New York.

Puissant organisme autonome, le Port Authority of New York and New Jersey se charge de l'organisation du trafic, de l'entretien et de l'amélioration des installations portuaires. De lui dépendent également les grands terminaux à conteneurs, six ponts et tunnels reliant la ville au New Jersey, la principale gare routière de la région *(située sur la 42ᵉ Rue O.)*, la ligne ferroviaire express PATH (Port Authority TransHudson), trois aéroports *(p. 23)*, deux héliports, le World Trade Center et enfin, la gare maritime de l'Hudson, port d'attache des plus grands bateaux de croisière du monde.

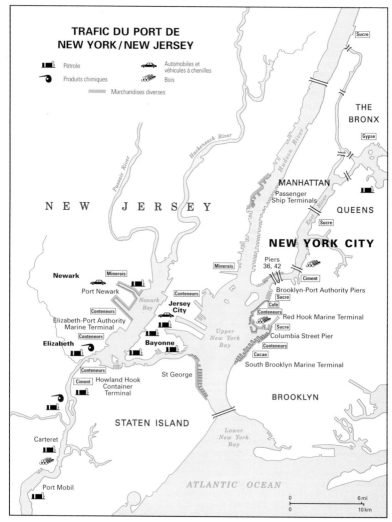

Un énorme marché financier – Véritable royaume de la finance, New York détient environ 21% du marché bancaire international. Ses cinq plus grandes banques commerciales (Citicorp, Chase Manhattan, Morgan, Chemical et Bankers Trust) possèdent à elles seules un actif global d'environ 500 milliards de dollars. Les principaux établissements financiers américains y sont représentés. La ville compte par ailleurs 400 banques étrangères, record inégalé aux États-Unis. Près de 100 000 emplois bancaires sont liés à l'exportation. Principalement concentrées à Manhattan, dans le FINANCIAL DISTRICT (quartier des affaires) et sur plusieurs artères du secteur Midtown (Park Avenue, Madison Avenue et la 5e Avenue), les activités bancaires se sont peu à peu étendues à d'autres *boroughs* comme Queens et Brooklyn.

Près de 73% des opérations boursières du pays se déroulent en outre à New York, plus particulièrement au NEW YORK STOCK EXCHANGE et à l'American Stock Exchange, sans parler des Bourses de marchandises *(p. 60)* où s'échangent des produits tels que l'or, l'argent, le pétrole, le coton, le cacao et le café.

L'industrie des services (notamment les assurances, le droit et la comptabilité) est étroitement liée au marché financier de New York. La ville compte ainsi plus de 700 compagnies d'assurances, 5 000 bureaux de consultation juridique et parmi les plus grands cabinets d'experts-comptables de la nation.

Les transports et l'industrie de la communication – New York est la seule ville des États-Unis à être desservie par trois grands aéroports (KENNEDY, LAGUARDIA et Newark). Ces derniers accueillent annuellement 75 millions de voyageurs (52 millions en vols domestiques et 23 millions en vols internationaux). Le réseau ferroviaire new-yorkais assure le transport quotidien de 337 000 passagers (pour la plupart des banlieusards). La ville dispose aussi du plus grand réseau métropolitain de transport rapide du monde (1 140km de voies), de 12 000 taxis et de 200 lignes de bus.

New York occupe également une place prépondérante dans le domaine de la communication, regroupant trois des principales chaînes nationales de télévision: ABC, NBC et CBS. L'industrie de la télévision emploie d'ailleurs 23 000 personnes, celle de l'imprimerie et de l'édition environ 88 000. New York est en effet le siège de deux grandes revues d'actualités *(Time* et *Newsweek)*, de 15 journaux quotidiens, de deux importantes agences de presse (Associated Press et United Press International) et de plusieurs géants de l'édition comme McGraw-Hill, MacMillan et Bantam.

La production cinématographique, qui a augmenté de 70% ces dix dernières années, emploie quant à elle plus de 10 000 New-Yorkais. La grande cité américaine est un leader international dans le domaine de la publicité et des relations publiques. Environ 32 000 personnes travaillent dans les 1 400 agences de publicité de la ville; Madison Avenue demeure aujourd'hui le centre de l'industrie publicitaire new-yorkaise, mais plusieurs agences ont déjà transféré leurs bureaux à GREENWICH VILLAGE. Le domaine des relations publiques assure enfin l'emploi de 4 500 personnes.

L'informatique – New York possède le plus grand parc informatique du pays. Particulièrement importante dans le monde de l'édition, de la finance et de la santé, l'industrie de l'information électronique (logiciels, assistance technique, traitement des données, etc.) s'est remarquablement développée au cours des dernières années. La ville compte aujourd'hui 1 600 sociétés de services informatiques procurant un emploi à quelque 33 000 New-Yorkais. Beaucoup d'entre elles se situent dans Manhattan, bien que plusieurs institutions comme le New York Stock Exchange aient transféré leurs opérations de traitement de l'information au Metrotech Center de Brooklyn. Parfait exemple de ce nouvel essor, l'industrie du logiciel, activement représentée à New York, a bénéficié d'une fulgurante croissance de 400% au cours des années 1980, et représente un total de près de 6 000 postes hautement rémunérés.

Le secteur manufacturier – Extrêmement diversifiée, l'industrie manufacturière occupe une part de plus en plus restreinte de l'économie new-yorkaise. Elle englobe malgré tout 24 parcs industriels et 15 000 sociétés, dont un grand nombre font appel à des compétences techniques très spécialisées.

Des petits ateliers de couture qui, grâce à l'immigration, prospérèrent dès le 19e s., a émergé une **industrie de la confection** qui comprend aussi bien les grands couturiers de Midtown que les modestes fabriques de CHINATOWN. Malgré une concurrence étrangère de plus en plus féroce, New York reste le chef de file mondial de la confection, secteur qui occupe à lui seul près de 100 000 employés. Un quart de cette main-d'œuvre travaille dans le Garment Center (quartier voué à la confection, aux alentours de la 7e Avenue) où se concentrent beaucoup de stylistes et de salons de présentation; quelques ateliers de vêtements haut de gamme y demeurent encore, mais la plupart se sont déplacés vers Chinatown, Sunset Park, Brooklyn et Queens.

L'industrie du diamant et de la joaillerie, dont les principaux centres d'activité se situent sur la 47e Rue Ouest ou «rue des diamants» *(p. 35),* entre la 5e Avenue et l'Avenue of the Americas, et sur Canal Street, emploie 26 000 New-Yorkais, dont beaucoup possèdent un savoir-faire unique. Quant aux industries spécialisées dans la fabrication des semiconducteurs, de l'équipement médical et du matériel informatique, elles nécessitent elles aussi un personnel hautement qualifié.

Le tourisme – Le nombre de curiosités et d'attractions culturelles qu'offre New York, ses restaurants, ses magasins célèbres (TIFFANY & CO, Saks Fifth Avenue, ou encore Macy's), ses innombrables théâtres et salles de concert (plus de 240, de BROADWAY au CARNEGIE HALL, en passant par le LINCOLN CENTER) en font un grand centre de tourisme et de congrès... l'une des principales ressources de la ville... qui attire chaque année 25 millions de visiteurs venus des quatre coins du monde.

À New York, les activités liées au monde des arts sont une industrie à part entière. Des artistes ont transformé plusieurs quartiers de Manhattan, tels que SOHO, NOHO, TRIBECA et certaines parties de CHELSEA. La ville compte plus de 400 galeries d'art; ses 150 musées incluent des institutions renommées telles que le METROPOLITAN MUSEUM OF ART, le MUSEUM OF MODERN ART et le GUGGENHEIM MUSEUM, ainsi que des musées thématiques portant sur la photographie, l'artisanat, la télévision et la radio, la culture juive, africaine, indienne et latine, de quoi satisfaire l'amateur d'art le plus difficile.

ARCHITECTURE ET URBANISME

Stupéfiante vitrine de l'architecture contemporaine, New York est avant tout une ville de gratte-ciel. Pourtant, derrière cet horizon de verre et d'acier en perpétuelle évolution, se cache un paysage architectural extrêmement riche en histoire et en contrastes, où les tours vertigineuses des grandes sociétés internationales côtoient de vieilles maisons en bois, de superbes hôtels particuliers en marbre, des théâtres parés de dorures, de gigantesques cathédrales, et parmi les plus beaux *brownstones (ci-dessous)* et édifices publics du pays.

18e siècle – L'architecture coloniale fleurit à l'époque où les colonies d'Amérique sont sous la tutelle anglaise. Cependant, des éléments architecturaux hollandais distinguent déjà les simples habitations bâties dans la région.
Plus bel exemple d'architecture de l'époque hollandaise, la Peter Claeson Wyckoff House (v. 1652) – à Brooklyn *(5902 Clarendon Rd)* – est aussi la plus ancienne structure existante de l'état. Son toit incliné, ses avant-toits évasés et son porche à colonnes sont typiques des premières fermes à charpente de bois, que rappelle également la DYCKMAN HOUSE (v. 1785), seul édifice de cette époque subsistant à Manhattan (toutes les deux ont été transformées en musées).
Inspiré du style en usage en Angleterre au temps des rois George II et George III, le **style géorgien** influencera beaucoup l'architecture américaine entre les années 1720 et 1780. Il se caractérise par des bâtiments habituellement construits en bois ou en brique, complétés par un portique ou un péristyle à colonnes et des fenêtres palladiennes pourvues d'un entablement et d'un linteau saillants; des pierres en chaînage ornent souvent les angles. Parmi les rares exemples de ce style subsistant à New York, citons un édifice religieux: ST PAUL'S CHAPEL, et deux hôtels particuliers: MORRIS-JUMEL MANSION et VAN CORTLANDT MANOR.
Le **style fédéral** se développe après l'Indépendance, lorsque la jeune fédération souhaite se doter de monuments reflétant son idéal républicain. Les bâtiments construits adaptent l'architecture de la Rome antique, avec leurs gracieuses colonnes, leurs lignes sobres et leurs élégantes fenêtres à imposte. Le Roman Catholic Orphan's Asylum (1828), au 32 Prince Street, et la demeure de BOSCOBEL, dans la vallée de l'Hudson, figurent parmi les édifices les plus représentatifs de ce style.

19e siècle – Le style fédéral fait place, vers 1815, à un style plus lourd inspiré des temples de la Grèce antique: le **style néo-grec**. Ce dernier convient superbement aux édifices publics tels le FEDERAL HALL NATIONAL MEMORIAL, dont le portique dorique est copié sur celui du Parthénon, et le SNUG HARBOR CULTURAL CENTER de Staten Island.

L'époque victorienne – Une architecture éclectique, hautement pittoresque, caractérise la période comprise entre les années 1840 et 1880.
Les façades de grès brun, les entrelacs sophistiqués et les fenêtres en ogive de TRINITY CHURCH et de GRACE CHURCH évoquent le ténébreux romantisme du **style néo-gothique**; ST PATRICK'S CATHEDRAL représente un autre exemple de cette facture.
Également inspiré de l'architecture européenne médiévale, le **style néo-roman** se traduit par la présence de pierres grossièrement taillées, d'arcs en plein cintre et de formes massives, que l'on peut observer dans des monuments tels que l'AMERICAN MUSEUM OF NATURAL HISTORY, sur Central Park West. La vogue du néo-roman se retrouve aussi dans de nombreux immeubles résidentiels, églises et maisons mitoyennes.
Superbement illustré par la villa Litchfield (1854, A.J. Davis) de PROSPECT PARK, le **style «italianisant»** se propage dans les années 1850 et 1860. Ses lourdes corniches, ses frontons et ses fenêtres en ogive se retrouvent dans d'innombrables *brownstones* et immeubles commerciaux en fonte *(p. 77)*.
Dans les années 1870, l'élégant **style Second Empire américain** est au goût du jour, les New-Yorkais accordant une soudaine passion à tout ce qui est parisien. Ce style grandiose, marqué par des toits à deux pans à la Mansart, est parfaitement représenté par le quartier historique de SoHo, en particulier le «roi» et la «reine» de GREENE STREET.
Enfin, avec leurs lucarnes ouvragées, leurs tourelles, leurs toits en bardeaux et leurs fenêtres en saillie, les demeures d'HENDERSON PLACE HISTORIC DISTRICT sont des souvenirs de l'extravagant **style Queen Anne** apparu vers la fin du 19e s.

Les brownstones – Symbole des anciens quartiers new-yorkais, les *brownstones* (habitations de pierre brune) sont l'héritage d'une intense spéculation immobilière qui voit naître, au 19e s., de longs blocs résidentiels occupés par ces demeures caractéristiques, avec leurs corniches et leurs perrons dont la répétition à l'infini, dans certaines rues, engendre de curieuses perspectives.
Conçues dans les différents styles en vogue à l'époque, ces luxueuses maisons de trois ou quatre étages – destinées à n'abriter qu'une seule famille – furent par la suite divisées en appartements, bien qu'à l'heure actuelle, la tendance soit à leur rendre leur aménagement d'origine. Elles ont survécu dans divers secteurs de Brooklyn (notamment à BROOKLYN HEIGHTS), et dans plusieurs quartiers de Manhattan (Upper East Side, Upper West Side, GREENWICH VILLAGE, Murray Hill, GRAMERCY PARK et HARLEM).

Remarque: dans les années 1820 et 1830, les entrepreneurs utilisaient du grès brun, matière plus économique que le calcaire et le marbre. Le terme *brownstone* s'applique aujourd'hui à toute maison mitoyenne, qu'elle soit revêtue de pierre ou de brique.

20e siècle – Le **style académique** ou «Beaux-Arts», d'inspiration classique, prend sa source dans les principes de l'école française des Beaux-Arts, inaugurant le 20e s. par un rejet absolu des excentricités et des ornements excessifs de l'architecture victorienne. Ses grands noms incluent notamment McKim, Mead & White et Richard Morris Hunt (premier américain diplômé de l'école), dont les créations s'inspirent de la Renaissance anglaise, française et italienne. La symétrie conventionnelle, les colonnes classiques et les somptueux intérieurs conviennent parfaitement aux résidences princières du secteur East Side et à des édifices publics comme le GRAND CENTRAL TERMINAL (1913) ou la NEW YORK PUBLIC LIBRARY (1911).

Les gratte-ciel – Au début du 20e s., une méthode de construction novatrice entraîne la naissance d'un nouveau type d'immeuble qui va transformer à jamais l'horizon new-yorkais: le gratte-ciel. L'utilisation d'armatures d'acier plus légères et de fondations sur puits bétonnés permet aux entrepreneurs préalablement limités par le poids des matériaux, de construire des édifices d'une hauteur jadis inimaginable. À la même époque se généralise l'installation des ascenseurs sans lesquels la construction de tout immeuble de grande hauteur aurait été vaine.

Parmi les premiers gratte-ciel à charpente métallique qui se dressent encore dans Lower Manhattan, on citera le Bayard-Condict Building (1899, 12 étages) sur Bleecker Street (seule création de Louis Sullivan à New York), le FLATIRON BUILDING (1901, 22 étages), de style néo-Renaissance, et le WOOLWORTH BUILDING, d'inspiration gothique; édifié en 1913, ce dernier fut quelque temps l'édifice le plus élevé du monde (241m). L'accroissement de la population et l'augmentation du prix des terrains rendent la construction des gratte-ciel très rentable, mais leur taille soulève beaucoup de controverses. En 1916, une loi vient réglementer la hauteur et le volume des buildings par rapport à la largeur des rues, de manière à éviter que celles-ci ne deviennent trop obscures: la surface de plancher maximale doit désormais se limiter à 12 fois la superficie du terrain d'assiette, d'où la naissance de constructions en forme de tours à décrochements. Le style évolue peu à peu: la tendance est aux lignes verticales, aux arêtes vives et aux surfaces planes. De cette époque fertile en réalisations, on retiendra les chefs-d'œuvre de **style Art déco** que sont le CHRYSLER BUILDING (1930) et l'EMPIRE STATE BUILDING (1931), et l'on mentionnera le GE BUILDING, gratte-ciel de 70 étages dont la rigidité est adoucie par de légers ressauts.

Une architecture en évolution – Véritable bloc monolithique s'élançant tout droit sans saillies ni base, le bâtiment du Secrétariat (1948) du SIÈGE DES NATIONS UNIES est le premier gratte-ciel new-yorkais à introduire le concept du mur-rideau, enveloppe de verre non structurale accrochée à une armature métallique portante. Le LEVER HOUSE marque quant à lui l'avènement du **style international** dans les constructions commerciales. Expression esthétique d'une grande sobriété, dépourvue (en réaction au passéisme traditionnel) de toute référence culturelle ou historique, l'architecture internationale connaît sans aucun doute son apogée avec le SEAGRAM BUILDING (1956), étonnante structure aux reflets mordorés née de la collaboration de Philip Johnson et de Ludwig Mies van der Rohe (il s'agit d'ailleurs de sa seule construction à New York).

Les années 1960 voient la multiplication des *glass boxes* (cubes de verre construits en grand nombre dans le FINANCIAL DISTRICT et sur l'AVENUE OF THE AMERICAS) et, à un moindre degré, des tours en béton armé (le Silver Towers Complex, conçu en 1966 par I.M. Pei à GREENWICH VILLAGE, en est un bel exemple).

Enfin, on ne saurait oublier les atriums, cours intérieures très répandues parmi les gratte-ciel construits depuis les années 1970, tels le CITICORP CENTER, TRUMP TOWER ou le WORLD TRADE CENTER dont les tours jumelles sont par ailleurs remarquables pour leurs murs de soutien extérieurs, formés de piliers verticaux en acier.

Les tendances actuelles – Au cours des années 1980, marquées par un sursaut d'activité immobilière dans le secteur Midtown, le paysage new-yorkais s'est enrichi de plus d'une vingtaine de tours vertigineuses. On remarquera notamment l'IBM BUILDING, bloc de granit aux lignes dépouillées conçu par Edward Larrabee Barnes, et le SONY PLAZA, œuvre fort controversée de Philip Johnson et John Burgee dont la géométrie brisée et les ornements stylisés d'inspiration classique expriment la quintessence de l'architecture post-moderne.

Également en faveur, l'ensemble multibloc ou «ville gratte-ciel» s'efforce d'intégrer à l'espace urbain environnant une combinaison à la fois esthétique et fonctionnelle d'éléments différents (immeubles résidentiels, tours de bureaux, promenades, docks). BATTERY PARK CITY, de Cesar Pelli, est un parfait exemple de cette formule qui fut inaugurée avec la construction du ROCKEFELLER CENTER.

Urbanisme – Malgré sa diversité et l'incroyable densité de sa population, New York conserve une apparence étonnamment ordonnée grâce au quadrillage précis de ses rues et de ses avenues.

Durant les deux siècles qui suivirent la fondation de Nieuw Amsterdam en 1621, la ville s'était pourtant développée de façon anarchique, les routes ayant été dessinées au gré des besoins, le long de vieux chemins à ornières (dont beaucoup de rues de Lower Manhattan ont d'ailleurs gardé le tracé irrégulier).

Au 18e s., la pointe Sud de Manhattan et les terrains situés le long de l'East River correspondaient aux secteurs les plus développés de la ville. Les quais de l'East River étaient alors très recherchés comme sites d'amarrage car la teneur en sel des eaux ralentissait le gel. Après la guerre d'Indépendance, l'expansion se poursuivit vers le Nord. Alors que les spéculateurs rivalisaient d'ardeur pour morceler les terres confisquées aux Loyalistes, la nécessité de recourir à un plan de développement se faisait de plus en plus évidente. C'est ainsi que le plan Randel vit le jour en 1811: Manhattan fut découpée en une grille de 12 avenues de 30,5m de large chacune, traversées par 155 rues perpendiculaires de 18,3m de large, conçues expressément pour faciliter «l'achat, la vente et l'amélioration de l'immobilier». La dimension d'un «bloc» (pâté de maisons) typique faisait – et reste encore aujourd'hui – 61m de large, et pouvait contenir deux rangées de lotissements de 30,5m de profondeur chacun.

En 1898, New York intégra quatre nouveaux *boroughs* situés en périphérie. Elle continue aujourd'hui à se développer à un rythme soutenu. Le développement et l'aménagement de la ville sont placés sous la responsabilité d'un certain nombre d'organismes publics. Parmi ceux-ci figure le Department of City Planning, chargé des problèmes de zonage et d'exploitation du sol. La New York City Landmarks Preservation Commission protège quant à elle environ 19 000 édifices classés monuments historiques, qui ne peuvent être détruits ou modifiés sans permis officiel; ces lois sur la protection du patrimoine sont parmi les plus strictes aux États-Unis. La ville de New York s'efforce également de renforcer le caractère particulier de quartiers comme ceux de UNION SQUARE ou de Hunters Point, et poursuit à l'heure actuelle un projet de réhabilitation de la 42e Rue *(p. 52)*.

Avant les années 1930, beaucoup d'artistes américains partent étudier à l'étranger. Mais plus tard, alors que la guerre couve et que la Dépression persiste en Europe, les États-Unis accueillent à leur tour des talents de nationalités diverses qui contribueront à créer l'ambiance artistique new-yorkaise. L'après-guerre voit naître un mouvement d'avant-garde américain; c'est à cette même époque que New York commence à s'affirmer en tant que leader mondial dans le domaine de l'art moderne.

L'école de l'Hudson (Hudson River School) – Les peintres de cette première école de peinture véritablement américaine (1825-1875) s'inspirent avant tout du décor lyrique de la vallée de l'Hudson, au Nord de New York. Thomas Cole, Asher B. Durand, Albert Bierstadt et Frederic E. Church embrassent une vision romantique de la nature et de l'art qui se reflète dans leurs représentations épiques du continent américain. Comme bien d'autres artistes de l'époque, ils fréquentent les différentes académies d'art qui s'établissent à New York durant cette période, notamment la NATIONAL ACADEMY OF DESIGN (1825) et l'ART STUDENTS LEAGUE (1875).

Émergence de l'art moderne – Fondé en 1908, le «groupe des Huit» (The Eight) – surnommé **Ash Can School** (école de la Poubelle) par dérision pour sa vision sans fard de la réalité urbaine – se rebelle contre le conservatisme de l'art académique. Ses membres les plus éminents (Robert Henri, George Luks et John Sloan) évoquent avec vigueur et compassion les revers de la vie urbaine, ouvrant ainsi la voie au réalisme américain du 20e s. (George Bellows et Edward Hopper). Ce refus de toute image épurée du monde se retrouve dans les photographies de Jacob Riis et de Lewis W. Hine, reflets vivides de la misère des immigrants d'alors.

De 1905 à 1917, Alfred Stieglitz expose des œuvres d'avant-garde européennes dans sa célèbre galerie, «Little Galleries of the Photo Secession». Cette dernière, également connue sous l'appellation de «291», sert de tremplin aux premiers peintres modernistes de New York: Arthur Dove, John Marin et la compagne de Stieglitz, Georgia O'Keeffe. Mais le véritable tournant dans l'histoire de l'art moderne aux États-Unis, demeure sans conteste l'**Armory Show**, exposition internationale tenue à New York en 1913, au cours de laquelle plus de 1 300 œuvres sont présentées à un public américain déconcerté par la découverte des dernières tendances de l'art européen. Le cubiste Marcel Duchamp fait particulièrement scandale avec son *Nu descendant un escalier*, composition dans laquelle il exprime ses recherches sur la représentation du mouvement. En dépit d'un accueil décidément hostile, l'exposition attire d'importants collectionneurs et encourage la tradition du mécénat qui culminera dans la création du MUSEUM OF MODERN ART en 1929, du WHITNEY MUSEUM OF AMERICAN ART en 1931, et de la Fondation Guggenheim *(p. 123)* en 1937.

Après la Première Guerre mondiale, Stuart Davis, Patrick Henry Bruce et Charles Sheeler explorent certains aspects de l'abstraction. Puis vient la Dépression et ses terribles conséquences, qui inspirent le réalisme social de Reginald Marsh et la peinture murale de Thomas Hart Benton.

Quelques mouvements marquants – Les événements de 1940 amènent à New York des peintres européens chassés par la guerre. Les Français Léger et Masson, l'Espagnol Miró et les Allemands Albers et Ernst représentent une occasion sans précédent d'établir un contact direct avec des maîtres du surréalisme et de l'art abstrait. La période d'intense activité artistique qui s'ensuit culmine avec l'émergence d'un mouvement essentiellement non-figuratif, l'**expressionnisme abstrait** (1946-fin des années 1950), également appelé «école de New York» (New York School). Les expressionnistes abstraits sont partagés entre les adeptes de l'«Action Painting» ou peinture gestuelle (Jackson Pollock, Willem de Kooning, Franz Kline, Robert Motherwell et Clyfford Still), qui favorisent les larges mouvements de pinceaux, voire même les projections ou les coulées de peinture, et ceux du «Color Field» ou abstraction chromatique (Mark Rothko, Barnett Newman), dont les immenses toiles saturées de couleurs enveloppent le spectateur d'un calme méditatif.

La prospérité économique qui caractérise la période d'après-guerre s'accompagne, aux États-Unis, d'un regain d'activité de la part des collectionneurs. Les galeries prolifèrent à New York qui devient peu à peu l'épicentre du monde artistique, place jusqu'alors revendiquée par une grande capitale européenne, Paris.

La fin des années 1950 voit l'éclosion de nouvelles tendances artistiques nées de l'expressionnisme abstrait. On notera le tachisme ou «Stain Painting» d'Helen Frankenthaler et le néo-plasticisme ou «Hard Edge Painting» d'Al Held et de Kenneth Noland, ou encore les toiles aux formes particulières de Frank Stella. Dans les années 1960, des artistes comme Roy Lichtenstein, Robert Rauschenberg, Andy Warhol et Claes Oldenburg, démystifient l'expressionnisme abstrait en utilisant dans leurs œuvres des personnages de bandes dessinées, en faisant appel à des techniques de peinture commerciale et en préconisant l'introduction d'objets hétéroclites afin de rattacher l'art à la vie populaire: ainsi se développe le **Pop'art**. Également en réaction contre l'expressionnisme abstrait, les sculpteurs **minimalistes** des années 1960 (Donald Judd, Carl Andre) visent à réduire les formes à leurs plus simples éléments en faisant abstraction de toute expression personnelle. Enfin, les années 1970 sont marquées par la naissance de l'**art conceptuel**, qui prône la préséance des idées sur les objets, et le retour à un certain réalisme (Philip Pearlstein, Chuck Close, Alex Katz et George Segal).

La scène artistique actuelle – Les années 1980 et 1990 englobent à la fois les mouvements post-modernes – néo-expressionnisme (Julian Schnabel, David Salle), graffitisme (Keith Haring, Jean-Michel Basquiat) et art néo-conceptuel (Barbara Kruger, Jenny Holzer) – et les courants traditionnels de la figuration et de l'abstraction picturale. La remarquable hétérogénéité de l'art américain et les tendances européennes contemporaines s'observent dans les grands musées new-yorkais (parmi lesquels le WHITNEY MUSEUM OF AMERICAN ART et ses fameuses biennales), les galeries «expérimentales» de TRIBECA et celles plus commerciales de la 57e Rue, de Madison Avenue (entre la 70e et la 90e Rue) et de SOHO.

LES FRANÇAIS À NEW YORK

Hier – Si l'on fait abstraction des explorateurs à qui l'on doit la découverte de New York, français de naissance ou d'adoption, les premiers Français à avoir élu domicile sur Manhattan sont originaires du Nord de la France.

Quelques-uns arrivent avec les Hollandais, parmi lesquels un certain Le Roux, orfèvre de métier, et l'architecte Jacques Cortelyou. Ce dernier demeure à Long Island, près de Fort Hamilton, au débouché de l'actuel PONT VERRAZANO-NARROWS; en 1660, il achève un plan de New York à vol d'oiseau.

D'autres protestants, chassés par la révocation de l'édit de Nantes (1685), se regroupent en communautés correspondant à leur lieu d'origine: ils forment Bayonne et New Rochelle. Parmi eux, **Étienne de Lancey** (1663-1741) devint l'un des hommes les plus riches de New York *(p. 65)*; son fils James (1703-1760) présida au procès de John Zenger *(p. 63)* dont l'acquittement devait marquer le début de la liberté de la presse.

Au temps de l'Indépendance – À la fin du 18e s., **La Fayette**, **de Grasse** et **Rochambeau** sont loin d'être les seuls à illustrer l'intérêt que portent les Français au nouvel état. Futur auteur du plan de Washington, **Pierre Charles L'Enfant** (1754-1825) réside à New York de 1788 à 1790 comme architecte du Gouvernement, alors que la ville tient momentanément le rang de capitale. Il fait construire, à l'emplacement de l'actuel carrefour de Grand et Centre Streets, l'immense pavillon à galeries destiné à abriter les 6 000 convives du banquet du 23 juillet 1788 en l'honneur de la Constitution. À la même époque, il transforme l'hôtel de ville, sur Wall Street, en palais du Gouvernement (FEDERAL HALL). Enfin, L'Enfant dirige les travaux d'agrandissement de la ST PAUL'S CHAPEL dont le décor intérieur refait sur ses indications.

Les émigrés – La Révolution française engendre un courant d'émigration vers l'Amérique d'individus de toutes conditions: nobles, artistes sans travail, négociants ruinés, hommes politiques menacés par la guillotine, planteurs chassés de St-Domingue par les Noirs révoltés. Leur nombre atteindra 25 000, dont la majorité s'installera à Philadelphie (Pennsylvanie) et à New York.

Issu d'une famille dijonnaise de robe, **Févret de Saint-Mesmin** (1770-1852), très doué pour les arts, débarque en 1792 à New York. À partir de 1794, il cherche à gagner de l'argent. C'est alors qu'il dessine et grave en couleurs deux vues panoramiques de New York, l'une prise de Long Island et l'autre de Mount Pitt. Plus tard, il entreprend d'exécuter de petits portraits au physionotrace, instrument lui permettant de reproduire en gravure un profil de personnage, en une séance de pose.

Joseph-François Mangin, qui vécut à New York de 1794 à sa mort (1818), est nommé en 1795 ingénieur en chef des fortifications de la ville. Il devient ensuite architecte-voyer de New York dont il publie en 1803 un plan détaillé. Il conçoit aussi les dessins d'édifices maintenant disparus tels le Park Theater et la prison d'état, ou encore existants bien que remaniés comme la première ST PATRICK'S CATHEDRAL et le fameux CITY HALL.

Talleyrand séjourne près de New York en 1795 dans une propriété dominant l'Hudson, à hauteur de l'actuelle 75e Rue. Il reconstitue sa fortune en spéculant sur les terrains.

Proscrits par Napoléon, le général **Moreau** et le baron **Hyde de Neuville** trouvent quant à eux refuge à New York, le premier en 1806, et le second l'année suivante. L'un est républicain, l'autre a conspiré avec les Chouans. Moreau passe six ans à New York. Quand à Hyde de Neuville, c'est un homme accueillant; sa femme a évoqué la vie new-yorkaise dans de charmantes gouaches.

Après Waterloo – Quelques-uns des fidèles de Napoléon se réfugient en Amérique. À New York ont élu domicile Régnault de St-Jean d'Angély, ancien procureur général près de la Haute Cour impériale, et le colonel Combe, un Forézien, qui a épousé une riche Américaine et gère de vastes domaines à Utica, dans l'état de New York. De temps à autre, une réunion amicale les rassemble chez le négociant en vins Étienne Jumel *(p. 104)* ou au restaurant Villegrand.

Milbert et Audubon sont des dessinateurs naturalistes. **Milbert** (1766-1840) s'établit à New York de 1815 à 1824: on lui doit un itinéraire pittoresque du fleuve Hudson, enrichi par ses soins de dessins lithographiés. Quant à **Audubon** (1785-1851), élève de David célèbre pour ses splendides planches coloriées sur la faune et la flore d'Amérique, la NEW-YORK HISTORICAL SOCIETY lui a consacré une section de son musée. Enfin, **Alexis de Tocqueville**, écrivain et homme politique, visite New York en 1831; en 1835 paraît sa *Démocratie en Amérique*, qui deviendra le manifeste des partisans du libéralisme.

À partir de 1840, la condition des émigrés français change. Ce sont des tailleurs, des coiffeurs, des cuisiniers; ces derniers font triompher la gastronomie française. Les Français forment une communauté ayant son quartier et son journal, *France-Amérique*.

Aujourd'hui – Il est assez difficile d'évaluer avec précision le nombre de Français vivant à New York. Le consulat général de France compte 17 000 personnes enregistrées. On trouve parmi elles des hommes d'affaires, des professeurs, des médecins, des techniciens de la mode, des propriétaires de galeries d'art, des coiffeurs, des gens de maison, des restaurateurs et des cuisiniers. Alsaciens, Bretons, Corses, Languedociens forment des colonies groupées au sein d'associations régionales ou professionnelles.

Quelques institutions françaises à New York:

- **Consulat général de France**
  (934, 5e Av., ☎606-3688)
- **French Institute/Alliance française**
  (22, 60e Rue E., ☎355-6100)
- **Lycée français**
  (3, 95e Rue E. et 7, 72e Rue E., ☎369-1400)
- **Maison française de l'université de New York**
  (16 Washington Mews, ☎998-8750)

QUELQUES LIVRES

Livres illustrés/ouvrages pratiques

L'art de vivre à New York *(Éd. Flammarion)*
Les jours et les nuits de New York *(Éd. de la Martinière)*
New York à ciel ouvert *(Éd. Mengès)*
New York et le Nord-Est américain, par Éric Courtade *(Éd. A. Barthélemy, coll. Espaces)*
New York imprévu, par Joe Friedman *(Éd. Flammarion)*
New York, la Ville des villes, par E. Morin et K. Appel *(Éd. Galilée)*
New York: terre de tous les rêves *(Éd. Soline)*

Histoire: société

Manhattan, la fabuleuse histoire des Indiens à l'an 2000, par Anka Muhlstein *(Éd. Grasset)*
New York, par P. et L. Blacque-Belair *(Éd. du Seuil, coll. Petite Planète)*
New York, par Paul Morand *(Éd. GF - Flammarion)*
New York contre N.Y., une mosaïque éclatée *(Éd. Autrement, série Monde)*
New York, haute tension *(Éd. Autrement, dossier n° 39)*

Art et Architecture

New York, création *(Éd. Autrement, série Monde)*

Romans, nouvelles...

Abraham de Brooklyn, par Didier Decoin *(Éd. du Seuil, coll. Points-Roman)*
Broadway, mon village; le complexe de Broadway, par D. Runyon *(Éd. Gallimard, Folio)*
Le cinquième cavalier, par Lapierre et Collins *(Livre de Poche)*
Le coin des Amen, par James Baldwin *(Éd. Gallimard, Le Manteau d'Arlequin)*
Gatsby le Magnifique, par F. Scott Fitzgerald *(Livre de Poche)*
Un rêve américain, par Norman Mailer *(Éd. Grasset, coll. Les Cahiers Rouges)*

Pour les enfants

Le prince de Central Park (conte), par E. H. Rhodes *(J'ai lu)*

Certaines œuvres de Truman Capote, Salinger, Henry Miller, Kerouac, H. J. Selby, également traduites en français, se déroulent à New York, de même que des romans policiers tels ceux de l'écrivain noir Chester Himes.

NEW YORK À TRAVERS LES FILMS

De nombreux films ont été tournés à New York, et pour les cinéphiles, gratte-ciel et taxis jaunes sont devenus une vision familière. Parmi les plus marquants, citons:

Un lys à Brooklyn (1945)	Elia Kazan
Un jour à New York (1949)	S. Donen et G. Kelly
Sur les quais (1954)	Elia Kazan
West Side Story (1961)	R. Wise et J. Robbins
America America (1964)	Elia Kazan
Funny Girl (1968)	William Wyler
Macadam Cow-Boy (1969)	J. Schlesinger
Mean Streets (1973)	Martin Scorsese
Next Stop: Greenwich Village (1976)	Paul Mazursky
Taxi Driver (1976)	Martin Scorsese
Annie Hall (1977)	Woody Allen
New York New York (1977)	Martin Scorsese
Hair (1979)	Milos Forman
Manhattan (1979)	Woody Allen
Que le spectacle commence (1979)	Bob Fosse
Une femme libre (1979)	Paul Mazursky
Ragtime (1981)	Milos Forman
Splash (1984)	Ron Howard
Cotton Club (1984)	Francis F. Coppola
Il était une fois en Amérique (1984)	Sergio Leone
Ghostbusters (1984)	Ivan Reitman
After Hours (1985)	Martin Scorsese
L'année du Dragon (1985)	Michael Cimino
Recherche Susan, désespérément (1985)	Susan Seidelman
Hannah et ses sœurs (1986)	Woody Allen
Wall Street (1987)	Oliver Stone
Quand Harry rencontre Sally (1989)	Rob Reiner
Crimes et délits (1989)	Woody Allen
New York Stories (1989)	F. F. Coppola, W. Allen, M. Scorsese
Le bûcher des vanités (1990)	Brian de Palma
Green Card (1990)	Peter Weir
Metropolitan (1990)	Whit Stilman
Les affranchis (1990)	Martin Scorsese

Curiosités

Manhattan, pont de Brooklyn – Bud Freund/First Light

Manhattan

57km²
1 487 500 hab.

Pour le nouvel arrivant, la vision la plus poignante de Manhattan est celle d'un front de mer hérissé d'une multitude de gratte-ciel qui s'élancent vers le ciel comme une des fûts de colonnes. Cœur de la vibrante activité culturelle et commerciale de New York, cette mince langue de terre est flanquée à l'Ouest par l'Hudson, et à l'Est par l'Harlem River et l'East River. Ses faibles dimensions – 21,6km de long sur 3,7km au point le plus large – en font le plus petit des cinq *boroughs (p. 16)* de la ville. Habitants des lieux, les Algonquins l'avait surnommée «l'île des collines» pour en évoquer les paysages vallonnés dont on a toujours un aperçu dans Central Park. En 1626, le gouverneur hollandais Peter Minuit acheta l'île aux Indiens en échange de babioles dont la valeur, à l'époque, n'était que de 24 dollars. Première à être colonisée, la partie Sud de Manhattan contient encore, dans le quartier des affaires, des rues au tracé irrégulier. Après l'occupation britannique, la ville s'étendit vers le Nord suivant un quadrillage ordonné de rues et d'avenues numérotées *(p. 25)*, principe par la suite adopté sur la majeure partie de l'île.

Manhattan se divise aujourd'hui en trois grands secteurs: **Downtown** (au Sud de la 14e Rue), **Midtown** (au centre) et **Uptown** (de part et d'autre de Central Park, au-delà de la 59e Rue). Ligne de partage entre l'East Side (section Est de la ville) et le West Side (section Ouest), la 5e Avenue représente l'un des principaux axes Nord-Sud de Manhattan.

Les **22 promenades** suggérées ci-dessous guideront le visiteur à travers un riche éventail de curiosités: élégantes artères de boutiques de luxe, pittoresques enclaves ethniques chargées d'histoire, quartiers commerçants en pleine effervescence, paysages artificiels de béton, d'acier et de verre, tours vertigineuses d'un modernisme saisissant, imposants édifices publics et fastueuses résidences privées. La section consacrée aux **musées** *(p. 115)* permettra de se renseigner sur plus de 35 institutions culturelles new-yorkaises de renom.

CINQUIÈME AVENUE (Fifth Avenue)

Durée: 1/2 journée. Parcours: 2,9km. Plan pp. 32-33.

La variété des perspectives sur les principaux gratte-ciel de la ville, le luxe des devantures et l'élégance des passants concourent à faire de la 5e Avenue – véritable voie triomphale de New York – un fascinant but de promenade.
Cet itinéraire prend tout son intérêt en semaine, lorsque l'animation est à son comble; les samedis et dimanches, certains bâtiments risquent d'être fermés.

UN PEU D'HISTOIRE

Une avenue de milliardaires – Tracée par sections successives à partir de 1824, la 5e Avenue commença vers 1850 à supplanter Broadway. La guerre de Sécession (1861-1865) fut suivie d'une période marquée par une importante reprise immobilière, et environ 350 immeubles résidentiels y furent construits, qui coûtaient chacun au moins 20 000 dollars, une petite fortune à l'époque.

Dès 1880, l'avenue s'était transformée en une artère bruyante et agitée, parcourue à grand fracas d'attelages de toutes sortes, et bordée d'hôtels particuliers, d'élégants clubs privés et de *brownstones (p. 24)* plus modestes. Construits vers le milieu du 19e s. aux abords de la 34e Rue, les premiers magasins chics gagnèrent peu à peu le Nord de la 5e Avenue. Dès ses débuts, la grande artère new-yorkaise avait attiré une bourgeoisie richissime. Associé commanditaire de plusieurs grands magasins, A.T. Stewart se fit par exemple bâtir une splendide demeure en marbre au croisement de la 34e Rue. Non loin de là trônait l'imposant hôtel particulier de William Astor et de sa femme Caroline, qui choisit par la suite un lieu de résidence plus au Nord, à la hauteur de la 65e Rue. Jay Gould, magnat des chemins de fer, établit quant à lui ses quartiers à l'angle de la 47e Rue, tandis que la puissante lignée des Vanderbilt s'établissait aux alentours de la 50e Rue.

Un bal qui défraye la chronique – En ce printemps de 1883, la haute société new-yorkaise est dans tous ses états: William K. Vanderbilt, petit-fils du «Commodore» *(p. 46)*, est sur le point d'organiser un grand bal dans son manoir de style Renaissance sur la 51e Rue. Les plus riches héritières du comté, dont la fille de William et Caroline Astor, répètent inlassablement révérences et pas compliqués. À son plus grand chagrin, Mlle Astor n'est pas conviée au bal; sa mère – fière descendante d'une vieille famille hollandaise – avait en effet snobé Mme Vanderbilt en refusant de l'accueillir dans son salon, le plus fermé de la ville.

Mais l'histoire trouve une fin heureuse: Mme Astor, sacrifiant son orgueil, reçoit Mme Vanderbilt. En retour, l'omission est réparée, et sa fille ira au bal danser le menuet et la gavotte sur un air de Rameau.

De beaux partis – D'autres divertissements mondains suscitèrent à leur tour bien des commentaires, tel le bal des «Quatre Cents», donné en 1892 et pour lequel Mme Astor devait lancer 400 invitations, pas une de plus, sous prétexte que la gentry new-yorkaise ne comptait pas plus de 400 personnes. On imagine l'angoisse des candidats et le dépit des évincés...

Beaucoup de jeunes gandins de l'aristocratie européenne, dont les titres de noblesse étaient bien plus élevés que la fortune, assistèrent aux bals organisés dans l'enceinte du célèbre Waldorf-Astoria. Le résultat de ces réunions de la haute société fut parfois spectaculaire: ainsi, au cours de l'année 1895, Consuelo Vanderbilt épousa le duc de Marlborough, Pauline Whitney le petit-fils du marquis d'Anglesey, et Anna Gould le dandy préféré de l'époque, le fameux Boni de Castellane.

PROMENADE

Partir du coin de la 5e Av. et de la 34e Rue O. ●*station 34th St (lignes N, R).*

★★★ **Empire State Building** – *350, 5e Av.* Depuis 1931, époque à laquelle il fut achevé, l'Empire State demeure la silhouette la plus distinctive de Manhattan, qu'il domine avec grâce et puissance du haut de ses 443m. Cette étonnante structure aux proportions grandioses, considérée pendant plus de 40 ans comme l'édifice le plus haut du monde, fut baptisée en l'honneur de l'état de New York, surnommé l'«Empire State». Aujourd'hui surpassée en taille par le Sears Roebuck Building de Chicago et les tours jumelles du WORLD TRADE CENTER, elle n'en reste pas moins l'un des plus beaux gratte-ciel jamais bâtis. La vue, depuis son sommet, est si impressionnante qu'elle mérite à elle seule deux visites: la première de jour, pour jouir d'une vision panoramique de toute la région, et la seconde de nuit, pour apprécier le spectacle des lumières de la ville.

Empire State Building

Jonathan Wallen

Un site prestigieux – À l'emplacement actuel de l'Empire State s'élevaient autrefois deux hôtels: le **Waldorf** (1893; propriétaire: William Waldorf Astor, neveu de Mme Astor, née Caroline Schermerhorn) et l'**Astoria** (1897; propriétaire: John Jacob Astor, fils de Mme Astor). En dépit de brouilles familiales – la belle Mme Astor, qui régnait alors en maîtresse incontestée sur la bonne société new-yorkaise, s'était attiré la jalousie de son neveu William et de son épouse – les deux établissements fusionnèrent au bénéfice des deux lignées avant d'être démolis en 1929 pour faire place à l'Empire State. En 1931, un nouveau WALDORF-ASTORIA allait être bâti plus au Nord, sur Park Avenue.

La construction – Les travaux, lancés par un groupe de promoteurs dirigé par Alfred E. Smith (gouverneur de l'état de New York de 1918 à 1928), furent menés avec une exceptionnelle célérité: l'inauguration du bâtiment eut lieu en mai 1931, moins de deux ans après le premier coup de pioche (octobre 1929). La construction progressa à un rythme trépidant, l'édifice s'élevant parfois même de plus d'un étage par jour. Cette immense structure reposait sur à peine deux étages de fondation. Les poutrelles d'acier qui en constituaient l'ossature métallique totalisaient un poids d'environ 54 500 tonnes; mises bout à bout, elles auraient suffi à réaliser une voie de chemin de fer reliant New York à Baltimore.

Quelques statistiques – La construction de l'Empire State Building a coûté près de 40 millions de dollars. Quinze mille personnes y travaillent, et 35 000 le visitent journellement. Un bataillon de 150 employés passent l'aspirateur en dehors des heures de bureau et nettoient une fois par mois ses 20 234m² de vitres. Soixante-treize ascenseurs desservent ses 102 étages, dont un qui permet d'atteindre le 80e étage en moins d'une minute. Il faut compter environ une demi-heure pour descendre à pied son escalier de 1 860 marches.

L'opinion publique s'inquiéta, craignant de voir l'Empire State s'effondrer comme un château de cartes; mais il s'avéra des plus solides, et l'on envisagea même de faire de la plate-forme supérieure une aire d'amarrage pour dirigeables, idée promptement abandonnée en 1932, après une tentative qui frôla la catastrophe. Une tragédie frappa tout de même l'édifice en juillet 1945, lorsqu'un bombardier s'écrasa au niveau du 79e étage, tuant sur le coup 14 personnes dont les membres de l'équipage.

L'Empire State est surmonté d'une gigantesque antenne de télévision de 62m de haut (soit l'équivalent de 22 étages) qui fut installée en 1985 et dont la balise lumineuse sert de repère aux avions. Les 30 étages supérieurs sont illuminés (du crépuscule à minuit) de couleurs différentes selon l'occasion ou la saison: vert pour la Saint-Patrick, bleu, blanc, rouge pour les fêtes nationales, ou bien rouge et vert à la période de Noël. Ils sont éteints les nuits de brouillard ou de mauvais temps au printemps et en automne, lors de la migration des oiseaux, afin que ceux-ci, troublés par la lumière diffuse, ne viennent s'écraser contre les parois.

Observatoire – *Entrée sur la 5e Av. Ouv. t. l. j. 9h30–23h30. 4$. ✕ ☎736-3100 poste 55. Consulter le tableau de visibilité avant d'acheter son billet.* Au 86e étage, une plate-forme découverte révèle de magnifiques **vues★★★** de la métropole et de ses environs qui, par temps clair, portent jusqu'à une centaine de kilomètres à la ronde. Un second ascenseur mène à la rotonde vitrée du 102e étage d'où l'on peut admirer le panorama à l'abri du vent et des intempéries.

Continuer sur la 5e Av. en direction du Nord.

La partie de la 5e Avenue située entre les 34e et 40e Rues comprend de nombreux grands magasins. Particulièrement réputé pour la qualité de ses vêtements et la beauté de ses vitrines de Noël, le célèbre Lord and Taylor est considéré comme le plus ancien magasin new-yorkais depuis la fermeture de B. Altman and Co; ce dernier, logé dans un immeuble de style néo-Renaissance *(à la hauteur de la 34e Rue)*, devrait éventuellement abriter une bibliothèque de recherche scientifique, industrielle et commerciale.

★★ **New York Public Library** – *476, 5e Av., entre les 40e et 42e Rues O.* La bibliothèque publique de New York est née en 1895 de la réunion des fonds de plusieurs bibliothèques privées (Astor, Lenox, Fondation Tilden). La richesse de ses collections en fait la deuxième plus grande bibliothèque de recherche des États-Unis,

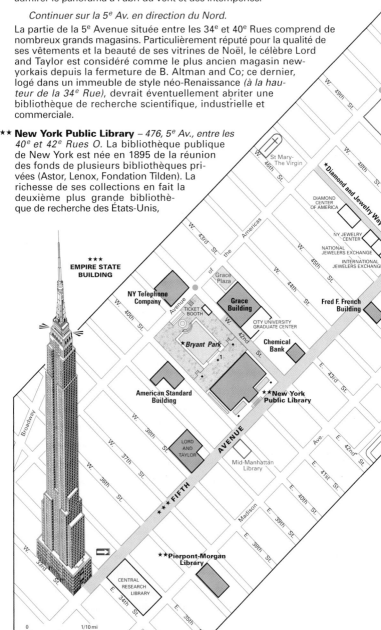

1 Elizabeth Arden
2 Harry Winston
3 Tiffany & Co
4 Bergdorf Goodman
5 Van Cleef & Arpels
6 Warner Bros Studio Store
7 FAO Schwarz

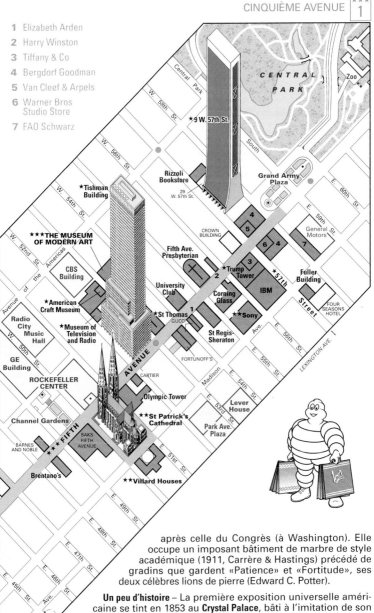

après celle du Congrès (à Washington). Elle occupe un imposant bâtiment de marbre de style académique (1911, Carrère & Hastings) précédé de gradins que gardent «Patience» et «Fortitude», ses deux célèbres lions de pierre (Edward C. Potter).

Un peu d'histoire – La première exposition universelle américaine se tint en 1853 au **Crystal Palace**, bâti à l'imitation de son homologue de Londres qui avait été achevé deux ans plus tôt. Ce pavillon de verre et de fer, qui abritait un large échantillonnage d'œuvres d'art et de produits industriels, fut détruit par un incendie en 1858. À son emplacement allait être tracé le Bryant Park (p. 34). À l'Est du Crystal Palace se trouvait le **Croton Distribution Reservoir** (1845), pseudo-fort surmonté d'un chemin de ronde, qui entourait un vaste bassin de 1,6ha alimenté par l'eau du lac Croton (dans le comté de Westchester). Il demeura en service jusqu'en 1899, pour être remplacé 12 ans plus tard par la bibliothèque publique de New York. Un peu plus au Nord, en retrait de la 42e Rue, se dressait l'armature métallique du **Latting Observatory**. Cette structure de 92m de haut, qui préfigurait la tour Eiffel, comportait trois étages de plates-formes en bois; la plus élevée offrait de superbes perspectives sur la ville, avec, au premier plan, le Croton Reservoir et le Crystal Palace. Comme ce dernier, l'observatoire ne connut qu'une brève existence: il disparut dans un incendie en 1856, trois ans à peine après sa construction.

Collections et organisation – La bibliothèque publique de New York administre plusieurs annexes situées dans différents quartiers de la ville. Ses collections comprennent plus de 15 millions de livres et 48 millions de manuscrits, cartes, disques, enregistrements sonores et autres sources de documentation.

Le bâtiment principal renferme à lui seul plus de 16 millions de manuscrits,178 000 gravures et 370 000 cartes. Les bibliothèques de recherche, dont le financement provient de capitaux privés, réunissent 11 millions de volumes en quatre endroits différents; parmi elles, on notera le SCHOMBURG CENTER FOR RESEARCH IN BLACK CULTURE, spécialisé dans la culture noire, et la Library for the Performing Arts (40 Lincoln Plaza), où sont contenues les collections liées au domaine du théâtre, de la musique et de la danse.

Un réseau de 82 bibliothèques annexes dessert Manhattan, le Bronx et Staten Island. Les plus importantes sont situées dans le secteur Midtown, dont voici quelques exemples: la Mid-Manhattan Library *(455, 5ᵉ Av.)*, le Donnell Library Center *(20, 53ᵉ Rue O.)* et la très célèbre Andrew Heiskell Library for the Blind and Physically Handicapped *(40, 20ᵉ Rue O.)*, qui contient des milliers d'ouvrages en braille et d'enregistrements divers.

Visite – *Ouv. lun., jeu. & sam. 10h–18h, mar.–mer. 11h–18h. Fermée j. f. Visite guidée (1h) 11h & 14h.* ♿ ☎ *869-8089.* La bibliothèque publique de New York est tout un monde de salles, d'escaliers et de couloirs démesurés.

On pénétrera d'abord dans le superbe **Astor Hall**, immense vestibule de marbre blanc richement décoré. Derrière, le **Gottesman Hall** – élégante salle de style académique rehaussée de fines arcades marbrées et d'un plafond de chêne sculpté – présente des expositions temporaires. Dans le couloir Sud, la **DeWitt Wallace Periodical Room**, magnifiquement lambrissée, contient une série de 13 fresques exécutées par un artiste du 20ᵉ s., Richard Haas. *Prendre l'ascenseur au fond du couloir à droite, pour monter au 3ᵉ niveau.*

Le troisième niveau contient des expositions faisant l'objet de changements périodiques. La salle 318 présente la fascinante collection Berg, consacrée à la littérature anglaise et américaine, et rassemble une série de portraits réalisés par d'éminents artistes et graveurs américains. Des peintures du 19ᵉ s. (dont un ensemble de cinq portraits de George Washington) et des expositions temporaires tirées de la collection permanente font l'intérêt de la **Salomon Room**. Parmi les pièces rares, exposées par roulement, remarquer l'ébauche de la Déclaration d'Indépendance, écrite à la main par Jefferson, ainsi qu'une édition des travaux de Galilée, qui ne peut être lue qu'à la loupe. Le vaste hall central, **McGraw Rotunda**, est orné de boiseries et de peintures murales illustrant l'histoire de la langue écrite. Face à la Salomon Room se trouve la **Public Catalog Room**, dans laquelle on peut voir le catalogue général de la bibliothèque, composé de 800 volumes totalisant 10 millions de références. Un peu plus loin, la salle principale de lecture, d'une hauteur de plus de 15m, couvre une impressionnante superficie d'environ 2000m². Ces dernières années, afin d'abriter les collections sans cesse grandissantes de la bibliothèque, des rayonnages supplémentaires ont été créés sous Bryant Park.

Continuer vers l'Ouest sur la 42ᵉ Rue O. jusqu'à Bryant Park.

★ **Bryant Park** – *Sur l'Ave of the Americas, entre les 40ᵉ et 42ᵉ Rues O.* Dessiné à l'emplacement du Crystal Palace et du Croton Reservoir *(p. 33)*, ce jardin classique constitue aujourd'hui le plus grand espace vert du secteur Midtown. Jusqu'en 1934, époque à laquelle Lusby Simpson entreprit de l'aménager, Bryant Park n'était guère qu'un simple terrain vague. Malgré les efforts entrepris pour en préserver l'attrait, il devint vite un lieu mal fréquenté, attirant au cours des années 1960 revendeurs de drogue et marginaux de toutes sortes. Après d'importants travaux de réhabilitation, le jardin fut rouvert au public en 1991.

Aujourd'hui, touristes et New-Yorkais viennent volontiers s'y détendre et jouir des expositions et des concerts qui y sont donnés. En été, la chaleur est étouffante à Manhattan, et le parc se transforme alors en un véritable oasis de fraîcheur et de calme. Vendeurs de hot-dogs, marchands de fleurs et bouquinistes attirent l'attention des passants. On trouve aussi, du côté de la 42ᵉ Rue, le Music and Dance Ticket Booth où l'on peut acheter à demi-tarif des billets pour les spectacles de musique et de danse *(mais pas de théâtre)* du jour même.

Parmi les sculptures qui ornent les allées se trouve une **statue de bronze [1]** de 1911 représentant le poète **William Cullen Bryant** (1794-1878) auquel le parc doit son nom. Rédacteur en chef et associé du *New York Evening Post*, journal influant durant la guerre de Sécession, Bryant était également célèbre pour son militantisme politique et ses actions en faveur des différentes institutions culturelles de la ville.

On remarquera au passage un buste en bronze de Goethe (1832, Karl Fischer) et des statues grandeur nature de William Earl Dodge (1895, J.Q.A. Ward) et de José de Andrada e Silva, père de l'indépendance du Brésil (1954, José Lima).

Aux alentours du parc, plusieurs édifices valent d'être mentionnés. Au 40, 40ᵉ Rue Ouest se dresse un bâtiment néo-gothique, reconnaissable à ses briques noires et à ses finitions en terre cuite dorée. Il s'agit du**American Standard Building** (autrefois nommé American Radiator Building), conçu par Raymond Hood en 1924.

À l'Ouest se détache la silhouette effilée du **New York Telephone Company Building** *(1095 Ave of the Americas)*, dont les fenêtres de verre teinté s'intercalent entre des colonnes de marbre blanc. Au Nord *(1114 Ave of the Americas)*, le **Grace Building** (1974), en pierre de travertin et en verre teinté, s'élève au-dessus d'une base curviligne; la réalisation de cette tour de 50 étages fut confiée au cabinet d'architectes Skidmore, Owings & Merrill, qui construisit la même année un bâtiment similaire au 9, 57ᵉ Rue Ouest *(p. 42)*.

Noter enfin le City University Graduate Center *(33, 42ᵉ Rue O.)*, l'un des 20 centres éducatifs de la City University of New York (CUNY), et le Mall, arcade piétonnière qui s'étire de la 42ᵉ à la 43ᵉ Rue *(entre la 5ᵉ Av. et l'Ave of the Americas)* et qui abrite à l'occasion des expositions et des concerts gratuits.

Retourner sur la 5ᵉ Av. et continuer vers le Nord.

L'agence de la **Chemical Bank** (1954; Skidmore, Owings & Merrill), située à l'angle de la 43ᵉ Rue, est l'un des premiers édifices bancaires construits en verre. Ses différents aménagements, comme par exemple l'énorme porte de la salle des coffres, sont livrés à la vue du public. Admirer le hall d'entrée, avec ses meubles en ébène de Macassar, ses sols en marbre d'Italie et ses sculptures abstraites, parmi lesquelles figure une étonnante composition métallique (1953, Harry Bertoia) suspendue au plafond.

Au coin de la 45e Rue, jeter un coup d'œil sur la décoration en faïence polychrome des étages supérieurs du **Fred F. French Building** *(551, 5e Av.)*. Ce massif ouvrage de maçonnerie (1927) d'allure très chargée s'élève sur 38 étages dans une série de décrochements typiques du style de construction des années 1920.

Tourner à gauche dans la 47e Rue O.

★ **Diamond and Jewelry Way** – Environ 80% du commerce de gros des diamants aux États-Unis passe par ce bloc de 230m de long situé sur la 47e Rue, entre les 5e et 6e Avenues. Aussi la «rue des diamants» est-elle soigneusement surveillée et bénéficie-t-elle d'une protection efficace contre les intrus. Les discussions sur le carat, la taille, la couleur et la pureté des pierres, y sont tenues dans une déconcertante pluralité de langues: espagnol, yiddish, arménien, russe et arabe. Les diamants s'amoncellent dans les boutiques riveraines, et les vitrines de l'International Jewelers Exchange, du National Jewelers Exchange, du Diamond Center of America et du New York Jewelry Center ruissellent de pierres précieuses.
Courtiers et marchands transportent habituellement leurs joyaux dans des coffrets, des mallettes, voire même des sacs en papier, ou tout simplement dans leurs poches. Les transactions ont parfois lieu directement sur le trottoir, ou encore dans l'un des deux clubs privés de diamantaires, et sont souvent conclues par une simple poignée de main. Ceux qui osent transgresser ce code d'honneur sont mis à l'index dans tous les cercles de diamantaires du monde.

Retourner sur la 5e Av. et continuer vers le Nord.

Entre les 48e et 49e Rues, la librairie Barnes and Noble vend des livres à succès au rabais. Sur le trottoir opposé se tient la **librairie Brentano's**, ancien magasin de Charles Scribner's Sons. Conçu par Ernest Flagg, qui fut également à l'origine du Singer Building dans SOHO, l'édifice (1913) a conservé sa belle façade de fonte du début du siècle et son élégant intérieur.
De l'autre côté de la 49e Rue, le grand magasin Saks Fifth Avenue propose des collections de prêt-à-porter de marque pour hommes et femmes.

★★★ **Rockefeller Center** – *Description p. 37.*

★★ **St Patrick's Cathedral** – *Sur la 5e Av., entre les 50e et 51e Rues E. Ouv. t. l. j. 7h–20h30. Visites guidées possibles.* ♿. Conçue par **James Renwick** (1818-1895), la cathédrale catholique de New York fut l'un des tous premiers exemples d'architecture religieuse néo-gothique aux États-Unis. Lorsque les travaux débutèrent en 1853, beaucoup de fidèles se plaignirent du fait qu'elle allait être construite en dehors de l'agglomération. Mais New York continuait à se développer vers le Nord, et dès 1879, année de sa consécration, la cathédrale dominait le quartier résidentiel le plus en vogue. Aujourd'hui, ses proportions semblent modestes en regard des gratte-ciel du ROCKEFELLER CENTER et des édifices voisins tels que l'Olympic Tower *(au Nord, de l'autre côté de la 51e Rue)*, dans laquelle elle se reflète.
Son architecture est inspirée de la célèbre cathédrale de Cologne, notamment dans l'élévation de ses deux tours à flèches aiguës (1888) qui atteignent plus de 100m de haut. Trois portails, garnis de portes de bronze finement sculptées, s'ouvrent sur un intérieur assez majestueux, dont la nef, les bas-côtés et le déambulatoire sont éclairés par des vitraux d'inspiration gothique (la plupart, de facture française, proviennent de Chartres ou de Nantes). Une série de piliers de marbre supportent les voûtes sur croisée d'ogives qui s'élèvent à 34m au-dessus du sol. Remarquer aussi le dais d'un dessin élégant qui surmonte le maître-autel (Renwick) et les orgues monumentales. Derrière l'abside se trouve la chapelle de la Vierge, ajoutée en 1906 par Charles T. Mathews.
La cathédrale est dédiée au saint patron des Irlandais qui constituent un large segment de la population new-yorkaise. Les festivités à l'occasion de la Saint-Patrick témoignent de leur vénération pour l'apôtre d'Irlande. Le jour de Pâques, la partie de la 5e Avenue autour de la cathédrale est fermée à la circulation, et permet aux New-Yorkais de se promener dans leurs pimpantes tenues printanières.

Prendre la 50e Rue E. en direction de l'Est et continuer jusqu'à Madison Ave.

Face à Madison Avenue, l'abside de la cathédrale St Patrick est encadrée par deux petites maisons: le presbytère *(no 460)* et la résidence de l'archevêque *(no 452)*.

★★ **Villard Houses** (New York Palace) – *451-457 Madison Ave.* Inspiré du palais de la Chancellerie à Rome, cet élégant ensemble de six hôtels particuliers fut construit en 1885 par McKim, Mead & White pour Henry Villard, fondateur de la Northern Pacific Railroad (chemin de fer reliant le Pacifique par le Nord). Les luxueuses demeures de grès brun, de style Renaissance italienne, encadrent une cour centrale anciennement destinée aux attelages. Elles furent transformées en bureaux après la Seconde Guerre mondiale et rachetées par l'archevêché de New York qui les vendit en 1976 à la chaîne d'hôtels Helmsley, à condition qu'elles soient utilisées comme salons de réception pour la clientèle du New York Palace Hotel.
Pénétrer dans la cour par des grilles en fer forgé donnant sur Madison Avenue. L'aile centrale, aménagée dans le style Rococo, contient plusieurs pièces décorées de façon luxueuse. La **Gold Room** *(thé servi quotidiennement; réservations conseillées ☎303-6032)*, avec son plafond voûté, sa galerie des musiciens et ses peintures murales de John LaFarge, exhale l'atmosphère bourgeoise des années 1930. Suivre le vaste corridor orné de mosaïques vénitiennes jusqu'au grand escalier pour admirer les vitraux de Louis Comfort Tiffany et l'horloge zodiacale d'Augustus Saint-Gaudens; ce dernier créa également la cheminée de marbre rouge que l'on peut admirer à l'étage supérieur.

Reprendre la 5e Av. et continuer vers le Nord.

Au n° 645 s'élève l'**Olympic Tower**. Ce magnifique édifice de verre de 51 étages (1976; Skidmore, Owings & Merrill) abrite des commerces et des bureaux, et aux étages supérieurs, des appartements de grand standing. Au rez-de-chaussée, le joaillier H. Stern s'est acquis une renommée internationale pour ses pierres précieuses du Brésil. L'Olympic Place constitue un agréable parc intérieur planté de palmiers et de plantes et agrémenté d'une cascade *(entrée sur la 5ᵉ Av.)*.

À l'angle de la 52ᵉ Rue se dresse un immeuble de style Renaissance abritant la bijouterie Cartier *(651, 5ᵉ Av.)*. L'édifice, acquis en 1917, est aujourd'hui l'un des rares exemples de demeures bourgeoises du début du 20ᵉ s. à avoir subsisté sur l'avenue.

★ **Tishman Building** – *666, 5ᵉ Av.* Avec sa façade d'aluminium embouti en pointe de diamant, cet édifice de 39 étages (1957, Isamu Noguchi) représente une belle tentative d'originalité. À l'intérieur, des halls aux curieux plafonds découpés en lamelles ondulées et une fontaine murale témoignent de l'imagination des promoteurs. L'endroit exsude l'atmosphère sereine des jardins japonais. Au dernier étage, un restaurant-bar, le «Top of the Sixes», jouit d'une magnifique **vue** sur Manhattan.

★ **St Thomas Church** – *À l'angle de la 53ᵉ Rue O. Ouv. t. l. j. 8h–18h. Visite guidée (30mn) dim. 12h30.* ⌖. L'église épiscopale St Thomas (1913; Cram, Goodhue & Ferguson) fut bâtie à l'emplacement d'un premier sanctuaire détruit par un incendie en 1905. L'édifice, de style néo-gothique, ne possède qu'une seule tour. Sa façade sur la 5ᵉ Avenue est très ouvragée. Au trumeau du portail, saint Thomas accueille les fidèles, tandis que les autres apôtres font la haie de chaque côté ou sont alignés au tympan. Sous les sculptures, des bas-reliefs illustrent la légende de saint Thomas, patron des architectes. Sur le côté gauche s'ouvre l'étroite «porte des mariées», décorée de mains symboliquement enlacées.

En pénétrant dans la nef, l'œil est immédiatement attiré par l'immense **retable**★ de pierre qui, éclairé par des projecteurs, forme un contraste saisissant avec les voûtes sombres du chœur. De nombreuses niches abritent des statues de Lee Lawrie représentant le Christ, la Vierge, les apôtres et d'autres saints. Remarquer aussi les vitraux aux rouges et aux bleus profonds, la chaire et la tribune d'orgue sculptée avec virtuosité. *Récitals d'orgue (1h 30mn) oct.–mi-mai dim. 17h15.*

En face de l'église St Thomas se dresse la remarquable façade d'acier et de verre du joaillier Fortunoff, avec à côté, la boutique italienne Gucci (habillement, chaussures), reconnaissable à sa bande rouge et verte. Entre les 54ᵉ et 55ᵉ Rues, attenant à une seconde boutique Gucci, remarquer le prestigieux institut de beauté Elizabeth Arden **[1]**. Au coin Nord-Ouest de la 54ᵉ Rue s'élève l'**University Club** (1899; McKim, Mead & White), imposant bâtiment de style Renaissance italienne dans la façade duquel ont été gravés (par Daniel Chester French) les blasons des principales universités américaines.

À l'angle de la 55ᵉ Rue, l'élégant **St Regis-Sheraton**, construit en 1904 dans le style académique pour John Jacob Astor, représente le premier établissement hôtelier de luxe de la ville. Le **King Cole Bar** *(p. 52)* contient une fresque de Maxfield Parrish.

Fifth Avenue Presbyterian Church – *À l'angle de la 55ᵉ Rue O. Ouv. t. l. j. toute l'année.* ⌖. L'église presbytérienne de la Cinquième Avenue, érigée en 1875, est l'une des dernières églises new-yorkaises bâties en grès brun. Son amphithéâtre (pouvant asseoir 1 800 personnes) est doté d'une magnifique tribune d'orgue et d'une chaire en bois de frêne finement sculptée.

L'angle Sud-Ouest de la 56ᵉ Rue est occupé par un véritable petit palais de style Renaissance qui constitue le fief du joaillier Harry Winston **[2]**.

À l'opposé, le **Corning Glass Building** accueille le siège new-yorkais d'une importante société de fabrication de verre fin, dont le cristal de Steuben. Construite en 1959, cette structure de 28 étages affiche les caractéristiques des gratte-ciel de cette époque: parois de verre teinté, lignes pures et esplanade extérieure ornée d'un bassin. Au rez-de-chaussée, les vitrines du magasin Steuben scintillent de beaux objets de cristal ou de verre.

★ **Trump Tower** – *725, 5ᵉ Av.* Cette tour de verre de 202m de haut (1983, Der Scutt), comprenant appartements, bureaux et magasins, est représentative du style des gratte-ciel des années 1980. Le bâtiment est reconnaissable à sa myriade d'étroits décrochements dans les creux desquels ont été plantés des arbres et des arbustes. À l'intérieur, un élégant centre commercial, avec des boutiques comme Asprey et Charles Jourdan, entoure sur six étages un **atrium**★ de marbre rose où plonge une cascade de 24m.

S'arrêter à l'angle de la CINQUANTE-SEPTIÈME RUE pour contempler les somptueuses vitrines de la bijouterie **Tiffany & Co [3]**, qui regorgent de joyaux (près de l'entrée, à gauche, remarquer le Tiffany, énorme diamant de 128 carats). Sur le trottoir d'en face trône le Crown Building (1921, Warren & Wetmore) dont la partie supérieure, recouverte de feuilles d'or de 23 carats, ressemble à un château. L'édifice, de style Renaissance, doit son nom à la couronne dorée qui orne son sommet. Le magasin Ferragamo, connu pour ses élégantes chaussures et ses accessoires en cuir, en occupe le rez-de-chaussée.

Entre les 57ᵉ et 58ᵉ Rues se trouvent les fameux magasins d'habillement Bergdorf Goodman **[4]**, qui s'étendent de part et d'autre de l'avenue, et la joaillerie Van Cleef & Arpels **[5]** dont le trésor renferme une tiare de diamant ayant appartenu à l'impératrice Joséphine.

La surprenante présence d'Hollywood anime l'intersection de la 57ᵉ Rue Ouest et de la 5ᵉ Avenue. Le Warner Bros Studio Store **[6]**, ainsi nommé en l'honneur des studios de tournage cinématographique, occupe le sous-sol et quatre étages du

Daichi Building, l'un des meilleurs espaces commerciaux de la ville. Sa fantasque devanture comporte une frise de 2,50m représentant les dessins animés de la maison de production.

La silhouette du General Motors Building, tour de 50 étages (1968) revêtue de pierres en marbre blanc de Géorgie, domine le côté Est de GRAND ARMY PLAZA. À l'intérieur, admirer l'horloge animée (haute de près de 9m) du célèbre magasin de jouets FAO Schwarz [**7**].

Pour une description de la 5e Av. au Nord de la 59e Rue, voir la section dédiée à l'Upper East Side (p. 93).

MUSÉES

★★★ **Museum of Modern Art** (MOMA) – *Description p. 147.*

★★ **Pierpont-Morgan Library** – *Description p. 153.*

★ **Museum of Television and Radio** – *Description p. 150.*

★ **American Craft Museum** – *Description p. 115.*

ROCKEFELLER CENTER

★★★
2

Durée: 1/2 journée (visites guidées comprises). Parcours: 1,6km. Plan ci-dessous.

Au cœur du secteur Midtown, délimité par les 5e et 7e Avenues, et les 47e et 52e Rues, le Rockefeller Center est constitué par un imposant ensemble de gratte-ciel aux lignes harmonieuses, construits pour la plupart avant la Seconde Guerre mondiale. Véritable joyau d'architecture urbaine, ce complexe à la fois commercial et culturel abrite des milliers d'employés et attire chaque jour un nombre impressionnant de touristes.

Un peu d'histoire – Au début du 19e s., l'emplacement aujourd'hui occupé par le Rockefeller Center faisait partie des terrains publics gérés par la ville et qui s'étendaient de l'actuel CITY HALL jusqu'aux environs de la 53e Rue.

Aux alentours de 1800, le Dr David Hosack, professeur de botanique, en acheta 6ha à la ville afin d'y aménager un jardin à l'intention de ses étudiants. Mais l'entretien coûtait trop cher, et en 1811, Hosack décida de vendre son terrain à l'état de New York qui l'offrit à son tour à l'UNIVERSITÉ DE COLUMBIA, laquelle le loua derechef à des fermiers pour un droit annuel de 100 dollars.

Lorsque, vers 1850, le système de quadrillage régulier des rues et des avenues fut instauré à New York, on com-

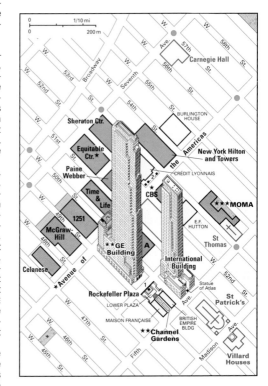

mença à bâtir à l'emplacement de l'ancien jardin botanique. Les lieux se transformèrent rapidement en un quartier résidentiel en vogue, où de splendides hôtels particuliers côtoyaient des maisons de grès brun plus modestes. On peut d'ailleurs encore voir des exemples de ces demeures dans la 53e Rue.

Au début de notre siècle, le quartier devint bruyant, notamment après la construction, en 1878, d'un métro aérien aujourd'hui disparu, le «El», sur la 6e Avenue. Millionnaires et bourgeois lui préférèrent alors la CINQUIÈME AVENUE, laissant leurs belles demeures à des habitants moins fortunés.

Un certain nombre d'entre eux, lors de la Prohibition, y installèrent des *speakeasies*, c'est-à-dire des bars clandestins. Beaucoup de ces établissements douteux allaient par la suite être convertis en clubs de jazz, accueillant des artistes tels que Count Basie, Harry James et Coleman Hawkins.

Les Rockefeller – En 1870, l'industriel américain John Davison Rockefeller (1839-1937) créa la Standard Oil Company of Ohio, et devint rapidement le grand magnat américain du pétrole. En 1911, quand il se retira des affaires, son fils **John D. Rockefeller Jr** (1874-1960) reprit le flambeau. Les contributions de ce grand philanthrope à la ville de New York aidèrent à la construction du SIÈGE DES NATIONS UNIES, des CLOÎTRES et de la RIVERSIDE CHURCH.

En 1928, par un bail passé avec l'université de Columbia, «John D.», comme on l'appelait, obtenait la jouissance du terrain aujourd'hui occupé par le Rockefeller Center pour une période de 24 ans, renouvelable jusqu'en 2015, puis, d'après les nouvelles clauses de 1953, jusqu'en 2069. Au-delà de cette période, le tout reviendrait à l'université. John D. projetait, avec ses associés, de construire un gigantesque opéra, lorsque survint la grande crise financière de 1929. Se retrouvant seul avec un bail à long terme et un loyer conséquent à payer, il décida alors de construire une véritable «ville dans la ville», un centre d'affaires qui connut le destin que l'on sait. En 1933, lors de l'inauguration du RCA Building (aujourd'hui appelé GE Building), John D. célébra l'événement en déplaçant ses bureaux du 26 Broadway au 30 Rockefeller Plaza.

Un triomphe urbain – En dix ans, 228 immeubles furent détruits et 12 édifices construits sur une superficie d'environ 5ha. Comme prévu, cette ambitieuse réalisation relança l'économie du quartier. Le noyau central, avec le RCA Building, fut achevé en 1940. Entre 1947 et 1973, sept autres bâtiments furent ajoutés aux précédents. L'ensemble fut conçu par une équipe de sept architectes, dont Wallace K. Harrison qui fut également responsable de la création du SIÈGE DES NATIONS UNIES et du LINCOLN CENTER. Leur intention première était de pourvoir le secteur Midtown d'un complexe à la fois esthétique et fonctionnel, qui favoriserait en même temps un certain esprit de communauté. Le résultat est une impressionnante combinaison de gratte-ciel, d'espaces ouverts, de restaurants et de magasins merveilleusement bien intégrés à l'espace urbain environnant.

Aujourd'hui, les 19 bâtiments qui constituent le Rockefeller Center occupent une surface d'environ 9ha et accueillent quelque 65 000 employés. Si l'on ajoute à ce chiffre l'impressionnante quantité de touristes qui visitent quotidiennement le complexe, la population s'élève, en semaine, à plus de 275 000 personnes par jour. Les différents immeubles sont reliés entre eux par le **concourse**, véritable dédale de galeries marchandes donnant accès au métro.

PROMENADE

Partir de devant la cathédrale St Patrick sur la 5ᵉ Av. ●toute ligne desservant la station 42nd St, ou station 53rd St (lignes E, F).

En face de la cathédrale St Patrick, les 41 étages de l'**International Building** (1935) abritent des consulats, des compagnies aériennes, des agences de voyage et un bureau des passeports. Il faut pénétrer dans le hall pour admirer ses colonnes et ses murs en marbre de Tinos. Le plafond est recouvert de feuilles d'or si fines qu'une fois fondues, elles tiendraient dans la paume de la main. Sur le trottoir devant l'immeuble, admirer l'imposante statue en bronze d'Atlas supportant le monde (1937, Lee Lawrie).

Continuer vers les Channel Gardens.

★★ Channel Gardens et Rockefeller Center

Encadrés sur la gauche, par la Maison française (1933), et sur la droite, par le British Empire Building (1932), deux édifices de taille modeste (7 étages), les Channel Gardens (jardins de la Manche) constituent un agréable lieu de détente.

The Rockefeller Group

Rockefeller Center

Ils se composent de six bassins entourés de parterres de fleurs régulièrement renouvelés au gré des saisons. Des bancs s'offrent au promeneur fatigué d'avoir trop flâné devant les vitrines des boutiques voisines.

La promenade descend en pente douce vers une sorte d'esplanade creusée en contrebas, servant en été de terrasse à d'élégants cafés-restaurants, et transformée en **patinoire** l'hiver. En haut des marches, une inscription reproduit le credo personnel de John D. Rockefeller Jr.

Le côté Nord de l'esplanade révèle une éclatante composition de Lee Lawrie (1935) qui décore la façade Sud de l'International Building et qui représente les progrès de l'homme dans les domaines de l'art, de la science, du commerce et de l'industrie. Le côté Ouest est dominé par la célèbre statue en bronze doré de **Prométhée [1]** (1934, Paul Manship) venant de dérober le feu sacré pour le donner à l'humanité. Chaque année, au mois de décembre, un immense arbre de Noël de plus de 20m de haut est élevé sur l'esplanade, que les promeneurs – attirés par la féerie de ses innombrables guirlandes lumineuses – viennent volontiers admirer.

Construite à l'origine pour permettre l'accès au GE Building, **Rockefeller Plaza** est une rue privée qui s'étend du Nord au Sud entre les 48e et 51e Rues. Selon les règlements locaux en vigueur, pour éviter qu'elle ne devienne domaine public, il faut la fermer au public une fois par an.

★★ **GE (General Electric) Building** – *30 Rockefeller Plaza*. Cette tour de béton de 70 étages, anciennement nommée RCA Building, est la structure la plus élevée (259m) du Rockefeller Center, et aussi la plus harmonieuse, de par l'élancement et la pureté de ses lignes, dont la rigidité est adoucie par de légers ressauts. Elle abrite les sièges de la General Electric et de la National Broadcasting Company (NBC), et constitue un important centre de communication.

Une composition de style Art déco, en verre et en pierre calcaire (1933, Lee Lawrie), égaye l'entrée principale, au 30 Rockefeller Plaza. À l'intérieur, le grand hall d'entrée est orné d'immenses peintures murales de l'artiste espagnol José Maria Sert évoquant l'histoire du progrès humain. Une première série de fresques avait été réalisée par l'artiste mexicain Diego Rivera, mais jugées trop radicales, les peintures avaient été subséquemment détruites.

Au 65e étage, le légendaire **Rainbow Room** (salle de bal et restaurant gastronomique), qui rouvrit ses portes en 1987 après deux ans de restauration, offre des vues panoramiques sur le quartier du Rockefeller Center et sur Manhattan.

★ **Studios de la NBC** – *Visite guidée (1h) seulement (toutes les 15mn), Memorial Day–Labor Day lun.–ven. & dim. 9h30–16h45 (sam. & j. f. 19h). Reste de l'année lun.–sam. 9h30–16h30 (j. f. 19h). Fermés 1er janv., Labor Day, Thanksgiving & 25 déc. 8,25$. Les enfants de moins de 6 ans ne sont pas admis. Places limitées (billets distribués dans l'ordre d'arrivée). ☎664-4000. Renseignements personnes handicapées ☎664-7174. Programmes d'enregistrement des émissions et horaires ☎664-3056.* Plusieurs étages du GE Building sont occupés par les studios de télévision de la National Broadcasting Company. La visite permet de comprendre comment s'élaborent les émissions de radio et de télévision, et donne un aperçu des techniques passées et actuelles de la NBC. Les visiteurs auront par exemple l'occasion de visiter les plateaux de célèbres émissions américaines telles que le *Today Show* et *Saturday Night Live*, et de s'initier au métier de météorologue devant une caméra.

★★ **Radio City Music Hall [A]** – *1260 Ave of the Americas*. Véritable institution new-yorkaise, ce fameux music-hall est l'une des plus éloquentes créations Art déco de la ville. Il ouvrit ses portes en 1932 sous la direction de Samuel «Roxy» Rothafel. C'était, à l'époque, le plus grand théâtre couvert du monde. Il présentait des spectacles de variétés, et ajouta plus tard à son programme la projection de films. Mais devant une inquiétante baisse de la fréquentation, l'établissement annonça sa fermeture. Il fut même question de démolir l'édifice, projet qui ne vit heureusement pas le jour sous la pression de l'opinion publique. En 1979, le music-hall allait être complètement rénové. Il sert aujourd'hui de cadre à des spectacles musicaux ainsi qu'à des concerts donnés par les meilleurs artistes.

Les Rockettes – *Principaux spectacles: «Easter Extravaganza» (aux alentours de Pâques) et «The Christmas Spectacular» (mi-nov.–5 janv.). Concerts et représentations toute l'année. Programme et horaires ☎247-4777; billetterie: Ticketmaster ☎307-7171.* Depuis son ouverture, le 27 décembre 1932, le Radio City Music Hall doit sa renommée aux Rockettes. Cette troupe de girls, connue dans le monde entier pour l'étonnante précision de sa chorégraphie, fut créée à St Louis du Missouri en 1925 sous le nom de Missouri Rockets. Rebaptisé Roxyettes en l'honneur de M. Rothafel, directeur du music-hall de l'époque, l'illustre groupe de danseuses devait éventuellement prendre le nom de Rockettes en 1934.

★★★ **Intérieur** – *Visite guidée (1h) seulement, lun.–sam. 10h–17h, dim. 11h–17h. 9$. Places limitées (billets distribués dans l'ordre d'arrivée). ⌖ ☎632-4041.* L'intérieur du Radio City Music Hall a retrouvé la splendeur de son style Art déco des années 1930. Le foyer, dessiné par Donald Deskey, est éclairé par deux énormes lustres de cristal pesant chacun deux tonnes. L'œil est tour à tour attiré par un somptueux tapis dont les motifs géométriques représentent des instruments de musique, puis par un gigantesque escalier derrière lequel se détache une immense fresque d'Ezra Winter, intitulée *Fountain of Youth*. De gigantesques miroirs dorés s'étirent jusqu'au plafond étincelant.

L'auditorium aux murs arrondis, dont l'avant-scène est surmontée d'une immense **arche** de 18m de haut, peut accueillir 5 882 personnes. Véritable chef-d'œuvre d'architecture théâtrale, la scène est équipée d'une machinerie sophistiquée: trois ascenseurs, un plateau tournant et un ascenseur desservant l'orchestre. Musiciens, orgues électriques (dont les tuyaux s'élèvent jusqu'à 10m de hauteur) et organistes peuvent disparaître, au besoin, derrière les murs ou sous la scène, sans interrompre leur jeu.

Au niveau inférieur, le salon pour dames et le fumoir forment un remarquable ensemble de style Art déco.

Prendre la 49ᵉ Rue O. jusqu'à l'Ave of the Americas.

★ **Avenue of the Americas** *(de la 47ᵉ à la 54ᵉ Rue)*

Une imposante série de gratte-ciel entourés de vastes esplanades longe le côté Ouest de l'avenue et forme un véritable «canyon» urbain. Construites dans les années 1950 et 1960, ces tours de bureaux forment partie intégrante du Rockefeller Center, sans toutefois en avoir égalé l'élégante sobriété. Pénétrer à l'occasion dans leurs vastes halls d'entrée pour apprécier le décor.

De l'autre côté de la 47ᵉ Rue s'élève le **Celanese Building** (1973; Harrison, Abramovitz & Harris), un bâtiment de 45 étages dont la conception n'est pas sans rappeler celle du McGraw-Hill Building ou du 1251 Avenue of the Americas *(ci-dessous)*.

McGraw-Hill Building – *Nᵒ 1221*. Siège de la célèbre maison d'édition américaine, cet immeuble de verre et de granit flammé (51 étages) domine une esplanade ornée d'un triangle solaire d'acier poli haut de 15m (1973, Athelstan Spilhaus) qui indique les positions du soleil aux solstices et aux équinoxes. De l'esplanade, on accède au hall intérieur et à la librairie McGraw-Hill.

Juste derrière l'immeuble, un tunnel de verre traverse une cascade et rejoint le McGraw-Hill Park, endroit planté d'arbres et agrémenté de terrasses de cafés *(parc ouv. mai.–oct.; concerts juil.–août mer. 12h30–13h30)*.

En traversant la rue derrière le 1251 Avenue of the Americas, remarquer un petit parc rempli de fleurs et d'arbres qui offrira lui aussi au visiteur un paisible refuge loin des trottoirs bruyants.

1251 Avenue of the Americas – Ses 53 étages en font le plus haut gratte-ciel du Rockefeller Center après le GE Building, qui lui fait face sur le côté opposé de l'avenue. Ancien siège de l'Exxon Corporation, cette tour rectangulaire de 220m de haut (1971) s'élève au-dessus d'une esplanade aménagée. La façade du bâtiment se caractérise par une alternance de pierre calcaire, de verre teinté et d'acier.

Time & Life Building – *Nᵒ 1271*. Face au Radio City Music Hall s'élèvent les parois lisses et brillantes de ce gratte-ciel (1959), le premier de son genre à avoir été construit sur ce côté de l'avenue. L'édifice, haut de presque 180m (soit 48 étages), séduit par la pureté de ses lignes verticales qu'interrompent à peine de légers décrochements. Il abrite les bureaux d'un puissant groupe de presse contrôlant la publication de magazines à grand tirage tels que *Time, Life, Money, Sports Illustrated* ou encore *Fortune*. Sur deux de ses côtés s'étend un parvis, l'Americas Plaza, pavé de marbres bicolores dont le motif ondulé contraste agréablement avec la rectitude de ses bassins animés de jeux d'eau.

★ **Equitable Center** – *Sur la 7ᵉ Av., entre les 51ᵉ et 52ᵉ Rues O.* Ce complexe, qui porte le nom d'une compagnie d'assurances, occupe tout un bloc jusqu'à la 7ᵉ Avenue. En son milieu se dresse l'Equitable Tower, élégante structure de 54 étages en granit, en calcaire et en verre (1985, Edward Larrabee Barnes). Dans le hall *(entrée sur la 7ᵉ Av.)*, admirer l'immense composition murale de Thomas Hart Benton, *America Today*, qui dépeint en dix panneaux la vie aux États-Unis à la veille de la Grande Dépression. L'atrium au pied de la tour présente une œuvre audacieuse de Roy Lichtenstein, *Mural with Blue Brushstroke* (de près de 20m de haut) et abrite l'Equitable Gallery, espace de 279m² consacré aux arts visuels *(ouv. lun.–ven. 11h–18h; sam. 12h–17h; ♿ ☎554-4818)*.

À l'Est se trouve le **PaineWebber Building** (1961) dans le hall d'entrée duquel sont régulièrement présentées des expositions temporaires *(ouv. lun.–ven. 8h–18h; ♿ ☎713-2885)*.

★ **CBS Building** – *51, 52ᵉ Rue O.* Seul gratte-ciel réalisé par le célèbre architecte Eero Saarinen (1910-1961), cette structure abstraite de 38 étages, que les New-Yorkais surnomment volontiers «The Black Rock» (le rocher noir), fut achevée en 1965. Son armature de béton recouverte de granit sombre et ses colonnes triangulaires créent un effet de quadrillage. Une esplanade en contrebas et des entrées discrètes confèrent à l'édifice une allure lointaine, comme détachée de l'agitation environnante.

Derrière l'immeuble de la Columbia Broadcasting System s'élève le E.F. Hutton Building *(31, 52ᵉ Rue O.)*. Cet exemple d'architecture post-moderne, qui repose sur de gros piliers de granit rouge, fut conçu en 1987 par Roche, Dinkeloo & Associates. Dans la cour entre les deux immeubles, remarquer une grande sculpture de Jesús Bautista Moroles (1987) évoquant de vieilles ruines.

Retourner sur l'Ave of the Americas et tourner à gauche dans la 52ᵉ Rue O.

L'ancien Americana Hotel, rebaptisé **Sheraton Center**, est l'un des plus grands établissements hôteliers du monde. Le dessin de sa silhouette effilée est très élégant, particulièrement dans la ligne légèrement brisée de sa façade Sud. Le bâtiment (1962), presque entièrement revêtu de verre sur une armature de pierre, comprend 1828 chambres réparties sur 50 étages.

Retourner sur l'Ave of the Americas.

Devant le bâtiment du Crédit Lyonnais *(entre les 52ᵉ et 53ᵉ Rues O.)*, une esplanade contient trois immenses sculptures de bronze **[2]** de 4 à 7m de haut représentant la Vénus de Milo. L'ensemble, intitulé *Looking Toward the Avenue*, fut créé en 1989 par Jim Dine.

Non loin du Sheraton, le **New York Hilton and Towers** (1963) déploie sur 46 étages sa façade d'acier et de verre bleuté. L'hôtel comprend un péristyle de quatre étages où se trouvent les organes de service et les salles de réception, tandis qu'une haute tour parallélépipédique est réservée à plus de 2 000 chambres et suites qui offrent toutes une vue du la spectaculaire ligne d'horizon de New York.

À l'étage principal, près de l'entrée, les hautes parois de verre du Promenade Cafe s'ouvrent sur l'Avenue of the Americas.

De l'autre côté de la 54ᵉ Rue se trouve le Burlington House, sombre édifice de 50 étages qui termine l'impressionnante rangée de tours de l'Avenue of the Americas.

CINQUANTE-SEPTIÈME RUE (57th Street) **3**

Durée: 2h. Parcours: 1,3km. Plan pp. 32-33, sauf indication contraire.

Voie de flânerie élégante où les commerces de luxe (antiquaires, bijouteries, galeries d'art, couturiers...) déploient leurs séductions, la 57ᵉ Rue est une artère animée qui traverse le secteur Upper Midtown et contient quelques-uns des plus beaux édifices de Manhattan.

Le quartier abritait jadis les demeures des Vanderbilt, des Whitney, des Roosevelt et de toute une élite fortunée, et constituait, au lendemain de la guerre de Sécession, l'un des faubourgs les plus chics de la ville. L'inauguration du Carnegie Hall en 1891 fit de cette zone résidentielle le centre artistique de la ville. Les années qui suivirent la Première Guerre mondiale virent l'apparition de magasins de luxe et de boutiques spécialisées, et l'endroit se transforma peu à peu en un quartier commerçant vibrant d'activité.

Aujourd'hui, la partie Est de la 57ᵉ Rue offre un large éventail de magasins d'ameublement et de décoration, et de galeries d'art. Le **Manhattan Art and Antiques Center** *(1050, 2ᵉ Av.)* présente ainsi de ravissants étalages de porcelaines, de bijoux et de meubles, le tout dans une atmosphère de bazar urbain. La partie de la 57ᵉ Rue située à l'Ouest de Park Avenue contient quant à elle l'une des plus fortes concentrations mondiales de marchands d'objets d'art et d'antiquaires.

PROMENADE

Partir du coin de la 57ᵉ Rue E. et de Lexington Ave et marcher en direction de l'Ouest. ●station 59th St (lignes 4, 5, 6).

Reconnaissable à l'énorme temple d'amour stylisé qui orne son esplanade, le 135, 57ᵉ Rue Est (1987; Kohn, Pederson & Fox) forme un coin de rue original dans Manhattan. Érigée en 1975, la Galleria *(nᵒ 117)* se distingue par le curieux renfoncement de sa façade; l'immeuble, bordé du côté Est par une ravissante série d'arcades, abrite un agréable espace commercial.

Entre Park et Madison Avenues, remarquer la haute silhouette du Four Seasons Hotel (I.M. Pei). La façade en pierre claire de cette tour à décrochements de 46 étages est percée d'un énorme oculus aveugle.

Fuller Building – *41, 57ᵉ Rue E.* Cet édifice de style Art déco (1929) était autrefois le siège d'une célèbre société de travaux publics à laquelle l'immeuble doit d'ailleurs son nom. L'élégante structure de granit noir, surmontée d'une tour de pierre calcaire, abrite aujourd'hui une vingtaine de **galeries** exhibant tout un échantillonnage d'objets d'art contemporains et anciens. Dans la somptueuse entrée, remarquer les portes en bronze de l'ascenseur, qui relatent la construction du building, tandis que la mosaïque au sol représente d'autres bâtiments dont la Fuller Construction Company était propriétaire, notamment le FLATIRON BUILDING.

Tourner à gauche dans Madison Ave et se diriger vers la 56ᵉ Rue E.

★★ Sony Plaza (anciennement nommé AT&T Headquarters) – *550 Madison Ave.* Conçu par Philip Johnson et John Burgee en association avec Henry Simmons, et terminé en 1984, cet édifice de pierre de 40 étages à la verticalité saisissante contraste avec les lignes horizontales des immeubles voisins. Sa façade de granit rose est percée de fenêtres sur un tiers seulement de sa surface, permettant ainsi une meilleure isolation. Le style du bâtiment, qualifié de post-moderne, constitue, du moins en apparence, une rupture totale avec le type de gratte-ciel de métal et de verre des années 1960 et 1970. Le toit triangulaire est coupé en son centre par une échancrure arrondie et la base de la tour, percée d'oculi, comporte une immense entrée formant une arche de 34m de haut flanquée de colonnes qui encerclent une charmante esplanade.

Pénétrer dans l'IBM Building par l'entrée donnant sur la 56ᵉ Rue E.

IBM Building – *590 Madison Ave.* Œuvre de l'architecte Edward Larrabee Barnes, ce bloc monolithique (43 étages) aux lignes sobres fut achevé en 1983. Son entrée, en retrait du reste de l'immeuble, semble défier le visiteur de pénétrer à l'intérieur de l'édifice. Le granit vert poli et le verre dont se compose la façade créent un motif de bandes horizontales. Devant le building *(du côté de la 56ᵉ Rue)*, une fontaine stylisée grossièrement taillée symbolise, par l'écoulement horizontal de son eau, les marées quotidiennes de la circulation piétonnière et automobile; des stries énigmatiques, gravées sur ses bords, représentent le tracé des rues environnantes.

Retourner sur la 57e Rue E. et continuer vers l'Ouest.

Entre Madison Avenue et la 5e Avenue, la 57e Rue compte parmi ses commerces beaucoup de boutiques aux noms prestigieux (Chanel, Hermès, Burberry's) dont les devantures chatoyantes arborent le dernier cri en matière de mode.

Juste avant de rejoindre la CINQUIÈME AVENUE, remarquer à gauche la célèbre bijou-terie TIFFANY & CO **[3]**, et à droite le magasin d'habillement Bergdorf Goodman **[4]**. À l'angle Nord-Ouest de l'intersection, on notera l'amusante devanture du Warner Bros Studio Store **[6]** *(p. 36)*, et de l'autre côté de l'avenue, l'illustre Van Cleef & Arpels **[5]** *(p. 36)*.

Sur le côté Nord de la 57e Rue Ouest s'élève le **9 West 57th Street★** (1974; Skidmore, Owings & Merrill), dont l'étonnante silhouette ressemble à s'y méprendre à celle du GRACE BUILDING *(42e Rue E.)*. Partant en arrondi au-dessus d'un immense hall, ce bâtiment spectaculaire à la forme controversée s'élance vers le ciel pour s'arrêter à une hauteur de 50 étages. Ses murs de verre teinté entrent dans un cadre en pierre de travertin. L'image légèrement déformée des immeubles qui se reflètent sur ses murs extérieurs curvilignes produit d'étranges effets visuels. Sur le parvis, la sculpture de couleur rouge représentant le chiffre 9 est l'œuvre primée du célè-bre graphiste Ivan Chermayeff. L'immeuble voisin *(no 29)* est orné à son sommet d'une croix de la Légion d'Honneur. Juste à côté, la **librairie Rizzoli** *(no 31)* se distin-gue par son entrée voûtée et ses étagères lambrissées garnies de beaux livres.

Continuer vers l'Ouest entre l'Ave of the Americas et la 7e Av.

Une enseigne lumineuse au néon signale la présence du Planet Hollywood *(no 140)*, restaurant très à la mode dont la façade arbore, en guise de décoration, les empreintes de mains de stars du show-business. Plus loin, le **Russian Tea Room** *(no 150, plan p. 91)*, avec ses fenêtres de verre dépoli et ses moulures vertes et rou-ges, abrite un magnifique intérieur évoquant l'opulence de la Russie tsariste. Fréquenté par une clientèle riche et célèbre, cet établissement renommé – où l'on sert plus d'une tonne de caviar par an! – avait été ouvert par des immigrés russes comme lieu de rassemblement pour les membres du corps de ballet expatriés. On y remarquera une belle collection de samovars.

★ **Carnegie Hall** – *Plan p. 91. 156, 57e Rue O. Visite guidée (1h) seulement, lun.– mar. & jeu.–ven. 11h30, 14h & 15h. Fermé août. 6$. Thé (Russian Tea Room) et visite combinés: 27$. &. ☎903-9790. Programme des concerts et billetterie ☎247-7800. Réservations dîner-buffet (avant concert) ☎903-9689.* À l'angle de la 7e Avenue, un édifice de style néo-Renaissance italienne (1891, William B. Tuthill) revêtu de brique orange abrite l'une des salles de concerts les plus prestigieuses du monde. Bâti sous les auspices d'**Andrew Carnegie** (1835-1919), le roi de l'acier, Carnegie Hall fut inauguré en 1891 par un concert dirigé par Tchaïkovsky, qui fai-sait alors ses débuts en Amérique en tant que chef d'orchestre. Les plus grands noms de la musique s'y produisirent. Après avoir échappé de justesse à la démoli-tion dans les années 1960, l'édifice fut entièrement rénové en 1986. Aujourd'hui, son intérieur a retrouvé sa splendeur d'antan et la salle de concerts, renommée pour la perfection de son acoustique, peut accueillir un public de plus de 2 800 per-sonnes. Deux bâtiments annexes ont été adjoints au Carnegie Hall: la tour Tuthill (1895) sur la 56e Rue et la tour Hardenbergh (1897) sur la 57e Rue. En 1990, une tour de 60 étages (Cesar Pelli & Associates) allait y être ajoutée, apportant à l'ensemble une touche de modernisme.

Un petit musée, le **Rose Museum** *(entrée au no 154; prendre l'ascenseur jusqu'au 2e niveau; ouv. jeu.–mar. 11h–16h30; fermé août)*, retrace l'histoire de ce haut lieu de la musique à l'aide de photos, de programmes de spectacles et de coupures de presse. Remarquer la clarinette de Benny Goodman et les baguettes de chef d'orchestre de Toscanini et de von Karajan qui y sont exposées.

À l'angle de la 7e Avenue, admirer au Nord l'**Alwyn Court Apartments** *(182, 58e Rue O., plan p. 91)*, immeuble construit en 1909 par Harde & Short et dont la façade est ornée de motifs en terre cuite d'inspiration Renaissance.

Toujours au Nord, entre les 7e et 8e Avenues, se trouve l'**Art Students League** *(no 215, plan p. 91)*, école des Beaux-Arts fondée en 1875 par d'anciens élèves de la NATIONAL ACADEMY OF DESIGN. Conçu par Hardenbergh en 1892, cet édifice ressemble un peu à un pavillon de chasse du temps de François Ier. Son architecture de style Renaissance contraste étrangement avec celle du Hard Rock Cafe *(no 221)* dans la façade duquel vient s'encastrer une vieille Cadillac, et dont l'intérieur contient un bar en forme de guitare ainsi qu'une importante collection de souvenirs rappelant les grands moments du rock'n'roll.

AUTRE CURIOSITÉ

Yivo Institute for Jewish Research – *555, 57e Rue O. Carte p. 3. Ouv. lun.– jeu. 9h30–17h30. ☎535-6700. Changement de locaux prévu pour 1996.* Cet institut d'études juives possède une impressionnante collection de manuscrits et de lettres en yiddish datant du 17es.

Durée: 2h. Parcours: 1,6km. Plan p. 45.

Pourvue de larges trottoirs et d'un terre-plein égayé de fleurs, d'arbustes et de sculptures, cette «voie royale» constitue l'un des quartiers les plus chics de la ville. Symboles de l'envahissement progressif des tours de bureaux dans le cœur de Manhattan, les gratte-ciel des grandes sociétés américaines bordent la partie de Park Avenue comprise dans le secteur Midtown. À la période de Noël, ses arbres illuminés lui donnent un air de fête.

Un chef-d'œuvre de l'urbanisme – De 1830 à 1890, cette partie de la 4e Avenue, qui prit plus tard le nom de Park Avenue, était parcourue par les disgracieuses voies ferrées de la New York Central Railroad Company, tandis que des ponts desservaient les rues transversales. Aussi la fumée et le fracas des convois rendaient-ils l'endroit peu agréable.

Mais la situation changea au début du siècle, lorsque les travaux du GRAND CENTRAL TERMINAL furent lancés et que l'électrification et la couverture du réseau furent réalisées, la tranchée primitive laissant place à une large avenue. L'édification d'immeubles sur pilotis au-dessus des voies ferrées et des gares de triage fut rendue possible par l'utilisation du béton, nouvelle technique qui permettait d'isoler les nouvelles constructions des vibrations provoquées par le trafic ferroviaire. Les immeubles d'habitation se multiplièrent très vite le long de cette artère (jusqu'à la hauteur de la 50e Rue), et l'ensemble du projet fut salué comme une œuvre majeure de l'architecture urbaine du début du 20e s. Durant la période d'après-guerre, ces édifices furent peu à peu remplacés par de grandes tours de bureaux et le quartier perdit de son élégance initiale, ses immeubles cossus ayant fait place à un corridor quelque peu disparate de métal et de verre.

PROMENADE

Partir du coin de Park Ave et de la 46e Rue E. ● station Grand Central (lignes 4, 5, 6).

★ **Helmsley Building** – *No 230.* Érigé en 1929 pour abriter le siège de la compagnie de chemins de fer New York Central Railroad, cette élégante tour surmontée d'un toit en forme de pyramide, enjambe la chaussée. La structure, dessinée par Warren & Wetmore (brillants concepteurs du Grand Central Terminal), repose sur deux voies ferrées et paraît aujourd'hui bien petite à côté du METLIFE BUILDING (anciennement nommé Pan Am Building) qui s'élève en retrait. Sa façade Nord dessine deux arches au-dessus des tunnels sous lesquels passent voitures et piétons. Richement décoré, le hall d'entrée contient des murs de travertin et de somptueuses finitions en bronze. Lors de la construction, ce décor, dont l'opulence reflétait les aspirations grandioses de la compagnie des chemins de fer, offrait un contraste saisissant avec les immeubles de bureaux avoisinants, plus sobres. Le bâtiment fut acquis en 1977 par la chaîne Helmsley, et sa façade fut redorée à l'or fin.

Park Avenue (immeubles Helmsley et MetLife)

Ken Straiton/First Light

Au **n° 270** *(entre les 47e et 48e Rues)*, une tour de 53 étages s'élève au-dessus d'une petite esplanade piétonnière. L'édifice frappe par le contraste qu'offrent les matériaux employés: verre lisse et brillant des baies vitrées, acier mat noir et blanc de l'armature. Il fut construit en 1960 par Skidmore, Owings & Merrill pour la société de produits chimiques Union Carbide, et abrite aujourd'hui le siège principal de la Chemical Bank. Comme pour beaucoup d'immeubles bâtis aux abords du Grand Central Terminal, les cages d'ascenseur n'ont pu être logées au sous-sol, et l'entrée principale ne se situe donc pas au rez-de-chaussée, mais au deuxième niveau.

De l'autre côté de la rue, au **n° 277**, se dresse une tour gris argent (1962, Emery Roth & Sons) de 50 étages faisant pendant à l'immeuble de la Chemical Bank. Les trois premiers étages forment saillie sur la rue et enserrent le **Chemcourt** (1982), jardin intérieur orné de plantes exotiques et de cascades. À l'angle de la 48ᵉ Rue Est, remarquer une amusante sculpture de bronze (1983, J. Seward Johnson Jr) représentant un homme d'affaire hélant un taxi.

★ **Waldorf-Astoria** – *Nᵒ 301, entre les 49ᵉ et 50ᵉ Rues.* Hôtel de renommée mondiale (1931, Schultze & Weaver), le Waldorf-Astoria comprend un personnel d'environ 1 500 employés pour un total de plus de 1 410 chambres. Cette structure massive, reconnaissable à ses deux tours jumelles, fut construite pour remplacer l'ancien Waldorf-Astoria *(p. 31)* qui avait été détruit afin de laisser place à l'EMPIRE STATE BUILDING. Elle s'élève sur 47 étages depuis une base en granit de 18 étages, et se compose d'une série de décrochements en pierre calcaire et en brique qui contribuent à lui donner une discrète allure Art déco.
L'intérieur présente un mélange des plus éclectiques. Le hall principal est particulièrement intéressant, avec son sol en marbre orné d'une célèbre mosaïque intitulée *Wheel of Life*, et l'entrée du côté Est de l'hôtel contient une gigantesque horloge de bronze anglaise datant de 1893.
Les appartements et suites d'honneur du Waldorf-Astoria ont vu défiler tant de célébrités (de nombreux chefs d'état, le général MacArthur, le duc de Windsor, Henry Kissinger et bien d'autres) qu'un service du protocole a été institué afin de régler les délicates questions de préséance et d'étiquette. C'est ainsi que certains dignitaires séjournant au Waldorf-Astoria ont le privilège de voir flotter leur pavillon national devant la façade de l'hôtel.

★ **St Bartholomew's Church** – *À l'angle de la 50ᵉ Rue E. Ouv. t. l. j. 8h–18h (dim. 16h).* &. Considérée comme l'une des plus belles réalisations de l'architecte Bertram G. Goodhue, l'église épiscopale St Bartholomew est un édifice de style néo-byzantin dont la silhouette ramassée, entourée d'un charmant jardin surélevé, contraste avec les gratte-ciel environnants. Elle se distingue par son dôme polychrome et par ses murs de brique orange et de pierre calcaire grise.
La façade est percée d'un portique roman (1903, Stanford White) – don des Vanderbilt – provenant de la première église St Bartholomew qui se trouvait sur Madison Avenue de 1872 à 1918. Ses trois vantaux de bronze sculptés illustrent des scènes de l'Ancien et du Nouveau Testament, et s'ouvrent sur un intérieur de marbre richement décoré.
Dans l'abside, on remarquera, au-dessus des fenêtres en albâtre, une mosaïque représentant la Transfiguration. Le baptistère contient quant à lui la statue d'un ange agenouillé, œuvre du sculpteur anglais James Redfern (19ᵉ s.). L'église possède en outre le plus grand orgue éolien de la ville.

Tourner à droite dans la 51ᵉ Rue E. et continuer vers Lexington Ave.

★ **General Electric Building** – *570 Lexington Ave.* Derrière l'église St Bartholomew se dresse ce gratte-ciel de 51 étages, merveilleuse création Art déco, avec sa flèche rouge orangé coiffée d'une couronne de pinacles, qui s'élève d'une base quadrangulaire. Initialement conçu en 1931 pour la RCA Victor Company, qui déménagea au ROCKEFELLER CENTER, l'immeuble est aujourd'hui décoré de rayons lumineux et d'éclairs, éléments particulièrement appropriés à son locataire principal, la compagnie General Electric.

Retourner sur Park Ave.

★★ **Seagram Building** – *Nᵒ 375. Visite guidée (30mn) mar. 15h. Se présenter auprès du garde chargé de la sécurité dans le hall d'entrée.* Issu en 1958 de la collaboration de **Mies van der Rohe** pour le dessin général, et de **Philip Johnson** pour la décoration intérieure, ce célèbre immeuble de style international est aujourd'hui le siège de la compagnie Joseph E. Seagram & Sons, Inc. Par son élégante sobriété, il se classe parmi les plus beaux gratte-ciel de New York. Sa tour de 38 étages s'élève en retrait de l'avenue, au-dessus d'une esplanade de granit agrémentée de bassins. Les subtils reflets mordorés de ses panneaux extérieurs et de ses fenêtres, et le raffinement de son hall d'entrée, avec ses murs de travertin, lui confèrent une allure classique.
À l'intérieur, admirer l'immense toile de Picasso qui décore l'entrée du célèbre restaurant The Four Seasons. Cette composition classique avait été exécutée en 1919 comme décor de scène pour le ballet de Léonide Massine, *Le Tricorne*.

En face du Seagram Building, un édifice de style néo-Renaissance italienne (1918) abrite le prestigieux Racquet and Tennis Club **[A]** *(nᵒ 370).* Œuvre de McKim, Mead & White, il figure parmi les rares survivants d'une époque révolue, lorsque cette section de Park Avenue était bordée d'élégants immeubles résidentiels.

★ **Park Avenue Plaza** – *De la 52ᵉ à la 53ᵉ Rue E., entre Park et Madison Aves. Entrée sur la 53ᵉ Rue.* Derrière le Racquet and Tennis Club se dresse la silhouette massive du Park Avenue Plaza (1981; Skidmore, Owings & Merrill), énorme prisme de verre dans les vitres duquel se reflètent le ciel et les tours environnantes. Cet immeuble de bureaux comprend une arcade commerciale à deux niveaux, rehaussée d'une fontaine. Une œuvre monumentale de Frank Stella intitulée *Deauville* (1970), est suspendue au-dessus du bureau d'accueil, au niveau supérieur, tandis que des expositions temporaires ornent le hall d'entrée *(ouv. lun.–ven. 9h–21h; programme des expositions: Chartwell Booksellers ☎906-4695).*

★★ **Lever House** – *Nᵒ 390.* Influencé par les concepts architecturaux de Le Corbusier, le Lever House (Skidmore, Owings & Merrill) était considéré comme avant-gardiste lorsqu'il fut inauguré en 1952. Par sa forme et par les matériaux mis en œuvre (verre et acier), cet édifice de 21 étages contrastait agréablement avec les immeubles résidentiels de pierre et de béton bordant alors l'avenue. Il devait marquer l'avènement des immeubles de bureaux en verre à New York, et celui du style international dans les constructions commerciales.

Des expositions temporaires sont présentées dans le grand hall *(ouv. lun.–ven. 10h–17h; dim. 13h–17h; ☎906-4695).*

De Park Ave, prendre à droite la 53e Rue E. et continuer vers Lexington Ave.

★★ **Citicorp Center** – *153, 53e Rue E., à l'angle de Lexington Ave.* Véritable aiguille gainée d'aluminium et de verre, la tour abritant le siège social de la Citicorp présente une remarquable silhouette. Le succès du projet, réalisé en 1978 par Hugh Stubbins & Associates, entraîna une impressionnante poussée de gratte-ciel entre Lexington Avenue et la 3e Avenue. Quatre piliers gigantesques de 35m de haut (soit l'équivalent de 9 étages) soutiennent l'étonnante structure couronnée par un sommet en biseau. Le tout culmine à une hauteur de 274m, qui place l'édifice au 4e rang des gratte-ciel new-yorkais. Dans l'espace laissé libre par les piliers en retrait se nichent l'église St Peter *(ci-dessous)* ainsi que le **Market** (à l'intérieur d'un bâtiment de sept étages) abritant des boutiques et des restaurants agencés autour d'un atrium aménagé où les plantes s'épanouissent sous la verrière faisant fonction de toit. L'endroit, très animé, sert de cadre à des expositions, des concerts et des manifestations culturelles diverses.

★ **St Peter's Church** – *Entrée sur la 54e Rue. Ouv. t. l. j. 9h–22h. Visites guidées (30mn) possibles.* &. L'Église luthérienne vendit son vaste terrain à la Citicorp à condition qu'une nouvelle église soit intégrée dans le complexe. Celle-ci, de l'extérieur, semble bien petite, comme écrasée sous l'énorme masse de la tour. L'intérieur *(visible depuis la galerie au niveau de la rue)*, d'une extrême simplicité avec ses murs blancs austères, constitue une oasis de silence et de calme. Remarquer l'autel, le lutrin, la tribune, les marchepieds et les bancs, faits de chêne rouge.

En sortant de la galerie, visiter la chapelle attenante, **Erol Beker Chapel of the Good Shepherd**★, conçue par la célèbre artiste Louise Nevelson comme un «havre de pureté» au sein de Manhattan.

Retourner sur la 5e Av. par la 54e Rue.

En continuant à remonter Park Avenue, on passe devant le **stand Mercedes-Benz** *(no 430)*, véritable symphonie de rampes et de parois réfléchissantes conçue en 1953 par Frank Lloyd Wright pour Max Hoffman, concessionnaire Mercedes.

Au coin de la CINQUANTE-SEPTIÈME RUE s'élève la Ritz Tower *(no 465)*. Exemple typique d'une tour d'appartements de Park Avenue, cet édifice couronné d'obélisques fut érigé en 1925 par Emery Roth et Carrère & Hastings pour la chaîne d'hôtels résidentiels Hearst. Entre les 58e et 59e Rues, la noire façade de verre et d'aluminium du 499 Park Avenue (1981, I.M. Pei) abrite la Banque Nationale de Paris. De cet angle, la **perspective**★★ *(vers le Sud)* sur les immeubles Helmsley et MetLife est magnifique.

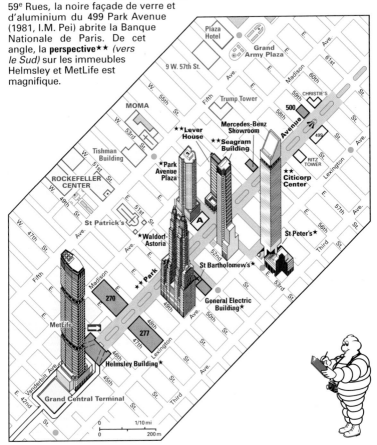

500 Park Avenue – *À l'angle de la 59ᵉ Rue.* Œuvre de Skidmore, Owings & Merrill (1960), cette élégante structure de 11 étages (anciennement nommée Olivetti Building) semble comme écrasée par l'imposante silhouette du 500 Park Tower (1984) qui se dresse derrière elle. Sur sa façade habillée de verre, les allèges dessinent un rigoureux quadrillage.

À l'angle Nord-Ouest de la 59ᵉ Rue se tient la célèbre salle des ventes Christie's, fondée en 1766. Au delà de la 60ᵉ Rue commence la partie purement résidentielle de Park Avenue.

Pour une description de Park Ave au Nord de la 59ᵉ Rue, voir la section Upper East Side (p. 93).

QUARANTE-DEUXIÈME RUE EST (East 42nd Street)

Durée: 2h. Parcours: 0,8km. Plan p. 48.

Principale artère de Manhattan qu'elle traverse de part en part de l'East River à l'Hudson, la 42ᵉ Rue présente – entre le SIÈGE DES NATIONS UNIES et la CINQUIÈME AVENUE – un riche assortiment d'immeubles dont la physionomie reflète particulièrement bien l'évolution des styles architecturaux depuis 1900.

Des taudis aux gratte-ciel – Afin d'encourager leurs occupants à quitter les immeubles surpeuplés de Lower Manhattan *(p. 75)* et à s'installer plus au Nord, la 42ᵉ Rue s'ouvrit au développement immobilier en 1836. Source de nuisances, l'incessante activité ferroviaire en faisait un endroit bruyant et pollué, n'attirant guère qu'usines et brasseries; à ces dernières devaient également s'ajouter d'infects taudis dans lesquels vivaient des émigrants, avec leurs chèvres et leurs cochons. La mise en valeur du quartier commença au début du 20ᵉ s., avec la construction du Grand Central Terminal. Les disgracieuses voies ferrées furent recouvertes, et après l'achèvement de la gare en 1913, une extraordinaire reprise immobilière ouvrit la zone à la construction d'immeubles

Les abords de la 42ᵉ Rue vers 1860

Library of the Boston Athenaeum

de bureaux et d'habitation ainsi que d'hôtels. Au Nord, le WALDORF-ASTORIA (1931) attirait une clientèle fortunée, avec ses élégantes réceptions, tandis qu'au Sud et à l'Est, les immeubles Chanin, Chrysler et Daily News annonçaient déjà d'innovatrices tendances en matière d'architecture.

Lorsque plusieurs blocs, alors occupés par des abattoirs, furent rasés en 1946 pour faire place au SIÈGE DES NATIONS UNIES, cette partie de New York devint enfin un quartier à part entière.

PROMENADE

Départ du Grand Central Terminal, à l'angle de Park Ave. ●station Grand Central (lignes 4, 5, 6).

★★ **Grand Central Terminal** – Véritable chef-d'œuvre d'urbanisme, cet édifice de style académique (1913; architectes: Warren & Wetmore; ingénierie: Reed & Stem) abrite l'une des gares principales de New York. Elle a ceci de particulier qu'on ne voit pas les trains, ces derniers se dissimulant dans des galeries souterraines (étagées sur deux niveaux) qui suivent Park Avenue de la 42ᵉ à la 59ᵉ Rue Est.

Du dépôt à la gare – Au début du 19ᵉ s., les trains à vapeur descendaient la 4ᵉ Avenue (aujourd'hui Park Avenue) jusqu'au dépôt de la 23ᵉ Rue, où les wagons étaient accrochés à un attelage de chevaux qui les tiraient jusqu'au terminus de la ligne, près du CITY HALL. Vers 1854, une ordonnance interdit le passage des locomotives à vapeur au Sud de la 42ᵉ Rue, de façon à réduire la pollution de l'air et le bruit. Le «Commodore» **Cornelius Vanderbilt** (1794-1877) qui, vers 1869, s'était rendu propriétaire de toutes les compagnies ferroviaires de la ville, fit construire en 1871 le Grand Central Depot à l'angle de Park Avenue et de la 42ᵉ Rue. Mais en 1902, un nouvelle loi proscrivait la circulation de toute locomotive à vapeur en ville, laissant alors à la New York Central Railroad Company le choix suivant: se réinstaller en périphérie ou électrifier le réseau. La société de chemins de fer opta pour la seconde solution; sous la direction de l'ingénieur en chef William J. Wilgus, les voies furent recouvertes, et une nouvelle gare construite au-dessus.

Aujourd'hui, quelque 500 trains assurent le transport quotidien de plusieurs centaines de milliers de banlieusards, sans parler des passagers de grands lignes qui transitent également par le Grand Central Terminal. Les alentours de la gare sont devenus un quartier commerçant prospère.

L'édifice – *Entrer dans la gare.* Le **grand hall**★, percé de fenêtres, a des dimensions de cathédrale: 114m de long, 36m de large et 38m de haut, soit l'équivalent de 12 étages. Le plafond voûté, qui comportait à l'origine 2 500 constellations, est orné des signes du zodiaque (amusante particularité: leur ordre fut inversé par erreur lors de leur réalisation, en 1913). D'énormes chandeliers et de massives colonnes rehaussent le magnifique intérieur. Point de rencontre traditionnel des New-Yorkais, l'horloge de cuivre et d'onyx du bureau d'information central voit défiler un flot continu de voyageurs. Les rampes conduisant aux voies sont bordées d'une multitude de boutiques. Des passages souterrains relient la gare à plusieurs immeubles voisins.

À l'extérieur, admirer la somptueuse façade à colonnade de Warren & Wetmore. Son fronton, doté d'une immense horloge de 4m, se compose d'une sculpture intitulée *Transportation* (1914, Jules-Félix Coutan) où les divinités de l'Olympe (Mercure, Hercule et Minerve) fraternisent avec l'aigle américain. En dessous se dresse la statue de bronze (1869) du «Commodore» Vanderbilt.

L'ancienne tour de la Pan Am, aujourd'hui nommée **MetLife Building**★ (1963), domine la gare du Grand Central. Conçue par une équipe d'architectes parmi lesquels figuraient **Walter Gropius**, célèbre animateur du Bauhaus, elle souleva un tollé général, car sa silhouette massive bouchait la perspective jusqu'alors dégagée sur Park Avenue. Le MetLife Buiding était, à l'époque de sa construction, le plus grand immeuble commercial du monde, avec 223 000m^2 de bureaux.

Traverser la 42e Rue E.

Dominant l'angle Sud-Ouest de Park Avenue et de la 42e Rue, une tour de granit et de verre de 26 étages (1963, Ulrich Franzen & Associates) abrite le **Philip Morris World Headquarters**.

Au rez-de-chaussée se trouve une annexe du WHITNEY MUSEUM OF AMERICAN ART *(ouv. lun.–mer. & ven. 11h–18h; jeu. 11h–19h30; fermée j. f.; ♿ ☎878-2550)* qui constitue un véritable havre de paix au milieu de ce quartier animé. Une cour *(ouv. lun.–sam. 7h30–21h30; dim. 11h–19h; fermée j. f.; ♿ ☎878-2550)* entourée de hauts murs expose de grandes sculptures du 20e s., tandis qu'une galerie adjacente abrite des expositions temporaires consacrées à l'art américain.

Continuer vers l'Est sur la 42e Rue E.

Au n° 110, remarquer le **Bowery Savings Bank Building** (1923, York & Sawyers), édifice monumental réputé pour sa luxueuse entrée, revêtue de marbre et de mosaïques.

Grand Hyatt Hotel – *N° 125.* Immense structure en verre-miroir caractérisée par son plan formant un H, ce bâtiment de 30 étages (1980, Der Scutt et Gruzen & Partners) présente un contraste total avec ses voisins qui se reflètent dans ses parois argentées. Il s'agit en fait de l'ancien hôtel Commodore (1920) dont les murs de pierre ont été gainés de verre.

★ **Chanin Building** – *N° 122.* Parfait exemple de style Art déco, cet édifice de 56 étages (1929, Irwin Chanin et Sloan & Robertson) comporte, à sa base, de ravissantes frises curvilignes en terre cuite typiques de l'époque. Pénétrer dans le **hall** pour admirer ses portes ornées de motifs stylisés, ses grilles d'aération décorées et ses boîtes aux lettres.

★★★ **Chrysler Building** – *405 Lexington Ave.* Cet édifice de 77 étages (1930, William Van Allen) fut, pendant une brève période, le plus haut gratte-ciel du monde (319m). Détrôné un an plus tard par l'EMPIRE STATE BUILDING, il demeure malgré tout l'un des bâtiments les plus prestigieux de la ville, sa silhouette baroque, coiffée d'une spectaculaire flèche à alvéoles, se distinguant de très loin. Le Chrysler Building fut l'une des toutes premières tours à utiliser le métal comme élément essentiel de décoration. Sa façade comporte de nombreux détails évoquant l'âge d'or de l'automobile, dont d'immenses gargouilles représentant l'aigle symbolique de Chrysler.

Tom Sobolik/First Light

Chrysler Building

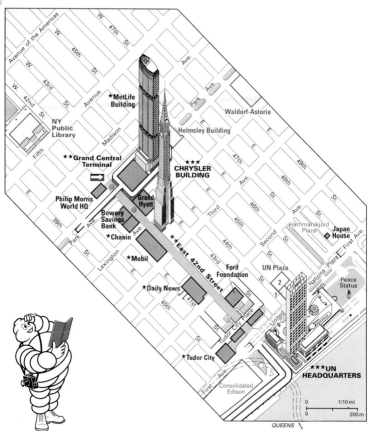

Superbe exemple de style Art déco, le **hall d'entrée**★ est recouvert de marbre rouge. Noter ses ascenseurs richement décorés et son plafond peint par Edward Trumbull. Au rez-de-chaussée, la Con Edison (compagnie de distribution d'électricité à New York) présente en permanence une exposition sur la conservation de l'énergie *(entrée sur Lexington Ave; ouv. lun.–ven. 9h–18h; fermé j. f.)*.

★ **Mobil Building** – *N° 150.* Fruit d'une technique très poussée, ce gratte-ciel de 45 étages (1955, Harrison & Abramovitz) s'étend sur tout un bloc entre Lexington Avenue et la 3e Avenue. Sa façade est revêtue de panneaux d'acier inoxydable de 10cm d'épaisseur, spécialement conçus pour ne pas avoir à être nettoyés: le vent décape la surface en relief, empêchant ainsi la formation de dépôts de saleté.

★ **Daily News Building** – *N° 220.* Réalisé en 1930 par Howells & Hood pour le célèbre quotidien *Daily News*, le bâtiment d'origine fut l'un des premiers gratte-ciel new-yorkais à abandonner le style gothique alors très en vogue. Les pilastres de briques blanches de sa façade donnent au volume architectural une verticalité géométrique très moderne de conception, et créent une illusion de hauteur supérieure à ses 37 étages actuels. Un toit en terrasse – innovation remarquable à l'époque de sa construction – coiffe ce bloc monolithique. Adjonction plus récente (1958, Harrison & Abramovitz), le corps de bâtiment donnant sur la 2e Avenue reprend le motif de bandes verticales.
La composition, gravée dans la pierre, qui surmonte l'entrée principale, est typique du graphisme des années 1930. À l'intérieur, admirer un gigantesque **globe terrestre** (3,7m de diamètre) qui tourne sur son axe au-dessous d'une voûte céleste suggérée par un jeu de glaces fumées. Des horloges indiquent l'heure exacte dans les diverses parties du monde. Sont aussi à signaler la rose des vents dessinée sur le sol; y est indiquée la distance séparant les grandes cités du monde de New York.

Ford Foundation Building – *320, 43e Rue E.* Une élégante structure cubique (1967; Roche, Dinkeloo & Associates) abrite les locaux de la Fondation Ford. Créée en 1936 par Henry et Edsel Ford, cette institution privée à but non lucratif assure des activités philanthropiques dans les domaines les plus divers: défense des droits de l'homme, santé, culture, affaires internationales et autres. À ce jour, elle a apporté son soutien moral et financier à plus de 9 000 organismes répartis aux États-Unis et dans de nombreux pays étrangers.
Les 12 étages de verre et d'acier de l'immeuble, maintenus par des piliers porteurs en granit, encadrent un luxuriant **jardin intérieur** comprenant des pièces d'eau entourées de fleurs, de plantes et d'arbustes décoratifs *(entrée sur la 42e Rue; ouv. au public lun.–ven. 9h–17h; fermé j. f.)*.

★ **Tudor City** – *Tudor City Place.* Érigés vers 1925 sur une colline surplombant le SIÈGE DES NATIONS UNIES, ces 12 bâtiments de brique (6 immeubles d'habitation, 5 hôtels de résidence et 1 hôtel) bénéficient d'un calme et d'un isolement précieux à

New York. Leurs quatre-feuilles, leurs pinacles ornés de fleurons et leur décor flamboyant évoquent le style anglais Tudor. Conçu à l'intention des classes moyennes par le promoteur Fred F. French, le complexe avait pour ambition de créer un véritable village dans la ville, avec ses 3 000 appartements, son hôtel, ses boutiques et ses espaces verts privés. Les bâtiments ne comportent pratiquement aucune fenêtre du côté Est, car dans les années 1920, l'actuelle esplanade de l'Organisation des Nations Unies n'était qu'une zone industrielle composée de brasseries, d'abattoirs et d'usines diverses.

De Tudor City Place, sorte d'allée qui enjambe la 42e Rue (*on y accède par des marches à partir des 42e ou 43e Rues*), on découvre une **vue★** superbe sur la 42e Rue à l'Ouest, et sur l'ONU à l'Est.

SIÈGE DES NATIONS UNIES (UN Headquarters) ★★★ 6

Durée: 2h. ●*station Grand Central (lignes 4, 5, 6). Plans pp. 48 et 50.*

L'Organisation des Nations Unies occupe un site de 7ha au bord de l'East River, entre les 42e et 48e Rues. L'énorme complexe, qui comprend quatre bâtiments et plusieurs jardins, constitue une zone bénéficiant du statut spécial d'extra-territorialité. Aujourd'hui composée de 184 états membres (ils n'étaient que 51 à sa fondation), l'ONU a pour mission de maintenir la paix et la sécurité internationales, de promouvoir le droit des peuples à disposer d'eux-mêmes, d'encourager le respect des droits de l'homme et des libertés fondamentales, et de favoriser les progrès économiques et sociaux dans le monde.

Un peu d'histoire – L'ONU fut officiellement fondée en juin 1945 dans le but de permettre aux nations intéressées de travailler ensemble pour une cause commune de paix et de sécurité. Elle succéda à la Société des Nations Unies, créée après la Première Guerre mondiale, sous le mandat du Président américain Woodrow Wilson.

La Charte des Nations Unies se donne pour objectifs de favoriser la coopération internationale afin de résoudre les problèmes économiques, sociaux, culturels ou humanitaires; de trouver des solutions pacifiques aux conflits internationaux; et de mettre un terme aux menaces ou à l'usage de la force contre toute nation. Au fil des années, l'ONU est intervenue à plusieurs reprises contre toute forme d'agression, en envoyant par exemple des forces d'urgence (Corée, 1950), en vérifiant le déroulement des élections (Nicaragua,

United Nations

Nations Unies

1989), en assurant la paix civile (Salvador, 1991), en observant le maintien du cessez-le-feu (Mozambique, 1992) ou encore, en assurant le convoyage et l'escorte de l'aide humanitaire (Somalie, 1993).

L'un des développements les plus frappants dans l'évolution de l'ONU est sans aucun doute l'influence croissante du Tiers Monde, résultat de l'effondrement des empires coloniaux et de la multiplication du nombre d'états devenus indépendants. Depuis 1988 seulement, plus de 25 nations ont ainsi été ajoutées à la liste des états membres.

Les travaux – En décembre 1946, John D. Rockefeller Jr *(p. 38)* faisait don à l'ONU de 8,5 millions de dollars pour l'acquisition du site actuel sur l'East River. À l'époque, l'endroit, connu sous le nom de Turtle Bay, était essentiellement constitué de taudis, d'abattoirs et de brasseries. Principalement financée par le gouvernement américain sous forme d'un prêt sans intérêt de 65 millions de dollars, la construction même du complexe se fit sous la direction de l'architecte Wallace K. Harrison, avec pour collaborateurs des célébrités internationales telles que Le Corbusier (France), Oscar Niemeyer (Brésil) et Sven Markelius (Suède).

Le bâtiment du Secrétariat fut inauguré en 1950. Deux ans plus tard, le Conseil de sécurité et l'Assemblée générale tenaient leurs premières sessions. Quant à la bibliothèque Dag Hammarskjöld (Harrison, Abramovitz & Harris), elle allait être achevée en 1962.

Les différents organes des Nations Unies – Régie par une charte composée de 111 articles, l'ONU comprend six organes principaux et un certain nombre d'organes auxiliaires. Elle travaille en étroite collaboration avec 16 agences spécialisées parmi lesquelles figurent l'Organisation pour l'éducation, la science et la culture (UNESCO) à Paris, l'Organisation pour l'alimentation et l'agriculture (FAO) à Rome, et le Fond monétaire international (FMI) à Washington. Ces différents organes et institutions forment ce que l'on appelle couramment la «famille des Nations Unies».
À la tête de l'Organisation, le secrétaire général, élu pour une période de cinq ans, occupe les fonctions afférentes à l'exécution des décisions ou des recommandations adoptées par l'Assemblée générale et les Conseils.

VISITE

Ouv. t. l. j. 9h15–16h15. Fermé 1er janv., Thanksgiving & 25 déc.; sam.–dim. janv.–fév. Visite guidée (45mn) toutes les 30mn; s'adresser au bureau des visites (Tour Desk) dans le hall du bâtiment de l'Assemblée générale. Les enfants de moins de 5 ans ne sont pas admis. 6,50$. ✗ ✆ ☎963-7713. Visites guidées conduites dans de nombreuses langues étrangères en sus de l'anglais; renseignements et réservations ☎963-7539.

On obtiendra une excellente vue d'ensemble du complexe en se plaçant à l'angle de la 45e Rue et de la 1ère Avenue. De ce côté s'alignent les drapeaux des nations membres de l'Organisation, disposés de gauche à droite dans l'ordre alphabétique de leur nom en anglais.
À l'angle Nord-Ouest de la 44e Rue et de la 1ère Avenue, remarquer les deux tours de bureaux de l'**United Nations Plaza** (1976; Roche, Dinkeloo & Associates). Ces colonnes irrégulières aux façades nappées de miroirs bleu-vert, compliment particulièrement bien la sobre élégance de l'immeuble du Secrétariat.

Non loin de là se trouve un petit parc nommé en l'honneur de Ralph J. Bunche (premier haut fonctionnaire noir américain à travailler dans le cadre de l'ONU) et qui sert de point de ralliement à des manifestations diverses.

L'entrée des visiteurs s'ouvre sur une esplanade d'où l'on peut admirer d'agréables jardins ornés çà et là de sculptures, dont la statue de la Paix (1954, Antun Augustincic), offerte par la Yougoslavie. Un escalier mène à une terrasse et à une promenade au bord de l'eau, offrant de belles vues sur l'East River et sur le complexe des Nations Unies. Sous la pelouse située au Nord des bâtiments se trouvent trois étages en sous-sol affectés à l'imprimerie.

Les bâtiments

Bâtiment de l'Assemblée générale (General Assembly Building) – Cette structure longiligne, coiffée d'un toit élégamment incurvé abritant la grande salle de l'Assemblée, forme le cœur du complexe des Nations Unies.
Pénétrer dans le hall principal par l'une des sept portes (données par le Canada) qui percent l'immense masse de béton et de verre du mur frontal. À gauche de l'entrée se trouve le bureau d'accueil, et à droite, la salle de méditation, dédiée à ceux qui sont morts pour la Paix. La pièce est mise en valeur par un vitrail de Chagall (1964); ce panneau de verre, réalisé en hommage à Dag Hammarskjöld (p. 51), fut offert par le personnel de l'ONU et par l'artiste en personne. Divers objets rehaussent l'entrée, parmi lesquels un pendule de Foucault, un modèle de Sputnik 1, une statue de Poséidon et un fragment de roche lunaire.

Salle de l'Assemblée générale – Pourvu d'un éclairage vertical, cet auditorium de plan ovale mesure 50m sur 35. Les murs sont ornés de peintures de Fernand Léger. La tribune des orateurs est surmontée d'une estrade où siège le président de l'Assemblée qu'assistent, de chaque côté, le secrétaire général et le sous-secrétaire aux affaires politiques. Au-dessus, entre les panneaux lumineux qui indiquent le vote des différents membres, est fixé un macaron emblématique symbolisant l'ONU. De chaque côté se trouvent des cabines vitrées pour la radio et la télévision, et bien sûr pour les interprètes; car comme dans toutes les salles de conférences de l'ONU, délégués et spectateurs disposent d'écouteurs individuels

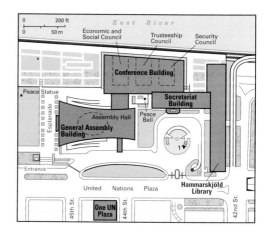

permettant d'entendre la traduction simultanée des débats dans une des six langues officielles de l'Assemblée: français, anglais, espagnol, russe, arabe ou chinois (les deux premières constituant les «langues de travail» du Secrétariat).

L'Assemblée générale se réunit régulièrement pour une session annuelle de trois mois, qui débute le troisième mardi de septembre, mais des sessions extraordinaires peuvent également avoir lieu à la demande du Conseil de sécurité ou de la majorité des états membres. D'une manière générale, l'Assemblée peut discuter et faire des recommandations aux états sur toutes les questions visant à assurer la paix et la sécurité internationales (à l'exception de celles soumises au Conseil de sécurité) et promouvoir la coopération entre états. Elle reçoit aussi et examine les rapports annuels des principaux organes qui en dépendent et vote le budget. Les décisions importantes doivent obtenir l'accord des deux-tiers des membres présents et votant; une majorité simple suffit pour les autres questions. L'Assemblée élit aussi son propre président et ses vice-présidents, admet les nouveaux membres sur recommandation du Conseil de sécurité et choisit les membres non permanents du même Conseil.

Bâtiment des Conférences (Conference Building) – Ses cinq étages abritent, en commençant par le sous-sol, des installations techniques (presses d'imprimerie, studios de radio-télévision et d'enregistrement, chambres noires), des salles de conférence (le Conseil de sécurité, le Conseil économique et social et le Conseil de tutelle se réunissent en effet dans ce bâtiment), les chambres du Conseil, les salons des délégués et leur salle de réfectoire.

De nombreuses œuvres d'art offertes par les états membres décorent les lieux. Parmi celles-ci figurent un tapis persan, une mosaïque du Maroc, une tapisserie belge, deux fresques brésiliennes évoquant la Guerre et la Paix, un *Christ crucifié* de Rouault, une sculpture sur ivoire représentant un train dans la campagne chinoise, et le modèle réduit d'une barque royale thaïlandaise. Dans le jardin en face du bâtiment des Conférences et du Secrétariat, remarquer la cloche de Paix (don du Japon), fondue avec les pièces de cuivre et de métal de 60 pays différents.

Salle du Conseil de sécurité – Elle est ornée, aux frais de la Norvège, de tentures bleu et or, et d'une fresque de l'artiste norvégien Per Krohg symbolisant la Paix et la Liberté, l'Égalité et la Fraternité. La galerie publique peut recevoir 200 personnes. D'après la charte, le Conseil de sécurité a la responsabilité principale du maintien de la paix et de la sécurité dans le monde. À ce titre, il dispose, dans certains cas, d'un pouvoir de décision à l'égard des états, et peut prendre des sanctions économiques ou militaires, ou envoyer des «casques bleus», force d'interposition ou de surveillance. Parmi les 15 membres du Conseil de sécurité, 10 sont élus pour un mandat de 2 ans, les 5 autres (délégués des «grandes puissances»: Chine, France, Royaume-Uni, Russie et États-Unis) étant membres permanents et possédant le droit de veto sur les questions importantes. Les membres du Conseil de sécurité se succèdent à la présidence, chacun pour un mois selon l'ordre alphabétique de leur nom en anglais.

Conseil de tutelle – L'ameublement de cette salle a été offert par le Danemark. La paroi, revêtue de bois précieux aux chauds reflets, est ornée d'une statue de femme portant un oiseau bleu, symbole d'espoir et d'indépendance.

Le rôle du Conseil de tutelle, créé dans le but d'aider les colonies ou territoires non autonomes à accéder à l'indépendance, ne cesse de diminuer (en octobre 1994, l'archipel micronésien de Belau, dernier territoire officiellement sous tutelle, devenait indépendant).

Conseil économique et social – La décoration de cette salle a été réalisée grâce à des fonds suédois. L'architecture en est originale: emploi de la matière brute (murs nus) et équipement technique non dissimulé (système de chauffage visible au plafond). Le Conseil (54 membres) coordonne les efforts et les ressources des différentes nations et organisations affiliées dans le domaine économique et social. Les questions débattues par le Conseil, qui se réunit deux fois par an, concernent notamment l'environnement, la démographie, la santé, les transports, les droits de l'individu, la prévention du crime et la liberté d'information. Toutes les décisions du Conseil sont soumises à l'approbation de l'Assemblée générale.

Bâtiment du Secrétariat (Secretariat Building)– *Accès interdit au public.* Ce bel édifice de marbre blanc, de verre et d'acier, suscite l'admiration par la pureté de ses lignes, aucune saillie n'interrompant la verticalité de son élévation (39 étages). Devant le bâtiment, remarquer un grand bassin circulaire orné d'une sculpture abstraite (1964, Barbara Hepworth) intitulée *Single Form* **[1]**, à la mémoire de Dag Hammarskjöld *(ci-dessous)*.

Les 7 400 personnes qui travaillent ici exercent des emplois aussi variés que ceux d'interprètes, traducteurs, experts en droit international et en économie, attachés de presse, imprimeurs, bibliothécaires ou statisticiens, auxquels viennent s'ajouter les agents de sécurité de l'ONU et les jeunes gens de toutes nationalités qui servent de guides aux visiteurs (environ 500 000 par an).

Hammarskjöld Library – *Autorisation préalable nécessaire.* La bibliothèque, financée par la Fondation Ford *(p. 48)*, est située à l'angle Sud-Ouest du complexe. Elle est dédiée à la mémoire de **Dag Hammarskjöld**, ancien secrétaire général et prix Nobel de la Paix mort en 1961 dans un accident d'avion lors d'une mission au Congo. Les murs de marbre de l'édifice abritent 380 000 volumes à l'usage des délégués de l'ONU, des membres du Secrétariat et des chercheurs. La bibliothèque est également pourvue de quotidiens divers et de cartes (environ 80 000), et comprend des salles de lecture, un laboratoire de microfilms, un auditorium et un service d'enregistrement sur bandes.

BROADWAY – TIMES SQUARE

Durée: 2h. ●toute ligne desservant la station 42nd St. Plan p. 53.

Broadway, «la plus longue rue du monde», qui traverse tout Manhattan et se prolonge au delà du Bronx, a donné son nom à un célèbre quartier des spectacles
dont Times Square est le centre, et qui s'étend approximativement de la 40ᵉ à
la 53ᵉ Rue, entre Broadway et la 7ᵉ Avenue. Décevant pendant la journée, le quartier s'illumine pour devenir le «Great White Way» (la grande voie blanche) la nuit,
quand une foule disparate se presse au-dessous de ses immenses affiches
lumineuses.

Times Square hier... – Vers la fin du 19ᵉ s., Times Square – alors connu sous le
nom de Longacre Square – était un quartier d'écuries de louage et de fabricants de
harnais. Le marché aux chevaux de New York occupa jusqu'en 1910 le site actuel
du Winter Garden Theater, à l'angle de la 50ᵉ Rue et de Broadway. Le square fut
rebaptisé Times Square en 1904, lorsque le *New York Times (p. 54)* transféra ses
bureaux à cette adresse.
Au coin Sud-Est de Broadway et de la 42ᵉ Rue se trouvait le légendaire Knicker-
bocker Hotel *(142, 42ᵉ Rue O.)* dont le King Cole Bar, alors très en vogue, contenait
une fameuse composition murale de l'artiste Maxfield Parrish. Lorsque l'hôtel
fut converti en immeuble de bureaux, l'œuvre de Parrish put être sauvée; elle
orne aujourd'hui les murs du King Cole Bar, dans le ST REGIS-SHERATON. L'hôtel
Astor (1904), l'un des plus chics de New York, se tenait sur le côté Ouest du square,
entre les 44ᵉ et 45ᵉ Rues, avant d'être démoli en 1968 et remplacé par un immeuble de bureaux.
Au début du 20ᵉ s., Times Square vit se multiplier les salles où l'on jouait du vaudeville, la scène la plus en vue étant alors celle du prestigieux Palace Theater *(1564
Broadway)*. Ces comédies légères passèrent de mode, mais le spectacle de scène
continua à attirer un public fidèle. Ouvert en 1919, le célèbre Roseland Dance City
(239, 52ᵉ Rue O.) devint rapide-
ment un endroit de prédilection
pour les passionnés de salles de
bals rêvant de devenir des Fred
Astaire et des Ginger Rogers.

... et aujourd'hui – Bruyant et
populeux, bordé de cinémas,
restaurants, boutiques bon marché, disquaires, bars, librairies
«pour adultes» et autres établissements douteux, Times Square
semble avoir conservé bien peu
de sa splendeur d'antan. Des travaux ont été entrepris pour lui
redonner de l'éclat, depuis la rénovation du quartier voisin *(42ᵉ
et 43ᵉ Rues O., entre les 8ᵉ et
10ᵉ Av.)* dans le milieu des années 1970. Ainsi, la construction
du **Manhattan Plaza** (1977), ensemble de boutiques, de restaurants
et de tours résidentielles, et la réhabilitation de bâtiments abandonnés pour en faire des théâtres «Off-Off Broadway» dans ce
que l'on appelle le **Theater Row**
(entre la 10ᵉ Av. et Dyer Ave), ont
modifié le quartier à l'Ouest du
square. Plus récemment, l'achèvement du Marriott Marquis
Hotel *(p. 54)* et la construction de
nouveaux bâtiments au Nord de
Times Square, semblent annon-
cer sa renaissance tant attendue.
Un projet controversé, visant à
construire quatre grandes tours
de bureaux (conçues par Philip
Johnson et John Burgee) aux
quatre angles du square, a été

New York Convention & Visitors Bureau

Times Square

mis en suspens pour insuffisance de fonds. Architectes et urbanistes travaillent
néanmoins à tirer profit des structures existantes pour y créer de nouveaux espaces commerciaux et des locaux voués aux arts du spectacle.

Théâtres – *Renseignements sur les billets en fin de volume.* L'un des premiers
théâtres du quartier fut ouvert en 1892 par Oscar Hammerstein, à l'angle de la
42ᵉ Rue et de la 7ᵉ Avenue. Cet homme prévoyant était le grand-père d'Oscar Hammerstein, auteur de comédies musicales. Au début, beaucoup de salles étaient
spécialisées dans le vaudeville ou le burlesque. Les années 1920 et 1930 virent la
naissance du Theater Guild et de l'Actor's Studio, qui contribuèrent à promouvoir
des pièces plus classiques et des œuvres de dramaturges locaux. Aujourd'hui, le
quadrilatère privilégié formé par les 40ᵉ et 57ᵉ Rues, l'Avenue of the Americas et la
8ᵉ Avenue, compte une quarantaine de grands théâtres *(liste p. 53)* dont les recet-
tes représentent pour la ville un important apport financier. L'une de leurs gloires
est la comédie musicale, qui souvent tient l'affiche pendant plusieurs années. Au

cours des dernières décennies, des théâtres plus petits, appelés «Off-Broadway» (500 places maximum) ou «Off-Off Broadway» (à peine 100 places) se sont développés dans des locaux à l'écart de Broadway, en réponse à la montée brutale des frais de production. Ces salles, qui jouaient volontiers des pièces politiques et satyriques dans les années 1960, proposent un répertoire varié allant de l'avant-garde au classique, et encouragent le développement de nouveaux talents (auteurs, metteurs en scène et acteurs).

Cinémas – L'essor de l'industrie cinématographique s'accompagna, dans les années 1920, de l'apparition de nombreux cinémas. Reconnaissable à sa tour coiffée d'une

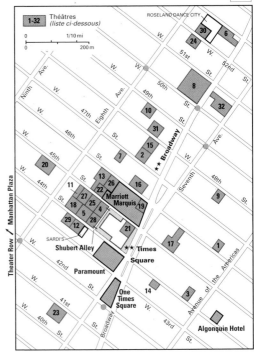

boule de verre, le **Paramount Building** (1926), situé entre les 43e et 44e Rues, fut érigé par la Paramount Film Corporation pour abriter une salle de projection et des bureaux. Repris par une banque, le bâtiment rappelle néanmoins l'âge d'or du septième art.

Aujourd'hui encore, le quartier de Broadway possède de nombreux cinémas. Un grand nombre d'entre eux, ouverts 24 heures sur 24, projettent des reprises de films. Le long de la 42e Rue, entre les 7e et 8e Avenues, plusieurs théâtres convertis en cinémas forment une remarquable rangée de marquises. Construit en 1903 par Florence Ziegfiel, le New Amsterdam accueillit en son temps des étoiles telles que Maurice Chevalier ou l'actrice italienne Eleonora Duse, et les «Midnight Follies» se produisirent sur sa terrasse en été.

Plus au Nord, sur la 7e Avenue et sur Broadway, des salles plus grandes avaient été construites pour accueillir de deux à trois mille spectateurs. Sur leurs écrans passèrent des célébrités comme Shirley Temple, Gary Cooper, Clark Gable, Doris Day, James Dean et Marilyn Monroe. La plupart de ces immenses salles d'avant-guerre ont été depuis démolies ou transformées en cinémas à salles multiples.

Quelques théâtres de Broadway (plan ci-dessus):

1 **American Place Theater** (111, 46e Rue O., ☏840-2960)
2 **Barrymore Theater** (243, 47e Rue O., ☏239-6200)
3 **Belasco Theater** (111, 44e Rue O., ☏239-6200)
4 **Booth Theater** (222, 45e Rue O., ☏239-6200)
5 **Broadhurst Theater** (235, 44e Rue O., ☏239-6200)
6 **Broadway Theater** (1681 Broadway, ☏239-6200)
7 **Brooks Atkinson Theater** (256, 47e Rue O., ☏719-4099)
8 **Circle in the Square** (1633 Broadway, ☏307-2704)
8 **Gershwin Theater** (222, 51e Rue O., ☏586-6510)
9 **Cort Theater** (138, 48e Rue O., ☏239-6200)
10 **Eugene O'Neill Theater** (230, 49e Rue O., ☏239-6200)
11 **Golden Theater** (252, 45e Rue O., ☏239-6200)
12 **Helen Hayes Theater** (240, 44e Rue O., ☏944-9450)
13 **Imperial Theater** (249, 45e Rue O., ☏239-6200)
14 **Lambs Theater** (130, 44e Rue O., ☏997-1780)
15 **Longacre Theater** (220, 48e Rue O., ☏239-6200)
16 **Lunt-Fontanne Theater** (205, 46e Rue O., ☏575-9200)
17 **Lyceum Theater** (149, 45e Rue O., ☏239-6200)
18 **Majestic Theater** (245, 44e Rue O., ☏239-6200)
19 **Marquis Theater** (1535 Broadway, ☏382-0100)

20 **Martin Beck Theater** (302, 45e Rue O., ☏239-6200)
21 **Minskoff Theater** (200, 45e Rue O., ☏869-0550)
22 **Music Box Theater** (239, 45e Rue O., ☏239-6200)
23 **Nederlander Theater** (208, 41e Rue O., ☏921-8000)
24 **Neil Simon Theater** (250, 52e Rue O., ☏757-8646)
25 **Plymouth Theater** (236, 45e Rue O., ☏239-6200)
26 **Richard Rodgers Theater** (226, 46e Rue O., ☏221-1211)
27 **Royale Theater** (242, 45e Rue O., ☏239-6200)
28 **Shubert Theater** (225, 44e Rue O., ☏239-6200)
29 **St. James' Theater** (246, 44e Rue O., ☏239-6200)
30 **Virginia Theater** (245, 52e Rue O., ☏239-6200)
31 **Walter Kerr Theater** (219, 48e Rue O., ☏239-6200)
32 **Winter Garden Theater** (1634 Broadway, ☏239-6200)

Théâtres ne figurant pas sur le plan:

● **Actors Studio** (432, 44e Rue O., ☏757-0870)
● **Douglas Fairbanks Theater** (432, 42e Rue O., ☏239-4321)
● **New Dramatists** (424, 44e Rue O., ☏757-6960)
● **Westside Theater** (407, 43e Rue O., ☏315-2244)

MIDTOWN

CURIOSITÉS *Visite en soirée conseillée.*

★★ **Times Square** – Situé au croisement de Broadway et de la 7e Avenue, Times Square est surtout connu pour ses **illuminations nocturnes★★★**. C'est en effet la nuit que ce quartier prend vie dans une agitation fiévreuse, quand théâtres et cinémas déversent leurs flots de spectateurs auxquels viennent s'ajouter des milliers de flâneurs déambulant à la lumière aveuglante des gigantesques enseignes au néon.

Le premier panneau d'affichage électrique de la ville fit son apparition à Madison Square en 1892. Bientôt, l'industrie publicitaire gagna Times Square, car l'endroit – très fréquenté – constituait un terrain particulièrement propice à toute campagne commerciale. En 1916, un décret municipal encouragea officiellement l'utilisation d'enseignes lumineuses dans Times Square, d'où la prolifération rapide de panneaux plus accrocheurs les uns que les autres. Particulièrement mémorable, celui des «ronds de fumée» (entre les 43e et 44e Rues), qui représenta tour à tour la marque de cigarettes Camel, puis Winston, attira longtemps l'attention des passants: de ses lèvres sortit chaque jour, de 1941 à 1977, plus d'un millier de ronds de fumée produits par un générateur à vapeur.

Times Square est aussi le théâtre d'immenses rassemblements populaires (manifestations politiques et autres). Lors de la veillée annuelle de la Saint-Sylvestre, la foule s'y groupe pour attendre le douzième coup de minuit.

Construite pour Adolph S. Ochs, propriétaire du *New York Times,* l'ancienne Times Tower, aujourd'hui connue sous le nom de **One Times Square**, domine le côté Sud du square. Avec ses 25 étages, elle semblait prodigieusement haute lors de sa construction en 1904. Démolie en 1964 à l'exception de sa charpente d'acier, elle fut remplacée par un édifice revêtu de marbre blanc, aujourd'hui célèbre pour son énorme pomme, symbole de New York (The Big Apple), dont la chute annonce le commencement de l'année nouvelle. Sur l'immense panneau électronique (6m sur 12) qui orne la façade de l'immeuble défilent divers messages. Un ruban lumineux de 1,5m de haut, affiche également nouvelles et bulletins météorologiques; ironiquement, ce dernier est sponsorisé par le *New York Newsday*, grand concurrent du *New York Times* qui, depuis fort longtemps déjà, occupe un édifice au 229, 43e Rue Ouest, juste à l'Ouest de Times Square.

La silhouette futuriste du **Marriott Marquis Hotel** *(1535 Broadway)* domine le côté Ouest de Times Square. Deuxième plus grand hôtel de Manhattan, avec ses 1 874 chambres et ses 50 étages de verre et de béton, cet édifice (1985, John C. Portman & Associates) accueille tout au long de l'année des congrès et des séminaires. Son **atrium** central, d'une hauteur de 37 étages, se place parmi les plus grands au monde. Remarquer, sur Broadway, l'immense panneau d'affichage électronique.

Shubert Alley – Parallèle à Broadway, derrière l'emplacement de l'ancien hôtel Astor, se trouve le cœur du quartier des théâtres et des cinémas: Shubert Alley. Cette rue privée, réservée aux piétons, fut tracée en 1913 entre les 44e et 45e Rues. Les frères Shubert, lorsqu'ils firent construire les théâtres Booth et Shubert, durent laisser ce passage comme sortie de secours en cas d'incendie. À l'entracte ou après le spectacle, de nombreux spectateurs se retrouvent au restaurant Sardi, bien connu pour les caricatures de personnalités du théâtre qui ornent ses murs.

Algonquin Hotel – *59, 44e Rue O., entre les 5e et 6e Av.* L'Algonquin est un symbole cher au monde du théâtre et de la littérature. C'est là que, dans les années 1920, Alexander Woollcott organisa la célèbre «Table ronde» qui, parmi ses habitués, comptait Robert Benchley, Dorothy Parker et Robert Sherwood.

On y retrouve un peu de l'atmosphère de cette époque, et pratiquement toute la décoration originale. L'hôtel est aujourd'hui connu pour son bar et ses soupers après le spectacle.

Durée: 1 journée. ● *station South Ferry (lignes 1, 9). Carte ci-dessous.*

À l'entrée du port de New York se dresse la statue de la Liberté éclairant le Monde, dont le geste symbolique a réchauffé le cœur de millions d'immigrants fuyant parfois la misère ou la persécution. Vigie de New York, «la plus grande dame du monde» accueille solennellement, depuis plus d'un siècle, les voyageurs arrivant par la mer. À quelques vagues de là, on trouve Ellis Island, île phare de l'immigration, par laquelle transitèrent tant d'ancêtres des Américains d'aujourd'hui.

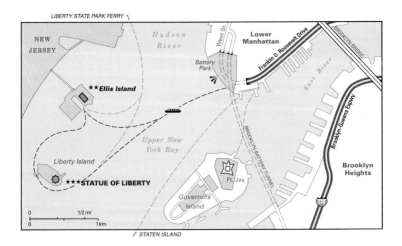

★★★ STATUE DE LA LIBERTÉ

Naissance d'une idée – «J'ai dîné chez mon illustre ami M. de Laboulaye, note, un soir de l'été 1865, le jeune sculpteur français **Frédéric-Auguste Bartholdi** (1834-1904); la conversation tomba sur les relations internationales». Autour d'Édouard de Laboulaye, juriste et historien, un connaisseur des États-Unis et un admirateur, dans la foulée de Tocqueville, des institutions américaines, gravite un petit nombre d'intellectuels, d'artistes et d'hommes politiques libéraux. Ce soir-là, on parle de l'Amérique (la guerre de Sécession est terminée depuis peu) et on fait des projets: c'est ainsi que naît l'idée d'offrir aux Américains un monument prestigieux qui commémorerait l'amitié entre les deux peuples, scellée au temps de la guerre d'Indépendance.
Modèle d'esprit d'entreprise pour les uns, démocratie exemplaire pour les autres, les États-Unis bénéficient, chez les Français de cette époque, d'un important capital de sympathie que Laboulaye compte mobiliser au service de son projet.

L'inspiration – L'idée fait son chemin de part et d'autre de l'Atlantique. Le site de la baie de New York est proposé, et Bartholdi choisi pour exécuter l'œuvre. Le sculpteur, qui avait rêvé (sans résultat) d'édifier une immense statue-phare à l'entrée du tout nouveau canal de Suez, s'enthousiasme à la pensée de réaliser quelque chose d'analogue aux États-Unis: il songe à une figure gigantesque qui présenterait au monde le flambeau de la Liberté.
En 1871, Bartholdi s'embarque pour l'Amérique. À l'approche de New York, Bedloe's Island (rebaptisée Liberty Island en 1956) retient son attention: il «voit» sa statue plantée là, sur cette île, il en sent l'inspiration. «Si j'ai senti cet esprit ici, écrit-il, c'est sûrement que ma statue doit être érigée ici où les hommes ont le premier aspect du Nouveau Monde, ici où la Liberté jette son rayonnement sur les deux mondes». Et dans les jours qui suivent, il se met à dessiner des projets dans la fièvre de la création.
Sous la présidence d'Édouard de Laboulaye, l'Union franco-américaine groupe un comité français dirigé à Paris par Ferdinand de Lesseps et un comité américain dirigé par le sénateur Evarts; le premier se propose de financer la statue, le second s'occupera du piédestal. Coût prévu: 250 000 dollars.
En 1874, Bartholdi se met au travail. Prenant sa mère pour modèle, il exécute toute une série d'ébauches à différentes échelles (l'une d'entre elles sera achetée plus tard par la communauté américaine de Paris, et placée sur la Seine, à l'extrémité de l'île des Cygnes). Pour passer aux dimensions définitives, le sculpteur fait appel au «magicien du fer», **Gustave Eiffel**. Celui-ci construira la charpente qui doit soutenir et amarrer les 80 tonnes de la statue, formée de plus de 300 feuilles de cuivre. Des ateliers suffisamment étendus sont trouvés dans le 17e arrondissement de Paris, au 25 de la rue de Chazelles.

Les tribulations – C'est alors que les difficultés commencent, non pas techniques mais financières. En France, la souscription n'a réuni qu'un tiers des fonds nécessaires. Et si, à l'Exposition universelle de 1878, la tête de la statue – installée devant l'entrée du pavillon principal – a suscité la curiosité et l'enthousiasme des visiteurs, l'argent n'arrive guère. Le comité français doit avoir recours à divers expédients, notamment une prestigieuse loterie, avant de pouvoir enfin notifier aux États-Unis que l'œuvre pourra être menée à son terme. Elle l'est en 1884 et, le 4 juillet, la statue qui, de ses 46m, domine curieusement les toits de la rue de Chazelles, est remise officiellement à l'ambassadeur des États-Unis. On procède bientôt au démontage et à l'emballage du colosse dans plus de 200 caisses qui seront transportées outre-Atlantique aux frais de l'État.

Mais pendant ce temps, aux États-Unis, le comité américain n'a guère avancé et, malgré les bals et les spectacles organisés au profit du piédestal, les bourses tardent à se délier. Bref, on est loin de l'enthousiasme qui avait vu naître le projet. La presse française ironise; on va même jusqu'à proposer d'ériger l'œuvre de Bartholdi en France...

C'est alors qu'entre en scène le journaliste **Joseph Pulitzer** qui, par une vigoureuse campagne dans le *World* de New York, tente de faire honte à ses concitoyens en dénonçant leur pingrerie. Il encourage tous les Américains à contribuer au projet, comme le peuple français l'avait fait, et va même jusqu'à promettre de publier dans son journal le nom de chaque donateur, quel que soit le montant de la participation. Le message est reçu, et les contributions commencent à arriver.

L'inauguration – Lorsqu'au printemps 1885, l'*Isère*, navire de guerre français parti de Rouen, accoste à New York avec sa précieuse cargaison, le piédestal est malheureusement loin de son achèvement. Mais l'arrivée de la statue et les interventions de Pulitzer ont fini par réveiller l'amour-propre des Américains. Les fonds nécessaires sont enfin réunis. Bartholdi peut aller à New York pour conférer avec les ingénieurs et l'architecte **Richard Morris Hunt**, chargé de la réalisation du piédestal.

Les Américains, qui ont commencé à se passionner pour ce gigantesque cadeau de la France, comptent donner un éclat tout particulier à son inauguration. Celle-ci a lieu le 28 octobre 1886, déclaré jour férié à New York. Après une grande parade civile et militaire à Madison Square, les officiels s'embarquent pour Bedloe's Island. Plus de 300 navires font escorte au bateau du Président de l'époque, Grover Cleveland.

Au pied de la statue s'entassent bientôt un grand nombre de personnalités américaines et étrangères. La délégation française est conduite par Ferdinand de Lesseps qui, depuis la mort de Laboulaye, préside l'Union franco-américaine. Les discours rendent hommage à la Liberté et à son sculpteur. Bartholdi, monté dans la statue par l'escalier intérieur, tire lui-même sur la corde qui libère le drapeau français voilant la tête auréolée, tandis que tonnent les canons et retentissent les sirènes de tous les bateaux.

La restauration – Aux premiers jours de juillet 1986, New York est à nouveau en fête. La ville célèbre le centième anniversaire de l'inauguration de la statue et marque en même temps la fin d'importants travaux de restauration. C'est en effet dès le printemps 1981 qu'une équipe d'ingénieurs français vient ausculter les entrailles de la vieille dame, et constate les outrages du temps. Car depuis cent ans, «Miss Liberty» est exposée aux vents salés de l'Atlantique, à la pollution et aux assauts de millions de visiteurs.

À l'initiative du Comité franco-américain pour la restauration de la statue de la Liberté, un groupe d'architectes américains se joint aux ingénieurs français pour envisager les restaurations à effectuer et, en 1984, les travaux commencent, sous la responsabilité de la Statue of Liberty-Ellis Island Foundation, Inc. Un gigantesque échafaudage s'élève autour de la statue, qui va rester en cage pendant deux ans. La charpente métallique est consolidée. La torche, trop abîmée, est entièrement refaite, comme à l'origine, en cuivre repoussé, par des artisans champenois, et recouverte de feuilles d'or par des maîtres doreurs parisiens. L'enveloppe de cuivre est minutieusement nettoyée. Enfin, la modernisation de l'intérieur (installation de nouveaux ascenseurs, d'escaliers, et création d'un musée) permet au site d'accueillir ses visiteurs dans les meilleures conditions.

Visite

Ouv. juil.–août t. l. j. 9h–18h. Reste de l'année t. l. j. 9h30–17h. Fermée 25 déc. Visites avec commentaire enregistré possibles. ✗ ♿ ☏363-3200. Prévoir une longue attente à l'entrée de la statue de la Liberté et sur le quai d'embarquement (particulièrement en été).
Départ du ferry de Battery Park (Manhattan) et de Liberty State Park (Jersey City) t. l. j. (sauf 25 déc.) toutes les demi-heures. Premier départ 9h30, dernier départ 15h30 (sam.–dim. 16h30). Guichet (ouv. 8h30–15h30) situé au Castle Clinton National Monument (Battery Park) et dans le Liberty State Park; le billet inclut l'aller-retour en bateau ainsi que la visite de la statue et d'Ellis Island. 6$. ✗ ♿. Horaires des ferries ☏269-5755 ou ☏201-435-9499 (New Jersey).

> *Du débarcadère, remonter l'allée aménagée jusqu'au piédestal. De là, entreprendre directement la visite de la statue ou voir les expositions.*

La brève traversée en ferry *(15mn)* permet d'apprécier des **vues**★★★ superbes sur Manhattan et ses gratte-ciel, ainsi que sur la statue de la Liberté. Celle-ci se dresse à la pointe Est de Liberty Island, au-dessus de l'ancien Fort Wood (1808-1811).
La statue de la Liberté reçoit environ 3 millions de visiteurs par an. Elle se présente sous l'aspect d'une femme couronnée, les chaînes de la tyrannie gisant à ses pieds. De sa main gauche, elle tient le livre de la Déclaration d'Indépendance portant la date de sa proclamation, le 4 juillet 1776, tandis que sa main droite brandit

la torche symbolique qui s'élève à 93m au-dessus du niveau de la mer. Torche et couronne sont illuminées le soir. C'est surtout du pied du monument, en levant la tête, qu'on se rendra compte des dimensions gigantesques de la statue. Elle pèse 225 tonnes, mesure 46m de haut et possède une tête de 3m sur 5. Son bras droit est long de 12,8m, avec un diamètre de 3,6m. L'index de la main qui tient la torche mesure à lui seul 2,4m.

Piédestal – *Niveau supérieur.* Un ascenseur dans l'entrée principale permet d'accéder à une plate-forme d'observation qui offre de magnifiques **vues★★★** sur le port de New York, Lower Manhattan, le FINANCIAL DISTRICT, le célèbre PONT VERRAZANO-NARROWS et le New Jersey.

Montée à la couronne – *Déconseillée aux personnes souffrant de claustrophobie.* L'ascension (364 marches, soit 22 étages) se fait par un escalier métallique en colimaçon à l'intérieur même de la statue. De l'étroite plate-forme située au sommet, **vue** du port de New York à travers les ouvertures dans la couronne.

Statue of Liberty Exhibit – *2e niveau du piédestal.* L'ancienne torche, rongée par la rouille et remplacée en 1986, est exposée dans ce petit musée consacré à l'histoire de la statue. Les esquisses de Bartholdi illustrent l'évolution de ses idées, tandis qu'une coupe de l'ouvrage montre sa disposition intérieure. Un montage audiovisuel explique la technique du repoussage utilisée pour façonner l'enveloppe en cuivre de la statue, et une belle collection de cartes postales et de souvenirs divers rappelle l'importance symbolique de la statue en Amérique comme dans le monde entier. Le musée contient également la plaque de bronze sur laquelle fut gravé un célèbre sonnet intitulé *The New Colossus* (le nouveau colosse). Ce poème à la gloire de l'Amérique, refuge des opprimés, fut écrit en 1883 par **Emma Lazarus**.

Avant de reprendre le ferry, emprunter la **promenade** qui borde l'île pour observer le contraste entre Manhattan, tout hérissé de gratte-ciel modernes, et Brooklyn, avec ses vieux bâtiments de moindre dimension.

★★ ELLIS ISLAND

Cette petite île de 11ha située dans la baie de New York, à mi-chemin environ entre Lower Manhattan et la statue de la Liberté, fut pour des millions d'immigrants la première terre américaine où ils posèrent le pied, après un voyage le plus souvent long et pénible. Témoignage vivant des millions de personnes passées par ses portes, le site aujourd'hui restauré rend hommage aux ancêtres de près de 40% des Américains.

La grande porte de l'immigration vers l'Amérique – Ellis Island fut ouverte en 1892 comme station de contrôle des nouveaux arrivants, pour remplacer Castle Garden *(p. 66)* devenu insuffisant devant l'ampleur des vagues d'immigrants entrant par le port de New York. De 1892 à 1954, date de sa fermeture officielle, on estime que le site vit défiler plus de 12 millions d'individus. Entre 1903 et 1914, une moyenne de 2 000 personnes, 5 000 en 1907, y passaient chaque jour. Après 1924, le quota d'immigration fut soumis à des restrictions plus sévères, et Ellis Island perdit peu à peu de son importance. Le site fut tour à tour utilisé comme bureau de la Gendarmerie maritime, puis comme camp d'internement pour les immigrés clandestins, avant de tomber à l'abandon.

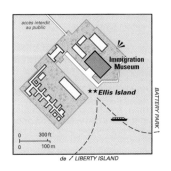

En 1984, la Statue of Liberty-Ellis Island Foundation, Inc *(p. 56)* entreprenait de vastes efforts de restauration du bâtiment principal (le complexe comptait un total de 33 structures) vers lequel, à leur arrivée, les immigrants était guidés. Là commençait la longue attente angoissée à l'idée de pouvoir être refusé, si bien rendue par Elia Kazan dans son film *America, America.* Après les nombreux questionnaires et contrôles sanitaires, venait enfin, dans 98% des cas, le merveilleux moment où l'on recevait sa carte de débarquement, symbole d'une nouvelle vie où tous les espoirs étaient permis. Le bâtiment rouvrit ses portes en septembre 1990 en tant que musée de l'immigration, et évoque aujourd'hui le rôle joué par les différents groupes ethniques dans le développement culturel, social, économique et politique du pays.

Visite

Ouv. juil.–août t. l. j. 9h–18h. Reste de l'année t. l. j. 9h30–17h. Fermé 25 déc. Visites avec commentaire enregistré possibles. Prévoir une longue attente sur le quai d'embarquement. ✗ ⴺ ☎363-3200. Pour plus de détails sur les ferries, voir les renseignements pratiques donnés pour la statue de la Liberté p. 56. Se procurer des tickets (gratuits) pour le film «Island of Hope/Island of Tears» (p. 58) dès son arrivée dans le bâtiment principal, car les séances se remplissent vite.

Ellis Island Immigration Museum – Un passage couvert mène du débarcadère à l'ancien centre d'accueil des immigrants. Ce bel édifice de style académique (1900, Boring & Tilton), en brique et en pierre calcaire, a désormais retrouvé son apparence du début des années 1920, avec ses quatre tours coiffées d'un dôme de cuivre et ses trois grands portails cintrés. Il abrite un musée de l'Immigration dont les expositions permanentes et temporaires sont réparties sur trois niveaux.

Premier niveau (First Floor) – Les visiteurs pénètrent d'abord dans la salle des bagages, où les immigrants étaient séparés de leurs biens précieux, quelquefois pour toujours. Dans l'ancien bureau des chemins de fer, une exposition intitulée «Peopling of America» fait la chronique de l'immigration aux États-Unis de la fin du 19e s. à nos jours. Parmi les points forts de la visite figurent un globe illustrant les grands mouvements d'immigration dans le monde depuis le 18e s., et l'«arbre étymologique» qui explique l'origine de nombreux mots américains. Dans l'aile Est, deux petites salles de cinéma présentent un émouvant court métrage: «Island of Hope/Island of Tears» *(30mn, projection toutes les demi-heures)*. L'aile Ouest est consacrée à des expositions temporaires.

Ellis Island Immigration Museum

Deuxième niveau (Second Floor) – C'est dans le vaste Registry Room/Great Hall qu'avait lieu l'inspection initiale des immigrants; là se jouait le sort des arrivants qui attendaient, alignés derrière des barrières métalliques, l'accomplissement des formalités d'entrée dans le pays. Jadis envahie par une foule provenant de tous les horizons, véritable tour de Babel où se mêlaient les langues les plus diverses, cette salle de quelque 1 600m² n'est plus qu'un endroit vide (à l'exception de quelques bancs) et silencieux. Remarquer l'impressionnant plafond voûté; des 28 000 carreaux qui le composent, 12 à peine durent être remplacés lors de la restauration.
Dans l'aile Ouest, l'exposition «Through America's Gate» reconstitue pas à pas la procédure d'inspection qui bien souvent se terminait par la division des familles sur les marches de l'«escalier de la séparation». Dans l'aile Est, des photos, des souvenirs divers et des commentaires enregistrés apportent un témoignage humain sur l'expérience que vécurent beaucoup d'ancêtres des Américains d'aujourd'hui. Les couloirs des deux ailes sont décorés de portraits grandeur nature.

Troisième niveau (Third Floor) – Principal point d'intérêt de l'étage, «Treasures from Home» présente une collection d'objets personnels légués au musée par des immigrants et leurs familles, allant d'un ours en peluche à une somptueuse robe de mariée. Dans «Silent Voices», de grandes photographies prises avant la restauration évoquent une inquiétante impression d'abandon; le mobilier rappelle la routinière procédure d'enregistrement et de prise en charge des nouveaux arrivés. Une autre exposition retrace 300 ans de l'histoire d'Ellis Island, quatre maquettes détaillées illustrant le développement de l'île de 1897 à 1940. Le long du mur Nord de la mezzanine, un étroit dortoir a été meublé de façon à mieux refléter l'exiguïté des pièces dans lesquelles devaient vivre certains immigrants.

Extérieur – Face à Manhattan, un mur d'honneur de près de 200m, l'American Immigrant Wall of Honor, porte les noms de plus de 420 000 personnes et familles dont les descendants ont honoré la mémoire en contribuant au projet de restauration d'Ellis Island.
De la terrasse, on peut profiter de **vues**★★ splendides sur Manhattan.

Préparez votre voyage à l'aide des étoiles attribuées aux principales curiosités:

★★★ *Très vivement recommandé*

★★ *Vivement recommandé*

★ *Intéressant*

Durée: 1 journée. Plan p. 64.

Là où s'était développé, au 17e s., le tout premier établissement de colons hollandais de la ville, s'élèvent aujourd'hui de gigantesques gratte-ciel dont les impressionnantes silhouettes dominent un véritable dédale de rues étroites, le tout créant un étonnant effet de «canyon» urbain. Animé d'une fiévreuse agitation en semaine, le Financial District ou quartier des affaires manque en revanche de vie durant le week-end. Wall Street, sa rue la plus célèbre, est devenue le symbole de la puissance financière des États-Unis.

Visiter de préférence le matin, durant les jours de travail.

UN PEU D'HISTOIRE

New York à l'époque hollandaise – Le quartier était, au milieu du 17e s., le siège de la puissance coloniale hollandaise, alors que la cité s'appelait encore Nieuw Amsterdam. Celle-ci occupait un espace restreint protégé au Sud par un fort, et au Nord par une palissade (d'où le nom de Wall Street, la «rue du Mur») allant de l'Hudson à l'East River. L'enceinte, construite en 1653 pour protéger la ville des attaques des Indiens, fut en fait régulièrement démontée par les résidents qui avaient pris l'habitude de consolider leurs maisons ou de se chauffer avec les planches ou pieux ainsi récupérés.

Un millier de personnes s'abritaient dans 120 maisons de bois et de brique, ces dernières à pignon et toits de tuiles vernissées. Un moulin à vent et un canal, le «Ditch», creusé en plein milieu de Broad Street, achevaient de donner à l'ensemble un caractère bien hollandais. Et pourtant, les habitants étaient d'origines diverses: en 1642, lorsque le premier hôtel de ville (Stadt Huys) fut construit au 71 Pearl Street, pas moins de 18 langues auraient été parlées en ville. Sur cet ensemble régnait d'abord un agent commercial de la Compagnie hollandaise des Indes occidentales auquel succédèrent plusieurs gouverneurs parmi lesquels le célèbre Peter Stuyvesant *(p. 75)*.

En 1664, les Anglais prirent possession de Nieuw Amsterdam, et la ville changea peu à peu de physionomie. Au cours du 18e s., de coquettes habitations de style colonial géorgien telle Fraunces Tavern *(p. 65)* commencèrent à remplacer les étroites maisons hollandaises.

Wall Street: la naissance d'un centre financier – Sous l'occupation anglaise, le canal fut comblé. Quant à la fameuse palissade, abattue en 1699, elle fut remplacée par une rue sur laquelle s'installa, face à Broad Street, le nouvel hôtel de ville (Federal Hall National Memorial, *p. 62*). Wall Street devint dès lors une artère à la fois résidentielle et administrative le long de laquelle s'alignaient de riches demeures à péristyle géorgien. À l'Est, après la guerre d'Indépendance, s'élevèrent des cafés et des tavernes. La célèbre **Tontine Coffee House**, construite en 1792 au coin de Water Street, fut le premier siège du New York Stock Exchange *(p. 62)*.

Le temps des affaires commença véritablement dans les années 1840, époque à laquelle maisons de commerce, entrepôts, magasins et banques s'établirent dans des bâtiments rapidement relevés après l'incendie de 1835 qui avait détruit 700 maisons du quartier. La spéculation commença à fleurir après 1860. **Jay Gould** (1836-1892), qui avait tenté – de connivence avec son associé James Fisk – de contrôler le marché de l'or à l'époque de la fameuse ruée, provoqua la panique financière du 24 septembre 1869, connue sous le nom de «vendredi noir». Surnommé le «Commodore» parce qu'il s'était d'abord intéressé aux transports maritimes, **Cornelius Vanderbilt** (1794-1877) commença à étendre ses activités aux chemins de fer en 1862. D'abord propriétaire de petites lignes (celles d'Harlem, de l'Hudson et du New York Central), il créa en 1873 la célèbre liaison New York-Buffalo. À la même époque, le banquier **J. Pierpont Morgan** (1837-1913) finançait les grandes industries nouvelles: acier, pétrole et chemins de fer. Homme d'affaires impitoyable mais capable d'une grande générosité, le fondateur de la PIERPONT-MORGAN LIBRARY eut pour successeur son fils, John Pierpont Morgan Jr, qui fut l'objet, en 1920, d'une tentative d'assassinat: le 16 septembre, une bombe dissimulée dans un chariot placé près de la banque Morgan *(p. 63)* explosait en effet, épargnant Morgan Jr, mais tuant 38 innocents.

Ultérieurement, d'autres financiers s'imposeront, qui contribueront à donner à Wall Street, dans les années 1920, la première place du marché financier mondial, supplantant Londres. Cette primauté sera conservée malgré le krach de 1929.

★★ WORLD TRADE CENTER

Les sept bâtiments du centre de commerce international de New York occupent un terrain de 6,5ha. Ils sont regroupés autour d'une esplanade centrale plantée d'arbres et agrémentée de plans d'eau, qui adoucit la rigueur de l'ensemble et crée un vaste espace ouvert dans cette zone particulièrement dense de Manhattan.

Au début des années 1960, la législation accordait aux autorités portuaires de New York la réalisation du projet. L'ensemble, conçu par d'éminents architectes (Minoru Yamasaki & Associates et Emery Roth & Sons), fut achevé en 1977; une dernière structure allait y être ajoutée 10 ans plus tard. Aujourd'hui, plus de 50 000 personnes travaillent dans les différents immeubles, auxquelles s'ajoutent quelque 50 000 touristes qui visitent chaque jour le centre.

Marché central des échanges internationaux, le World Trade Center groupe tous les services utiles au commerce extérieur: importation, exportation, fret, douane, banques internationales agences commerciales, sociétés de transport et autres, et constitue en quelque sorte les «Nations Unies du Commerce». Outre les différents bâtiments dont il se compose, le complexe offre $32\,000m^2$ d'espaces commerciaux, et permet d'accéder directement au métro new-yorkais et à l'une des stations de la ligne ferroviaire PATH (Port Authority Trans-Hudson).

★★★ **Twin Towers [A, B]** – Les fameuses «tours jumelles», structures parallélépipédiques de 110 étages, ont donné à Manhattan une verticalité nouvelle. Hautes de 411m, elles viennent en deuxième position aux États-Unis, après le Sears Roebuck Building de Chicago. Les deux gratte-ciel dominent l'immense **esplanade** centrale de plus de 20000m^2 qui relie les différents bâtiments entre eux. Au milieu d'un bassin s'élève un énorme globe de bronze **[1]**, sculpté par l'artiste Allemand Fritz Koenig.

Les ingénieurs chargés de la mise en place des fondations dans ce terrain humide, contraints de respecter les structures existantes et de ne pas perturber les lignes de communication, ont dû ériger un mur de béton souterrain autour du site. Une fois cette paroi construite, les travaux d'excavation ont pu commencer au sein de la cuvette ainsi constituée, tout risque d'affaissement étant prévenu par le pompage de l'eau. Les matériaux extraits ont ensuite été utilisés pour remblayer Battery Park City *(ci-dessous)*.

Un gratte-ciel est généralement constitué d'un véritable labyrinthe de colonnes intérieures, mais pour les tours jumelles, les architectes ont fait appel à une nouvelle technique: les murs extérieurs supportent la majeure partie du poids, ce qui permet de dégager un maximum d'espace intérieur. Ces murs extérieurs sont composés de piliers verticaux en acier, très rapprochés les uns des autres et reliés par des poutrelles horizontales qui ceinturent les tours à chaque étage. Les piliers sont recouverts d'une mince couche d'aluminium, et sont séparés par des panneaux de verre teinté allant du sol au plafond, renfoncés de 25cm environ.

Autre particularité digne d'être mentionnée: afin de réduire l'espace intérieur occupé par les cages d'ascenseur, chaque tour a été divisée en trois zones allant du 1er au 43e niveau, du 44e au 77e niveau, et du 78e au 110e niveau. Les 44e et 78e niveaux correspondent aux *skylobbies*, sortes de stations de transfert reliées à l'entrée du rez-de-chaussée par des ascenseurs ultra-rapides. Des ascenseurs «omnibus» desservent par ailleurs les différents étages de chaque zone.

Le **pont d'observation** vitré de la tour 2 *(107e niveau; ouv. juin–sept. t. l. j. 9h30–23h30; reste de l'année 9h30–21h30; 4,75$; ✕ ♿ ☎435-7397)* offre un merveilleux **panorama★★★** sur toute l'agglomération urbaine de New York, depuis la pointe de Manhattan. Si le temps le permet, prendre l'escalator qui conduit au 110e niveau; de là, on peut faire une promenade sur le toit, à quelque 400m d'altitude. Le restaurant Windows on the World, au 107e niveau de la tour 1, permet lui aussi d'obtenir de belles vues de New York et de ses environs.

Deux bâtiments de neuf étages, les **Plaza Buildings [D, E]**, flanquent l'entrée principale du complexe, sur Church Street. La tour 4 abrite le siège de quatre Bourses new-yorkaises (New York Cotton Exchange, New York Coffee, Sugar and Cocoa Exchange, Commodity Exchange et New York Mercantile Exchange) ainsi que leur parquet. *Une galerie réservée aux visiteurs (ouv. lun.–ven. 10h30–15h; fermée j. f.; ♿ ☎938-2000) permet d'observer le parquet où s'effectuent les transactions dans une agitation à la fois fiévreuse et ordonnée.*

Dans la tour 5 sont installés les bureaux d'un grand nombre de sociétés commerciales et financières internationales.

Bâtiment de 22 étages, le **Vista International Hotel [C]** (1981, Skidmore, Owings & Merrill) a la particularité d'être le seul hôtel de cette importance à avoir choisi de s'établir dans ce quartier depuis 150 ans.

Construction la plus récente (1987) du World Trade Center, le **Seven WTC** est un immeuble de bureaux de 47 étages, recouvert de verre calorifugé et de granit rouge poli. Sa forme trapézoïdale, délimitée par Vesey, Washington, Barclay et West Broadway Streets, reflète le schéma irrégulier du site sur lequel il a été construit. Le bâtiment est relié à l'esplanade centrale du World Trade Center par une place découverte ornée d'une sculpture orange vif d'Alexander Calder et par une passerelle protégée.

Au coin Nord-Ouest du complexe, le **US Custom House [F]** regroupe sur huit étages tous les services douaniers liés au trafic portuaire des marchandises.

★ **BATTERY PARK CITY**

Du US Custom House, emprunter la passerelle appelée North Bridge qui enjambe West St.

Prolongement de Lower Manhattan, ce vaste complexe commercial et résidentiel en cours de construction occupe un site de 37ha en bordure de l'Hudson. Une fois achevé *(vers l'an 2000)*, il offrira environ 35000 emplois et des logements à près de 25000 personnes

L'aménagement – C'est le gouverneur Nelson Rockefeller qui, le premier, dans les années 1960, eut l'idée de créer un complexe résidentiel dans cette partie de Manhattan. Le remblaiement et les infrastructures furent achevés au milieu des années 1970, mais le projet fut mis en suspens et son sort demeura incertain, beaucoup trouvant en effet que le quartier, trop isolé, s'intégrerait mal au reste de l'île. Ce n'est qu'en 1979, sous l'administration du maire Ed Koch et du gouverneur Hugh Carey, qu'un nouveau plan de développement fut adopté. Les travaux ont repris depuis lors sans interruption.

Le complexe – Le **World Financial Center** (Cesar Pelli & Associates) forme le cœur de l'activité commerciale de Battery Park City. Ses quatre tours de verre et de granit, qui s'étendent de Vesey Street à Albany Street et représentent environ 651000m^2 d'espaces de bureaux, abritent les plus prestigieuses sociétés de courtage et de finance du pays: American Express, Dow Jones et Merrill Lynch. Coiffés de formes géométriques en cuivre, les bâtiments forment un mélange assez réussi d'éléments traditionnels et contemporains qui s'harmonisent bien avec les structures plus anciennes de Lower Manhattan, et constituent un contrepoint élégant aux tours du World Trade Center.

Le World Financial Center est rehaussé par la présence du **Winter Garden★** (1987), structure d'acier et de verre qui rappelle les constructions métalliques en vogue au 19e s. (comme le Crystal Palace de Londres). Un grand escalier mène à ce vaste atrium couvert où seize palmiers de 14m de haut culminent au-dessus d'un parterre de marbre. Des manifestations culturelles s'y déroulent, et des magasins et restaurants y ont ouvert leurs portes.

En bordure du World Financial Center se trouvent les bâtiments du Gateway Plaza (1982), première réalisation du futur quartier résidentiel de Battery Park City, qui s'étendra de Chambers Street au Nord au Battery Park au Sud. À quelques pas s'étend l'agréable ensemble résidentiel de Rector Place, dix immeubles représentant un total de 2 200 appartements.

Le gigantesque complexe comprend aussi des jardins paysagers, des esplanades et des sculptures en extérieur. Une agréable **promenade** de 2km au bord de l'Hudson *(accès par Liberty St)* offre de très belles **vues★★** sur le port.

PROMENADE *1/2 journée. Parcours: 3,2km.*

Départ de Liberty Plaza. ●*station World Trade Center (lignes 1, 9, A, C, E).*

Liberty Plaza – *Sur Liberty St, entre Church et Broadway Sts.* Ce petit square accueillant est entouré de prestigieux immeubles. Au Nord-Est se profile la masse grise du **One Liberty Plaza** (1974; Skidmore, Owings & Merrill), structure d'acier et de verre de 54 étages. Au Sud-Est, une tour de verre sombre de 55 étages (1967), caractéristique du style des années 1960, abrite la **Marine Midland Bank**; un **cube [2]** orange, réalisé en 1967 par Isamu Noguchi, égaye son esplanade et met en valeur la sobre élégance de l'immeuble.

Continuer vers le Sud sur Broadway.

L'US Realty Building (1907), et derrière lui, le Trinity Building **[G]**, sont reliés par une passerelle suspendue. Les deux édifices, en pierre calcaire, ont été conçus dans un style néo-gothique très ouvragé afin de se combiner harmonieusement avec l'église Trinity avoisinante.

En face de la rue, l'**Equitable Building** *(no 120)*, une immense réalisation de style académique (1915), se compose de deux tours reliées par une section centrale en retrait. Le complexe, qui représente un total de 111 600m² d'espace de bureaux pour un terrain d'assiette inférieur à 40 ares, souleva bien des protestations; la première ordonnance de zonage, passée en 1916, allait désormais fixer les conditions d'utilisation du sol et limiter la surface totale de plancher permise pour une parcelle de terrain donnée.

★★ **Trinity Church** – *Ouv. lun.–ven. 7h–18h, sam. 8h–16h, dim. 7h–16h. Visite guidée (45mn) t. l. j. 14h (sur rendez-vous)* ☎602-0872. &. Cette ravissante église de style néo-gothique, située sur Broadway *(à la hauteur de Wall St)*, était – à l'époque de sa construction – la structure la plus haute de la ville. Elle semble aujourd'hui comme écrasée par les immenses tours du quartier des affaires. Plusieurs célébrités new-yorkaises reposent dans son petit cimetière.

La première paroisse anglicane de New York – Église épiscopale, Trinity Church doit sa naissance à une charte du roi Guillaume III d'Angleterre, datée de 1697. Des citoyens influents contribueront à son édification, parmi lesquels **William Kidd**, corsaire ou pirate suivant les circonstances, qui habitait à Hanover Square *(p. 65)* et devait être pendu à Londres en 1701. Le premier sanctuaire (1698), éclairé par d'étroites baies, avait l'aspect d'une église de campagne. Ayant brûlé lors de l'incendie de 1776, il fut remplacé par une autre église dont le toit s'effondra

Vue de Trinity Church prise de Wall Street

Jonathan Wallen

en 1839. L'édifice actuel, conçu par Richard Upjohn, fut achevé en 1846. La chapelle de Tous les Saints (Chapel of All Saints) et le Bishop Manning Memorial Wing sont toutefois postérieurs; ils furent construits respectivement en 1913 et 1966.

Le bâtiment – L'extérieur en grès rose se distingue par son clocher quadrangulaire (trois de ses dix cloches datent de 1797) dont la flèche aiguë, haute de plus de 85m, dominait fièrement – quand elle fut construite – les maisons voisines. De belles portes de bronze (Richard Morris Hunt), inspirées de celles du baptistère de Florence, donnent accès à l'intérieur où l'on remarquera, au-dessus du maître-autel de marbre blanc (1877), des vitraux très colorés dus à Upjohn. Noter aussi, à droite du chœur, la clôture et la voûte en bois de la chapelle de Tous les Saints. Dans une salle située à gauche du chœur, le **Trinity Museum** *(ouv. lun.–ven. 9h–11h45, 13h–15h45; sam. 10h–15h45; dim. 13h–15h45)* retrace l'histoire de l'église de l'époque hollandaise à aujourd'hui.

Le cimetière – La plus ancienne de ses sépultures *(à droite de l'église)* est celle d'un certain Richard Churcher, mort en 1681. On repérera également les tombes de l'éditeur William Bradford Jr *(à droite de l'église)*, de Robert Fulton, l'inventeur du bateau à vapeur *(à gauche de l'église, du côté de Rector St)*, de deux secrétaires du Trésor: Alexander Hamilton *(à gauche de l'église, du côté de Rector St)* et Albert Gallatin *(à droite de l'église, du côté de Trinity Place)*, et enfin, de Francis Lewis *(à droite de l'église, près de l'entrée)*, l'un des signataires de la Déclaration d'Indépendance.

Museum of the City of New York

Tourner à gauche dans Wall St.

Véritable royaume de la finance, **Wall Street**★★ se fraye un passage entre les murailles des gratte-ciel qui l'enserrent. Ceux-ci cachent le ciel à une foule affairée, si dense de 9h à 17h, en particulier à l'heure des repas, qu'elle a presque réussi à chasser les pauvres voitures de la chaussée.

Wall Street au début du 19ᵉs.

★ **New York Stock Exchange** – *8-18 Broad St.* Cet immeuble de 17 étages (1903) arbore une façade majestueuse, avec ses colonnes corinthiennes et son fronton sculpté d'une allégorie symbolisant le Commerce. Devant l'entrée, un arbre rappelle le platane qui se trouvait à l'angle de Wall Street et William Street, sous lequel s'assemblaient les 24 premiers courtiers qui, en 1792, décidèrent de s'unir pour négocier les actions émises par le gouvernement et quelques sociétés, formant ainsi le premier marché de valeurs de la ville. Une simple poignée de main ou une tape sur l'épaule suffisait alors pour conclure un marché; et quand il faisait mauvais temps, on palabrait dans les cafés.

Au début du 20ᵉ s., époque à laquelle la fraude et la débauche sévissaient parmi les fonctionnaires locaux (souvent impliqué dans des affaires de corruption, le Tammany – groupe politique new-yorkais affilié au parti démocrate – était encore très puissant à l'époque), la Bourse gagna en popularité auprès des petits épargnants. Vers la fin des années 1920, guidés par un invincible sentiment de prospérité, plus d'un million d'Américains jouaient à la Bourse, prenant souvent des risques énormes. Le fameux krach boursier du 24 octobre 1929 (communément appelé le «jeudi noir»), lors duquel le New York Stock Exchange fut le théâtre d'une terrible panique financière, devait marquer le début de la Grande Dépression des années 1930. En l'espace de quelques semaines, un nombre effrayant d'investisseurs furent ruinés, et le revenu national réduit de moitié.

Aujourd'hui, quelque 1 366 agents de change négocient les valeurs de plus de 2 000 sociétés américaines et étrangères cotées en Bourse, parmi lesquelles figurent les plus importantes compagnies du pays. Elles représentent un marché négociable de 120,7 milliards d'actions évaluées à 4 billions de dollars. Chaque jour, environ 276 millions de titres sont échangés pour plus de 9 milliards de dollars. Un Américain sur cinq est actionnaire.

Au rez-de-chaussée se trouve la salle réservée aux opérations boursières; ces dernières se déroulent du lundi au vendredi de 9h30 à 16h30.

Bureau d'accueil des visiteurs (Visitors Center) – *Entrée au 20 Broad St. Ouv. lun.–ven. 9h15–16h. Fermé j. f. Billets gratuits (nombre limité) distribués à l'extérieur du bâtiment et valables le jour même de la visite; les retirer au moins une heure à l'avance. Personnel disponible pour répondre aux questions. Commentaire enregistré également disponible en français.* ♿ ☎656-5162. Plusieurs expositions retracent l'histoire du New York Stock Exchange, décrivent le fonctionnement du marché boursier et expliquent la structure financière des sociétés cotées. La **galerie**★ réservée aux visiteurs *(3ᵉ niveau)* domine le parquet où s'effectuent les transactions et permet d'en apprécier le rythme trépidant.

★ **Federal Hall National Memorial** – *26 Wall St.* Cet impressionnant édifice en marbre du Massachusetts, dont la forme n'est pas sans évoquer celle d'un temple dorique, occupe l'un des sites new-yorkais les plus chargés d'histoire.
La construction du premier hôtel de ville de New York commença ici en 1699, sur un terrain offert par Abraham de Peyster *(p. 65)*. En 1702, l'administration municipale s'installa dans les locaux. Devant le bâtiment s'érigeaient le pilori où l'on exposait des malfaiteurs et le poteau où ils étaient attachés pour être flagellés.

L'hôtel de ville servait également de palais de justice et de prison pour les mauvais payeurs. Le procès de John Zenger y fut jugé en 1735, et la fameuse Loi du timbre (Stamp Act), imposée par les Anglais, y fut repoussée 31 ans plus tard.

Refait en 1789 sous la direction de **Pierre Charles L'Enfant** (1754-1825), ingénieur français qui devait dessiner les plans de la ville de Washington, le bâtiment devint alors le «Federal Hall», c'est-à-dire le premier siège du Congrès, à l'époque de la mise sur pied de la Constitution fédérale. George Washington y prêta serment, le 30 avril 1789, à la suite de son élection à la présidence; à l'extérieur, une **statue** de bronze (1883, John Q.A. Ward) rend hommage au grand homme d'état américain. Transformé en bureaux, après le départ du gouvernement pour Philadelphie, l'édifice fut démantelé en 1812 et vendu pour la modique somme de 425$. Le bâtiment actuel (1842, Town & Davis) abrita jusqu'en 1862 les locaux de la Douane. Il fut par la suite affecté à la sous-direction du Trésor, et accueillit divers services avant d'être classé lieu historique en 1939, puis lieu commémoratif national en 1955. Son **intérieur** *(ouv. lun.–ven. 9h–17h; concerts mer. 12h; ☐)* s'ordonne autour d'une splendide rotonde. Seize colonnes de marbre supportent le grand dôme et les balcons embellis de balustrades en bronze richement décorées. On peut y voir des souvenirs de George Washington ainsi qu'une exposition relative à la Constitution. Dans la partie consacrée à l'histoire de la ville et du bâtiment, plusieurs dioramas représentent les trois édifices qui se sont succédé à cet emplacement. Tout au long de l'année, les galeries supérieures abritent des expositions temporaires.

Morgan Guaranty Trust Company – *23 Wall St, à l'angle de Broad St.* Érigé en 1913, ce sobre bâtiment de marbre blanc fut le théâtre d'un attentat terroriste contre J. Pierpont Morgan Jr *(p. 59)*. Côté Wall Street, remarquer une étroite structure de style académique, ornée de parements de teinte saumon, qui appartient également à la Morgan Company.

> *Continuer en direction de William St. Tourner à gauche, puis encore à gauche dans Pine St.*

Chase Manhattan Bank – *Sur Pine St, entre Nassau et William Sts.* Née de la fusion de deux institutions financières (Chase National Bank et Bank of the Manhattan Company), la Chase Manhattan Bank occupe, depuis 1961, un immeuble de prestige (Skidmore, Owings & Merrill) dont la haute silhouette luisante se distingue facilement au milieu des gratte-ciel plus anciens de cette partie du quartier des affaires. Ses 248m de verre et d'aluminium se dressent fièrement au-dessus d'une esplanade pavée, décorée de plusieurs sculptures.

Un peu d'histoire – En 1798, une épidémie de fièvre jaune s'étant déclarée à New York, les habitants de la ville pensèrent qu'elle était due à la pollution des eaux. L'année suivante, sous l'impulsion d'**Aaron Burr** (1756-1836), il fut donc décidé de fonder la Manhattan Company afin de créer un système hydraulique pour le ravitaillement de la ville en eau potable. Un réseau de conduits souterrains en bois fut alors posé, dont on retrouve parfois encore des traces lors de travaux d'affouillement. Burr décida ensuite d'étendre les activités de la Manhattan Company au domaine de la finance et ouvrit, le 1er septembre 1799, un comptoir d'escompte et de dépôt. Cette nouvelle orientation n'arrangeait guère **Alexander Hamilton** (1755-1804), dont les intérêts étaient investis dans deux autres banques new-yorkaises. Les différends financiers que les deux hommes entretenaient, accrus par une rivalité politique de longue date, se terminèrent par un célèbre duel (11 juillet 1804) au cours duquel Hamilton fut mortellement blessé.

La Chase Bank fut quant à elle fondée en 1877 par John Thompson et son fils, qui lui donnèrent ce nom en l'honneur de **Salmon P. Chase** (1808-1873). Celui-ci, sénateur et gouverneur de l'Ohio, avait aussi servi en tant que président de la Cour suprême et secrétaire au Trésor et, à ce titre, fit promulguer le National Currency Act de 1863 qui établit aux États-Unis une monnaie uniforme et un système bancaire à l'échelle fédérale. Le portrait de Chase figure d'ailleurs sur le plus gros billet mis en circulation (10 000 dollars).

L'édifice – À l'origine, la Chase Manhattan Bank disposait d'un terrain assez vaste (1ha) mais scindé en deux par une rue. La banque réussit à négocier l'achat de la portion de rue qui séparait les deux parcelles, et décida de bâtir une tour gigantesque; sa construction prit un peu moins de cinq ans. Constitué de murs-rideaux en verre sur armature d'acier, ce gratte-ciel de 65 étages (dont cinq en sous-sol) s'élève à 248m au-dessus d'une esplanade bien dégagée, et représente l'un des plus grands immeubles de bureaux bâtis depuis les années 1960. La chambre forte, située au 5e sous-sol, serait la plus grande du monde: plus longue qu'un terrain de football, elle pèse 983 tonnes et possède 6 portes de 51cm d'épaisseur; quatre d'entre elles font 41 tonnes chacune, et les deux autres «à peine» 27 tonnes! Sur l'esplanade, remarquer une étonnante sculpture de Jean Dubuffet **[3]** intitulée *Groupe de quatre arbres* (1972), et plus à gauche, un jardin japonais en contrebas dessiné en 1964 par Isamu Noguchi *(p. 168)*.

> *Reprendre Pine St. Tourner à droite dans Nassau St, et continuer en direction de Liberty St.*

Au 65 Liberty Street *(à l'Ouest de Nassau St)*, un bel immeuble de style académique (1900), jadis occupé par la Chambre de commerce, abrite aujourd'hui l'International Commercial Bank of China.

Federal Reserve Bank of New York – *33 Liberty St. Visite guidée (45mn) seulement, lun.–ven. 10h30, 11h30, 13h30 & 14h30. Fermée j. f. Réserver (au moins 4 semaines à l'avance) auprès du Public Information Dept, Federal Reserve Bank of New York, 33 Liberty St, New York, NY 10045 ☎720-6130. ☐.* La Banque fédérale de réserve de New York fait face à la Chase Manhattan Bank. C'est un imposant immeuble de pierre d'inspiration néo-florentine construit en 1924, dont les 14 étages occupent tout un bloc. La chambre forte, enterrée à une profondeur de plus de 24m au-dessous du niveau de la rue, contient les réserves d'or de 80 nations. Il s'agirait de la plus grande accumulation d'or au monde: environ 10 108 475kg de métal, soit plus de 107 milliards de dollars (au cours de l'or de 1993).

Continuer à l'Est sur Liberty St jusqu'à William St.

Un petit parc délimité par William Street, Pine Street et Maiden Lane, contient sept immenses sculptures en acier noir **[4]** réalisées en 1977 par **Louise Nevelson**, qui donna son nom à l'endroit.

Pour reprendre Wall St, tourner à droite dans William St.

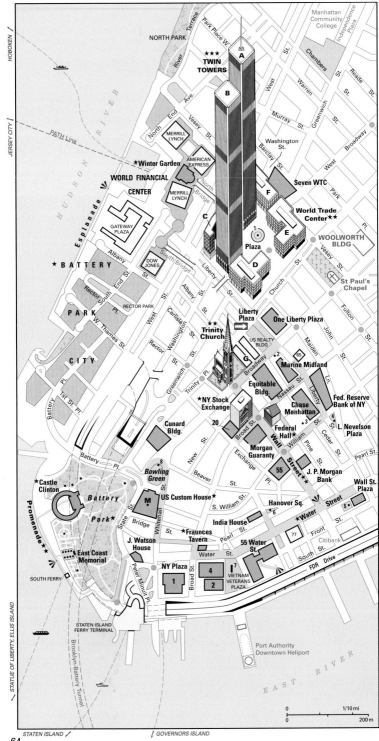

55 Wall Street – Conçu en 1841 par Isaiah Rogers en tant que deuxième Bourse marchande, cet édifice néo-grec à double colonnade superposée fut agrandi et rénové en 1907 par les architectes McKim, Mead & White. Le bâtiment abrita jusqu'en 1992 le siège de la Citibank (aujourd'hui situé au 120 Wall Street), établissement financier créé en 1812 pour succéder à la première banque fondée à New York, dix ans plus tôt, par Alexander Hamilton *(p. 63)*.

L'intérieur présente une impressionnante décoration de style néo-classique, avec son grand hall de marbre et de travertin, doté d'arcs et de colonnades, dominé par une coupole de 22m de haut.

J.P. Morgan Bank Headquarters – *60 Wall St*. Cette tour massive de 47 étages (1988; Roche, Dinkeloo & Associates) est l'un des gratte-ciel les plus élevés du quartier des affaires. Sa façade de verre et de granit est ornée de pilastres classiques dont les éléments (bases, fûts et chapiteaux) se détachent en relief. Avec ses chaises, ses tables et ses plantes vertes, son hall de marbre blanc constitue un espace public accueillant; il est décoré de treillage et d'une multitude de miroirs.

Continuer à l'Est vers Water St.

Avant d'atteindre Water Street, se retourner pour admirer la **perspective★** sur le célèbre «canyon» urbain, close par la silhouette de Trinity Church.

Tourner à gauche dans Water St.

Particulièrement intéressante à visiter en semaine, **Water Street★** reflète le rythme étonnant auquel Lower Manhattan s'est développé depuis la fin des années 1960. D'une grande variété de formes, de couleurs et de matériaux, les immeubles de bureaux qui bordent la rue ont considérablement modifié la perspective du front de mer. Plusieurs plans d'urbanisation successifs ont intégré avec succès des éléments humains et récréatifs au paysage architectural.

Au croisement de Water et Pine Streets se dresse le **Wall Street Plaza**. Cette élégante structure de verre et d'aluminium (1973, I.M. Pei) est rehaussée par une envoûtante sculpture de Yu Yu Yang **[5]**. Un peu plus loin, une plaque commémore le célèbre paquebot *Queen Elizabeth I* dont le dernier propriétaire, Morley Cho, possédait aussi le Wall Street Plaza.

Revenir vers Wall St.

En continuant à l'Ouest sur Water Street, on passera devant l'accueillante esplanade du 77 Water Street, connue sous le nom de Bennett Park, où des bassins, des fontaines, une sculpture et des bancs forment un agréable lieu de détente.

Continuer à l'Ouest sur Water St.

Sur la droite se trouve **Hanover Square**, calme placette plantée d'arbres contenant la **statue [6]** en bronze (1896) d'Abraham de Peyster, prospère marchand hollandais qui fut maire de la ville de 1691 à 1695. Parmi les boutiques qui bordaient autrefois le square se trouvait l'imprimerie de William Bradford, établie en 1693. Du côté Sud du square, remarquer l'**India House**, belle maison de grès brun de style «italianisant» érigée en 1853.

En continuant à l'Ouest, on arrive au **55 Water Street**, ensemble constitué de deux immeubles qui se dressent au-dessus d'une esplanade surélevée *(accès par l'escalator sur Water St)* d'où l'on a une **vue★** étendue sur l'East River et BROOKLYN HEIGHTS. S'arrêter à la Vietnam Veterans Plaza devant le **Vietnam Veterans Memorial [7]**. Ce monument (1985) est dédié aux soldats américains morts au combat, et à tous ceux qui en revinrent. Sur le mur de granit et de verre (21m sur 4), on peut lire les passages de divers textes (extraits de lettres, de journaux intimes, de poèmes) écrits par des Américains durant la guerre du Viêt-nam.

Reliés entre eux par des placettes et par une galerie bordée de boutiques et de restaurants, les bâtiments du **New York Plaza** *(n°s 1, 2 et 4)* forment un ensemble varié. Noter tout particulièrement le 4 New York Plaza, immeuble de 22 étages en brique rouge aux étroites fenêtres.

À l'angle de Broad St, tourner à droite et continuer au Nord vers Pearl St.

★ **Fraunces Tavern** – *54 Pearl St. Ouv. lun.–ven. 10h–16h45, sam. 12h–16h. Fermée 1er janv., Thanksgiving & 25 déc. 2,50$. ☎425-1778.* Cette élégante demeure de briques jaunes à toit d'ardoises constitue un bel exemple d'architecture coloniale néo-géorgienne, avec son joli portique surmonté d'un balcon. Édifiée en 1719, c'était à l'origine une maison particulière dont le propriétaire, un huguenot français, **Étienne de Lancey**, avait quitté sa patrie à la suite de la révocation de l'édit de Nantes. La maison fut transformée en taverne en 1763, sous la férule de Samuel Fraunces, Noir antillais d'allégeance française qui devint par la suite maître d'hôtel de Washington.

Le gouverneur De Witt Clinton y donna un dîner en 1783 pour célébrer l'évacuation des troupes anglaises, et en décembre de la même année, la taverne fut la scène des adieux de Washington à ses officiers.

L'édifice fut restauré en 1907 par les Sons of the Revolution, organisme rassemblant les descendants des Américains qui prirent part à la guerre d'Indépendance. Un restaurant renommé occupe le rez-de-chaussée. Par un escalier de bois, on accède au musée dont les expositions permanentes et temporaires renferment des souvenirs de la guerre d'Indépendance et retracent l'histoire de New York. Des objets décoratifs y sont également exposés.

Poursuivre à l'Ouest sur Pearl St. Tourner à droite dans Whitehall St et continuer vers l'ancienne US Custom House.

★ **Ancienne douane** (US Custom House) – *1 Bowling Green.* Le site à l'emplacement duquel s'élève aujourd'hui ce magnifique immeuble de style académique (1907, Cass Gilbert) fut tour à tour occupé par un fort, puis par la maison du Gouvernement (démolie en 1815) où siégeaient les gouverneurs de l'état. Le bâtiment présente une majestueuse façade de granit ornée de statues en marbre blanc du Tennessee. Celles du bas, réalisées par Daniel Chester French (célèbre pour sa statue de Lincoln dans le Lincoln Memorial à Washington) symbolisent l'Asie, l'Amérique, l'Europe et l'Afrique, tandis que celles du haut évoquent les plus célèbres cités et nations commerçantes du monde: remarquer à gauche du blason central, une femme représentant Lisbonne, façonnée par Augustus Saint-Gaudens, et un doge à tête de mort évoquant Venise.

En 1973, les services des douanes furent transférés dans l'un des bâtiments du World Trade Center *(p. 60).* L'ancienne US Custom House abrite désormais une partie des collections du NATIONAL MUSEUM OF THE AMERICAN INDIAN **[M]**, consacré aux Indiens des deux Amériques. Les galeries de ce fascinant musée s'organisent autour d'une splendide rotonde de marbre ornée de fresques représentant les activités du port de New York.

Cunard Building – *25 Broadway, sur Bowling Green.* C'est dans cet impressionnant bâtiment de style néo-Renaissance, aujourd'hui converti en bureau de poste, que l'on pouvait autrefois se procurer des billets pour voyager à bord des bateaux de la célèbre Cunard Line. Pénétrer à l'intérieur pour admirer le **hall d'entrée**, conçu en 1921 par Benjamin W. Morris, qui se compose d'une rotonde haute de 21m et d'une série de grandes fresques.

Bowling Green – Parc ovale entouré d'une grille en fer forgé qui daterait de 1771, Bowling Green tient son nom de la pelouse sur laquelle les colons s'exerçaient au jeu de boules en échange d'une modeste rétribution fixée à un poivre par an. Les maisons bourgeoises qui entouraient la place jusqu'au 19e s. ont depuis fait place aux immeubles de bureaux. À l'entrée Nord du parc, une statue en bronze **[8]** de plus de 3 tonnes représentant un taureau en train de charger (1988) symbolise la montée du marché des valeurs.

Du Bowling Green, continuer au Sud-Ouest vers Battery Park.

★ **BATTERY PARK**

À la pointe Sud-Ouest de Manhattan, Battery Park forme un îlot de verdure devant l'écran de gratte-ciel du quartier des affaires. En flânant le long de la promenade, les visiteurs pourront apprécier l'un des panoramas les plus spectaculaires de la côte Est des États-Unis.

Un peu d'histoire – Aux 17e et 18e s., il n'y avait, à l'emplacement actuel de Battery Park, que de l'eau, le contour de Manhattan suivant approximativement le tracé délimité par State Street, Bowling Green et Pearl Street. Afin de protéger le port durant la guerre de 1812, les Anglais érigèrent deux forts: West Battery (Castle Clinton) à moins de 100m du littoral, et East Battery (Castle Williams) sur Governors Island *(p. 67).* En 1870, le terrain fut remblayé entre West Battery et Manhattan, créant ainsi un agréable espace vert.

Parsemé de nombreuses statues et monuments commémoratifs, Battery Park forme aujourd'hui un terre-plein de 8,5ha qui s'étend du Bowling Green au confluent de l'Hudson et de l'East River. Toute l'année, la vue de la baie de New York, animée par le mouvement des bateaux qui entrent dans le port et qui en sortent, attire les touristes en grand nombre. Le parc sert de point de départ aux ferries vers la STATUE DE LA LIBERTÉ et ELLIS ISLAND. Sous Battery Park passe le Brooklyn-Battery Tunnel (environ 3,2km) qui relie Manhattan à Brooklyn.

★ **Castle Clinton National Monument** – *Ouv. t. l. j. 8h30–17h. Fermé 25 déc. Visites guidées (30mn) possibles.* ♿ ☎*344-7220. Bureau d'accueil, librairie, billetterie (promenades en bateau et ferries conduisant à la statue de la Liberté et à Ellis Island).* Construit sur une petite île artificielle entre 1808 et 1811, West Battery faisait partie d'une série d'ouvrages fortifiés destinés à protéger le port de New York. Le fort n'ayant pourtant jamais été utilisé en tant que tel. Cédé à la ville en 1824, il fut transformé en salle de concert et rebaptisé Castle Garden. La même année, les nouveaux aménagements servirent de cadre à une soirée donnée en l'honneur de La Fayette. En 1850, Castle Garden reçut la célèbre cantatrice Jenny Lind, surnommée le «rossignol suédois». C'est également en ces lieux que Samuel Morse démontra pour la première fois son invention révolutionnaire, le télégraphe. En 1855, Castle Garden fut affecté au tri des immigrants (il en défila plus de 7 millions avant l'ouverture de la station de contrôle d'Ellis Island en 1892). Enfin, le NEW YORK AQUARIUM – qui se trouve désormais à Coney Island – occupa ces lieux jusqu'en 1942.

Déclaré monument national en 1950, le site fut restauré et rouvert au public en 1975. Aujourd'hui, Castle Clinton, ainsi nommé en l'honneur de De Witt Clinton, gouverneur de l'état de New York au début du 19e s., a retrouvé l'aspect sévère qu'il avait au début du siècle dernier, avec sa porte d'entrée encadrée de pilastres et ses murs de 2,4m d'épaisseur percés de meurtrières à canons.

Marcher le long de la promenade en direction du Sud.

★★ **Promenade** – De Castle Clinton au Staten Island Ferry Terminal *(p. 67),* gare maritime d'où partent les célèbres ferries pour Staten Island *(p. 172),* la promenade dessine une courbe harmonieuse face à la baie de New York. Remarquer, au Sud du fort, la statue de Giovanni da Verrazano *(p. 165),* et à proximité du South Ferry, l'**East Coast Memorial** (1961), dédié à ceux qui périrent dans l'Atlantique durant la Seconde Guerre mondiale; de chaque côté d'un aigle de bronze aux ailes déployées sont alignés quatre pylônes de granit gravés de noms.

La promenade permet d'apprécier des **vues★★★** splendides de la baie. On distingue successivement d'Ouest en Est: **Jersey City** et son énorme horloge Colgate; Ellis Island, ancien lieu de rassemblement des immigrants; Liberty Island (autrefois nommée Bedloe's Island), portant la colossale statue de la Liberté; Brooklyn et sa colline, BROOKLYN HEIGHTS, au pied de laquelle s'alignent les docks.

On distingue également **Governors Island**, appelée Nutten's Island du temps des Hollandais à cause des nombreux noyers qui y poussaient. Cette île offre de beaux points de vue sur Manhattan et Brooklyn. Elle contient deux édifices datant d'avant 1800: la maison du gouverneur (Governor's House) et Fort Jay. Un autre fort, Castle Williams, y fut construit au début du 19e s., en même temps qu'était bâti Castle Clinton. Depuis, l'île est demeurée la propriété du gouvernement et abrite une station de garde-côtes américains *(visite guidée seulement; 2h 30mn; 12$; horaires et réservations: Onion Walking Tours ☎439-1090).*

Au loin se profilent Bayonne (dans le New Jersey), avec ses raffineries de pétrole et son port naval; Staten Island et ses collines; et les «Narrows» au-dessus desquels apparaissent les lignes arachnéennes du PONT VERRAZANO-NARROWS, à demi dissimulé par Governors Island.

Continuer vers le Staten Island Ferry Terminal.

Sévèrement endommagée par un incendie en 1991, cette gare maritime est actuellement désaffectée, mais des plans de rénovation sont en cours. On prévoit par exemple d'y élever la plus grande horloge du monde dont le diamètre ferait plus de 36m. En attendant la fin des travaux *(prévue pour 1997)*, un terminal de fortune *(sur Whitehall St)* assure le trafic des passagers.

Prendre à gauche State St, et continuer jusqu'à l'angle de Water St.

Au 7 State Street, une élégante maison de la fin du 18e s. – l'une des seules de cette époque à avoir subsisté sur le front de mer – abrite le mémorial d'Elizabeth Seton (1774-1821), première américaine canonisée en 1975. La partie droite de l'édifice remonte à 1792; il s'agit de la **James Watson House**, ancienne demeure d'un sénateur de l'état de New York. La gracieuse colonnade ionique fut ajoutée en 1806.

MUSÉE

★★ **National Museum of the American Indian** – *Description p. 151.*

SOUTH STREET SEAPORT ★★ 10

Durée: 2h. ●station Fulton St (lignes 2, 3). Plan p. 68.

Concerts, festivals, manifestations diverses gratuites toute l'année. Un billet global (5$), en vente au bureau d'accueil des visiteurs, comprend l'entrée aux expositions The Gallery et Historic Vessels, et permet également de profiter des programmes spéciaux organisés par le musée et des promenades guidées (50mn) de la zone historique. *☎748-8600.*

Au Sud du pont de Brooklyn, South Street Seaport occupe un terrain couvert par 11 blocs de bâtiments faisant face à l'East River. Ce quartier représentait, au 19e s., le cœur du port de New York et un centre mondial de la navigation marchande. Le port maritime de South Street perdit peu à peu de son importance au profit des môles en eau profonde sur l'Hudson. Ses nombreuses maisons de commerce, boutiques et entrepôts, autrefois débordants d'activité, se reconvertirent tout d'abord à d'autres usages, puis furent laissés à l'abandon, et le quartier finit par tomber en décrépitude.

Dans les années 1960, la volonté de préserver ce qui restait des bâtiments anciens du port, des quais, des rues et des navires, conduisit à la création d'une zone historique et du South Street Seaport Museum. Dans les années 1980 fut lancé un important plan de développement destiné à redonner vie à l'ancien quartier portuaire. Des restaurations et quelques constructions nouvelles, dans un périmètre formé par John, South, Water et Beekman Streets, l'ont transformé en un lieu animé avec ses allées piétonnières, ses restaurants et ses boutiques, dont l'activité évoque les beaux jours du port au siècle dernier.

VISITE

Museum Block – Le bloc délimité par Fulton, Front, Beekman et Water Streets contient 14 bâtiments des 18e et 19e s., pour la plupart transformés en galeries d'exposition. Le **bureau d'accueil des visiteurs** *(ouv. juin.–sept. t. l. j. 10h–18h; reste de l'année 17h; fermé 1er janv., Thanksgiving & 25 déc.; ☎748-8600)*, situé au 12 Fulton Street, présente une exposition permanente sur l'histoire du port maritime. Sur Water Street, aux n**os 207, 211** et **215**, remarquer trois édifices similaires: Bowne & Co Stationers (reconstitution d'une imprimerie-papeterie du 19e s.), The Chandlery (ancien magasin d'accastillage) et The Gallery (expositions temporaires relatant l'histoire du quartier de South Street). Aux 17-19 Fulton Street, un bâtiment assez bas d'acier et de verre (1983), **New «Bogardus» Building**, rappelle par son architecture les immeubles en fonte de James Bogardus *(p. 77).*

Schermerhorn Row – Ce bel ensemble de bâtiments, reconnaissable à ses façades de brique et à ses toits inclinés, fut construit entre 1811 et 1813 dans le style fédéral pour Peter Schermerhorn, promoteur et approvisionneur de navires. Aux beaux jours de South Street, il abritait des maisons de commerce et des entrepôts. Depuis, les bâtiments ont été transformés en boutiques, de même que les édifices néo-grecs situés de l'autre côté de la rue, sur Cannon's Walk.

Fulton Market Building – Lieu idéal pour observer l'animation du quartier maritime et en apprécier l'atmosphère de fête permanente, ce bâtiment de brique et de granit (1983, Benjamin Thompson & Associates) abrite un marché – le quatrième construit à cet endroit depuis 1822 – dont l'activité se poursuit de jour comme de nuit. On y trouve une multitude de stands d'alimentation et de restaurants (spécialités américaines et étrangères, restauration rapide).

Le long de South Street s'alignent les étals du **Fulton Fish Market**, marché aux poissons qui fonctionne à cet endroit depuis plus d'un siècle et demi *(le visiter de préférence aux premières heures du matin)*.

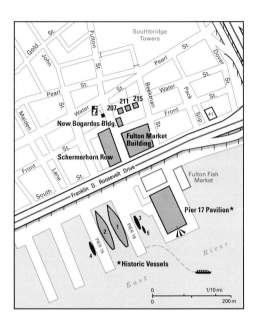

★ **Pier 17 Pavilion** – S'élevant sur le quai 17 qui s'avance dans l'East River sur plus de 120m, les trois étages de verre et d'acier de ce pavillon (Benjamin Thompson & Associates) comprennent une centaine de boutiques, restaurants et cafés. Depuis les vastes ponts promenades qui surplombent la rivière sur trois côtés, on a l'illusion d'être à bord d'un navire. Les **vues**★★ sont magnifiques: au Nord, sur le pont de Brooklyn; à l'Est, sur Brooklyn même, sa colline et son front de mer; et au Sud, sur la rade de New York.

★ **Historic Vessels** – *Pier (quai) 16. Mêmes horaires que pour le bureau d'accueil des visiteurs (p. 67).* Amarrée aux quais 15 et 16 le long de South Street se trouve toute une flotte de bateaux historiques comprenant le **Peking [1]**, un quatre-mâts à gréement carré (1911); le **Wavertree [2]**, construit pour le commerce de jute entre l'Inde et l'Europe (1885); l'*Ambrose* [3], premier bateau-phare en service dans l'Ambrose Channel (1907); le *Lettie G. Howard* [4], l'une des dernières goélettes de pêche de Gloucester (1893); et le *W.O. Decker* [5], remorqueur en bois de 1935.

La rade en bateau – *Pier (quai) 16. Croisières quotidiennes (1h). Premier départ 10h30. 12$. Horaires: Seaport Liberty Cruises ☏630-8888.* Des promenades en bateau sur la rade de New York à bord de l'*Andrew Fletcher* (réplique d'un bateau à aubes) ou du *Pioneer* (goélette de 1885) sont organisées au départ du quai 16.

Durant l'été, les quais se prêtent à de nombreux concerts en plein air. Avant de quitter le port, remarquer *(au 41 Peck Slip)* un trompe-l'œil représentant le pont de Brooklyn, réalisé par Richard Haas.

Participez à notre effort permanent de mise à jour.

Adressez-nous vos remarques et vos suggestions:

Cartes et guides Michelin
46, avenue de Breteuil
75324 PARIS CEDEX 07

Durée: 3h. Plan p. 71.

Situé au pied du pont de Brooklyn, au Nord du FINANCIAL DISTRICT et à l'Ouest de CHINATOWN, le quartier du Civic Center englobe Foley Square et City Hall Park. Cette zone marécageuse, qui faisait autrefois partie des terrains publics gérés par la ville *(p. 37)*, devint au 18ᵉ s. un lieu de rassemblement fort populaire où l'on se réunissait volontiers lors de manifestations ou de fêtes diverses. La partie Nord englobait un étang (nommé «Fresh Water» ou «Collect Pond») sur lequel John Fitch fit les essais, en 1796, d'un prototype de bateau à vapeur. À l'Ouest de cette étendue d'eau se trouvait un cimetière pour les Noirs (partiellement mis à découvert lors de fouilles archéologiques en 1993); selon la loi, esclaves et affranchis devaient en effet être enterrés hors des limites de la ville.

Plusieurs bâtiments administratifs municipaux, régionaux ou fédéraux, se groupèrent autour du City Hall (c'est-à-dire de l'hôtel de ville), bâti en 1811. Malgré l'expansion progressive de la ville vers le Nord, le quartier – très animé en semaine – est demeuré le cœur administratif de New York.

★ **CIVIC CENTER** *Durée: 2h. Parcours: 1,3km.*

Départ de Foley Square. ● station City Hall (lignes N, R).

Foley Square – Ce jardin public occupe l'emplacement du Collect Pond *(ci-dessus)*, drainé en 1808 pour faire place à un centre récréatif dont les bâtiments durent être rapidement abandonnés, le terrain ayant été mal assaini et les fondations pauvrement construites. Au début du siècle, plusieurs édifices administratifs firent leur apparition autour du square qui reçut son nom en 1926, en l'honneur de Thomas F. Foley (1852-1925), à la fois conseiller municipal, shérif et patron d'un saloon. Le square est aujourd'hui entouré de gigantesques bâtiments formant un ensemble architectural quelque peu disparate.

Jacob K. Javits Federal Office Building and US Court of International Trade – *26 Federal Plaza.* Construite en 1967, cette tour de granit et de verre offre l'aspect d'un damier. Elle est reliée par une passerelle à un petit immeuble de verre suspendu à des poutres de béton, qui abrite le Tribunal de commerce.

New York State Supreme Court – *60 Centre St.* Cet édifice néo-classique (1927) à colonnades, de forme hexagonale, accueillait autrefois la Cour de justice du comté. Il présente un intérieur majestueux, avec sa rotonde centrale très ouvragée, son dallage en marbre incrusté de cuivre représentant les signes du zodiaque, et ses fresques d'Attilio Pusterla (années 1930).

United States Courthouse – *40 Centre St.* Le bâtiment de la Cour de justice fédérale (1936, Cass Gilbert) présente un curieux mélange de styles architecturaux. Une tour de 32 étages, coiffée d'un sommet pyramidal, émerge du toit d'un temple néo-classique. Son hall d'entrée, flanqué de colonnes de marbre, contient de belles peinture murales.

Au Sud de l'immeuble, St Andrew's Plaza, avec ses tables, ses parasols et ses stands d'alimentation, est un endroit particulièrement agréable en été.

Continuer sur Centre St en direction du Sud.

★ **Municipal Building** – *1 Centre St.* Ce curieux ensemble, conçu en 1914 par McKim, Mead & White, se situe à l'extrémité de Chambers Street. D'une base en pierre calcaire décorée d'une colonnade néo-classique s'élève une tour de 40 étages coiffée d'une statue dorée. Celle-ci, intitulée *Civic Fame*, est la plus haute de Manhattan (7,6m). Elle fut réalisée en 1914 par Adolph A. Weinman qui sculpta également l'immense arc central.

Un passage piétonnier mène à la Police Plaza et à un bâtiment de briques orange et marron (1973) abritant les quartiers généraux de la Police. Au centre de l'esplanade se dresse l'imposante sculpture d'acier de Bernard (Tony) Rosenthal, *Five in One* [1], qui se compose de cinq disques symbolisant les *boroughs* new-yorkais.

Surrogate's Court – *31 Chambers St.* Bel exemple de l'architecture académique, ce bâtiment (1907, John Thomas) contient les archives de la ville (Hall of records). Ses façades de granit sont embellies d'une foule de détails sculpturaux (statues de personnages mythiques et de célèbres New-Yorkais). Dans le hall central, remarquer le plafond décoré de mosaïques, et les murs et parterres de marbre.

★★ **City Hall** – Les bureaux du maire et du Conseil municipal occupent un édifice aux lignes pures entouré d'un ravissant parc ombragé.

Le «nouveau» City Hall – L'hôtel de ville actuel a succédé au «Stadt Huys» hollandais installé en 1653 dans une ancienne taverne de Pearl Street (le Conseil municipal se composait alors de deux bourgmestres, d'un avocat public et de cinq magistrats) et au City Hall anglais qui se tenait, au 18ᵉ s., à l'angle de Wall Street et de Broad Street où se trouve aujourd'hui le FEDERAL HALL NATIONAL MEMORIAL.

L'édifice, construit entre 1802 et 1811, est l'œuvre de **Joseph-François Mangin** et de **John McComb Jr.** Officiellement inauguré le 5 mai 1812, il fut le théâtre d'événements mémorables. En 1824, La Fayette y reçut à l'occasion de son voyage triomphal en Amérique. C'est à cette époque que commencèrent, le long de Broadway, les premières parades qui marquaient la visite de dignitaires.

Dans la nuit du 9 avril 1865 parvint la nouvelle de la capitulation du général Lee (sudiste) à Appomattox. Le lendemain, toute la ville pavoisait, mais l'allégresse fut de courte durée, car moins d'une semaine plus tard, Abraham Lincoln était assassiné. La dépouille du Président fut exposée dans l'hôtel de ville où plus de 120 000 New-Yorkais vinrent lui rendre un dernier hommage. Puis le 25 avril, un char funèbre tiré par 16 chevaux noirs remonta lentement Broadway pour gagner le dépôt de l'Hudson River Railroad où le cercueil devait être placé dans un train spécial à destination de Springfield (Illinois), terre natale de Lincoln.

Durant les années 1860, l'hôtel de ville et tout à côté, le Tammany Hall (anciennement situé au coin de Park Row et Frankfort Street), furent impliqués dans de sordides affaires de corruption. Le groupe politique dit «Tammany», fondé par Aaron Burr au début du 19e s., prit de l'essor sous la direction de **William M. Tweed** (1823-1878). Une fois qu'ils eurent la main mise sur l'administration locale, Tweed et ses infâmes acolytes détournèrent sans vergogne les fonds publics. Mais dans les années 1870, le mécontentement de plusieurs personnages officiels, et le portrait peu flatteur que les caricatures de Thomas Nast (publiées dans l'hebdomadaire *Harper's Weekly*)

dressaient de Tweed et de sa clique, provoquèrent la chute et l'emprisonnement de ce politicien véreux.

Restauré en 1956, l'hôtel de ville continue à accueillir des invités de marque de passage à New York. Il constitue l'étape finale des fameuses **ticker-tape parades** lors desquelles le cortège des voitures officielles défile sous une pluie de confettis.

L'édifice – *Ouv. lun.–ven. 9h–17h. Fermé j. f.* ♿. Avec son harmonieuse façade néo-classique d'influence française et son superbe intérieur géorgien, le City Hall figure parmi les édifices les plus élégants de la ville. À l'origine, le devant du bâtiment était revêtu de marbre, son dos présentant un simple extérieur de grès brun. En 1956, le parement fut entièrement refait en pierre calcaire d'Alabama.

Dans la rotonde centrale, remarquer la statue en bronze (1853-1860, William James Hubbard) de Washington, réplique d'un marbre de Jean-

John Carucci

City Hall

Antoine Houdon. Un magnifique escalier à double volée orné d'une délicate rampe en fer forgé mène à une galerie cernée de fines colonnes corinthiennes qui supportent un dôme à caissons. On visitera l'**appartement du gouverneur** (Governor's Room), suite de trois pièces utilisées par le gouverneur de l'état pendant ses visites officielles *(ouv. lun.–ven. 10h–12h, 13h–16h)*. Elles abritent aujourd'hui un petit musée où sont exposés des meubles (notamment un bureau en acajou du 18e s. sur lequel George Washington rédigea son premier message au Congrès) et des tableaux (parmi lesquels trois œuvres de John Trumbull représentant Washington, John Jay et Alexander Hamilton). À droite se trouve une salle d'audience, et à gauche, la salle du Conseil municipal, avec une statue de Thomas Jefferson réalisée par David d'Angers, ainsi qu'un portrait de La Fayette peint par Samuel F.B. Morse, célèbre inventeur du télégraphe.

Le parc – Avant la guerre d'Indépendance s'étendaient ici des prés communaux plantés de pommiers où, en juillet 1776, la Déclaration d'Indépendance fut lue en présence de Washington, de ses troupes et de patriotes tandis qu'étaient érigés des «mâts de la Liberté» et que la foule déferlait sur le BOWLING GREEN pour prendre d'assaut la statue du monarque britannique George III.

Mais avec le retour des Anglais, quelques semaines plus tard, le décor changea et les pommiers se transformèrent en potences. Une statue (1890, MacMonnies), érigée en bordure du parc *(côté Broadway)*, commémore l'un des héros de cette lutte, **Nathan Hale [2]**, dont les dernières paroles: «Mon seul regret est de n'avoir qu'une seule vie à offrir pour mon pays», sont passées à la postérité. Une autre statue (1890, John Q.A. Ward) représentant Horace Greeley, et une plaque dédiée Joseph Pulitzer, rappellent le rôle significatif que joua le quartier dans le développement de la presse new-yorkaise *(p. 72)*.

Derrière l'hôtel de ville se tient l'ancienne Cour de justice du comté de New York connue sous le nom de **Tweed Courthouse**, en souvenir de William Tweed *(ci-dessus)* qui se serait frauduleusement attribué 10 des 14 millions de dollars alloués à la construction de l'édifice! L'intérieur du 19e s., l'un des plus luxueux de la ville, contient de beaux escaliers en fonte et une salle du Tribunal de style néo-gothique.

Passer devant le City Hall et tourner à gauche dans Broadway.

★★★ **Woolworth Building** – *233 Broadway.* Chef-d'œuvre de Cass Gilbert, ce gratte-ciel de style néo-gothique, édifié en 1913, demeura l'édifice le plus élevé du monde (241m) jusqu'à l'achèvement du CHRYSLER BUILDING en 1930. Il fut créé pour F.W. Woolworth, fondateur des célèbres «five-and-ten-cent stores» (magasins populaires offrant une variété d'articles bon marché) qui fut en mesure de le payer comptant... Le Président Woodrow Wilson inaugura le bâtiment de façon originale: alors qu'il se trouvait à Washington, il se borna à pousser un bouton, et le Woolworth s'illumina subitement sous l'éclairage de 80 000 ampoules.

L'immeuble est orné de gargouilles, de pinacles, d'arc-boutants et de fleurons. Au cours de récents travaux de rénovation, une grande partie de sa façade de terre cuite a été remplacée par de la pierre artificielle. La somptueuse entrée s'ouvre sur un **hall**★★ spectaculaire *(ouv. lun.–ven. 7h–18h; fermé j. f.)* d'une hauteur équivalente à trois étages, dominé par une voûte en berceau couverte de mosaïques de style byzantin. Le thème gothique est complété par des balcons embellis de fresques, un escalier en marbre, des meubles en bronze et de riches motifs dorés. Remarquer *(du côté de Barclay St)* six figures caricaturales représentant les maîtres d'œuvre de la construction (parmi elles, Woolworth en train de compter sa petite monnaie, et l'architecte Gilbert se cramponnant à une maquette du bâtiment).

Continuer au Sud sur Broadway.

★★ **St Paul's Chapel** – *Sur Broadway, entre Fulton et Vesey Sts. Ouv. lun.–ven. 9h–15h, dim. 7h–15h. Fermée j. f.* Plus ancien édifice religieux de Manhattan, cette petite chapelle en schiste fut construite sur plan rectangulaire, de 1764 à 1766, par l'architecte écossais Thomas McBean qui s'inspira de St Martin in the Fields, à Londres. Elle constitue un rare exemple d'architecture géorgienne. Sa jolie flèche, dont la silhouette contraste agréablement avec les tours jumelles du WORLD TRADE CENTER en arrière-plan, et son portique à fronton, percé d'une fenêtre palladienne *(côté Broadway)*, furent ajoutés en 1794. Sous le portique, remarquer le mémorial du général révolutionnaire Montgomery, tombé en 1775 lors de l'attaque de Québec *(voir le guide vert Le Québec)*, et dont la tombe repose sous la chapelle.

Agréable îlot de verdure, le cimetière est parsemé de stèles des 18e et 19e s., parmi lesquelles celle d'un Français, Béchet de Rochefontaine (1755-1814), qui servit sous Rochambeau durant la guerre d'Indépendance, devint colonel au service des États-Unis et mourut à New York.

Intérieur – La chapelle possède un intérieur géorgien (remodelé dans les années 1790) d'une élégance surprenante, avec ses murs aux tons pastel et ses lustres en cristal de Waterford. Noter le maître-autel, attribué à Pierre Charles L'Enfant qui

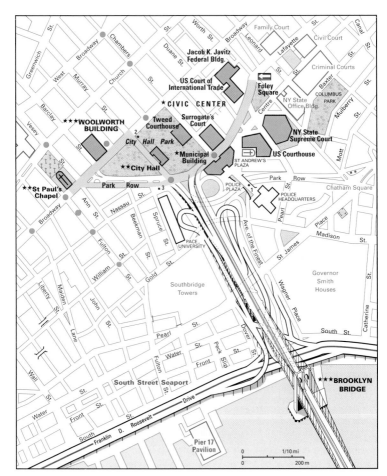

dessina par la suite les plans de la ville de Washington, et la chaire crème et or, surmontée d'un cimier à plumes symbolisant la domination du prince de Galles. À gauche, on peut voir le banc où se recueillit régulièrement Washington après qu'il fut nommé président *(p. 63)*, et à droite, celui du gouverneur De Witt Clinton (avec les armoiries de l'état de New York sur le mur voisin).

Tourner à l'Est dans Park Row.

Park Row – La portion de rue qui borde le City Hall Park entre St Paul's Chapel et le Municipal Building était, au 19e s., une promenade très en vue. On l'appelait «Newspaper Row» (rue des journaux) car les bureaux de nombreux quotidiens s'y étaient installés, dont le *Times*, le *Tribune*, le *Herald*, le *World* et le *Sun*. Le croisement de Nassau Street et de Park Row formait alors le «Printing-House Square» (square des imprimeurs). Aujourd'hui, Park Row n'est plus le lieu de prédilection de la presse new-yorkaise; il y demeure à peine quatre des 19 journaux qui y avaient établi leurs quartiers.

Derrière la statue en bronze (1872) de Benjamin Franklin **[3]** tenant une copie de sa *Pennsylvania Gazette*, se détache la silhouette de la Pace University (Civic Center Campus) dont le bâtiment principal, décoré d'un haut-relief en cuivre, entoure un jardin agrémenté d'une pièce d'eau *(visible de Spruce St)*.

★★★ PONT DE BROOKLYN (Brooklyn Bridge)

Pour accéder au passage piétonnier côté Manhattan: traverser Park Row et rejoindre le pont, ou descendre à la station de métro Brooklyn Bridge–City Hall. Côté Brooklyn: descendre à la station de métro High St–Brooklyn Bridge. Traversée à pied: 1/2h. Les visiteurs se promenant dans le sens Manhattan–Brooklyn pourront se rendre à pied jusqu'à Brooklyn Heights (p. 160).

Grande prouesse technique du 19e s., ce célèbre pont suspendu – qui détient le record mondial de longueur pendant 20 ans – fut le premier à relier les deux grands *boroughs* new-yorkais, Manhattan et Brooklyn, et joua un rôle considérable dans le développement de ce dernier. Sa fine silhouette *(photo p. 29)* a inspiré de nombreux écrivains, poètes (Walt Whitman) et peintres (Joseph Stella).

Fascinant but de promenade, surtout à la tombée de la nuit, la traversée à pied du pont permet de jouir de **vues★★** spectaculaires sur la ville et le port. La vivacité de l'air, le grondement du flot de voitures et le réseau de câbles énormes qui s'entrecroisent causent une sensation d'irréel.

La construction – Maître d'œuvre d'un pont suspendu au-dessus des chutes du Niagara, **John Augustus Roebling**, Allemand émigré, est chargé en 1869 de dresser les plans du futur pont. Procédant à des mesures pour l'édification des pylônes, il se fait écraser le pied; malgré une amputation, la gangrène se déclare et il meurt trois semaines plus tard.

Son fils, Washington Roebling, poursuit les travaux en appliquant de nouvelles méthodes apprises en Europe. Pour édifier les fondations, les ouvriers travaillent dans des caissons immergés et emplis d'air comprimé de façon à empêcher l'eau de s'infiltrer. Afin de supporter la pression de cet air, les hommes subissent une période de compression progressive avant le travail, puis de décompression à l'issue de celui-ci. Malgré ces précautions, certains d'entre eux souffrent de tympans crevés; d'autres contractent même la «maladie des caissons», causée par un retour trop rapide à la pression atmosphérique, et qui se manifeste par des états convulsifs pouvant se transformer en paralysie partielle ou totale. Washington Roebling n'échappe pas à ce mal. Mais, de sa chambre qui ouvre sur le chantier, il continue de diriger les travaux en s'aidant d'une paire de jumelles.

Terminé en 1883, le pont coûtera 25 millions de dollars. Avec son filigrane de câbles et ses arches en pointe, il constitue un chef-d'œuvre d'esthétisme et d'ingénierie. Ses câbles, soumis à un entretien constant, et ses pylônes ont été repeints dans leurs couleurs originales (beige et brun clair) en 1972. Quant au passage piétonnier, il fut reconstruit entre 1981 et 1983.

Quelques chiffres – Le pont possède un tablier de 1 053m de long. Sa travée centrale (longueur: 486m), toute en acier, repose sur deux pylônes en granit et domine de 41m le niveau de l'East River. Les quatre gros câbles qui la soutiennent font 40cm d'épaisseur et sont reliés par un vaste réseau de fils métalliques.

La petite histoire – Selon les prévisions de ses constructeurs, le pont de Brooklyn devint une voie de passage très fréquentée: le jour même de son inauguration, 150 000 personnes l'empruntaient. Mais un terrible accident se produisit moins d'une semaine après les cérémonies d'ouverture (menées par Chester Alan Arthur, vingt-et-unième Président des États-Unis): une femme chuta dans les escaliers, et ses hurlements déclenchèrent une panique dans la foule qui se pressait nombreuse sur le pont. Bilan: une douzaine de morts et de nombreux blessés.

Au fil des ans, plusieurs individus – certains par désespoir, d'autres plutôt par goût du risque – se jetèrent du haut du pont de Brooklyn. Les plus chanceux en sortirent indemnes, comme un dénommé Steve Brodie (1886) qui allait par la suite devenir une célébrité de Broadway.

Et puis, bien sûr, le pont fut l'objet de tentatives d'escroquerie de la part de personnes sans scrupules qui extorquèrent de l'argent à leurs victimes en leur imposant un droit de passage exorbitant (le péage, aujourd'hui aboli, était à l'origine de un cent pour les piétons) ou pire, en essayant de leur «vendre» l'immense structure!

Durée: 2h. ●*station Grand St (lignes B, D, Q). Plan p. 74.*

Situés à l'Ouest du LOWER EAST SIDE, autre quartier «ethnique» de Manhattan, Chinatown et Little Italy offrent au visiteur une ambiance cosmopolite pleine des charmes du pays natal. Particulièrement animé en fin de semaine, le quartier chinois forme une ville en soi, avec ses rues étroites bordées de pittoresques échoppes et de restaurants aux senteurs exotiques. Repliée sur Mulberry Street, la «Petite Italie» continue à attirer les foules par ses épiceries fines, ses cafés, ses pâtisseries et ses fêtes traditionnelles.

★★ CHINATOWN

Les débuts – Les premiers ressortissants chinois à s'établir à New York après la guerre de Sécession vinrent en Amérique pour travailler dans les mines d'or de Californie ou pour aider à la construction du chemin de fer transcontinental. Leur nombre continua de s'accroître jusqu'à ce qu'une série de décrets d'exclusion, les Chinese Exclusion Acts (1882), mette fin à la montée de l'immigration. Au début du siècle, la communauté chinoise commença à se regrouper en **tongs**, sortes d'associations conçues pour faciliter son adaptation à la culture américaine. Mais le crime organisé fit son apparition dans le quartier où sévit bientôt une véritable guerre des gangs qui se disputaient l'exploitation des fumeries et des tripots. On réglait alors ses comptes au revolver, parfois même à la hache.

Chinatown aujourd'hui – En 1943, l'abrogation des décrets d'exclusion fut suivie d'une nouvelle vague d'immigrants venus de Taiwan, de Hong Kong et de Chine. Chinatown, qui occupait autrefois une zone délimitée par Baxter Street, Canal Street, le Bowery et Worth Street, empiéta rapidement sur la «Petite Italie» et sur l'ancien quartier juif du Lower East Side qui comptent désormais de nombreuses fabriques et blanchisseries chinoises.
Aujourd'hui, la communauté asiatique de New York est estimée à quelque 512 000 personnes (les trois-quarts d'origine chinoise); environ 110 000 d'entre elles vivent à Manhattan, principalement à Chinatown.
C'est surtout à l'occasion du Nouvel An chinois *(première pleine lune après le 19 janvier)* que le quartier prend tout son caractère. Dans les rue illuminées, des lions et des dragons défilent, accompagnés de danseurs masqués, tandis que les pétards et les fusées sont chargés d'éloigner les mauvais esprits.

Chinatown

Visite – Une promenade au cœur de Chinatown, le long de Canal, **Mott**, Bayard et **Pell** Streets, et sur Catherine et East Broadway Streets (artères particulièrement animées), permettra au visiteur de saisir tout ce que le quartier a de singulier: ses enseignes multicolores aux signes énigmatiques; ses bazars fleurant le camphre et le santal; ses étalages garnis de produits exotiques, où s'alignent pois mange-tout, caillé de soja, œufs de canard, nids d'hirondelle et champignons séchés semblables à d'étranges plantes sous-marines; ses magasins de souvenirs regorgeant de soieries, d'éventails, de lanternes chinoises, de jades et de bibelots de toutes sortes; ses restaurants profonds et odorants qui offrent une grande variété de spécialités gastronomiques chinoises: potages aux ailerons de requin, riz aux pousses de bambou, œufs pourris à la mode de Canton, le tout arrosé de thé vert ou d'alcool de riz; et enfin, ses cabines téléphoniques et bâtiments divers aux toits recourbés en forme de pagode *(on remarquera tout particulièrement les immeubles du 41 Mott St et du 241 Canal St)*.
À l'angle du Bowery et de Division Street, près des tours d'habitation de Confucius Plaza, se dresse la **statue [1]** en bronze de Confucius (551-479 av. J.-C.). De l'autre côté de l'intersection, sur Chatham Square, le Kim Lau Memorial a été érigé en 1962 à la mémoire des Américains d'origine chinoise morts au combat pour les

États-Unis. Plusieurs cinémas, toutes sortes de temples (bouddhistes et autres), et un centre culturel sur Mott Street, contribuent à maintenir la culture chinoise dans cette partie de la ville. Au 18 Bowery, on notera un édifice en brique rouge de style fédéral mitigé de style géorgien: il s'agit de l'**Edward Mooney House**, plus ancienne maison mitoyenne de Manhattan (datant de la guerre d'Indépendance). Plus à l'Ouest, Columbus Park – créé à l'emplacement d'anciens taudis – apporte une agréable note de verdure dans ce secteur particulièrement encombré de la ville.

★ LITTLE ITALY

Délimitée par Canal, Lafayette et Houston Streets et par le Bowery, la «Petite Italie» était jadis peuplée de Siciliens et d'Italiens du Sud qui émigrèrent aux États-Unis entre les années 1880 et 1920, fuyant la misère de leur pays natal.
Peu d'Italiens vivent encore dans le quartier, mais y reviennent encore pour les réunions familiales, les mariages, les enterrements, les festivals et les célébrations traditionnelles. Le débordement des fruits et des légumes, les épiceries fines, les petits cafés d'où émanent de délicieux arômes engendrent un agréable dépayse-ment très apprécié des touristes.

Visite – Cœur de la «Petite Italie», **Mulberry Street★**, au Nord de Canal Street, est parfois appelée Via San Gennaro car durant la fête de San Gennaro *(septembre)*, le saint patron de Naples, la rue se transforme en un vaste restaurant en plein air. Toute l'année, les amateurs d'expressos et de cappuccinos y trouveront leur bon-heur; ils pourront aussi déguster pizzas, spaghettis et fruits de mer dans un cadre fort sympathique.

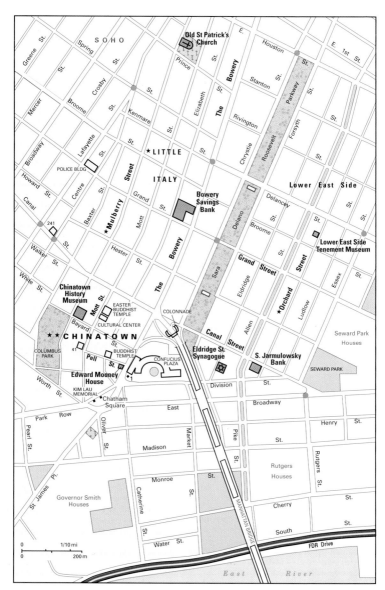

Au croisement de Prince et Mulberry Streets s'élève l'**Old St Patrick's Church** (1815, Joseph-François Mangin). Première église catholique de New York, elle fut remplacée en 1879 par un édifice plus grand de style néo-gothique situé sur la 5ᵉ Avenue *(p. 35)*.

Imposante structure néo-Renaissance, le Police Building (1909) marque l'angle de Grand et Centre Streets. Il abrita les quartiers généraux de la Police jusqu'en 1973, puis fut négligé pendant plus d'une décennie avant d'être restauré à la fin des années 1980 et transformé en immeuble d'habitation.

MUSÉE

Chinatown History Museum *– Description p. 119.*

LOWER EAST SIDE **13**

Durée: 2h. ● *station Canal St (lignes 4, 5, 6, N, R). Plan p. 74.*

Délimité d'un côté par le Bowery et de l'autre par l'East River, le Lower East Side occupe la zone au-dessous de Houston Street. Il joua un rôle important dans l'histoire des États-Unis, à l'époque où les immigrants (principalement d'origine juive et ukrainienne) commençaient leur vie américaine dans ce quartier misérable et surpeuplé. L'endroit subit de nombreuses transformations alors que les nouveaux arrivants se succédaient et s'affirmaient dans le secteur. Ses rues étroites – bordées d'un ensemble éclectique d'immeubles ouvriers, de marchés en plein air et d'impressionnants lieux de culte – en font l'un des quartiers «ethniques» les plus caractéristiques du pays.

UN PEU D'HISTOIRE

La ferme du gouverneur – Dernier gouverneur hollandais de la Nouvelle-Amsterdam de 1647 à 1664, **Peter Stuyvesant** (1592-1672) avait créé une ferme *(bouwerij* en hollandais*)* sur des terres qu'il avait prises aux Indiens. Celles-ci s'étendaient de Broadway à l'East River, entre les 5ᵉ et 17ᵉ Rues actuelles. Afin de faciliter l'accès à la ferme, Stuyvesant avait fait tracer une large allée rectiligne, aujourd'hui connue sous le nom de Bowery. Sa résidence personnelle se trouvait près d'une petite chapelle reconstruite en 1799 par l'un de ses descendants: la ST MARK'S- IN-THE-BOWERY CHURCH.

Le quartier des débuts et des espérances – Fuyant les guerres, les famines ou l'intolérance, les immigrants arrivaient souvent misérables dans leur nouveau pays d'adoption et venaient s'entasser dans les quartiers les plus pauvres des grandes villes, après avoir accompli les formalités d'entrée dans le pays. Le Lower East Side reçut sa première vague d'immigrants (des Irlandais) vers le milieu du 19ᵉ s. De la fin du 19ᵉ s. jusqu'à la Première Guerre mondiale, le quartier vit affluer des millions d'étrangers originaires d'Europe du Sud et de l'Est qui avaient transité par la station de contrôle d'ELLIS ISLAND. Mais dans les années 1920, les portes des États-Unis se refermèrent avec l'adoption de stricts quotas d'immigration.

On trouve encore dans le quartier beaucoup de ces immeubles d'habitation construits à l'intention des immigrants. Leurs logements, étriqués et insalubres, accueillaient des familles entières dont les conditions de vie étaient épouvantables. Des réformateurs, tel Jacob Riis, dénoncèrent la misère de ces classes urbaines défavorisées à travers photographies et reportages, alors que des groupes d'aide sociale s'établissaient pour faciliter l'assimilation des nouveaux arrivants dans la société américaine.

Après avoir prospéré, beaucoup d'immigrants abandonnèrent leur quartier d'origine et partirent s'installer dans d'autres secteurs de la ville. Malgré tout, le Lower East Side n'a pas perdu son caractère cosmopolite et demeure un lieu multiculturel plein de contrastes où les visiteurs pourront aussi bien entendre parler chinois, espagnol ou yiddish qu'anglais.

VISITE

Visiter de préférence le dimanche, lorsque la plupart des magasins sont ouverts et que le quartier se transforme en un véritable bazar plein de vie. Itinéraire conseillé: prendre le Bowery en direction du Sud; tourner dans Grand St puis Orchard St, et terminer sa promenade le long de Canal St.

Le Bowery – Paradis du vaudeville et des revues osées, le «Broadway du pauvre», comme on l'appelait autrefois, devint après la Première Guerre mondiale le refuge des vagabonds et des ivrognes. La rue contient encore des centres d'accueil pour les sans-abri et des soupes populaires, mais aussi des magasins spécialisés en matériel électrique ou dans la vente en gros d'équipement de restaurant. Conçue en 1895 par McKim, Mead & White, la **Bowery Savings Bank** *(nᵒ 130, non loin de Grand St)* est l'édifice le plus frappant de tout le quartier. Ce somptueux bâtiment de style académique présente d'imposantes colonnes corinthiennes et un intérieur caractérisé par une voûte à caissons très ouvragée, percée d'une grande lucarne.

Grand Street – Autrefois connue pour ses boutiques de linge de maison et de robes de mariée, cette rue est aujourd'hui fréquentée par la communauté asiatique; étals de poissons, marchés aux légumes et restaurants s'y sont multipliés.

★ **Orchard Street** – Chaque dimanche, Orchard Street et les rues avoisinantes sont fermées à la circulation et deviennent le paradis des amateurs de bonnes affaires (vêtements et accessoires divers). Commerçants enthousiastes et marchands ambulants se disputent l'attention des passants et les invitent à examiner leurs étalages. Au nº 97, le visiteur fera un arrêt au LOWER EAST SIDE TENEMENT MUSEUM.

Canal Street – Cette rue, qui sépare SOHO de CHINATOWN, est connue pour ses bijouteries et ses marchands de diamants. Construit en 1873 pour servir de banque aux immigrants juifs nouvellement arrivés, l'immeuble de la **S. Jarmulowsky Bank** *(nᵒˢ 54-58, à la hauteur d'Orchard St)* – aujourd'hui vacant – fut en son temps l'édifice le plus élevé de Lower East Side.
Un petit détour par Eldridge Street mène à l'**Eldridge Street Synagogue** *(nᵒˢ 12-16)*, premier grand lieu de culte israélite construit par les Juifs d'Europe de l'Est aux États-Unis. Le sanctuaire (1887), en cours de restauration, devrait éventuellement abriter un musée dédié au patrimoine juif. Il présente une façade mauresque très ornée, percée d'une remarquable rosace. À l'intérieur, remarquer les murs peints au pochoir qui s'élèvent vers un plafond voûté de 21m de hauteur *(ouv. lun.–ven. 9h–17h, dim. 10h–16h; fermée lors des fêtes juives; contribution souhaitée: 5$; visites guidées possibles).*
À l'entrée du pont reliant Manhattan à Brooklyn, on notera le Manhattan Bridge Colonnade. Cet ensemble architectural, conçu en 1915 par Carrère & Hastings dans le cadre du mouvement «City Beautiful», se compose d'une arche encadrée de colonnes incurvées. Les effets de la pollution automobile associés aux actes de vandalisme et aux graffitis, ont contribué à détériorer ce monument public qui avait jadis fière allure.

MUSÉE

Lower East Side Tenement Museum – *Description p. 125.*

★★
14 SOHO

Durée: 3h. ●stations Prince St (lignes 1, 9) ou Spring St (lignes N, R). Plan p. 82.

Cette ancienne zone industrielle (contraction de SOuth of HOuston Street) occupe 26 blocs délimités par Canal Street, West Broadway, West Houston Street et Crosby Street. Devenue un centre international de l'art, elle reflète aujourd'hui les dernières tendances en matière de mode et de décoration intérieure. Ici se trouve le New York de l'avant-garde et du pittoresque. Officiellement désigné quartier historique en 1973, SoHo frappera par ses immeubles en fonte du 19ᵉ s. dont elle possède le plus grand nombre aux États-Unis.

La métamorphose d'un quartier – Zone rurale du début de la colonisation hollandaise jusqu'au 19ᵉ s., SoHo accueillit la première communauté noire libre de Manhattan, constituée en 1644 par d'anciens esclaves de la Compagnie hollandaise des Indes occidentales qui leur avait accordé la jouissance des terres pour une exploitation agricole. Mais le développement de ce secteur de New York ne commença véritablement qu'au début du 19ᵉ s., époque à laquelle les voies d'eau fortement polluées de la ville furent drainées et remblayées.
En 1809, Broadway fut pavée et plusieurs personnages importants, dont James Fenimore Cooper, s'y établirent, apportant un certain prestige à ce nouveau quartier résidentiel. À la fin des années 1850, des magasins commencèrent à s'installer sur Broadway, parmi lesquels Tiffany & Co, E.V. Haughwout, Arnold Constable et Lord & Taylor, bientôt suivis de grands hôtels comme le St Nicholas qui occupait à lui seul la majeure partie d'un bloc. Crosby, Mercer et Greene Streets virent quant à elles la prolifération de théâtres, de casinos et de maisons de prostitution. SoHo se transformait peu à peu en un quartier commerçant, et les familles bourgeoises qui y vivaient partirent s'établir plus au Nord. Durant la seconde moitié du 19ᵉ s., l'endroit devint un centre prospère de l'industrie textile. Sa remarquable architecture industrielle en fonte ou en pierre date d'ailleurs de cette époque.
Vers les années 1950, le projet de construction d'une voie rapide qui traverserait Lower Manhattan menaça le quartier de démolition, mais sous la pression de l'opinion publique, ledit projet fut abandonné, et au cours des années 1960, SoHo se transforma en une vivante communauté artistique.
Attirés par des loyers modestes, les peintres commencèrent à s'installer dans le quartier, et aménagèrent d'immenses lofts dans des bâtiments industriels désaffectés offrant les qualités requises pour des ateliers: lumière et espace (jusqu'en 1971, la loi interdisait la transformation de ces anciens entrepôts ou manufactures en résidences particulières ou en espaces de travail).
Peintres, sculpteurs et musiciens furent bientôt suivis par de prestigieuses galeries d'art. Devenu un quartier très prisé, SoHo a vu la monté en flèche des valeurs immobilières, et beaucoup d'artistes, ne pouvant rivaliser financièrement avec les membres des professions libérales, ont dû partir vers les secteurs moins onéreux de Brooklyn, de Queens et du New Jersey.
Aujourd'hui, avec ses restaurants chics, ses boutiques haut de gamme et ses cafés en vogue, SoHo est surtout fréquenté par les gens aisés. Cependant, le quartier n'a pas complètement perdu sa vocation première; de petites industries ont subsisté et certains entrepôts ont conservé leur fonction originelle, surtout dans le secteur au Sud de Broome Street. Le charme particulier de SoHo est peut-être dû à ce curieux mélange...

La construction en fonte (Cast Iron) – Longtemps, l'utilisation de la fonte fut limitée à la fabrication d'outils et d'ustensiles ménagers. Vers la fin du 18ᵉ s., les Anglais mirent au point une technique de construction véritablement révolutionnaire pour l'époque: l'ossature métallique, qui allait connaître un grand succès 50 ans plus tard aux États-Unis pour l'édification des bâtiments commerciaux et industriels. Fervents adeptes de ce nouveau matériau, Daniel Badger et **James Bogardus** établirent tous deux des fonderies à New York dans les années 1840.

Constitués de pièces préfabriquées vendues par catalogue, les édifices en fonte offraient de nombreux avantages. Plus légers et moins onéreux que les bâtiments en pierre, ils étaient relativement simples et rapides à construire. Grâce à leur armature métallique, qui rendait inutile l'élévation de murs porteurs et augmentait ainsi la surface habitable, ces nouveaux types de constructions répondaient particulièrement bien à la fonction industrielle. Seule ou combinée à d'autres matériaux, la fonte fut également utilisée à la construction de façades. Pour un coût beaucoup moins élevé que le granit ou le marbre taillé, un commerçant pouvait doter son magasin d'une riche devanture ornée de colonnes, de voûtes, de balustrades et de corniches moulées comme des gaufres, qui imitaient les motifs architecturaux alors en vogue. On notera les étonnants placages décoratifs de style «Second Empire» des architectes **I.F. Duckworth** ou **Richard Morris Hunt**.

La fonte eut énormément de succès jusque dans les années 1890. Elle allait par la suite être éclipsée par l'adoption de nouveaux styles architecturaux auxquels la brique et la pierre se prêtaient mieux. De plus, le développement de la charpente d'acier et la généralisation des ascenseurs rendirent possible l'avènement d'un type de constructions plus élevées, les gratte-ciel, qu'il aurait été trop difficile de revêtir de plaques en fonte.

Remarque: une fois peinte, la fonte ressemble à s'y méprendre à de la pierre, autre matériau de construction couramment utilisé à SoHo. Hormis les traces de rouille révélatrices, le plus sûr moyen d'identifier le métal est d'utiliser un aimant!

VISITE

La meilleure façon de découvrir SoHo est de se promener au hasard des rues, en prenant le temps de faire du lèche-vitrines, de parcourir les galeries d'art et les boutiques, et de s'adonner à l'un des rituels locaux les plus populaires: observer les gens. La plupart des galeries et des musées sont fermés le lundi; beaucoup ferment également en été.

★ **Broadway** – Des signes de modernisme ont quelque peu terni ses fières devantures d'antan, mais cette rue encombrée, où quincailleries et bazars bon marché côtoient boutiques d'antiquaires et magasins de mode, contient encore de remarquables exemples d'architecture.

Impressionnant bâtiment de brique et de pierre édifié en 1882, le n° 575 accueille aujourd'hui le **Guggenheim Museum SoHo★** *(ouv. dim. & mer.–ven. 11h–18h, sam. 11h–20h; fermé 25 déc.; 5$; visites guidées possibles;* ♿ ☎423-3500). Cette annexe du fameux grand musée new-yorkais *(p. 123)* propose deux étages d'expositions temporaires.

Aux nᵒˢ 561-563, le **Singer Building** (1903, Ernest Flagg) est un bel exemple des gratte-ciel apparus au début du 20ᵉ s. Il s'élève sur 12 étages et présente une façade ignifugée de brique et de terre cuite, allégée par des ornements en fer forgé et des surfaces vitrées. Le n° 560 (1883) porte aujourd'hui l'enseigne de Dean and DeLuca, épicerie fine renommée pour ses spécialités gastronomiques.

Inspiré d'un palais vénitien avec ses arcs et ses colonnes corinthiennes qui se répètent à 92 exemplaires, le remarquable **E.V. Haughwout Building** *(nᵒˢ 488-492)* occupe le coin Nord-Est de Broome Street. Il contient les plus anciens placages en fonte de la ville, conçus dans les ateliers de Daniel Badger en 1857. Aujourd'hui délabré, le bâtiment constituait naguère un cadre tapageur particulièrement approprié aux lustres en cristal, à l'argenterie et aux horloges qu'on y vendait. L'intérieur contient le plus vieil ascenseur Otis des États-Unis.

Rehaussé de motifs en terre cuite, le bel édifice de brique et de pierre qui se dresse à l'angle Sud-Ouest de Broome Street *(n° 487)* est représentatif des immeubles de bureaux qui apparurent à SoHo dans les années 1890.

De l'autre côté de Broadway *(435 Broome St)*, remarquer un bâtiment insolite (1873) dont le style (néo-gothique victorien) se retrouve rarement dans l'architecture en fonte; sa façade très ouvragée aurait été extrêmement coûteuse à exécuter en pierre. Aux 478-480 Broadway, une élégante façade (1874, Richard Morris Hunt) se distingue par de gracieuses colonnettes, de grandes baies vitrées et une étonnante corniche concave.

★ **Greene Street** – Cette rue contient une impressionnante série de bâtiments en fonte. Ses pavés et ses larges trottoirs de granit accentuent l'atmosphère du 19ᵉ s. À l'angle Sud-Ouest de Greene Street, la remarquable façade du 112-114 Prince Street ressemble à un placage décoratif en fonte; il s'agit en fait d'une peinture en trompe-l'œil réalisée sur de la brique par Richard Haas en 1975! La vedette revient sans aucun doute au «roi» de Greene Street, le **n° 72**, grandiose composition (1872, Isaac F. Duckworth) dotée de fenêtres en saillie. Aux 469-475 Broome Street se dresse l'arrondi du Gunther Building (1871, Griffith Thomas), avec ses fenêtres d'angle qui suivent la courbe du bâtiment. Non loin de là, aux 91-93 Grand Street, deux maisons de ville (1869) donnent l'impression d'avoir été construites en pierre; ce sont en fait des plaques de métal rivées sur de la brique de façon si précise que les raccords n'apparaissent pas; de faux joints de mortier ajoutent à l'illusion. Construite par Duckworth en 1872, la «reine» de Greene Street, aux **nᵒˢ 28-30**, est un entrepôt coiffé d'un énorme toit à la Mansart. Avec sa fenêtre centrale en saillie et ses lucarnes très ouvragées, l'édifice présente les caractéristiques du style «Second Empire».

Spring Street – Boutiques de mode, marchés de fruits et légumes, galeries d'art et antiquaires bordent cette rue commerçante très animée. Le plus vieil immeuble du quartier (antérieur à 1808), au **n° 107**, est une maison en coin revêtue de stuc; ses modestes proportions rappellent l'époque où le quartier était encore résidentiel. Avec ses nombreuses fenêtres et ses colonnes délicatement ouvragées, le **n° 101**, édifié en 1870, représente l'une des structures en fonte les plus caractéristiques de la rue.

Spring Street

Ken Straton/First Light

West Broadway – Le long de cette avenue débordante d'activité s'alignent toutes sortes de magasins d'habillement, de la simple boutique de tee-shirts à celle de vêtements de luxe. Les plus célèbres galeries d'art de SoHo ont également élu domicile dans le quartier, parmi lesquelles Mary Boone (*n° 467*), Leo Castelli and Sonnabend (*n° 420*) et OK Harris (*n° 383*). Le week-end règne une animation qui rend l'endroit très vivant. Au 141 Wooster Street, voir le New York Earth Room (*ouv. mar.–sam. 10h–18h*), œuvre de l'artiste Walter de Maria, qui se compose de 127 000kg de terre disposée sur une couche de 5,08cm d'épaisseur.

MUSÉES

Alternative Museum – *Description p. 115.*

★ **Guggenheim Museum SoHo** – *Description p. 77.*

★ **Museum for African Art** – *Description p. 146.*

New Museum of Contemporary Art – *Description p. 152.*

*Le **Tableau chronologique** pp. 18-19 rappelle les grandes dates de l'histoire de New York.*

15 # GREENWICH VILLAGE

Durée: 3h. Parcours: 3,2km. Plan p. 82.

Greenwich Village s'étend de Spring Street au Sud à la 14ᵉ Rue au Nord, et de Greenwich Street à Broadway, mais son cœur bat dans un espace restreint au quartier de Washington Square et aux rues plus à l'Ouest. Là se côtoient restaurants et cafés, boutiques d'artisanat, commerces, théâtres et galeries d'art. Des maisons de style fédéral et néo-grec bordent des rues étroites dont le tracé irrégulier perturbe le quadrillage ordonné de Manhattan.
Greenwich Village a deux visages. L'un, diurne, avec ses rues calmes, presque provinciales, qui s'animent les dimanches après-midi lorsque les badauds s'agglutinent pour écouter les musiciens ambulants ou se faire tirer le portrait en plein vent. L'autre, nocturne, évoque à la fois Montmartre et St-Germain-des-Prés: la foule composite des touristes coudoie celle des artistes, des intellectuels et des étudiants, tandis que s'emplissent les théâtres et les cinémas et que dans les boîtes se produisent musiciens de jazz, chanteurs de blues ou de rock.

UN PEU D'HISTOIRE

Un village de campagne – En 1609, lorsque Henry Hudson remonte le fleuve du même nom, le territoire verdoyant qui allait par la suite devenir Greenwich Village est coupé de bois et de rivières poissonneuses. Y vivent des Algonquins qui y ont établi le campement de Sapokanikan. Avec la domination britannique, l'endroit se peuple de colons et un petit village se forme, lequel est connu, dès 1696, sous le nom de Greenwich, emprunté à une ville anglaise proche de Londres. Entre deux rangées de maisons de bois court la grand-rue du village, Greenwich Street, qui domine l'Hudson.

Durant le 18ᵉ s., de riches propriétaires terriens comme les De Lancey, les Van Cortlandt, Sir Peter Warren et Abraham Mortier, y bâtissent des propriétés, et l'endroit devient un quartier à part entière, doté de bonnes tavernes et d'une route menant directement hors de la cité. Thomas Paine, célèbre figure révolutionnaire et auteur de pamphlets, y réside pendant quelque temps.

Aux lendemains de la guerre d'Indépendance, six rues parallèles au Sud du Washington Square reçoivent les noms de célèbres généraux américains: Alexander MacDougal, John Sullivan, William Thompson, David Wooster, Nathanael Greene et Hugh Mercer.

Alors que la variole et la fièvre jaune dévastent le secteur Downtown au début du 19ᵉ s., des New-Yorkais se réfugient à Greenwich Village où l'air reste salubre: c'est ainsi que l'actuelle Bank Street, située dans la partie Nord du «Village», comme l'appellent les New-Yorkais, tient son nom des banques de Wall Street qui vinrent temporairement s'y établir au cours de la terrible épidémie de fièvre jaune de 1822. Dans les années 1830, des familles de la haute société apportent un certain cachet au quartier en y faisant bâtir d'élégantes demeures, mais déménagent plus au Nord lorsque des industries s'établissent au bord de l'eau. Des immigrants irlandais et chinois ainsi que des Noirs s'installent alors dans le Village, tandis que des Italiens élisent domicile au Sud de Washington Square, créant ainsi LITTLE ITALY. Avec ses modestes loyers, Greenwich Village attire bientôt les artistes et les écrivains qui suivent l'exemple d'**Edgar Allan Poe** venu en 1845 se loger au 85, 3ᵉ Rue Ouest, où il écrit *Gordon Pym* et *La chute de la maison Usher*.

Un havre de bohème – C'est au début du 20ᵉ s. que le Village s'installe dans sa période bohème. La fermentation des esprits est vive. Intellectuels, réformateurs sociaux et radicaux rejoignent en masse les écrivains et les artistes, donnant ainsi l'impression que toute l'avant-garde américaine s'est concentrée dans ces quelques rues de New York. Publication impertinente à l'égard de l'ordre établi, *The Masses* (créée en 1910) devient le symbole de l'esprit frondeur du Village. Le rendez-vous préféré des jeunes rebelles est le **Liberal Club** que fréquente, entre autres, le romancier social **Upton Sinclair**. Situé au 133 MacDougal Street, ce club organise les premières expositions de peintres cubistes, des conférences, des débats et des bals «païens» *(Pagan Routs)* qui, en raison de leur succès, seront obligés de s'installer dans un local plus vaste. Au rez-de-chaussée du Liberal Club se réunissent les anarchistes dans un restaurant tenu par une femme, Polly Holliday.

Le monde des arts est lui aussi en pleine effervescence. Un nouveau groupe de peintres, **The Eight** (également connu sous le nom d'Ash Can School), défie les concepts académiques en place et contribue à l'organisation de l'Armory Show *(p. 26)* en 1913. Les salons littéraires engendrent un climat intellectuel qui séduit de nombreux écrivains, parmi lesquels Walt Whitman, Mark Twain, Henry James, Theodore Dreiser, Richard Wright, O. Henry et Stephen Crane. Le Village attire aussi les troupes de théâtre. En 1915, les **Washington Square Players** (qui donneront naissance au Theater Guild) s'installent dans le Liberal Club, et l'année suivante, les **Provincetown Players** investissent le sous-sol d'une usine de mise en bouteilles. Parmi les membres de la troupe figure Edna St Vincent Millay, poétesse et dramaturge. Après la guerre 1914-1918, l'ère de la «génération perdue» et du jazz commence, que célébrera **F. Scott Fitzgerald**, l'un des auteurs les plus en vue de la nouvelle épopée.

Aujourd'hui, Greenwich Village s'est quelque peu embourgeoisé. La hausse des loyers a poussé nombre d'artistes et d'intellectuels vers des quartiers moins onéreux comme par exemple l'EAST VILLAGE ou TRIBECA. Néanmoins, tous ceux qui veulent fuir le côté conventionnel de la banlieue ou du secteur Uptown viennent volontiers rechercher l'atmosphère colorée du Village. Attirés par ce quartier d'exception qui invite le talent, propose toutes sortes de divertissements et favorise divers styles de vie (le Village accueille depuis longtemps une importante communauté homosexuelle dont la présence est également visible dans des quartiers tels que l'Upper West Side et Chelsea), ils y trouvent de quoi satisfaire leurs goûts et leurs besoins, et conséquemment, se font les ardents défenseurs du caractère unique du Village.

Quelques cafés de Greenwich Village

- Café Borgia *(185 Bleecker St)*
- Caffé dell'Artista *(46 Greenwich Ave)*
- Caffé Lucca *(228 Bleecker St)*
- Caffé Manatus *(340 Bleecker St)*
- Caffé Raffaella *(134, 7ᵉ Av. S.)*
- Caffé Reggio *(119 MacDougal St)*
- Caffé Sha Sha *(510 Hudson St)*
- Caffé Vivaldi *(32 Jones St)*
- Le Figaro Café *(168 Bleecker St)*
- Pane e Cioccolato *(10 Waverly Place)*

PROMENADE

Cet itinéraire permet de découvrir les endroits les plus typiques du Village. Le suivre si possible deux fois, l'une de jour, l'autre de nuit. Partir de Washington Square. ●station Spring St (lignes A, C, E, 6, N, R).

★★ **Washington Square** – Avec son arcade monumentale placée, comme il se doit, à l'entrée de la 5ᵉ Avenue, voie triomphale de New York, ce vaste parc constitue le cœur de Greenwich Village et le principal lieu de rencontre des riverains comme des touristes. Sa partie centrale est aménagée en rond-point dans lequel s'inscrit une fontaine.

Qui se douterait que les allées et les parterres du square, autrefois marécages où les colons chassaient le canard, servit de fosse commune au 18ᵉ s.? Un millier de squelettes furent exhumés lors des travaux de rénovation du parc dans les années 1960. Là étaient ensevelis les indigents ou les esclaves noirs des planteurs; là aussi se déroulaient les duels et les exécutions, et plusieurs des vénérables arbres qui subsistent de nos jours auraient servi de potence. Autour de Washington Square, transformé dès 1926 en parc public, se développa une élégante enclave résidentielle dotée de somptueuses demeures de brique rouge. Le quartier était le fief d'une opulente aristocratie dont **Henry James** décrivit la vie dans son roman *Washington Square*, adapté à la scène et à l'écran sous le titre de *The Heiress* (l'héritière). Mark Twain, O. Henry, Walt Whitman et le peintre, Edward Hopper ont, eux aussi, hanté ces lieux qu'ils évoquèrent dans leurs œuvres.

Washington Square

Washington Square est devenu le campus «officieux» de l'université de New York *(p. 83)* à laquelle appartiennent d'ailleurs un grand nombre d'immeubles environnants. Le parc offre des loisirs pour les enfants comme les adultes, et permet même aux chiens de s'ébrouer dans un coin qui leur est réservé. Théâtre d'animations variées, l'endroit est un lieu pittoresque où une foule éclectique de flâneurs dans les tenues les plus excentriques vient écouter musiciens et tribuns de carrefour, admirer les savantes manœuvres des fervents du *frisbee* (disque volant) et de la planche à roulettes, ou observer les joueurs d'échecs concentrés sur leurs damiers. Deux fois par an durant trois semaines, à l'occasion du **Washington Square Outdoor Art Exhibit** *(p. 186)*, plus de 500 jeunes peintres peuvent exposer leurs créations en plein air, beaucoup d'entre eux pour la première fois.

★ **Washington Arch [1]** – Cet arc triomphal en marbre blanc (hauteur: 23,5m) fut conçu en 1892 par Stanford White pour remplacer celui de bois qui commémorait le centenaire de l'investiture du premier Président des États-Unis, George Washington *(p. 63)*. Sa silhouette néo-classique n'est pas sans rappeler celle de l'arc de triomphe du Carrousel à Paris.

La face Nord du monument *(vers la 5ᵉ Av.)* comporte deux statues de Washington, l'une le représentant en uniforme de général, l'autre en civil. La première est l'œuvre de Herman MacNeil. La seconde fut exécutée par A. Sterling Calder, père du célèbre sculpteur du 20ᵉ s., Alexander Calder. Sur la face Sud, noter la frise que marque au centre l'aigle américain et les initiales de George Washington. Des bas-reliefs représentant des Renommées garnissent les écoinçons.

À l'Est de l'arc, la statue en bronze de **Garibaldi [2]**, érigée en 1888, fait office de lieu de rendez-vous pour les habitants du quartier voisin, LITTLE ITALY. Héros de l'Indépendance italienne, Garibaldi séjourna en 1850 à New York.

Se diriger vers la partie Nord du square.

★ **Washington Square North** – Le «Row», comme l'appellent souvent les New-Yorkais, est le côté le plus attrayant du square grâce à la présence de charmantes maisons de ville de style néo-grec *(nᵒˢ 1-13 et 21-26)*. Leurs murs de brique, leurs portiques de pierre à colonnes doriques ou ioniques, leurs grilles de fonte très ouvragées, donnent une idée de ce qu'était Washington Square vers 1830. Certaines demeures (nos 7-13) n'ont gardé que leur façade d'origine, les intérieurs ayant été en partie démolis pour être divisés en appartements (entrée sur la 5e Av.). Des personnages célèbres vécurent dans ce quartier, tels que Richard Morris Hunt, Henry James et Edward Hopper. C'est dans la maison qui porte le no 3 que John Dos Passos écrivit son roman Manhattan Transfer.

Remonter la 5e Av. jusqu'à Washington Mews.

Washington Mews – Située derrière Washington Square North, cette pittoresque ruelle desservait jadis les écuries (mews) et les quartiers des domestiques. Avec ses murs chaulés, ses arbrisseaux grimpants et son pavé villageois, elle accueille depuis longtemps artistes, écrivains et acteurs attirés par son charme discret.

Continuer au Nord sur la 5e Av. et tourner à gauche dans la 8e Rue O.

Huitième Rue Ouest (West 8th Street) – Artère animée, fréquentée par une foule d'habitués et de touristes qui s'agglutinent autour de ses librairies, de ses magasins de chaussures et de ses boutiques de fripier, la 8e Rue Ouest est devenue la principale voie commerçante du Village. On y trouve des antiquaires, des galeries d'art et d'artisanat, des bijouteries, et une grande variété de bars et de restaurants qui contribuent à la gaieté de l'atmosphère.

Tourner à gauche dans MacDougal St, et continuer vers MacDougal Alley.

★ **MacDougal Alley** – Ses réverbères à gaz et ses maisons mitoyennes aujourd'hui tranformées en studios en font, tout comme Washington Mews, une allée pleine de charme. Le célèbre sculpteur Gertrude Vanderbilt Whitney (1875-1942) y ouvrit, dans une ancienne écurie, une galerie qui allait par la suite donner naissance au WHITNEY MUSEUM OF AMERICAN ART.

Retourner sur la 8e Rue O. Prendre à gauche l'Ave of the Americas et regarder au Nord à l'angle de la 10e Rue O.

Extraordinaire structure néo-gothique de brique rouge, **Jefferson Market Library** (425 Ave of the Americas) fut bâtie selon le modèle du château de Neuschwanstein, construit pour Louis II de Bavière. Surmonté d'un clocher un peu fantasque, l'édifice (1877, Frederick Clarke Withers et Calvert Vaux) est orné de pinacles, de pignons, de tourelles, d'arcs et de fenêtres ouvragées. Il fut d'abord utilisé comme palais de justice. Menacé de démolition dans les années 1960, il échappa – sous la pression publique – à une triste fin, et abrite aujourd'hui une annexe de la New York Public Library.

Continuer sur l'Ave of the Americas en direction du Sud. Tourner à droite dans Waverly Place, puis encore à droite dans Gay St.

Ancien ghetto noir dont il ne subsiste aucune trace, Gay Street est une petite rue étroite, bordée de pittoresques maisons en brique de style fédéral.

Continuer jusqu'au bout de Gay St, et tourner à gauche dans Christopher St.

Fief de la communauté gay new-yorkaise, **Christopher Street** présente une multitude de magasins extravagants. À l'angle de Waverly Place, un imposant bâtiment de forme triangulaire, le **Northern Dispensary**, abrite le plus ancien établissement de santé de New York. Fondé en 1831 pour délivrer des soins gratuits aux pauvres, il sert aujourd'hui de résidence aux sans-abri atteints du SIDA.
Plus loin, à l'angle de la 4e Rue Ouest, un petit square nommé **Christopher Park** fut, en 1990, au centre des controverses entourant la mise en place d'une sculpture de George Segal qui représentait deux couples homosexuels. Sur le côté Nord du parc, le Stonewall bar (no 51) fut, en 1969, le théâtre de l'«émeute de Stonewall», violent affrontement entre la police et les clients de cet établissement pour gays, qui donna le coup d'envoi à la création du mouvement de libération des homosexuels (Gay Liberation).

Tourner à gauche dans la 4e Rue O.

Le long de la **4e Rue Ouest** se pressent toutes sortes de restaurants, de cafés et de boutiques d'artisanat. Prendre le temps d'admirer la splendide composition d'arbrisseaux et de fleurs qu'offre la vue sur le jardin de **Sheridan Square**, paisible oasis de verdure dans cette rue commerçante.

Tourner à droite dans Cornelia St, à gauche dans Bleecker St, puis à droite dans Leroy St. Traverser la 7e Av. et continuer sur Leroy St jusqu'à St Luke's Place.

À l'Ouest de la 7e Avenue, le Village présente une série de rues sinueuses bordées d'arbres, de maisons pittoresques et de restaurants de choix. Cette zone exhale le calme d'un quartier résidentiel, et contraste vivement avec les alentours plus bruyants de la 8e Rue et de Bleecker Street. Avec leurs balustrades et leurs portails en fer forgé, les maisons de style fédéral, coiffées de toits en ardoise et de cheminées en brique, évoquent l'élégance du quartier au siècle dernier.

★ **St Luke's Place** – Un parc doté d'une piscine publique fait face à cette jolie rue le long de laquelle s'alignent, à l'ombre des ginkgos et des glycines, de charmantes maisons de brique et de grès brun du milieu du 19e s. C'est ici, au no 16, que Theodore Dreiser écrivit An American Tragedy. Au Sud de ce secteur, entre Charlton et Vandam Streets, existait une élégante demeure, Richmond Hill, qui servit de quartier général à George Washington et plus tard de résidence à John Adams et Aaron Burr.

Tourner à droite dans Hudson St, puis dans Morton St.

Morton Street est une rue en courbe agrémentée de beaux arbres. Certaines de ses demeures, comme par exemple le n° 59, sont parées d'entrées finement ouvragées.

Tourner à gauche dans Bedford St.

Érigée en 1873, la maison qui porte le **n° 75 1/2** serait la plus étroite de New York (largeur: 2,9m; profondeur: 9m). Edna St Vincent Millay y vécut entre 1923 et 1924.

Tourner à gauche dans Commerce St.

Autre allée résidentielle aux multiples recoins, **Commerce Street** illustre l'atmosphère véritablement villageoise de West Greenwich.
Au n° 38, une ancienne grange abrite depuis 1920 un théâtre d'essai, le **Cherry Lane Theater**, qui produisit en avant-première les pièces de Beckett, Ionesco et Edward Albee. Les deux maisons de brique des n°s 39 et 41 (1832), appelées «Twin Sisters» (sœurs jumelles), auraient été construites – selon la légende – par un marin dont les deux filles étaient incapables de vivre sous le même toit.

Tourner à gauche dans Barrow St, puis à droite dans Hudson St.

Sur le côté Ouest d'Hudson Street s'élève **St Luke in the Fields**, austère église de brique bâtie en 1822 et reconstruite après un incendie en 1981. Un peu plus au Nord, Hudson Street est animée de cafés, de boutiques et de librairies.

Tourner dans Grove St, juste en face de l'église.

Tout comme Bedford Street, Grove Street est une rue empreinte de quiétude, qui semble à des lieues de la fiévreuse agitation de Manhattan. Aux n°s 10-12, remarquer un enclos verdoyant, **Grove Court★**, entouré de maisons en brique de style fédéral des années 1850. Chose rare à New York, une maison de bois sur trois

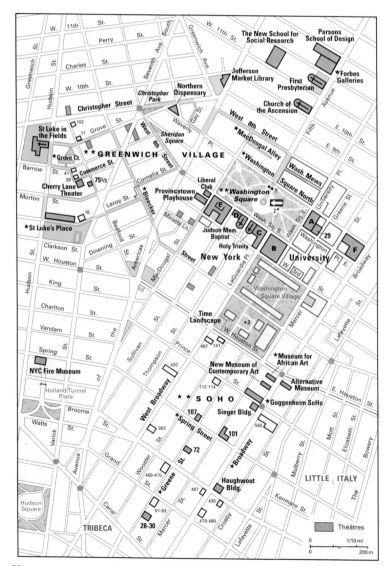

niveaux *(n° 17)* marque l'angle Nord de Grove Street et Bedford Street. Avant de tourner à droite dans Bleecker Street, jeter un regard sur le 102 Bedford Street, extravagante rénovation d'une traditionnelle maison du Village, exécutée en 1925.

Tourner à droite dans Bleecker St et continuer jusqu'à l'Ave of the Americas.

★ **Bleecker Street** – La scène change avec Bleecker Street, l'une des artères commerciales les plus animées du Village, réputée pour ses étalages de fruits et légumes, ses épiceries fines, ses pâtisseries et ses cafés, lieux de prédilection des amateurs d'expresso.

La partie de Bleecker Street qui s'étend entre l'Avenue of the Americas et LaGuardia Place était un lieu très fréquenté dans les années 1960. Aujourd'hui encore, elle regorge de petits cabarets, de cafés, de clubs de musique et de bars.

Continuer sur Bleecker St et tourner à gauche dans MacDougal St.

Un bloc résidentiel de style fédéral *(n°s 127-131)*, édifié pour Aaron Burr *(p. 63)*, domine le côté Ouest de la rue. Au n° 133, le **Provincetown Playhouse** *(p. 79)* est l'un des plus vieux théâtres «Off-Broadway».

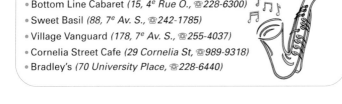

Quelques clubs de jazz de Greenwich Village

- Blue Note Jazz Club *(131, 3e Rue O., ☎475-8592)*
- Bottom Line Cabaret *(15, 4e Rue O., ☎228-6300)*
- Sweet Basil *(88, 7e Av. S., ☎242-1785)*
- Village Vanguard *(178, 7e Av. S., ☎255-4037)*
- Cornelia Street Cafe *(29 Cornelia St, ☎989-9318)*
- Bradley's *(70 University Place, ☎228-6440)*

UNIVERSITÉ DE NEW YORK (New York University)

Plus grande université privée des États-Unis, New York University (NYU) fut fondée en 1831 par **Albert Gallatin**, secrétaire du Trésor sous la présidence de Jefferson. Elle compte aujourd'hui 13 collèges, plus de 49000 étudiants, et emploie quelque 14 500 personnes. Ses principaux campus sont: Washington Square (sciences, arts et lettres, commerce, droit et pédagogie); le Medical Center (médecine et dentisterie) sur la 1ère Avenue; le School of Continuing Education (centre de formation continue) sur Trinity Place, dans le quartier de Wall Street; le Real Estate Institute (immobilier) sur la 42e Rue Ouest; et le NEW YORK UNIVERSITY INSTITUTE OF FINE ARTS (Beaux-Arts) sur la 5e Avenue.

Bâtiment principal (Main Building) [A] – *100 Washington Square E.* Construit en 1895, cet édifice néo-classique remplaça celui qui avait été élevé en 1836. Une impressionnante rangée de colonnes doriques orne la façade donnant sur Washington Square. Le rez-de-chaussée abrite la **Grey Art Gallery** *(entrée au 33 Washington Place; ouv. mar., jeu. & ven. 11h–18h30, mer. 11h–20h30, sam. 11h–17h; fermée j. f.; contribution souhaitée: 2,50$; visites guidées possibles; ☎998-6780)*, dont les expositions temporaires présentent divers aspects des arts visuels: peinture, sculpture, photographie, arts décoratifs et vidéo.

Elmer Holmes Bobst Library [B] – *70 Washington Square S. Accès réservé aux étudiants.* Cet imposant cube de grès rouge de 12 étages (soit une hauteur de près de 46m), à l'angle Sud-Est du square, fut conçu par les architectes Philip Johnson et Richard Foster en 1972. Il renferme plus de 2 millions d'ouvrages.

Passer devant le **Loeb Student Center [C]** (1959, Harrison & Abramovitz), situé à l'emplacement d'une ancienne pension de famille connue sous le nom de House of Genius (la maison des génies), où séjournèrent Herman Melville, Stephen Crane et Eugene O'Neill. Sa façade comporte trois sculptures d'aluminium (1960, Reuben Nakian) représentant un envol d'oiseaux. Juste à côté, une église catholique de forme triangulaire, **Holy Trinity Chapel**, se distingue par ses vitraux modernes.

Judson Memorial Baptist Church – *55 Washington Square S.* Revêtue de briques jaunes mouchetées et de terre cuite blanche, cette structure contraste étrangement avec l'église précédente, et offre aux regards un mélange éclectique des styles roman et Renaissance. Édifiée en 1893, elle est considérée comme l'une des œuvres locales les plus réussies de l'architecte Stanford White. De beaux vitraux de John LaFarge ornent son intérieur. Séparé de l'ensemble principal, le campanile sert aujourd'hui lui de dortoir aux étudiants.

Hagop Kevorkian Center for Near Eastern Studies [D] – *À l'angle de Washington Square S et de Sullivan St.* Ce centre d'études sur le Proche-Orient occupe un sobre immeuble de granit conçu en 1972 par Philip Johnson et Richard Foster. Son charmant **hall d'entrée★** *(sur Sullivan St)* recrée la cour d'une maison syrienne. Les boiseries, la fontaine et le parterre de céramique proviennent de la demeure d'un négociant de Damas (1797).

Bâtiment de brique rouge (1951) de style néo-géorgien, le **Vanderbilt Hall [E]** abrite l'école de droit de l'université de New York. Il contient une ravissante cour d'entrée donnant sur Washington Square South.

Tisch School of the Arts [F] – *721 Broadway*. C'est dans ce loft que de célèbres réalisateurs (Spike Lee, Martin Scorsese et Oliver Stone) ont appris leur métier.

Sylvette [3] – *Dans le Silver Towers Plaza, sur Bleecker St (entre LaGuardia Place et Mercer St)*. Au centre du complexe résidentiel des Silver Towers, conçu en 1966 par I.M. Pei pour l'université de New York, s'élève le buste (hauteur: 11m) de Sylvette David, jeune femme que rencontra Picasso dans les années 1950. La sculpture originale, en métal, fut agrandie avec du béton et de la pierre par Carl Nesjar et Sigurd Frager en 1968.

AUTRES CURIOSITÉS

Time Landscape – *À l'angle de LaGuardia Place et de W Houston St*. Aménagé par le sculpteur-paysagiste Alan Sonfis en 1978, ce jardin recrée la végétation que l'on pouvait trouver sur l'île de Manhattan avant l'arrivée des Européens. Il se compose de chênes, de sassafras, d'érables, d'herbages naturels et de fleurs sauvages.

29 Washington Place East – *À l'angle Nord-Ouest de Washington Place E et de Greene St*. En 1911 se produisit un terrible incendie qui embrasa les trois derniers étages des ateliers de la Triangle Shirtwaist Company, faisant 145 victimes, pour la plupart des femmes et des jeunes filles. Beaucoup s'étaient précipitées dans le vide, au-dessus de Washington Place. Sous la pression de l'opinion publique, le gouvernement vota les premières lois concernant la sécurité dans les usines. Une simple plaque commémore la tragédie et chaque année, le 25 mars, l'International Ladies Garment Workers Union (union internationale des ouvriers du vêtement pour dames) organise un service commémoratif sur les lieux du drame.

Church of the Ascension – *36-38, 5e Av., à l'angle de la 10e Rue O. Ouv. t. l. j. 12h–14h, 17h–19h*. La construction de cette église épiscopale de style néo-gothique (1841, Richard Upjohn) s'inscrit dans la première vague de développement du Village qui comprenait l'édification d'immeubles institutionnels importants. Remodelé en 1888 par Stanford White, son vaste intérieur abrite de beaux vitraux, des bancs et une splendide **peinture murale** (John LaFarge) représentant l'Ascension, située au-dessus de l'autel.

Un bloc plus loin au Nord, à l'angle de la 11e Rue Ouest, la **First Presbyterian Church** (1845, Joseph C. Wells), surmontée d'une tour carrée ornée d'un pinacle, reflète un style néo-gothique plus élaboré.

New School for Social Research – *Bâtiment principal au 66, 12e Rue O*. Cette institution d'enseignement supérieur de haut niveau fut fondée en 1919 par les historiens Charles Beard et James Harvey Robinson, le philosophe John Dewey et l'économiste Thorstein Veblen. Il s'agissait à l'origine d'un simple centre d'information pour adultes sur les problèmes économiques et politiques. Au fil des ans, l'école a beaucoup évolué et représente aujourd'hui, avec ses six départements et plus de 30 000 étudiants, l'une des universités les plus innovatrices du pays. Afin d'élargir le contenu de ses programmes d'études, elle fusionna en 1970 avec la **Parsons School of Design** *(66, 5e Av., entre les 12e et 13e Rues)*. Cette dernière, créée en 1896 par William Merritt Chase, compte quelque 1 800 étudiants; elle s'est constitué une solide réputation à travers le monde entier dans le domaine des beaux-arts, de la photographie, de l'illustration et du stylisme. En 1989, le Mannes College of Music, fondé en 1916 par le violoniste David Mannes, s'est lui aussi joint à la New School for Social Research, ajoutant un conservatoire de musique classique à la vaste gamme de ses programmes d'enseignement.

MUSÉE

★ Forbes Magazine Galleries – *Description p. 120*.

 16 **ASTOR PLACE – EAST VILLAGE**

Durée: 2h. ●*station Astor Place (lignes 4, 5, 6). Plan p. 85*.

Ce quartier par endroits délabré, où évolue une faune hétéroclite, se situe à l'Est de Broadway, entre Houston Street et la 14e Rue. Très animé, l'endroit offre maintes occasions d'assister à des spectacles variés: danse, théâtre d'essai, arts visuels et arts d'interprétation. Beaucoup de bars et de restaurants à la mode se sont implantés aux environs de **NoHo** (NOrth of HOuston) et d'Astor Place. Plus à l'Est, vers la 2e Avenue et l'Avenue A, une multitude de marchands de bric-à-brac, de boutiques de produits ethniques, de boulangeries et de cafés seront autant de découvertes à faire, surtout en soirée.

Un peu d'histoire – Au 17e s., le quartier faisait partie d'une ferme de 243ha qui appartenait au gouverneur Peter Stuyvesant *(p. 75)*. Au début du 19e s., d'élégantes maisons de ville embellissaient le secteur (aujourd'hui commercial) à l'Ouest de la 2e Avenue, tandis que plus à l'Est s'étendait une zone ouvrière peuplée, jusqu'au début du 20e s., d'immigrants polonais, ukrainiens et allemands. Au fil des ans, les loyers modérés et l'ambiance bohème du quartier attirèrent tour à tour les écrivains de la génération beatnik (comme Jack Kerouac et William S. Burroughs), les hippies, les punks et toutes les variantes possibles de la contre-culture new-yorkaise. Dans les années 1980, de célèbres groupes de rock (B-52's et Talking Heads) se firent un nom au CBGB Club *(315 Bowery)*, centre du mouvement musical *underground*. Des travestis se produisaient alors dans les boîtes de nuit à la mode comme le Pyramid *(101 Ave A)*. Transformé par Arata Isozaki et décoré par les artistes

Francesco Clemente et Keith Haring, le Palladium *(126, 14e Rue E.)*, qui avait accueilli dans les années 1920 l'Academy of Music, devint en 1985 l'une des discothèques les plus en vogue de la ville. Lieu de prédilection des sans-abri, le Tompkins Square Park *(à l'Est de l'Ave A)* constituait jadis le cœur d'un quartier allemand appelé Kleindeutschland (petite Allemagne). Il fut la scène d'émeutes lors de la panique financière de 1873, puis à nouveau en 1991, lorsque la police délogea les clochards qui y vivaient et le ferma provisoirement. Aujourd'hui, le quartier s'est quelque peu embourgeoisé, mais il contient toujours des logements sociaux (surtout dans la zone appelée «Alphabetville», définie par les avenues A, B, C et D) et a conservé beaucoup de son parfum avant-gardiste.

ASTOR PLACE

La bouche de métro d'Astor Place, qui date de 1904, est la fierté de cette rue animée qui relie la 3e Avenue à Broadway. Tout comme la station en sous-sol, elle a fait l'objet d'une restauration qui lui a rendu sa belle allure d'antan. Son bas-relief, décoré de motifs de castors, rend hommage à John Jacob Astor, magnat de la traite des peaux de castors au 19e s. Juste en face de l'entrée du métro, on remarquera une sculpture de Bernard (Tony) Rosenthal intitulée *Alamo*, représentant un énorme cube noir en acier.

Cooper Union for the Advancement of Science and Art – Entre les 3e et 4e Avenues sont installés les bâtiments de la Cooper Union for the Advancement of Science and Art. Axée sur l'architecture, l'ingénierie et les arts, cette institution gratuite d'enseignement supérieur fut fondée en 1859 par Peter Cooper (1791-1883), industriel autodidacte qui voulait permettre aux étudiants de la classe ouvrière de recevoir l'instruction dont il n'avait lui-même jamais bénéficié. Première structure à poutres d'acier aux États-Unis, le **Cooper Union Foundation Building★** accueille régulièrement des spectacles artistiques, des ballets, des soirées littéraires et des conférences ouvertes au public. De nombreuses célébrités y ont pris la parole, parmi lesquelles Gloria Steinem, Jimmy Carter, Susan B. Anthony et Abraham Lincoln. Ce dernier y prononça en 1860 son discours contre l'esclavage, «Le droit fait la force», considéré comme le point de départ de son ascension vers la présidence américaine.

Lafayette Street – Au début du 19e s., ce secteur correspondait aux Vauxhall Gardens, lieu de détente très prisé du public, avec ses cafés en plein air et ses bars. En 1825, John Jacob Astor (alors l'homme le plus riche d'Amérique) entreprit d'en faire un quartier résidentiel très en vogue. Aux nos 428-434 s'aligne une série de colonnes corinthiennes en marbre de Westchester, dont l'aspect aristocratique (malheureusement délabré) s'impose: il s'agit de **Colonnade Row**, qui se nommait à l'origine La Grange Terrace, du nom du château de La Fayette aux environs de Paris. À l'époque de sa construction (1833), l'ensemble comprenait neuf superbes maisons de style néo-grec (il n'en subsiste aujourd'hui que quatre) qui figuraient parmi les adresses les plus prestigieuses de la ville; Cornelius Vanderbilt et Warren Delano (grand-père de Franklin Roosevelt), par exemple, y vécurent.

Le gigantesque bâtiment de brique et de pierre situé en face

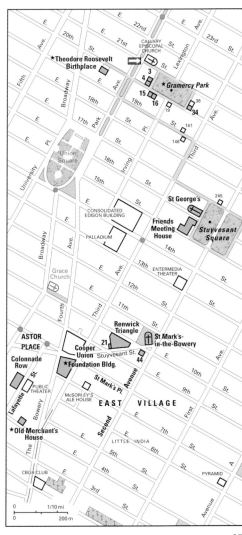

DOWNTOWN

de Colonnade Row abritait l'Astor Library, bibliothèque fondée en 1854 par John Jacob Astor, qui fut à l'origine de la NEW YORK PUBLIC LIBRARY. Plus de 100 000 volumes étaient mis à la disposition des lecteurs à titre gratuit, idée révolutionnaire pour l'époque. En 1967, l'impresario Joseph Papp transforma l'édifice alors abandonné en un théâtre, le Public Theater *(n° 425)*, où se déroule le New York Shakespeare Festival. Ses six salles proposent des représentations en tous genres: pièces de théâtre, films, mais aussi comédies musicales; ainsi, les premières de *Hair* (1967) et de *A Chorus Line* (1975) ont eu lieu ici.

EAST VILLAGE

La principale artère de ce quartier à la fois pittoresque et animé est la **2ᵉ Avenue**, où se concentrait la communauté intellectuelle juive durant la première moitié du 20ᵉ s. On y trouve l'Entermedia Theater *(189, 2ᵉ Av.)*, anciennement nommé Yiddish Art Theater, ainsi qu'une foule de restaurants ethniques (ukrainiens, antillais, russes, chinois, yéménites, italiens, japonais, tibétains, mexicains et israéliens) proposant des repas bon marché.

Entre les 1ʳᵉ et 2ᵉ Avenues, la 6ᵉ Rue Est est bordée de restaurants indiens, d'où son nom: «Curry Lane» (rue du Curry) ou Little India. Situé sur la 7ᵉ Rue Est *(n° 15)*, McSorley's Ale House est un bar populaire depuis 1854.

Dans le bric-à-brac hétéroclite des boutiques et étals de **St Mark's Place** *(entre les 2ᵉ et 3ᵉ Av.)*, le visiteur pourra fureter à loisir et, peut-être, trouver son bonheur.

St Mark's-in-the-Bowery Church – *À l'angle de la 10ᵉ Rue E. et de la 2ᵉ Av. Ouv. lun.–ven. 9h–17h, dim. 10h30–14h. Fermée j. f.* Plus ancien lieu de culte de Manhattan après ST PAUL'S CHAPEL, cette église épiscopale de style géorgien fut construite en 1799 sur le site où se trouvait, en 1660, la chapelle familiale de Peter Stuyvesant. Son clocher néo-grec fut ajouté en 1828. Endommagée par un incendie en 1978, l'église fut restaurée et réouverte au culte en 1983. Elle propose des séances de lecture et des représentations théâtrales *(sept.–juin toutes les semaines; horaires ☎674-6377).*

Non loin de là, dans le quartier historique de St Mark, on trouve deux des rares demeures de style fédéral que compte encore la ville: la **Nicholas William Stuyvesant House** *(44 Stuyvesant St)*, construite en 1795, et la **Stuyvesant-Fish House** *(n° 21)*, datant de 1804. Également sur Stuyvesant Street, le **Renwick Triangle** *(23-25 Stuyvesant St et 114-128, 10ᵉ Rue E.)* est un ensemble de maisons mitoyennes dessinées par James Renwick en 1861. Elles partageaient autrefois un grand jardin avec la Stuyvesant-Fish House.

GRAMERCY PARK – STUYVESANT SQUARE

Durée: 1h 1/2. Parcours: 1,3km. Plan p. 85.

Agréables îlots de verdure dans cette partie plutôt quelconque de la ville, ces deux jardins tranquilles au Nord d'EAST VILLAGE et à l'Est de CHELSEA surprendront qui vient de quitter l'animation des grands boulevards pourtant tout proches. Gramercy Park et Stuyvesant Square sont entourés d'édifices datant du milieu du 19ᵉ s., vestiges d'un élégant quartier englouti par des structures commerciales au début du siècle. Aujourd'hui très en vogue, le charme un peu suranné de cette zone résidentielle attire une population essentiellement composée de jeunes cadres.

PROMENADE

Partir de l'angle de Park Ave et de la 21ᵉ Rue E. ⬤*station 23rd St (lignes N, R).*

Une église de style néo-gothique en grès rouge, Calvary Episcopal Church (1846), occupe l'angle Nord-Est de Park Avenue. Elle fut conçue par James Renwick, l'architecte de ST PATRICK'S CATHEDRAL.

Continuer vers l'Est sur la 21ᵉ Rue E.

★ **Gramercy Park** – Le square et son quartier constituent une charmante enclave résidentielle au sein d'un secteur commerçant moins attrayant. Gramercy Park, dont le dessin s'inspire des squares résidentiels londoniens, fut aménagé en 1831 par Samuel B. Ruggles à l'emplacement d'un ancien marais dont le nom hollandais *Krom Moeraije* (petit marais tordu) se déforma par la suite en Gramercy. Ruggles vendit plus de 60 parcelles de terrain autour du square, accordant aux riverains la jouissance exclusive du parc. Il contribua également au développement de Lexington Avenue et d'Irving Place, ainsi nommé en l'honneur de son ami Washington Irving *(p. 176).* Les premières demeures bourgeoises, qui apparurent dans les années 1840, attirèrent très vite de riches résidents, et l'endroit devint un beau quartier. Mais après quelques décennies, il diminua de prestige, et les premiers immeubles collectifs firent leur apparition. Au début du 20ᵉ s., beaucoup d'artistes et d'intellectuels s'installèrent dans les anciennes maisons de ville, transformées pour la plupart en appartements.

Entouré d'une grille en fonte de 2,4m de haut, Gramercy Park est aujourd'hui l'unique parc privé de New York: seuls y ont accès (avec une clé) les propriétaires et locataires des maisons voisines. Au centre est érigée la statue (1916, Edmont Quinn) du tragédien Edwin Booth *(p. 87)* dans son rôle favori: Hamlet.

Se promener autour du parc.

La face Ouest de Gramercy Park (la plus belle) présente une harmonieuse succession de demeures néo-classiques de brique rouge. On remarquera tout particulièrement les portiques et le raffinement du décor en fonte des n°s 3 et 4 (Alexander Jackson Davis), évoquant l'architecture de la Nouvelle-Orléans. Le n° 4 fut habité par James Harper, l'un des maires de New York (1844) et co-fondateur de la maison d'édition Harper & Bros; le bâtiment possède encore ses «Mayor's lamps», réverbères dont le premier officier municipal pouvait exiger l'installation pour mieux signaler sa résidence.

Le côté Sud du square abrite, côte à côte, deux institutions de renom. Le siège du **National Arts Club**, au **n° 15**, fut le domicile de Samuel Tilden, adversaire du Tammany *(p. 70)*, gouverneur de l'état de New York de 1874 à 1876 et candidat démocrate défait aux élections présidentielles de 1876. L'édifice (1884, Calvert Vaux), de style néo-gothique victorien, est orné de détails sculpturaux divers (fleurs, oiseaux, auteurs et penseurs célèbres). Craignant pour sa vie (il avait contribué à la chute de la clique tammaniste de William Tweed), Tilden fit construire un passage souterrain vers la 19ᵉ Rue pour fuir en cas de nécessité. Au **n° 16** se tient le **Players Club**, fondé en 1888 par Edwin Booth, frère de John Wilkes Booth qui assassina le Président Lincoln. La façade, rénovée par Stanford White (du célèbre cabinet d'architectes McKim, Mead & White), est agrémentée de lampadaires tarabiscotés et d'une véranda en fer forgé aux motifs compliqués.

Au n° 19 demeurait Mme Stuyvesant Fish, qui succéda à Mme Astor *(p. 30)* dans le rôle d'animatrice de la bonne société new-yorkaise. Sur le côté Est du square, remarquer deux immeubles d'habitation: le **n° 34**, en brique rouge (1883), se distingue par une tourelle octogonale; le n° 36, de style néo-gothique (1910), arbore une façade recouverte de terre cuite blanche, ornée de chevaliers en armure.

Suivre la 20ᵉ Rue E. et traverser Park Ave.

★ **Maison natale de Theodore Roosevelt** (**Theodore Roosevelt Birthplace National Historic Site**) – *28, 20ᵉ Rue E. Ouv. mer.–dim. 9h–17h. Fermée j. f. 2$. Visites guidées (45mn) possibles.* ☏*260-1616.* Cette maison victorienne en grès brun fut reconstituée à l'emplacement de l'ancienne demeure de Theodore Roosevelt (1858-1919) qui vécut en ces lieux jusqu'à l'âge de 14 ans. Diplômé de Harvard, propriétaire d'un ranch dans le Dakota, organisateur des Rough Riders (régiment de cavalerie volontaire), chasseur-naturaliste et auteur d'une trentaine de livres, «Teddy» Roosevelt (d'où le nom donné aux ours en peluche, *Teddy bears*), était un personnage pittoresque. Vice-président de McKinley en 1901, il lui succéda après son assassinat avant d'être élu de son plein droit en 1904. Roosevelt refusa de se représenter aux présidentielles de 1908 et fut battu à celles de 1912. Il reçut le prix Nobel de la Paix pour ses efforts de médiation entre la Russie et le Japon. Trente-deuxième Président des États-Unis, Franklin Delano Roosevelt était un cousin éloigné de Teddy dont il épousa la nièce Eleanor en 1905.

Le bâtiment – Édifiée en 1848, la maison d'origine, qui comptait trois étages, fut détruite en 1916 pour être remplacée par un immeuble commercial. Trois ans plus tard, des notables de la ville firent son acquisition et celle du bâtiment attenant (qui appartenait autrefois à l'oncle de Teddy, Robert) et édifièrent un mémorial en hommage au Président disparu. Le musée ouvrit ses portes en 1923. Il comprend cinq pièces au décor d'époque, contenant des objets de famille. Dans la pièce située à droite de l'entrée, des lettres, illustrations et souvenirs divers retracent la carrière de l'homme politique. Au premier étage, on trouvera le salon, la bibliothèque et la salle à manger. L'étage suivant comprend la chambre des parents, la nursery et le «lion's room» qui présente les trophées de chasse de Roosevelt et son bureau.

Retourner sur Park Ave. Continuer en direction du Sud et prendre à gauche la 19ᵉ Rue E.

À l'angle d'Irving Place, remarquer au Sud le Consolidated Edison Company Building (1915), coiffé d'une grande horloge. Le bâtiment fut conçu par Henry Hardenbergh qui dessina également les plans du DAKOTA et du PLAZA HOTEL.

Entre Irving Place et la 3ᵉ Avenue, la 19ᵉ Rue Est – connue sous le nom de «block beautiful» (le bloc magnifique) – est gracieusement bordée d'arbres. Rénovées dans les années 1920 par Frederick J. Sterner, ses maisons aux façades revêtues de stuc créent un harmonieux ensemble. On notera le n° 141, avec ses poteaux d'attache pour les chevaux, et le n° 146, où l'artiste George Bellows (1882-1925) vécut de 1910 jusqu'à sa mort.

Prendre à droite la 3ᵉ Av., puis à gauche la 17ᵉ Rue E.

Stuyvesant Square – Légué à la ville en 1836 par la famille Stuyvesant, le square faisait partie, au 19ᵉ s., d'un élégant quartier résidentiel. Il dessine aujourd'hui un rectangle de verdure coupé en deux par la 2ᵉ Avenue, ce qui lui a enlevé beaucoup de son charme d'antan. À l'Est, le parc est entouré d'hôpitaux par delà lesquels on distingue les grands ensembles de Stuyvesant Town. Au Nord *(n° 245)* se tient la Sidney Webster House (1883), unique résidence conçue par Richard Morris Hunt qui subsiste encore à New York.

Le côté Ouest du square témoigne encore de l'élégance du quartier. Sur Rutherford Place, deux édifices prêtent à l'endroit l'apparence d'une place de village: la **Friends Meeting House** (lieu d'assemblée des Quakers), austère bâtiment de brique rouge datant de 1860, et **St George's Episcopal Church**, structure néo-romane de grès brun (1856, Blesch & Eidlitz). Cette dernière *(horaires de visite* ☏*475-0830)*, qui fut détruite par un incendie en 1865 et reconstruite selon ses caractéristiques originales, compta parmi ses paroissiens le célèbre J.P. Morgan *(p. 153)*.

Dans le square se tient une statue en bronze (1936, Gertrude Vanderbilt Whitney) de Peter Stuyvesant *(p. 75)*, reconnaissable à sa jambe de bois.

Quelques musées/institutions culturelles

Art

Américain – Metropolitan Museum of Art★★★ *(p. 125)*, Brooklyn Museum★★ *(p. 162)*, Whitney Museum of American Art★★ *(p. 154)*, National Academy of Design *(p. 151)*.

Européen – Cloîtres★★★ *(p. 105)*, Frick Collection★★★ *(p. 120)*, Metropolitan Museum of Art★★★ *(p. 125)*, Brooklyn Museum★★ *(p. 162)*.

Oriental – Metropolitan Museum of Art★★★ *(p. 125)*, Brooklyn Museum★★ *(p. 162)*, Asia Society★ *(p. 118)*, Jacques Marchais Center of Tibetan Art★ *(p. 172)*.

Africain – Metropolitan Museum of Art★★★ *(p. 125)*, Museum for African Art★ *(p. 146)*.

Moderne – Museum of Modern Art★★★ *(p. 147)*, Guggenheim Museum★★ *(p. 123)*, Whitney Museum of American Art★★ *(p. 154)*, Alternative Museum *(p. 115)*, New Museum of Contemporary Art (p. 152).

Arts décoratifs et artisanat – Metropolitan Museum of Art★★★ *(p. 125)*, Brooklyn Museum★★ *(p. 162)*, American Craft Museum★ *(p. 115)*, Cooper-Hewitt National Design Museum★ *(p. 119)*, Forbes Magazine Galleries★ *(p. 120)*.

Ethnologie

Communauté asiatique – Asia Society★ *(p. 118)*, Chinatown History Museum *(p. 119)*, Japan House *(p. 124)*.

Communauté hispanique – Hispanic Society of America★★ *(p. 118)*, Museo del Barrio *(p. 146)*.

Communauté juive – Jewish Museum★ *(p. 125)*.

Communauté noire – Studio Museum in Harlem★ *(p. 154)*, Schomburg Center for Research in Black Culture *(p. 104)*.

Indiens des Amériques – American Museum of Natural History★★★ *(p. 116)*, National Museum of the American Indian★★ *(p. 151)*.

Divers

Ville de New York – Museum of the City of New York★★ *(p. 150)*, New-York Historical Society★★ *(p. 152)*, Federal Hall National Memorial★ *(p. 62)*, Fraunces Tavern★ *(p. 65)*.

Histoire maritime – South Street Seaport★★ *(p. 67)*, Cold Spring Harbor Whaling Museum★ *(p. 180)*, Intrepid Sea-Air Space Museum *(p. 124)*, Sag Harbor Whaling Museum *(p. 182)*.

Immigration – Ellis Island★★ *(p. 57)*, Lower East Side Tenement Museum *(p. 125)*.

Médias/Photographie – Metropolitan Museum of Art★★★ *(p. 125)*, Museum of Modern Art★★★ *(p. 147)*, American Museum of the Moving Image★ *(p. 168)*, International Center of Photography★ *(p. 124)*, Museum of Television and Radio★ *(p. 150)*, Studios de la NBC★ *(p. 39)*.

Monnaies et médailles – American Numismatic Society★ *(p. 119)*.

Manuscrits – New York Public Library★★ *(p. 32)*, Pierpont-Morgan Library★★ *(p. 153)*, Grolier Club *(p. 96)*.

Science – American Museum of Natural History★★★ *(p. 116)*, Hayden Planetarium★★ *(p. 118)*.

Dover Publications, Inc., New York

Villages reconstitués/Demeures historiques – Frick Collection★★★ *(p. 120)*, Maison natale de Franklin D. Roosevelt★★ *(p. 177)*, Old Bethpage Restoration Village★★ *(p. 183)*, Stony Brook★★ *(p. 179)*, Fraunces Tavern★ *(p. 65)*, Gracie Mansion★ *(p. 122)*, Historic Richmond Town★ *(p. 173)*, Lyndhurst★ *(p. 176)*, Maison natale de Theodore Roosevelt★ *(p. 87)*, Morris-Jumel Mansion★ *(p. 104)*, Old Merchant's House★ *(p. 153)*.

CENTRAL PARK

Durée: 1/2 journée. Plan p. 91.

Véritable oasis au sein de la trépidante métropole, Central Park déferle son immense tapis de verdure (341ha) pour le plus grand plaisir des quelque 15 millions de visiteurs qui, chaque année, empruntent ses sentiers boisés ou se prélassent sur ses vastes pelouses.

Lieu récréatif par excellence, ce rectangle délimité dans sa longueur par les 59e et 110e Rues, et dans sa largeur par la 5e Avenue et Central Park West, offre aux visiteurs une étonnante variété d'activités sportives et culturelles.

UN PEU D'HISTOIRE

Une heureuse acquisition – Pressentant la nécessité d'aménager des espaces verts dans la ville en pleine croissance, **William Cullen Bryant** *(p. 34)*, poète et éditeur du *New York Evening Post*, lança, en 1850, une campagne de presse visant à promouvoir la création d'un grand parc public. Avec l'aide des célèbres écrivains Washington Irving et George Bancroft, et l'appui de citoyens engagés, Bryant persuada la municipalité d'acquérir une «terre en friche, laide et répugnante», située bien au-delà de la 42e Rue qui marquait à l'époque la limite Nord de New York. Après avoir acheté ce terrain marécageux alors habité par des squatters pratiquant l'élevage des chèvres et des cochons, la ville organisa un concours d'aménagement que remportèrent les architectes-paysagistes **Frederick Law Olmsted** (1822-1903) et **Calvert Vaux** (1824-1895).

Les travaux de défrichement commencèrent en 1857, avec une équipe de 3 000 personnes constituée principalement de travailleurs irlandais, et 400 chevaux. Malgré une résistance acharnée de la part des squatters, qui bombardèrent les ouvriers de pierres, le projet suivit son cours. Plusieurs millions de mètres cubes de terre furent déplacés et, après 19 années de drainage, de plantation, de construction de ponts et de routes et d'ingénieuses créations de paysages, le parc prit, à peu de chose près, la forme qu'on lui connaît aujourd'hui.

Central Park

Olmsted et Vaux marièrent habilement les éléments naturels et artificiels, empruntant au style romantique très en vogue au milieu du 19e s. Dans certaines parties du parc où la fine couche de terre couvre à peine la roche, la végétation éparse accentue l'aspect accidenté du paysage. Dans la partie Nord, les collines et les vallons, les rochers escarpés, les arbres et les buissons, composent un décor d'une grande beauté. Ailleurs, les champs et les anciens pâturages sur lesquels paissaient les moutons jusqu'en 1934, ont conservé leur charme pastoral malgré la présence de chemins pavés. Lacs et étangs couvrent environ 75ha. Une ambiance plus solennelle règne sur le Mall et le Conservatory Garden.

Un parc très prisé – Central Park connut, dès ses débuts, une grande popularité auprès des New-Yorkais. Aussitôt ouvert, il devint le terrain de parade des plus beaux attelages qui s'alignaient à l'entrée du parc, attirant sur eux les regards envieux de la foule. Victorias, broughams, phaétons et bogeys véhiculaient les dames de la haute société, élégamment vêtues, qui jaugeaient d'un œil sans indulgence les équipages rivaux. Les trotteurs, alors très en vogue, traversaient le parc dans les claquements de fouet pour rejoindre les pistes d'entraînement de Harlem. À compter de 1875, tout vrai gentleman se devait de conduire son propre attelage à quatre chevaux. C'est ainsi que, dès 1858, Leonard Jerome, grand-père maternel de Sir Winston Churchill, fonda en collaboration avec le financier et sportif August Belmont, le prestigieux Coaching Club. Puis, avec les années 1890, apparut la vogue du vélocipède. D'abord jugé immoral en raison de la liberté excessive qu'il conférait aux mouvements des jeunes femmes et des tournures vestimentaires qu'exigeait sa pratique, le vélo suscita un tel engouement que les allées de Central Park regorgèrent bientôt de femmes cyclistes.

Au début des années 1930, Central Park servit de refuge aux victimes de la Grande Dépression, et l'ancien réservoir du Belvédère se transforma en un bidonville surnommé par dérision «Hooverville», allusion à Herbert Hoover, Président des États-Unis de 1929 à 1933. À cette triste époque succédèrent plusieurs décennies de paix et de prospérité. Survint ensuite la période «hippie» des années 1960, durant laquelle le parc devint un lieu de rassemblement de la contre-culture et l'antre des arnaqueurs et des revendeurs de drogue. Le parc fut peu à peu négligé, surtout à cause d'une insuffisance de fonds. Cependant, au début des années 1980, un organisme privé appelé le Central Park Conservancy fut créé afin d'entreprendre d'importants travaux de réhabilitation. En collaboration avec la ville de New York, le Conservancy lança une campagne de financement qui permit de réunir près de 100 millions de dollars et de rendre au parc sa splendeur passée.

VISITE

Pénétrer dans Central Park par l'«Artist's Gate», située sur Central Park S, face à l'Ave of the Americas. ●toute ligne desservant la station Columbus Circle/59th St, ou station 57th St (lignes N, R).

Sur l'entrée veille une statue équestre (1919) de Simón Bolívar. Prendre aussitôt à droite un sentier qui mène à un charmant **étang** (The Pond) en croissant de lune, entouré d'une luxuriante végétation. Contourner par la droite l'étang où s'ébattent les oiseaux qui y disposent d'une aire protégée. Se diriger ensuite vers le Nord-Ouest jusqu'au Wollman Memorial Rink, qui sert de patinoire l'hiver et de piste de patinage à roulettes l'été.

Continuer vers l'Est en direction du zoo.

Renseignements pratiques

Le parc est ouvert tous les jours à compter d'une demi-heure avant le lever du soleil jusqu'à minuit. Il est particulièrement animé en fin de semaine, quand les New-Yorkais de tous quartiers et de toutes origines viennent s'y promener. La section la plus fréquentée du parc se trouve au Sud du Réservoir, bien qu'aujourd'hui, la partie septentrionale contienne elle aussi d'intéressantes curiosités à voir. Malgré les rondes de police fréquentes, il est fortement déconseillé de se promener dans les zones isolées du parc ou de s'y aventurer la nuit.
Le **bureau d'accueil des visiteurs** (Visitor Information Center) est logé dans le Dairy (ouv. mi-fév.–mi-oct. mar.–dim. 11h–17h; reste de l'année jusqu'à 16h; fermé j. f. sauf Memorial Day & Labor Day; ☎794-6564), structure victorienne d'inspiration gothique située sur la 65e Rue, entre le zoo et le Carrousel. On peut s'y procurer des plans du parc, un calendrier des manifestations et divers autres documents qui sont également disponibles au Belvedere Castle (mêmes heures). Pour obtenir des renseignements sur les manifestations en cours, composer le ☎360-3456 (message enregistré). Pour se renseigner directement auprès d'un représentant, 24h sur 24, composer le ☎800-834-3832.
Central Park renferme un zoo, des patinoires, des courts de tennis, des terrains de sport et d'autres installations récréatives. Des promenades guidées et des conférences (90mn) sur l'histoire, la géologie, la faune et la flore du parc, sont offertes par les Urban Park Rangers. Pour des renseignements sur les programmes, consulter le calendrier des manifestations ou composer le ☎427-4040.
En été sont organisés des opéras, des concerts symphoniques et toutes sortes de spectacles. L'une des grandes attractions est le festival annuel «Shakespeare in the Park», qui se déroule au Delacorte Theater (calendrier des manifestations *p. 186*). On peut canoter sur deux lacs, nager au Lasker Pool (grande piscine près de la 106e Rue E.), faire de l'équitation (7km d'allées cavalières) ou du vélo (plusieurs kilomètres de pistes cyclables), courir (2,5km) autour du réservoir, faire du patin à roulettes près du Mall ou jouer aux échecs et aux dames à la Chess and Checker House. On peut également louer des bicyclettes au Loeb Boathouse (avr.–nov.; 6$/h ou 24$/jour; ☎861-4137), et des chevaux aux Claremont Stables, écuries situées au 175, 89e Rue O. (t. l. j. aube–1h avant le coucher du soleil; 33$/h; il est nécessaire de savoir monter en selle à l'anglaise; réservations ☎724-5100). Des tramways partent du kiosque d'information de Central Park à l'angle de la 5e Avenue et de la 60e Rue, et desservent le Conservatory Garden, Glen Span Arch, Strawberry Fields et Bethesda Terrace (fin avr.–mi-oct. lun.–ven. 10h30, 13h & 15h; 90mn aller-retour; 14$; commentaire; les billets doivent être achetés d'avance ☎397-3809). Les routes qui traversent le parc sont fermées à la circulation automobile à certaines heures de la journée, de manière à permettre aux cyclistes, coureurs et promeneurs de circuler en toute sécurité.
Si la Tavern on the Green *(p. 92)* est trop élégante, déjeuner à la cafétéria du zoo ou au restaurant du Loeb Boathouse (à l'angle de l'East Drive et de la 74e Rue) qui offre une vue agréable sur le lac.
Le zoo, le théâtre de marionnettes, la pêche et diverses installations récréatives plairont particulièrement aux enfants, tout comme les expositions d'histoire naturelle et les programmes que propose le Central Park Learning Center *(voir Belvedere Castle p. 92)*. L'été, lorsque le beau temps le permet, les samedis matins à 11h, les jeunes visiteurs pourront écouter des contes devant la statue de Hans Christian Andersen, située près de celle d'Alice au pays des merveilles.
Un autre moyen de se promener dans le parc consiste à louer (à l'angle Sud-Est de Central Park, près du Plaza Hotel) une **calèche** (t. l. j. toute l'année, sauf lorsque la température est inférieure à −8°C ou supérieure à 31°C, 10h–16h, 19h–minuit; 34$ la promenade de 20mn pour 1-4 passagers, 10$ par 1/4h supplémentaire; Chateau Stables ☎246-0520).

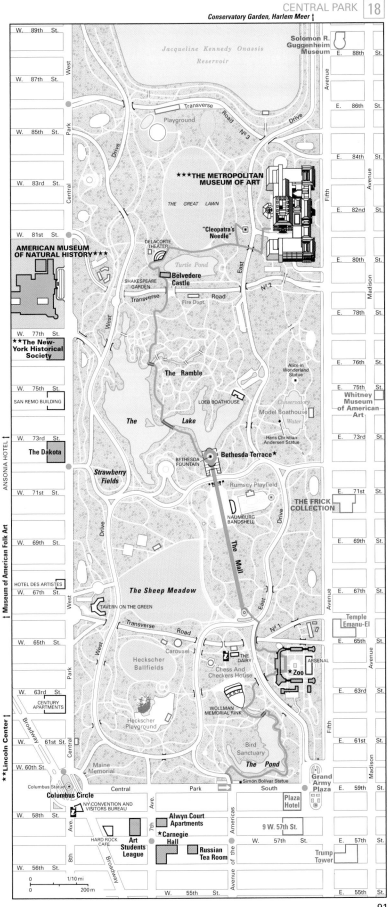

★ Central Park Zoo/Wildlife Conservation Center – *Ouv. avr.–oct. lun.–ven. 10h–17h, sam.–dim. 10h30–17h30. Reste de l'année t. l. j. 10h–16h30. 2,50$.* ✗ ⛄ ☎*861-6030.* Le zoo accueille plus de 450 animaux représentant une centaine d'espèces. Trois régions climatiques habilement reconstituées se côtoient sur le terrain de 2ha: la zone tropicale, les régions tempérées et le Cercle polaire.

Noter, du côté de la 5ᵉ Avenue, un austère bâtiment de pierre grise et de brique rouge, d'inspiration néo-gothique. Il s'agit de l'ancien arsenal de l'état de New York, construit dans les années 1840, qui abrite aujourd'hui les quartiers généraux de l'administration des parcs et des services récréatifs de New York.

Continuer vers le Nord-Ouest en direction du Mall.

Le Mall – Cette allée rectiligne, bordée d'ormes et de bustes d'écrivains célèbres, contraste avec l'allure générale moins classique du parc. À son extrémité Nord se dresse le Naumburg Bandshell, auditorium jadis très populaire qui n'est cependant plus utilisé. Les soirées musicales d'été se déroulent maintenant au Rumsey Playfield, plus à l'Est. Par ailleurs, de grands concerts et des rassemblements caritatifs ont parfois lieu sur le Great Lawn, derrière le Metropolitan Museum. À l'Ouest du Mall, le **Sheep Meadow** attire de grandes foules sur ses collines vallonnées, d'où l'on a de superbes vues sur la ligne d'horizon de la ville.

Bien à l'Ouest du Sheep Meadow, près de l'entrée sur la 66ᵉ Rue Ouest, se trouve le célèbre Tavern on the Green, charmant restaurant aménagé dans une ancienne bergerie (1870).

Du Mall, descendre les escaliers jusqu'à Bethesda Terrace.

★ Bethesda Terrace – Point de mire du parc, cette jolie esplanade rappelle une cour espagnole avec son pont à arcades orné de frises finement ouvragées, son grand escalier et sa fontaine couronnée d'une statue d'Emma Stebbins intitulée *Angel of the Waters* (1868).

Le lac – Avec ses rives escarpées, le lac semble avoir été transplanté depuis quelque lointaine montagne. Le gracieux pont de fer qui le franchit, non loin de la fontaine Bethesda, est l'un des sujets favoris des photographes. *Location de bateaux: Loeb Boathouse, sur la rive Est du lac, mars–oct. t. l. j. 10h–18h; 10$ (caution 20$); âge minimum: 16 ans;* ☎*517-3623.*

À l'Ouest du lac se trouvent les **Strawberry Fields** et l'International Garden of Peace, dédié à la mémoire de John Lennon, ancien membre des Beatles. S'étalant sur plus d'un hectare, ce jardin commémoratif réunit 161 espèces de plantes représentant les 150 pays du monde. Il se situe à quelques pas du premier immeuble résidentiel de luxe de New York, le DAKOTA, où vécut Lennon jusqu'à son assassinat. Entre le lac et la 5ᵉ Avenue s'étend le Conservatory Pond, un petit étang réservé aux jeunes marins. Au Nord du lac, les visiteurs découvriront une colline boisée surnommée le **Ramble**, dont les sentiers paisibles invitent à la promenade.

Continuer sur le Ramble jusqu'au Belvedere Castle.

Belvedere Castle – *Ouv. toute l'année mer.–jeu. 11h–16h, ven. 13h–16h, sam.–dim.11h–17h.* ☎*772-0210.* Merlons et créneaux attirent le regard vers cette reproduction d'un château médiéval écossais, qui domine toute la partie Nord du parc du haut de Vista Rock. Conçu par Calvert Vaux, l'édifice abrite un centre éducatif, le Central Park Learning Center *(p. 90).* Noter les superbes vues du parc et des quartiers environnants. Juste au Nord du château se trouvent Turtle Pond, le Delacorte Theater et le Shakespeare Garden, jardin botanique qui devait, à l'origine, inclure chaque espèce de fleur, de plante, d'arbre et d'arbuste cité par le chantre. Au-delà s'étend l'immense pelouse du Great Lawn, avec ses nombreuses aires de jeux. Elle fut aménagée sur le site du Receiving Reservoir, creusé en 1862 afin d'approvisionner la ville en eau.

Du Belvedere Castle, marcher vers le Nord-Est en direction du METROPOLITAN MUSEUM OF ART, dont l'imposante silhouette se dessine à travers les arbres. Juste avant d'atteindre le musée, remarquer **l'aiguille de Cléopâtre»** (Cleopatra's Needle), obélisque égyptien de 23m de hauteur provenant d'Héliopolis. Ce monument de granit rose du 16ᵉ s. av. J.-C. fut offert à la ville de New York en 1880 par le khédive Ismaël Pacha. Ses hiéroglyphes, dont la traduction est reproduite sur des plaques, racontent l'histoire du pharaon Thoutmès III (XVIIIᵉ dynastie).

AUTRES CURIOSITÉS

Conservatory Garden – *Entrée sur la 103ᵉ Rue E., face au Museo del Barrio (p. 146).* Pour visiter les seuls jardins classiques du parc, passer par le Vanderbilt Gate, portail en fer forgé très ouvragé, réalisé à Paris en 1894 pour l'opulente VANDERBILT MANSION. Aménagé dans les années 1930, le jardin devint très populaire, surtout pour les célébrations de mariage. Laissé à l'abandon au cours des années 1970, il a maintenant retrouvé son éclat d'origine grâce à un vaste projet de réhabilitation qui s'échelonna sur 12 ans.

Face à l'entrée se trouve le Center Garden, pelouse encadrée par deux allées de pommiers sauvages donnant sur une pergola de glycines. Le South Garden ou «Secret Garden» est embelli de 175 variétés de plantes vivaces. Enfin, le North Garden est un jardin à la française présentant chaque année de magnifiques aménagements floraux.

Harlem Meer – *Sur la 110ᵉ Rue E., à la hauteur de la 5ᵉ Av.* Harlem Meer («lac» en hollandais) était jadis une charmante étendue d'eau, aux rives échancrées. Bordé de béton dans les années 1940 puis presque abandonné, le lac fut dragué au cours des dernières années, et l'on peut aujourd'hui y louer des bateaux. Dans le cadre des travaux de rénovation réalisés dans la partie Nord du parc, un centre éducatif destiné aux visiteurs, le Charles A. Discovery Center, est en cours de construction *(horaires ☎794-6564)*. Une piscine et une patinoire (Lasker Pool and Skating Rink) marquent la limite Ouest du lac.

MUSÉE

★★★ **Metropolitan Museum of Art** – *Description p. 125.*

UPPER EAST SIDE

Durée: 1/2 journée. Plan pp. 94-95.

Reconnue avant tout comme le fief des gens riches et célèbres, cette section de Manhattan qui s'étend de la 59e à la 97e Rue, entre CENTRAL PARK et l'East River, englobe une grande variété de quartiers. Les secteurs les plus recherchés, situés à proximité du parc, abritent plusieurs grands musées et une impressionnante concentration de galeries d'art, d'élégants magasins, de restaurants et de résidences luxueuses. Les quartiers à l'Est de Lexington Avenue contrastent par leur atmosphère plus décontractée et leur mélange hétéroclite de gratte-ciel, de bars, de pizzerias et de magasins d'épicerie fine.

Un peu d'histoire – Jusqu'au 19e s., l'East Side était un endroit essentiellement rural, parsemé de quelques fermes et de baraques construites par des squatters. Les premiers signes de l'urbanisation se manifestèrent à **Yorkville**, un hameau situé au Sud de Harlem, et dont le centre donne aujourd'hui sur la 86e Rue, à l'Est de Lexington Avenue. Vers la fin du 18e s., plusieurs grandes familles d'origine allemande, parmi lesquelles les Schermerhorn, les Astor et les Rhinelander, y avaient fait construire leurs maisons de campagne. Cependant, tout comme son quartier voisin **Carnegie Hill** *(entre les 86e et 96e Rues, à l'Est de la 5e Av.)*, Yorkville devint bientôt la banlieue de la classe moyenne allemande, dont une forte proportion travaillait dans les usines de pianos et les brasseries environnantes.
Après la guerre de Sécession, les nouvelles lignes de transport en commun mises en place sur Madison Avenue et sur les 2e et 3e Avenues, favorisèrent le développement du secteur situé au Sud de la 86e Rue. Puis, au début des années 1880, le quartier se transforma sous l'effet d'une intense spéculation immobilière; les rues furent rapidement bordées de *brownstones*, puis d'églises, de synagogues, d'armureries et d'associations de bienfaisance.
La haute société ne tarda pas à gagner les lieux, attirée par les larges parcelles de terrain qui s'étendaient le long de la 5e Avenue et dans les environs; c'est ainsi que l'«avenue des milliardaires» *(p. 30)*, avec ses somptueuses demeures et ses élégants clubs privés, fut prolongée vers le Nord. En 1898, l'audacieux Andrew Carnegie *(p. 42)* acheta des terrains situés dans les secteurs éloignés de la 90e Rue Est et de la 5e Avenue. D'éminents financiers tels qu'Otto Kahn lui rachetèrent des terres au Nord de la 90e Rue, tandis que l'altière Mme Astor *(p. 30)*, les Gould et les Whitney s'installèrent plus bas, entre les 60e et 70e Rues.
Dans les années 1920, des immeubles résidentiels de grand standing remplacèrent les maisons de ville. Au fil des ans, l'East Side a attiré de vieilles familles new-yorkaises, mais aussi de nombreuses célébrités (Greta Garbo, Andy Warhol, Richard Nixon, Woody Allen) et une forte proportion de résidents issus du milieu de la finance. Aujourd'hui, le quartier de Yorkville a particulièrement changé, et a perdu son caractère européen, sa population d'origine allemande, hongroise et tchèque, arrivée vers les années 1950, ayant peu à peu cédé la place à un important contingent de cadres.
Remarque: les curiosités suivantes sont décrites du Sud au Nord.

★★ CINQUIÈME AVENUE (Fifth Avenue)

La section de la 5e Avenue située aux abords de CENTRAL PARK forme depuis longtemps le plus prestigieux quartier résidentiel de New York. Des appartements splendides côtoient d'anciens hôtels particuliers convertis pour la plupart en musées, en consulats ou en institutions culturelles.
L'immense square fleuri du **Grand Army Plaza**★★ marque la limite entre la partie résidentielle de la 5e Avenue et sa partie commerciale *(p. 30)*, avec ses boutiques haut de gamme. On remarquera la **Pulitzer Fountain** (1915), dont les gracieuses cascades constituent le point de mire du square, et juste au Nord, la statue équestre du général Tecumseh Sherman (1903, Augustus Saint-Gaudens).
Parmi les grands hôtels qui entourent le square, mentionnons notamment le prestigieux **Plaza Hotel**★ (1907), conçu par **Henry J. Hardenbergh** dans le style Renaissance française. Véritable institution new-yorkaise, il accueille de nombreuses réceptions et des bals de bienfaisance qui attirent la fine fleur de l'élite sociale. Presque aussi célèbre que le Plaza, l'Hotel Savoy se dressait de l'autre côté du square jusqu'en 1966, époque à laquelle il fut remplacé par le General Motors Building *(p. 37)*. Face à la 59e Rue s'élève le Sherry-Netherland Hotel (1927) dont la gracieuse tour surplombe le parc. L'angle Nord de la 60e Rue est dominé par l'Hotel Pierre (1930), le plus récent des grands établissements hôteliers érigés autour du square.

Plusieurs personnes en vue habitèrent au 810, 5e Avenue *(à l'angle de la 62e Rue)*, parmi lesquelles William Randolph Hearst, Richard Nixon et Nelson Rockefeller. À l'angle Sud de la 64e Rue, noter une demeure de style Renaissance toscane, bâtie en 1896 pour le magnat du charbon Edward S. Berwind. Au 3, 64e Rue Est, la **New India House** abrite le consulat de l'Inde et la délégation indienne aux Nations Unies. Construit en 1903 par Warren & Wetmore (architectes du GRAND CENTRAL TERMINAL), l'édifice servait autrefois de résidence à la fille de Mme Astor; remarquer son entrée somptueuse, ses hautes fenêtres et son toit mansardé à lucarnes.

Situé à l'emplacement de l'ancien hôtel particulier de Mme Astor, le **Temple Emanu-El★** *(1, 65e Rue E.)* fut construit en 1929 dans le style roman byzantin. Principale synagogue réformée de New York et la plus grande des États-Unis, elle contient une nef majestueuse, haute de 31m, qui peut recevoir jusqu'à 2500 fidèles. Son plafond, ses colonnes de marbre à chapiteaux sculptés en méplat et sa grande voûte revêtue de mosaïques rappellent l'architecture des basiliques d'Orient. Dans le sanctuaire, le tabernacle (ou Arche sainte) renferme les rouleaux de la Torah *(ouv. lun.–jeu. 10h–17h; ven. 10h–16h; sam. 12h30–17h; dim. 10h–17h; fermé lors des fêtes juives).*

L'ancienne résidence de Henry C. Frick *(p. 120)*, agrémentée de parterres fleuris, occupe tout un bloc entre les 70e et 71e Rues, et rassemble une impressionnante collection de grands maîtres.

À l'angle de la 75e Rue, une belle grille de fer forgé entoure **Harkness House** (1900), palais italien construit pour Edward S. Harkness, fils d'un associé de John D. Rockefeller *(p. 38)*. Le bâtiment accueille maintenant le siège du Commonwealth Fund, association philanthropique.

Célèbre école des Beaux-Arts relevant de l'UNIVERSITÉ DE NEW YORK, l'**Institute of Fine Arts** *(1, 78e Rue E.)* occupe la James B. Dukes House qui fut construite en 1912 pour l'un des fondateurs de l'American Tobacco Company. Œuvre d'Horace Trumbauer, cet édifice néo-classique inspiré d'un château bordelais de style Louis XV fut légué à l'université par l'épouse de M. Dukes en 1957. L'institut dispense des 2e et 3e cycles des cours d'art, d'architecture et de muséographie.

L'ancienne résidence de Payne Whitney *(no 912)*, conçue par McKim, Mead & White en 1906, accueille les services culturels et de presse de l'ambassade de France. À l'angle Sud-Est de la 79e Rue, l'**Ukrainian Institute of America** occupe la Stuyvesant Fish House, reconnaissable à sa tourelle.

L'un des premiers et des plus luxueux immeubles résidentiels érigés sur la 5e Avenue se trouve à l'angle Nord-Est de la 80e Rue, au no 998. Achevée en 1914, cette construction de style Renaissance, conçue par McKim, Mead & White, attira une clientèle opulente et inspira la création d'innombrables structures similaires sur la 5e Avenue, Madison et Park Avenues.

Entre les 80e et 84e Rues, du côté de Central Park, se dresse l'imposante façade du fameux Metropolitan Museum of Art *(p. 125)*.

La partie de la 5e Avenue située entre les 70e et 103e Rues est surnommée le «Museum Mile», c'est-à-dire l'avenue des musées *(consulter la liste p. 97).*

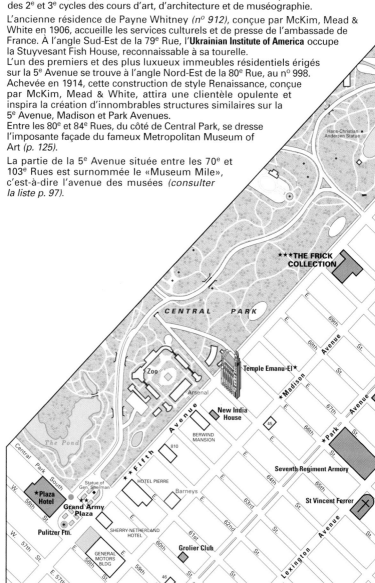

★ MADISON AVENUE

Bordée de galeries d'art, de nombreux commerces de luxe et de boutiques de haute couture, cette avenue est surtout fréquentée par des gens aisés dont l'élégance rivalise avec celle des somptueux étalages. La plupart des magasins de mode sont situés au Sud de la 79ᵉ Rue, mais la partie au Nord de la 96ᵉ Rue, avec ses librairies, ses magasins de quartier et ses bistros en vogue, ne manque pas non plus d'attraits.
De superbes *brownstones*, dont l'élégance fit de cette artère un secteur résidentiel privilégié au siècle dernier, subsistent encore, rehaussés de belles devantures au rez-de-chaussée. Plusieurs immeubles de grand standing et de prestigieux hôtels-résidences, dont le 45, 65ᵉ Rue Est et le **Carlyle Hotel** *(35, 76ᵉ Rue E.)*, bâti en 1929, accentuent l'allure distinguée de l'avenue. Remarquer aussi, au nº 867, la maison de Gertrude Rhinelander Waldo (1895), inspirée d'un château de la Renaissance française; l'édifice était destiné à une excentrique douairière qui n'occupa jamais les lieux. Le nº 945 abrite quant à lui le fameux Whitney Museum of American Art *(p. 154)*.

0 1/10 mi
0 150 m
Jacqueline Kennedy Onassis Reservoir
National Academy of Design
Museum Mile
★★Solomon R. Guggenheim Museum
★★★ THE METROPOLITAN MUSEUM OF ART
★★Fifth Avenue
CENTRAL PARK
998
CAMPBELL FUNERAL CHAPEL
Carl Schurz Park
Ukranian Institute of America
972
NYU Institute of Fine Arts
Alice in Wonderland Statue
Conservatory Water
Harkness House
Carlyle Hotel
★Park Avenue
French Consulate
★Madison Avenue
Whitney Museum of American Art★★
St Jean Baptiste
GERTRUDE RHINELANDER WALDO HOUSE
Lexington Avenue
The Asia Society★
Hunter College
147-149
Third Ave.
E. 88th St.
E. 87th St.
E. 86th St.
E. 85th St.
E. 84th St.
E. 83rd St.
E. 82nd St.
E. 81st St.
E. 80th St.
E. 79th St.
E. 78th St.
E. 77th St.
E. 76th St.
E. 75th St.
E. 74th St.
E. 73rd St.
E. 72nd St.
E. 71st St.
E. 70th St.

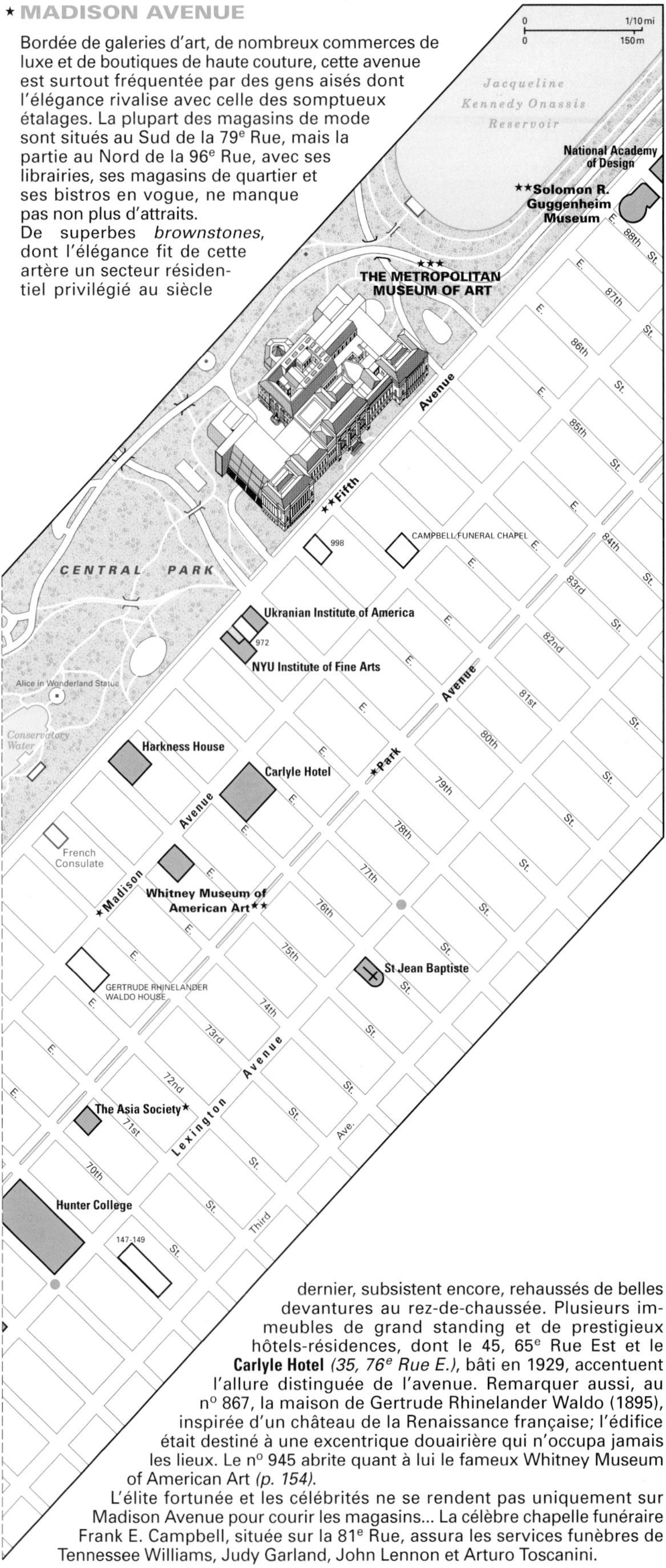

L'élite fortunée et les célébrités ne se rendent pas uniquement sur Madison Avenue pour courir les magasins... La célèbre chapelle funéraire Frank E. Campbell, située sur la 81ᵉ Rue, assura les services funèbres de Tennessee Williams, Judy Garland, John Lennon et Arturo Toscanini.

UPTOWN

★ PARK AVENUE

Un mail soigneusement aménagé et des immeubles résidentiels d'une sobre élégance caractérisent ce boulevard à l'allure européenne, qui s'appelait à l'origine la 4ᵉ Avenue. Dans les années 1870 et 1880, cette voie à double sens, aujourd'hui très convoitée, n'était pas fréquentée par la haute société. Elle était alors bordée d'hôpitaux et d'établissements d'enseignement qui profitaient du bas prix des terrains jouxtant les voies ferrées de la 4ᵉ Avenue *(p. 43)*. On y trouvait notamment, à l'angle de la 68ᵉ Rue, le Normal College for Women, école normale pour jeunes femmes fondée en 1870 et rebaptisée Hunter College en 1914. Puis, au début du siècle, l'avenue reçut la faveur des New-Yorkais prospères qui y bâtirent des résidences princières. Beaucoup de ces maisons ont survécu, bien qu'aujourd'hui elles soient converties à d'autres usages. Le magnifique bloc d'immeubles géorgiens du côté Ouest de l'avenue, entre les 68ᵉ et 69ᵉ Rues *(nᵒˢ 680-686)*, en est un exemple parfait : il s'agit de quatre résidences privées construites entre 1909 et 1926, qui abritent aujourd'hui différentes institutions diplomatiques et culturelles.

Le quartier compte en outre de nombreux organismes de grande renommée tel le **Grolier Club** *(47, 60ᵉ Rue E.)*, fondé en 1884 et ainsi appelé en l'honneur de Jean Grolier, bibliophile français qui vécut au 16ᵉ s. Les 90 000 volumes de cette bibliothèque privée sont destinés exclusivement à la recherche, mais le club organise régulièrement, à l'intention du public, des salons sur les arts littéraires qui ont lieu dans le hall d'exposition au premier niveau *(ouv. lun.–sam. 10h–17h; visites guidées sur rendez-vous; ☎838-6690)*.

Conçue par Charles W. Clinton, la forteresse monumentale qui occupe le bloc entre les 66ᵉ et 67ᵉ Rues, abrite la caserne du septième régiment, plus connue sous le nom de **Seventh Regiment Armory** (1877), quartier général de la garde nationale de New York. Un grand nombre des installations et des meubles d'époque victorienne que l'on trouve encore dans l'immense entrée et les salles des compagnies, sont l'œuvre d'éminents créateurs tels que Louis Comfort Tiffany et Stanford White *(sur rendez-vous, lun.–ven. 8h–16h; ☎439-0300)*.

LEXINGTON AVENUE

Un mélange sympathique de *brownstones*, de cafés, d'immeubles d'habitation et de librairies confère à cette artère animée une atmosphère de petit quartier. À l'angle de la 59ᵉ Rue, on remarquera le célèbre grand magasin **Bloomingdale's**, de style Art déco. Ici, la mode ne s'applique pas seulement aux vêtements, mais à toute marchandise, des confiseries aux rideaux de douche dernier cri.

Située au nᵒ 869, l'église **St Vincent Ferrer** *(ouv. t. l. j. 7h–19h;)*, conçue en 1918 pour l'ordre dominicain par Bertram Goodhue, présente une magnifique rosace dominant la façade de granit ornée de sculptures de Lee Lawrie. Noter aussi le prieuré (1880), de style gothique victorien.

À l'Est de Lexington Avenue, aux 147-149, 69ᵉ Rue Est, se trouve un charmant groupe de resserres datant de la fin du 19ᵉ s., qui servaient à l'origine aux maisons de ville très en vogue situées près du parc. À l'angle de la 76ᵉ Rue Est et de Lexington Avenue se dresse une imposante église catholique, **St Jean Baptiste Church** *(ouv. lun.–ven. 7h30–19h; sam.–dim. 9h–20h)*, fondée en 1913 par des Canadiens français. L'intérieur, rehaussé de feuilles d'or, comprend un autel somptueux et un orgue de style français.

AUTRES CURIOSITÉS

Islamic Cultural Center of New York – *1711, 3ᵉ Av., à la hauteur de la 96ᵉ Rue. Ouv. dim.–ven. 9h–17h ☎722-5234. Les femmes sont priées de se couvrir la tête avec un foulard et de porter des manches longues.* Achevé en 1991 d'après les plans de Skidmore, Owings & Merrill, cet édifice de marbre rose destiné aux 400 000 fidèles musulmans de la ville, est la principale mosquée de New York. Elle renferme une grandiose salle de prière surmontée d'un dôme haut de deux étages, où la lumière pénètre par le biais d'un mur de verre orné de motifs orientaux. D'un côté de la mosquée se dresse un minaret de 12 étages, du haut duquel les fidèles sont appelés à la prière.

Carl Schurz Park – *S'étend le long d'East End Ave, de la 84ᵉ à la 90ᵉ Rue.* Cette agréable étendue de verdure, achevée en 1891 et retransformée en 1938, longe l'East End Avenue et offre de belles vues sur l'East River. Le parc doit son nom à un célèbre immigrant allemand du 19ᵉ s. qui vécut à Yorkville *(p. 93)* et fut sénateur ainsi que membre du cabinet du Président Hayes. À l'extrémité Nord du parc se trouve GRACIE MANSION, résidence officielle du maire de New York. Enfin, face au parc, de l'autre côté d'East End Avenue, à la hauteur de la 86ᵉ Rue, remarquer **Henderson Place Historic District**, quartier historique comprenant 24 maisons à tourelles (1881) construites dans le style Queen Anne.

Pouvez-vous situer Central Park?

le Rockefeller Center?

la statue de la Liberté?

Consultez la **Carte des promenades et principales curiosités** *pp. 2-5.*

MUSÉES

★★ Whitney Museum of American Art – *Description p. 154.*

★ Asia Society – *Description p. 118.*

Entre les 70ᵉ et 103ᵉ Rues, la 5ᵉ Avenue est surnommée «Museum Mile» car elle contient un nombre impressionnant d'institutions muséologiques:

★★★ Frick Collection – *Description p. 120.*

★★★ Metropolitan Museum of Art – *Description p. 125.*

★★ Solomon R. Guggenheim Museum – *Description p. 123.*

★★ Museum of the City of New York – *Description p. 150.*

★ Cooper-Hewitt National Design Museum – *Description p. 119.*

★ International Center for Photography – *Description p. 124.*

★ Jewish Museum – *Description p. 125.*

Museo del Barrio – *Description p. 146.*

National Academy of Design – *Description p. 151.*

UPPER WEST SIDE

Durée: 1 journée 1/2. Plans pp. 91 et 101.

Bordé à l'Ouest par l'Hudson et à l'Est par CENTRAL PARK, l'Upper West Side s'étend au Nord de Columbus Circle et englobe un grand nombre d'institutions culturelles new-yorkaises de renom, dont le Lincoln Center, l'université de Columbia et l'American Museum of Natural History. Ce quartier cosmopolite, chargé d'histoire, compte relativement peu de gratte-ciel, mais possède en revanche parmi les plus belles maisons mitoyennes de Manhattan.

La métamorphose d'un quartier – Au 19ᵉ s., Bloomingdale était un endroit encore rural où les chèvres erraient en toute liberté, et qui ne comprenait guère que des taudis et quelques tavernes.
La mise en valeur du quartier commença en 1884, avec la construction du premier immeuble résidentiel de luxe de New York, à l'angle de la 72ᵉ Rue Ouest et de Central Park West. Ce bel édifice se trouvait dans un secteur alors si excentré de la ville qu'il fut nommé, non sans humour, le «Dakota» *(ci-dessous)*.
Vers la fin des années 1880, des immeubles locatifs destinés aux classes moyennes commencèrent à apparaître le long d'Amsterdam et de Columbus Avenues, et d'élégantes maisons mitoyennes furent édifiées le long des rues perpendiculaires. Les années 1890 virent l'apparition d'ateliers d'artistes et d'un nouveau type de constructions: les **hôtels-résidences**. Ces derniers offraient à leurs locataires des suites luxueuses dotées de salons, de salles à manger, de chambres et de salles de bains, mais dépourvues de cuisines, les résidents prenant leurs repas dans la salle à manger commune ou se les faisant servir à l'étage par l'intermédiaire d'un monte-plats. Les superbes maisons du West Side logeaient quant à elles une classe sociale aisée composée de banquiers, d'avocats, de membres des professions libérales, et par la suite, de riches familles juives originaires du LOWER EAST SIDE.
Dans les années 1960, les vieux immeubles collectifs attirèrent, par leurs loyers modiques, quelques fervents de la vie de bohème, tandis que des opérations de rénovation urbaine apportaient une plus grande diversité au quartier. La revalorisation des anciennes maisons mitoyennes a entraîné un certain embourgeoisement de l'Upper West Side dont beaucoup de jeunes cadres apprécient aujourd'hui l'ambiance sympathique. Les paisibles blocs résidentiels bordés d'arbres contrastent avec l'agitation de Broadway, artère commerçante du quartier où l'on trouve de tout, des magasins de chaussures aux restaurants, en passant par les épiceries fines comme Zabar's *(à la hauteur de la 80ᵉ Rue O.)*.

Des édifices aussi célèbres que leurs résidents – *Plan p. 91.* Plusieurs immeubles résidentiels de luxe, à l'Ouest de Central Park, attirent depuis longtemps une clientèle de choix. Au 1, 72ᵉ Rue Ouest se trouve par exemple le fameux **Dakota** (1884), dont les fleurons et les pignons gothiques très ornés servirent de cadre au film de Roman Polanski, *Rosemary's Baby* (1968). Œuvre d'Henry Hardenbergh, architecte du PLAZA HOTEL, le Dakota contient des appartements de grand standing, certains comptant jusqu'à 20 pièces. Plusieurs célébrités y ont vécu, parmi lesquelles Leonard Bernstein, Lauren Bacall et John Lennon, qui fut assassiné devant l'entrée de l'immeuble en 1980.
Deux bâtiments à tours jumelles, construits au début des années 1930, dominent Central Park West: les Century Apartments *(nᵒ 25)*, superbe réalisation Art déco d'Irwin Chanin *(p. 47)*, et l'élégant San Remo *(nᵒˢ 145-146)*, refuge de grandes stars du show-business, dont Dustin Hoffman, Paul Simon et Diane Keaton. Construit en 1904, le somptueux Ansonia *(2101-2119 Broadway)* était un hôtel-résidence très en vogue, fréquenté par des clients renommés tels que Babe Ruth et Arturo Toscanini. D'autres célébrités comme Norman Rockwell, Rudolf Valentino et Noel Coward, habitèrent le célèbre Hotel des Artistes *(1, 67ᵉ Rue O.)*, érigé en 1907 pour abriter des ateliers en duplex.

COLUMBUS CIRCLE *Plan p. 91*

Une statue de Christophe Colomb, érigée en 1894, domine la place circulaire. La colonne qui la porte est ornée de trois proues de navire en bronze représentant les caravelles de sa flotte: la *Niña*, la *Pinta* et la *Santa Maria*.

À l'entrée de Central Park se trouve le Maine Memorial, dédié aux 260 marins du cuirassé Maine détruit dans le port de La Havane en 1898.

L'édifice au Sud de Columbus Circle, qui abritait autrefois le New York Cultural Center, accueille aujourd'hui le département des Affaires culturelles de la ville ainsi que le New York Convention and Visitors Bureau *(ouv. lun.–ven. 9h–18h; sam.–dim. & j. f. 10h–15h; ☎397-8222).*

COLUMBUS ET AMSTERDAM AVENUES

Recherchées pour leurs boutiques et leurs distractions nocturnes, en particulier dans la section située en dessous de la 86ᵉ Rue, ces deux artères sont devenues un centre animé fort apprécié des New-Yorkais.

Dans les années 1970, le prix peu élevé des loyers commença à attirer beaucoup de jeunes vers l'Upper West Side, et Columbus Avenue – le long de laquelle se succédaient autrefois quincailleries, blanchisseries et marchés – se couvrit presque du jour au lendemain de magasins spécialisés et de cafés-terrasses. Plus récemment, Amsterdam Avenue a elle aussi bénéficié d'un regain d'activité et compte aujourd'hui plusieurs bars et bistros très fréquentés.

★★ LINCOLN CENTER *Sur Broadway, entre les 62ᵉ et 67ᵉ Rues O.*

Consacré au théâtre, à la musique et à la danse, le Lincoln Center for the Performing Arts rassemble, dans un espace relativement restreint (6ha environ), cinq grandes salles de théâtre et de concert, une bibliothèque, un théâtre en plein air et deux esplanades. Ses bâtiments revêtus de verre et de travertin crème importé d'Italie composent un élégant ensemble capable d'accueillir 13 666 spectateurs à la fois.

C'est en 1955 que naquit l'idée de construire un grand centre culturel où pourraient être représentés simultanément opéras, ballets, pièces de théâtre et concerts. Un comité fut formé en 1956, présidé par John D. Rockefeller III, et l'année suivante, la ville achetait le terrain nécessaire dans un quartier alors très pauvre (qui servit d'ailleurs, avant sa démolition, de cadre à la fameuse comédie musicale *West Side Story*). Malgré d'intenses controverses – il fallait abattre 188 immeubles et reloger quelque 1 600 personnes – le projet fut mené à bien.

Une équipe d'architectes, dirigée par le célèbre Wallace K. Harrison, qui avait participé à la conception du Siège des Nations Unies et du Rockefeller Center, se mit à l'œuvre, analysant les avantages et les inconvénients d'une soixantaine de salles de théâtre ou de concert du monde entier avant de concevoir les plans définitifs. Le financement total, estimé à environ 350 millions de dollars, fut principalement assuré par des contributions privées, les pouvoirs publics ne figurant que pour un quart des dépenses engagées. Les travaux débutèrent en 1959, avec la construction de l'Avery Fisher Hall, et s'achevèrent dix ans plus tard par l'inauguration du Juilliard School Building. Structure à usages multiples, le Samuel B. and David Rose Building fut ajouté à l'ensemble en 1991.

Visite – *Visite guidée (1h) seulement, t. l. j. sauf 1ᵉʳ janv., Thanksgiving & 25 déc. Permet de voir le Metropolitan Opera, le New York State Theater et l'Avery Fisher Hall. 7,75$. Réservations conseillées. Départ du Metropolitan Opera (niveau inférieur). &. Horaires et réservations ☎875-5350. Permanence téléphonique ☎875-5400. Renseignements sur les billets en fin de volume. L'été ont lieu des représentations gratuites en plein air.*

Metropolitan Opera House – *Visite des coulisses (90mn) sur réservation seulement, mi-oct–mi-juin lun.–ven. 15h45; sam. 10h. 8$. & ☎769-7020 (lun.–ven. 10h–16h).* Inauguré en 1966 avec *Antoine et Cléopâtre* de Samuel Barber, cet opéra (capacité: 3 788 places) a remplacé le célèbre «Met» situé à l'angle de Broadway et

Metropolitan Opera House (Lincoln Center)

John Carucci

de la 39ᵉ Rue, qui ferma ses portes en avril 1966 et fut par la suite démoli. Son architecture est due à Wallace K. Harrison. La façade, ornée d'une colonnade de marbre blanc dont la hauteur équivaut à celle d'un immeuble de 10 étages, sert de toile de fond à l'esplanade principale. L'édifice abrite deux troupes, la Metropolitan Opera Company et l'American Ballet Theater. Il comprend sept salles de répétition, et des magasins pouvant abriter 15 décors complets. L'entrée est ornée de deux peintures murales de Chagall, les *Sources de la musique* et le *Triomphe de la musique*. Des chandeliers en cristal, offerts par l'Autriche, rehaussent le somptueux escalier à double révolution revêtu de rouge.

Avery Fisher Hall – Œuvre de l'architecte Max Abramovitz, l'Avery Fisher Hall (anciennement nommé Philharmonic Hall) se trouve à droite de l'esplanade principale. Il fut rebaptisé en 1973 en l'honneur d'Avery Fisher, fondateur de la Fisher Radio. La salle proprement dite (2 742 places assises) est le siège de l'illustre New York Philharmonic Orchestra, plus ancien orchestre du pays, qui se produisait auparavant au CARNEGIE HALL.

New York State Theater – Ce théâtre dépend de la ville de New York. Il est dirigé par le City Center of Music and Drama, sous l'égide duquel fonctionnent ses compagnies de ballet (New York City Ballet) et d'opéra (New York City Opera). Le bâtiment qu'il occupe (1964, Philip Johnson) peut recevoir jusqu'à 2 792 spectateurs.

Le Lincoln Center compte également un théâtre de plein air, le Guggenheim Bandshell (derrière l'opéra, au Sud, dans le Damrosch Park), souvent utilisé pour des concerts gratuits. Toujours derrière l'opéra, au Nord, se trouve la New York Public Library at Lincoln Center *(ouv. lun. & jeu. 12h–20h; mar.–mer. & ven.–sam. 12h–18h; fermée j. f. & ☎870-1630)*. Conçue en 1965 par Skidmore, Owings & Merrill, elle comprend une vaste collection de livres sur la musique, un musée des arts du spectacle et un auditorium de 200 places. Les deux petites scènes du Vivian Beaumont Theater et du Mitzi E. Newhouse Theater, construites d'après les plans de Eero Saarinen, sont le domaine de la Lincoln Center Theater Company, fondée en 1980. De l'autre côté de la 66ᵉ Rue Ouest, le Juilliard Building (1968; Pietro Belluschi, Catalano & Westerman) est relié aux autres bâtiments du Lincoln Center par une passerelle. Il abrite la célèbre Juilliard School, conservatoire destiné à former musiciens, danseurs, chanteurs et acteurs, et l'Alice Tully Hall, petite salle de concert utilisée par la Chamber Music Society du Lincoln Center. C'est ici que se tient également, chaque automne, le New York Film Festival.

★★ CATHEDRAL OF ST JOHN THE DIVINE *Plan p. 101*
Sur Amsterdam Ave, à la hauteur de la 112ᵉ Rue O. Ouv. t. l. j. 7h–17h (dim. 20h30). Visite guidée (45mn) mar.–sam. 11h, dim. 13h. &.

Plus grande cathédrale du monde selon certains, cet imposant édifice de pierre de style gothique, toujours en construction, peut accueillir jusqu'à 8 000 fidèles. C'est aussi le cadre de fréquents spectacles de musique, de théâtre, d'art et de danse. Le terrain qu'il occupe (5ha), situé sur Amsterdam Avenue, entre Cathedral Parkway et la 113ᵉ Rue Ouest, comprend sept bâtiments annexes, des jardins, un parc et un chantier consacré à la taille des pierres.

Une entreprise ardue – L'idée de doter l'immense métropole américaine d'une cathédrale digne d'elle revient en grande partie à Horatio Potter, évêque épiscopalien de New York de 1861 à 1887 qui présenta son ambitieux projet lors d'un congrès diocésain en 1872. Vingt ans plus tard, son neveu et successeur, Henry Codman Potter, choisissait comme site définitif le quartier de Morningside Heights *(limite Ouest de Manhattan, entre Cathedral Parkway et la 125ᵉ Rue)*, et la première pierre était posée.
Très vite, les constructeurs se heurtèrent à des difficultés techniques. Le plan initial, conçu en 1888 par les architectes Heins & LaFarge, s'inspirait du style roman européen. Vingt-cinq ans plus tard, Ralph Adams Cram allait adopter le style gothique pour la poursuite des travaux. La croisée du transept et le chœur furent achevés en 1916, et la construction de la nef commença en 1925. Il reste encore aujourd'hui le tiers des travaux à faire (achèvement des tours, de la flèche centrale, du revêtement intérieur en pierre calcaire, édification d'une salle capitulaire, d'une sacristie et d'un amphithéâtre grec) et les finitions (statuaire et sculptures).

Visite – La façade Ouest, très large, est flanquée de deux tours carrées qui, une fois achevées, atteindront 81m de haut (tours de Notre-Dame de Paris: 69m). Son portail central se compose d'un double ensemble de portes de bronze fondues à Paris par Ferdinand Barbedienne (qui avait également fait le moulage de la STATUE DE LA LIBERTÉ). Ces dernières pèsent chacune 2,7 tonnes; leurs panneaux sont ciselés de scènes évoquant *(à gauche)* l'Ancien et *(à droite)* le Nouveau Testament. Le trumeau porte une statue de saint Jean l'Évangéliste, et le tympan est orné d'une rosace au centre de laquelle trône le Christ en majesté.
Le narthex (ou vestibule) abrite d'étonnants vitraux provenant des ateliers d'Ernest W. Lakeman, qui représentent *(à gauche)* la Création et *(à droite)* des scènes symboliques de la doctrine chrétienne. On remarquera aussi d'intéressantes icônes grecques et des peintures de la Vierge à l'enfant datant du 15ᵉ s.
La nef centrale, aussi large que la 112ᵉ Rue, mesure plus de 75m de long. Les voûtes culminent à 38m (celles de Notre-Dame de Paris atteignent 35m de hauteur). Quatorze autels latéraux sont dédiés aux domaines de l'éducation, de l'art, de la médecine et la religion. De belles tapisseries du 17ᵉ s., tissées à Mortlake en Angleterre, décorent cette partie de l'édifice; inspirées d'esquisses de Raphaël, elles décrivent les actes des Apôtres.

La croisée du transept (30m de large), dessinée d'après les plans originaux de Heins & LaFarge, expose un second groupe de tapisseries du 17e s. provenant d'Italie, qui représentent des scènes du Nouveau Testament. On admirera d'ici la grande rose, réalisée dans les ateliers Connick dans les années 1920; elle sertit des vitraux composés de 10 000 morceaux de verre.

Le chœur, de style roman, se termine par un majestueux rond-point formé par huit colonnes de granit pesant chacune 118 tonnes. Jeter un coup d'œil sur les stalles de chêne sculpté et sur les deux trônes d'évêque, l'un et l'autre entourés d'une clôture de marbre blanc, dont les niches abritent les statues des personnages marquants de la chrétienté (de saint Paul à Washington et Lincoln). Un bloc de pierre représentant le 20e s. reste encore à sculpter.

Le déambulatoire comprend sept chapelles. On y verra, du côté Sud, plusieurs tableaux de l'école italienne du 16e s., une Annonciation en terre cuite vernissée (15e s., école des Della Robbia) ainsi qu'un tissu du 16e s., historié d'une Adoration des Mages. Le baptistère, au Nord du chœur, est décoré de personnages liés à l'histoire de New York, dont Peter Stuyvesant (p. 75), recon-

Maquette de la cathédrale

naissable à sa jambe de bois. La boutique de souvenirs, située dans le transept Nord, contient une maquette de la cathédrale achevée. Dans la cour attenant à la cathédrale, on peut parfois observer le travail des tailleurs de pierre, pour la plupart de jeunes apprentis du voisinage travaillant sous la direction d'un maître ouvrier.

À l'Est du transept Sud, le jardin biblique (Biblical Garden) se compose d'espèces végétales mentionnées dans l'Écriture sainte. Œuvre de Greg Wyatt, artiste en résidence de la cathédrale, la fontaine de la Paix (Peace Fountain) [1] célèbre le triomphe du Bien sur le Mal. Elle domine le jardin des sculptures (Children's Sculpture Garden), au Sud, où des représentations d'animaux réalisées par de jeunes New-Yorkais ont été coulées dans le bronze.

★ RIVERSIDE CHURCH *Plan p. 101*

Sur Riverside Drive, entre les 120e et 122e Rues O. Si le portail Ouest est fermé, utiliser l'entrée sur Claremont St. Ouv. t. l. j. 7h–22h, j. f. 9h–16h. Visite guidée (1h) dim. 12h30. &.

Connue pour ses idées réformistes, l'église de Riverside est un lieu de culte pluriconfessionnel d'affiliation protestante, et un important foyer municipal offrant un large éventail de services sociaux et de programmes culturels. Elle occupe un bel édifice néo-gothique, inspiré de la cathédrale de Chartres, qui domine le quartier du haut de ses 21 étages. Son clocher (122m) contient le plus grand carillon du monde, composé d'un jeu de 74 cloches. John D. Rockefeller Jr contribua financièrement à l'édification du bâtiment actuel, en pierre calcaire, conçu en 1927 par Allen & Collens et Henry C. Pelton (l'aile Sud fut ajoutée en 1960).

Le magnifique portail Ouest *(côté Riverside Drive)* est orné de statues-colonnes représentant à gauche les prophètes de l'Ancien Testament, et à droite, ceux du Nouveau Testament. Son tympan évoque le Christ en majesté entre les symboles des Évangélistes.

Pénétrer dans le narthex où ont été remontés deux **vitraux** décrivant la Vie du Christ, exécutés au 16e s. pour la cathédrale de Bruges. Du narthex, on accède à la nef (30m de haut sur 65m de long) qui peut accueillir jusqu'à 2 500 fidèles; ses baies supérieures sont des copies de celles de la cathédrale de Chartres. Remarquer la clôture du chœur, ornée de 80 figures d'hommes et de femmes (dont Luther, Milton, Lincoln et Pasteur) qui illustrèrent, au cours de leur existence, les principes de la morale chrétienne.

Revenir au narthex où un passage mène à une ravissante **chapelle** de style néoroman. Pour accéder à la plate-forme d'observation *(dim. 12h30–16h; 1$)*, prendre l'ascenseur jusqu'au 20e étage, puis monter les 147 dernières marches à pied. Du sommet, on peut jouir d'un remarquable **panorama**★★ sur le Riverside Park (p. 102), l'Hudson, le littoral du New Jersey, CENTRAL PARK, la STATUE DE LA LIBERTÉ et le fameux PONT GEORGE WASHINGTON.

*Les **guides verts Michelin**,*

destinés à faciliter la pratique du grand tourisme,

invitent à goûter les chefs-d'œuvre de la nature et des hommes.

★ GENERAL GRANT NATIONAL MEMORIAL

Sur Riverside Drive, à la hauteur de la 122ᵉ Rue O. Ouv. t. l. j. 9h–17h. Visites guidées (20mn) possibles. ☎666-1640.

Plus connu sous le nom de Grant's Tomb (le tombeau de Grant), ce mémorial abrite la dépouille d'**Ulysses Simpson Grant** (1822-1885) et de son épouse Julia Dent Grant (1826-1902). Le célèbre général américain s'illustra dans les rangs des Nordistes durant la guerre de Sécession, et devint le dix-huitième Président des États-Unis (de 1869 à 1877).

Extérieurement, l'édifice en granit blanc se présente comme un pastiche de mausolée romain surmonté d'un toit conique. Il fut conçu en 1890 par John H. Duncan, et sa construction dura six ans.

Au fronton sont placées deux figures allégoriques de la Paix entre lesquelles est gravée la célèbre formule du général: «Let us have peace» (Que la Paix soit avec nous), extraite de la réponse qu'il adressa au parti républicain en 1868, par laquelle il acceptait sa nomination comme candidat à la présidence.

L'intérieur, aux parois revêtues de marbre blanc, n'est pas sans rappeler le tombeau de Napoléon aux Invalides. Des fenêtres en claire-voie dispensent un demi-jour ambré qui contribue à accentuer l'ambiance solennelle du lieu. Au centre, la crypte circulaire, coiffée d'un remarquable dôme à caissons, contient les sarcophages de porphyre dans lesquels gisent Grant et son épouse. Dans des niches tout autour veillent les bustes des compagnons d'armes du général: Sherman, Sheridan, Thomas, Ord et McPherson. Deux salles présentent des souvenirs de Grant et de la guerre de Sécession.

Dehors, sur les côtés du monument, des bancs de mosaïques aux formes diverses ont été dessinés par Pedro Silva au début des années 1970 dans le cadre d'un projet municipal visant à susciter la participation des jeunes du quartier.

★ UNIVERSITÉ DE COLUMBIA (Columbia University) *Plan ci-dessous*

De la 114ᵉ à la 120ᵉ Rue O., entre Amsterdam Ave et Broadway. Entrée principale sur la 116ᵉ Rue O.

Elle n'est «ni sportive comme Yale, ni aristocratique comme Princeton, ni Vieille Amérique comme Harvard; elle est avant tout pratique et forge des hommes d'action», disait Paul Morand de l'université de Columbia. Cette école *Ivy League* (p. 183), l'une des plus anciennes et des plus riches du pays, compte aujourd'hui près de 20 000 étudiants et environ 5 700 professeurs et chercheurs. Son campus principal, situé à Morningside Heights, s'étend sur un terrain de plus de 14ha.

De King's College à Columbia University – Fondé en 1754 par George II d'Angleterre, King's College s'établit tout d'abord dans la sacristie de TRINITY CHURCH. Sa première classe comptait à peine huit élèves! Beaucoup de célébrités sortirent de ses rangs, dont Alexander Hamilton qui fut tout d'abord aide de camp de Washington, puis secrétaire du Trésor, et John Jay, premier président de la Cour suprême américaine.

En 1784, après la guerre d'Indépendance, l'école rouvrit ses portes sous le nom de Columbia College. En 1897, elle s'installa à son emplacement actuel, après une quarantaine d'années passées à l'angle de Madison Avenue et de la 49ᵉ Rue Est. C'est au cours du 20ᵉ s. que l'université acquit sa réputation d'excellence. Parmi ses éminents administrateurs, citons Dwight D. Eisenhower, qui fut recteur de l'université de 1948 à 1953, date à laquelle il démissionna pour devenir Président des États-Unis.

L'université de Columbia est un établissement mixte d'enseignement privé comptant un total de 71 départements. Y sont professées les disciplines les plus diverses. Un reflet particulier s'attache à sa faculté de droit, à son institut pédagogique et à ses écoles de journalisme,

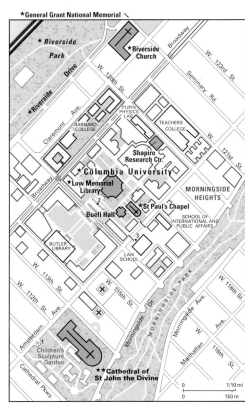

d'architecture, de médecine et d'affaires publiques et internationales. Le Columbia College (mixte depuis 1983) et le Barnard College (collège d'arts libéraux pour femmes, fondé en 1889), situé sur le côté Ouest de Broadway *(entre les 116ᵉ et 120ᵉ Rues)*, assurent les programmes de premier cycle.

Visite – *Les visiteurs peuvent flâner sur le campus à leur guise. Des visites organisées gratuites (1h) leur permettront de voir l'intérieur de nombreux bâtiments (lun.–ven.). Réservations nécessaires ☎854-4902.*

Campus – Le campus de l'université de Columbia fut construit sur le site d'un ancien hôpital psychiatrique, le Bloomingdale Insane Asylum. Selon le style académique alors cher à l'époque, les premiers bâtiments ont été édifiés autour d'une esplanade centrale rectangulaire. Les belles façades de brique et de calcaire et les pelouses verdoyantes entrecroisées d'allées composent une harmonieuse perspective entre la Butler Library (1934) au Sud, et la Low Memorial Library au Nord, dont Charles McKim prévoyait de faire, en 1894, l'élément central de son projet. Au début du 20ᵉ s., l'université commença à dépasser les limites de l'ancien campus avec, en 1926, l'ajout de la Casa Italiana, conçue par McKim, Mead & White, et plus récemment, des immeubles de la faculté de droit et de l'école d'affaires publiques et internationales, tous deux situés sur Amsterdam Avenue.

★ **Low Memorial Library** – Offert à l'université de Columbia par Seth Low, recteur de 1890 à 1901, cet élégant édifice néo-classique (1894-1898, Charles McKim) pastiche l'art romain. Il abritait à l'origine une bibliothèque, mais depuis 1934, sert de centre administratif et de hall d'exposition. Pénétrer à l'intérieur pour admirer sa magnifique rotonde de marbre coiffée d'un dôme de 40m de hauteur.

Temple Hoyne Buell Hall – Seul vestige de l'ancien asile d'aliénés, le plus vieux bâtiment du campus (1878) abrite aujourd'hui un centre d'étude de l'architecture américaine. De fréquentes expositions ont lieu dans les galeries du rez-de-chaussée *(ouv. au public)*.

★ **St Paul's Chapel** – Élégante construction d'inspiration Renaissance italienne (1907, Howells & Stokes), cette chapelle présente un bel intérieur voûté rehaussé d'étonnants chandeliers en fonte et d'un carrelage de couleur saumon. Certains détails, dont la chaire sculptée, les stalles du chœur et le buffet d'orgue, rappellent l'église Santa Croce de Florence. L'édifice bénéficiant d'une acoustique exceptionnelle, des concerts y sont régulièrement donnés.

Schapiro Research Center – Ce bâtiment d'inspiration classique (1992, Hellmuth, Obata & Kassabaum) comprend des laboratoires de pointe consacrés à la recherche dans les domaines de l'informatique et des télécommunications. Une passerelle de verre le relie aux Pupin Physics Laboratories (1927), où le professeur Harold C. Urey découvrit l'eau lourde en 1934, ce qui lui valut un prix Nobel. C'est également là que fut fondé le Manhattan Project, comité de recherche à l'origine du développement de l'énergie atomique aux États-Unis.

Sculptures extérieures – Le campus contient plusieurs sculptures d'artistes américains et européens. Sur les marches de l'escalier menant à la Low Memorial Library repose la statue en bronze de l'*Alma Mater* **[2]**, symbole de l'université; cette œuvre de Daniel Chester French (1903) fut l'objet d'un attentat à la bombe lors des émeutes estudiantines de 1968. On admirera la réplique du célèbre *Penseur* de Rodin, réalisée en 1930 d'après le bronze de 1880 *(devant le Philosophy Hall, à l'Est de la Low Library)*, ainsi qu'une statue de George Grey Barnard (1899), initialement prévue pour le DAKOTA, intitulée *Great God Pan (à l'Ouest de la Low Library)*.
Parmi les œuvres modernes figurent *Bellerophon Taming Pegasus* **[3]** de Jacques Lipchitz (1967, à l'entrée de la faculté de droit; *Tightrope Walker* (1979) de Kees Verkade et *Three Way Piece: Points* (1967) de Henry Moore, sur l'esplanade dominant Amsterdam Avenue; enfin, *Curl* (1968) de Clement Meadmore, en face de la faculté de gestion *(Uris Hall, derrière la Low Library)*.

★ **RIVERSIDE PARK AND DRIVE** *Plan p. 101*

Conçus en 1875 par Frederick Law Olmsted (architecte-paysagiste de CENTRAL PARK), ce parc et cette allée qui bordent la rivière bénéficient de vues splendides et d'un terrain en pente le long de l'Hudson. Lieu de résidence privilégié des artistes et des musiciens, l'avenue serpente sous des ormes majestueux, bordée de jolies maisons mitoyennes du 19ᵉ s., d'opulents hôtels particuliers datant du début du siècle et d'élégants immeubles résidentiels; on y découvrira en outre des passages piétonniers et de magnifiques panoramas.
Le parc, qui s'étend de la 72ᵉ à la 155ᵉ Rue Ouest, comprend d'importants monuments new-yorkais *(la zone située en dessous de la 100ᵉ Rue est particulièrement intéressante à visiter)*. Parmi ceux-ci figurent le mémorial abritant la dépouille du général Grant *(p. 101)*, le Soldiers' and Sailors' Monument, érigé en 1902 à la mémoire des victimes de la guerre de Sécession *(89ᵉ Rue O.)*, la statue de Jeanne d'Arc *(93ᵉ Rue O.)* et le Firemen's Memorial, en l'honneur des pompiers *(100ᵉ Rue O.)*. On remarquera également, sur la 91ᵉ Rue, un magnifique jardin à l'anglaise entretenu par les résidents du quartier.

MUSÉES

Durée: 1/2 journée. Carte p. 2.

Le célèbre quartier de Harlem, où réside une importante partie de la communauté noire et hispanique de New York, couvre la quasi-totalité du Nord de Manhattan. Il s'étend approximativement, dans sa section Ouest, au delà de la 125ᵉ Rue et de St Nicholas Avenue, et dans sa section Est, au delà de la 110ᵉ Rue. Avec ses larges boulevards, ses maisons en grès brun, ses logements ouvriers, ses épiceries portoricaines et ses magasins de vente au rabais, l'endroit forme, au sein de la grande métropole, un monde à part.

Harlem était jadis un centre de l'art et de la culture noire que célébrèrent les voyageurs des années 1920, tels Paul Morand ou Carl Van Vechten. Surtout connu pour ses problèmes de drogue et de délinquance, et la misère sordide qui règne dans certains de ses secteurs, le quartier a pourtant conservé de remarquables exemples d'architecture, quelques enclaves historiques et plusieurs églises et institutions de renom.

Un peu d'histoire – Ce sont des colons hollandais qui fondèrent le village de Nieuw Haarlem en 1658. Il avait alors un aspect campagnard caractérisé par un habitat de fermes coquettes et cossues, dispersées dans la verdure.

En 1837, l'arrivée d'un chemin de fer reliant la localité à Manhattan favorisa le développement des lieux. Dans les années 1880, la classe ouvrière immigrante afflua dans les nouveaux immeubles d'habitation situés à l'Est des voies ferrées longeant Park Avenue (alors appelée la 4ᵉ Avenue). Harlem Ouest devint au contraire un faubourg très prisé des Blancs de la classe moyenne, avec ses belles rangées de maisons mitoyennes et d'immeubles résidentiels, son opéra et son orchestre symphonique.

Au début du siècle, l'effondrement du marché immobilier entraîna la faillite des spéculateurs qui avaient surexploité le boom des années 1890. Grâce aux efforts du promoteur noir Philip Payton, des centaines de familles noires dont les logements, situés entre les 30ᵉ et la 40ᵉ Rues Ouest, avaient été condamnés pour permettre la construction d'une gare (Pennsylvania Station), purent ainsi emménager dans ces locaux convenables. En 1914, Harlem comptait ainsi plus de 50 000 familles noires, tandis qu'autant de Blancs partaient s'installer plus au Nord.

Harlem connut son apogée durant les Années Folles. Les fêtards venaient y terminer la nuit dans le bruit et l'alcool en fréquentant, à l'époque de la Prohibition, les débits de boisson clandestins et cabarets du genre du légendaire Cotton Club, sur Lenox Avenue, où ils pouvaient écouter les grands musiciens de jazz de l'époque, tels Duke Ellington, Count Basie et Cab Calloway (noter qu'à cette époque, beaucoup d'établissements de Harlem n'acceptaient qu'une clientèle blanche). Le quartier devint également un lieu de rencontre des écrivains (Langston Hughes) et des artistes ainsi qu'un havre de la bourgeoisie noire.

Surnommée l'«Harlem Renaissance», cette période d'essor et de créativité prit malheureusement fin avec la grande crise de 1929. Une nouvelle vague d'immigrants venus du Sud des États-Unis et des Caraïbes accrût la communauté noire après la Seconde Guerre mondiale, mais

Duke Ellington (1899-1974)

peu de travail s'offrait à eux. Les artistes délaissèrent peu à peu Harlem, lui préférant d'autres quartiers de New York, GREENWICH VILLAGE en particulier. Dans les années 1960, le nom de Harlem fut principalement associé à celui du célèbre activiste noir Malcolm X. Ce défenseur des droits civiques, qui s'était joint au mouvement indépendantiste des Black Muslims (il travailla quelque temps au Temple of Islam, à l'angle de la 116ᵉ Rue et de Lenox Avenue), s'en sépara pour créer une branche dissidente. Il fut assassiné en 1965 à l'Audubon Ballroom, sur la 166ᵉ Rue Ouest. Plus récemment, Harlem est devenu le lieu de résidence d'éminents fonctionnaires tel David Dinkins, premier maire noir de la ville.

Sévèrement touchés par l'inflation, la réglementation des loyers et le vandalisme, certains propriétaires de Harlem ont simplement abandonné leurs immeubles ou les ont incendiés pour récupérer l'argent des assurances, laissant derrière eux un paysage lugubre de décombres et de logements sociaux. La réhabilitation du quartier est lente, mais la ville de New York, ayant hérité de milliers d'immeubles pour défaut de paiement des impôts fonciers, a lancé au cours des dernières années plusieurs programmes de reconstruction et de rénovation dont la remise en état, en 1992, des maisons mitoyennes du 19ᵉ s. situées aux nᵒˢ 8-62, 130ᵉ Rue Ouest. D'autres secteurs historiques témoignent du glorieux passé de Harlem, comme Hamilton Heights *(p. 104)*, AUDUBON TERRACE, Mount Morris Park et les élégantes maisons de brique de **Strivers Row**, sur la 139ᵉ Rue Ouest (le mot *Strivers* désignant l'éminente bourgeoisie noire qui s'y installa dans les années 1920).

Harlem possède deux visages bien distincts. À l'Est de la 5ᵉ Avenue s'étend le «Spanish Harlem» ou El Barrio, enclave essentiellement portoricaine, tandis qu'à l'Ouest, au Nord de St Nicholas Avenue et de la 125ᵉ Rue, se trouve le «Central Harlem», où habitent près de 12% des 1 700 000 Noirs que compte la ville (la plus forte concentration se regroupant dans le quartier de Bedford-Stuyvesant à Brooklyn). Les principales artères commerçantes sont très animées, en particulier Luis Muñoz Marin Street *(116ᵉ Rue)* et Martin Luther King Jr Boulevard *(125ᵉ Rue)*, où des vendeurs sénégalais proposent des sculptures en bois, des tissus et des bijoux divers. Célèbre pour ses revues noires des années 1930, l'**Apollo Theatre** *(253, 125ᵉ Rue O.)* continue aujourd'hui à proposer de nombreux spectacles; sa traditionnelle soirée des amateurs, le mercredi (Wednesday's Amateur Night), attire toujours sur la scène de nouveaux artistes en quête de célébrité.

VISITE

Les quartiers de Harlem sont pour la plupart sans danger, mais il est tout de même préférable de les visiter pendant la journée. Les visiteurs ne se sentiront pas toujours les bienvenus. Harlem est accessible en taxi, en bus et en métro (● toute ligne desservant la station 125th St). La compagnie Harlem Spirituals, Inc propose les visites guidées suivantes: visite de jour avec repas «soul» (jeu. 9h–13h30; 37$); visite nocturne avec repas «soul» et spectacle de jazz (lun., jeu., ven. & sam. 19h–minuit; 69$); visites le dimanche (9h–12h30; 30$; avec Brunch: 55$) et en milieu de semaine (mer. 9h–12h45; 32$) lors desquelles on peut entendre du Gospel. Réservations nécessaires ☏757-0425. Tickets disponibles au point de départ des visites, 1697 Broadway, Suite 203.

Schomburg Center for Research in Black Culture – *515 Malcolm X Blvd. Ouv. lun.–mer. 12h–20h, jeu.–sam. 10h–18h.* ♿ *☏491-2200.* Cette annexe de la bibliothèque publique de New York renferme les plus importantes archives du monde consacrées à la civilisation noire. Figure influente de l'«Harlem Renaissance» (mouvement culturel des années 1920), le Portoricain **Arthur Schomburg** (1874-1938) eut le premier l'idée de rassembler une telle collection. Aujourd'hui, plus de cinq millions de livres, de photographies, de manuscrits, de films, d'enregistrements et d'objets d'art sont conservés dans le bâtiment principal, conçu en 1905 par McKim, Mead & White (restauré en 1990), et dans une annexe plus récente, construite en 1980. En outre, le centre organise régulièrement des expositions et des forums.

Abyssinian Baptist Church – *132, 138ᵉ Rue O. Horaires de visite ☏862-7474.* Érigée en 1923, cette église baptiste de style néo-gothique abrite la plus ancienne congrégation noire de New York, fondée en 1808. Elle prit de l'importance dans les années 1930 sous la direction d'**Adam Clayton Powell Jr** (1908-1972), pasteur très controversé et défenseur des droits civiques, qui fut élu au Congrès en 1944. À la suite d'une enquête financière menée par le gouvernement, Powell allait être démis de son siège en 1967, pour y être réintégré deux ans plus tard. Une salle dédiée à la mémoire du révérend Powell retrace sa carrière à l'aide de photographies et de documents divers.

★ **Morris-Jumel Mansion** – *1765 Jumel Terrace. Ouv. mer.–dim. 10h–16h. 3$. Fermé j. f. ☏923-8008.* Situé au sommet d'une colline d'où se découvrent les vues plongeantes sur la vallée de l'Harlem, ce splendide hôtel particulier de style géorgien est le dernier vestige de l'époque coloniale new-yorkaise dans cette partie de Manhattan. «Mount Morris» fut édifié en 1765 pour le colonel Morris, un loyaliste qui regagna l'Angleterre au début de la guerre d'Indépendance. Durant la bataille d'Harlem Heights en 1776, la propriété servit de quartier général à George Washington. En 1810, un riche négociant en vins d'origine française, Étienne Jumel, acquit le domaine pour sa femme, Eliza Bowen, et le restaura. Lors de la seconde abdication de Napoléon, les Jumel, qui venaient de débarquer à Rochefort à l'occasion d'un voyage en France, proposèrent à l'Empereur de le faire passer en Amérique sur leur bateau, l'*Élise*. Désireux de ne pas abandonner ses fidèles et encore confiant dans la magnanimité britannique, Napoléon repoussa cette offre, mais reconnaissant, fit présent aux Jumel de sa voiture et de sa malle de voyage. Un an après la mort d'Étienne Jumel en 1832, sa veuve se remaria avec Aaron Burr *(p. 63)*, troisième vice-président des États-Unis (la cérémonie eut lieu dans le salon du rez-de-chaussée). Mais les époux se séparèrent un an plus tard, et le divorce fut prononcé le jour de la mort de Burr, en 1836.
La demeure, construite en brique, se distingue par ses façades en bois, ses pierres d'angle et son joli portique de style fédéral. Le rez-de-chaussée comprend *(à l'arrière)* une salle de réception de forme octogonale, et *(à l'avant)* un salon décoré de meubles Empire et d'un lustre français. À l'étage, remarquer la chambre de Madame Jumel et son boudoir, où sont exposés des meubles ayant appartenu à la famille Bonaparte; les chaises en acajou sont particulièrement belles.

Le site précédemment décrit fait aujourd'hui partie d'un quartier historique, le **Jumel Terrace Historic District**, comprenant une vingtaine de maisons en bois construites dans les années 1880 le long de Sylvan Terrace, allée qui servait à l'origine d'accès à la résidence des Jumel.

Hamilton Heights – Ces hauteurs dominant Harlem englobent le quartier historique compris entre les 140ᵉ et 145ᵉ Rues Ouest, à l'Est d'Amsterdam Avenue. L'endroit faisait initialement partie d'un domaine de 14ha appartenant à **Alexander Hamilton** *(p. 63)*. Parmi les pittoresques immeubles mitoyens à pignons de Convent

UPTOWN

Avenue et Hamilton Terrace, figurent plusieurs résidences peu ordinaires bâties dans les années 1880, dont les façades comportent des éléments caractéristiques de l'architecture flamande et hollandaise. On remarquera également l'imposante St Luke's Episcopal Church *(285 Convent Ave)*, église épiscopale en grès de style néo-roman construite en 1892.

Quartier noir résidentiel composé d'élégants immeubles de trois ou quatre étages, **Sugar Hill★**, entre Edgecombe et St Nicholas Avenues, attira de nombreuses célébrités, dont Duke Ellington et Cab Calloway (musiciens de jazz), Thurgood Marshall (juriste) et Langston Hughes (écrivain). Un peu plus au Sud se trouve le campus du City College, fondé en 1897 (14 000 étudiants).

Hamilton Grange National Memorial – *287 Convent Ave. Fermé au public (rénovations en cours).* Construite en 1801 par John McComb Jr, architecte du CITY HALL, cette structure de style fédéral servit tour à tour de maison de campagne puis de demeure principale à Alexander Hamilton. Ce dernier devait trouver la mort en 1804, au cours d'un duel l'opposant à son rival, Aaron Burr. La maison fut déplacée d'une centaine de mètres en 1889, et sa façade arrière, s'ouvrant dorénavant sur la rue, fut modifiée en conséquence. L'église St Luke en fit son presbytère, avant qu'elle ne devienne la propriété du National Park Service.

MUSÉES

★ **Audubon Terrace** – *Description p. 118.*

★ **Studio Museum in Harlem** – *Description p. 154.*

LES CLOÎTRES (The Cloisters)

 ★★★ 22

Durée: 1/2 journée. Plan p. 106.

Isolé sur une colline de Fort Tryon Park, le musée des Cloîtres, vu de l'extérieur, apparaît comme un monastère fortifié, vision insolite du Vieux Monde égaré dans le Nouveau pour le plaisir de l'amateur d'art.

UN PEU D'HISTOIRE

Le rôle des Rockefeller – À la base, on trouve une collection de sculptures médiévales que le sculpteur **George Grey Barnard** (1863-1938) avait achetées au cours de ses voyages en Europe au début du siècle et qu'il avait présentées au public, en 1914, dans un bâtiment en brique édifié sur Fort Washington Avenue. On voyait là, déjà, des éléments provenant des cloîtres de St-Guilhem-le-Désert, St-Michel-de-Cuxa, Bonnefont-en-Comminges et Trie, localités situées dans le midi de la France, en Languedoc, dans le Roussillon, en Comminges et en Gascogne.

En 1925, le milliardaire américain **John D. Rockefeller Jr** *(p. 38)* fit don d'une somme considérable au METROPOLITAN MUSEUM OF ART pour l'achat de la collection Barnard et l'amélioration de sa présentation. À la même époque, la famille Rockefeller fit également don de plus de 40 sculptures issues de sa collection privée.

En 1930, John D. décida d'offrir à la ville de vastes terrains (correspondant aujourd'hui à Fort Tryon Park) dont il était propriétaire et d'y faire élever au Nord, par l'architecte bostonien **Charles Collens** (à l'origine de RIVERSIDE CHURCH) les bâtiments actuels achevés en 1938. Depuis, de nombreux legs et une politique d'acquisitions bien menée ont considérablement enrichi ce musée toujours administré par le Metropolitan Museum of Art.

★★★ MUSÉE DES CLOÎTRES

Bus: prendre sur Madison Ave le n° 4 (arrêt Fort Tryon Park–The Cloisters). Métro: descendre à la station 190th St–Overlook Terrace (ligne A), puis continuer à pied. Ouv. mars–oct. mar.–dim. 9h30–17h15. Reste de l'année mar.–dim. 9h30–16h45. Fermé j. f. 5$ (comprenant le même jour l'entrée au Metropolitan p. 125). Visite guidée (1h) mar.–ven. 15h, dim. 12h. ☺ ☎923-3700. Musique médiévale enregistrée t. l. j. Concerts sam. & dim. après-midi nov.–avr. Billets diponibles par courrier ou téléphone: The Cloisters, Fort Tryon Park, New York, NY 10040 ☎923-3700.

Les bâtiments s'ordonnent autour d'une tour carrée inspirée du clocher roman de St-Michel-de-Cuxa, dans les Pyrénées. L'ensemble, composé d'une série de cloîtres, de chapelles et de salles diverses, offre l'apparence d'une ancienne abbaye. Comme beaucoup d'édifices religieux d'Europe, les cloîtres ne présentent pas une unité totale de style, certains bâtiments étant gothiques et d'autres romans, mais grâce à l'uniformité de la patine des pierres et à des proportions heureusement réparties, l'harmonie de l'édifice ne souffre pas dans son ensemble de son caractère artificiel.

On fera le tour de l'enceinte fortifiée pour jouir des perspectives variées sur l'imposant monastère, Fort Tryon Park et l'Hudson. À l'Est, l'entrée se présente sous la forme d'une poterne, tandis que la sortie se fait par une voie bosselée de pavés provenant d'anciennes rues de New York.

Niveau supérieur (Main Floor) *Plan p. 108*

Chapelle Fuentidueña (Fuentidueña Chapel) – Elle est essentiellement consacrée à l'art roman espagnol. Son abside provient de l'église San Martin de Fuentidueña, en Vieille-Castille, et date du 12e s. Remarquer les chapiteaux historiés (avec à

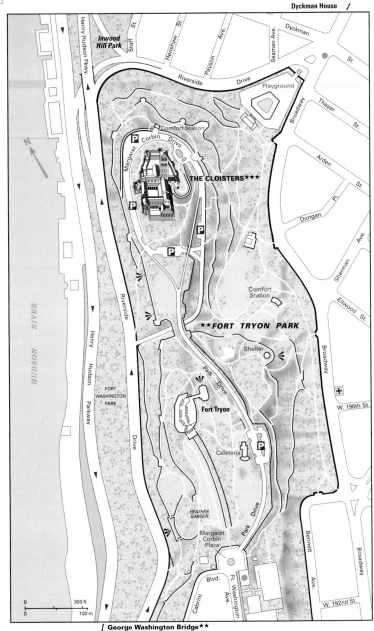

/ George Washington Bridge ★★

droite le prophète Daniel dans la fosse aux lions, et à gauche l'Adoration des Mages) ainsi qu'une statue de saint Martin (à gauche, contre un pilier), faisant face à une Annonciation. Dans le mur, deux niches servaient, l'une pour les burettes, l'autre pour le lavement des mains du prêtre.

Au cul-de-four, une fresque représente la Vierge en majesté avec les trois Mages et les archanges Michel et Gabriel: elle ornait autrefois les murs de l'église catalane San Juan de Tredos.

Dans la nef a été remontée la porte (12ᵉ s.) d'une église de San Leonardo al Frigido (Toscane) en marbre de Carrare. À sa gauche, les fonts baptismaux, également toscans, ont été sculptés dans un marbre blond en l'honneur de Rainier de Pise; ils datent de 1160, l'année de la mort du saint homme. Sur le mur de gauche est placé un Christ roman d'une grande spiritualité qui proviendrait du couvent de Santa Clara (près de Palencia).

Galerie romane (Romanesque Hall) – L'entrée poitevine est voûtée en plein cintre, selon les caractéristiques de l'art roman. Les chapiteaux sont sculptés à gauche d'oiseaux gracieux picorant des feuilles d'acanthe, et à droite, d'animaux imaginaires surmontés d'un délicat motif végétal.

Bel exemple de transition entre le style roman et le style gothique, le portail donnant sur le cloître de St-Guilhem *(p. 107)* provient de l'église de Reugny, près de Montluçon, et date de la fin du 12ᵉ s. Celui de style gothique (13ᵉ s.) menant à la chapelle de Langon *(p. 107)*, ornait le transept de l'église de l'ancien monastère du

Moutiers-St-Jean en Bourgogne: remarquer les deux statues représentant, à gauche, Clovis, premier roi chrétien, et, à droite, son fils Clotaire, qui protégea l'abbaye fondée par son père à la fin du 5ᵉ s. Noter aussi, sur le mur de droite, un torse de Christ en bois sculpté du 12ᵉ s. (Lavaudieu, Auvergne) dont la tête se trouve au musée du Louvre à Paris.

Cloître de St-Guilhem (Saint-Guilhem Cloister) – Il a été reconstitué avec des colonnes et des chapiteaux du cloître de l'abbaye bénédictine de St-Guilhem-le-Désert (à l'Est de Montpellier).
Désaffectée à la Révolution française, ses bâtiments monastiques furent dépecés et les colonnes du cloître reléguées dans un jardin où elles servaient de tonnelle quand George Grey Barnard les acheta en 1906. On admire la vigueur et la liberté de facture des chapiteaux (12ᵉ-13ᵉ s.) au décor végétal très fouillé et qui, pour nombre d'entre eux, témoignent d'une inspiration romaine; plusieurs colonnes sont, elles aussi, sculptées de motifs géométriques et végétaux.
Au centre du cloître, la fontaine est faite d'un chapiteau roman de l'église St-Sauveur à Figeac, dans le Quercy. Les consoles portant les voûtes proviennent de l'abbaye de Sauve-Majeure, près de Bordeaux.

Chapelle de Langon (Langon Chapel) – Les éléments anciens de cette chapelle se trouvaient dans le chœur de l'église romane Notre-Dame du Bourg à Langon, près de Bordeaux. Désaffectée à la Révolution, et utilisée comme salle de réunion pour le Club des Jacobins, elle fut transformée d'abord en salle de bal, puis en cinéma. Un ciborium en marbre italien du 12ᵉ s. abrite une poignante Vierge en bois de bouleau sculpté provenant d'Autun, en Bourgogne. Près de la porte, une Vierge à l'enfant (Auvergne), elle aussi du 12ᵉ s., offre un intéressant contraste.

Salle capitulaire de Pontaut (Pontaut Chapter House) – Notre-Dame-de-Pontaut fut tout d'abord une abbaye bénédictine, puis cistercienne, sise près de St-Sever, dans les Landes. Sa salle capitulaire constitue un exemple de style transition roman-gothique, sobrement harmonieux.
Au travers des baies, largement ouvertes sur le cloître, les frères convers (religieux chargés des travaux domestiques) suivaient le déroulement du chapitre, tandis que les moines s'asseyaient à l'intérieur, le long du mur, sur un banc de pierre qui a été conservé. Les chapiteaux sont remarquables par la simplicité et la fermeté des motifs géométriques ou végétaux qui les ornent.

The Metropolitan Museum of Art, Cloisters Collection

Salle capitulaire de Pontaut

Cloître de St-Michel-de-Cuxa (Cuxa Cloister) – Ce cloître roman, le plus grand du musée, ne représente cependant que la moitié de la structure initiale. Les éléments qui le composent proviennent du monastère bénédictin de St-Michel-de-Cuxa (dans les Pyrénées) qui fut, au Moyen Âge, l'un des foyers de culture et d'art du Roussillon. Pillé sous la Révolution française, St-Michel-de-Cuxa vit, dans le courant du 19ᵉ s., les galeries de son cloître éparpillées.
C'est en 1913 que Barnard parvint à retrouver et réussit à acheter un peu plus de la moitié des chapiteaux d'origine, 12 fûts de colonnes, 25 bases et 7 arcs. Les éléments manquants ont été refaits en utilisant le même marbre rose des Pyrénées. On détaillera les chapiteaux vigoureusement sculptés de motifs végétaux, de personnages grotesques et d'animaux fantastiques d'inspiration orientale; noter l'absence presque totale de scènes religieuses.

Salle du début du gothique (Early Gothic Hall) – On y voit, outre de beaux exemples de vitraux, plusieurs statues parmi lesquelles, au mur, une grande Vierge du 13ᵉ s. provenant de l'ancien jubé de la cathédrale de Strasbourg, qui a gardé sa polychromie d'origine.

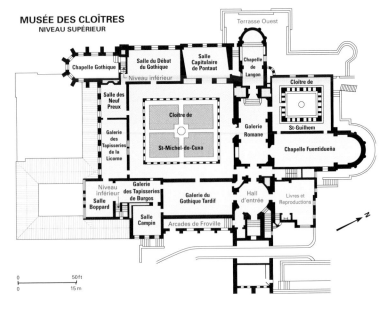

MUSÉE DES CLOÎTRES
NIVEAU SUPÉRIEUR

Salle des Neuf Preux (Nine Heroes Tapestries Room) – La porte, qui provient du cloître de St-Michel-de-Cuxa, est surmontée d'arcs en accolade de style gothique flamboyant. La salle abrite de précieuses **tapisseries** du 14e s. Le thème des Neuf Preux, très en faveur au Moyen Âge, mettait en scène trois héros hébreux (David, Josué, Judas Maccabée), trois héros païens (Hector, Alexandre, César) et trois héros chrétiens (Arthur, Charlemagne, Godefroi de Bouillon), auxquels répondaient des héroïnes féminines, les Neuf Preuses.

La série exposée ici montre cinq des Neuf Preux: David qu'on reconnaît à la harpe timbrant son écu, Josué, Alexandre, César, et le roi Arthur dont le manteau et la bannière portent les trois couronnes d'Angleterre, d'Écosse et de Bretagne. Des personnages moins importants (musiciens, courtisans, guerriers, cardinaux et évêques) escortent les héros et dressent un édifiant portrait de la société médiévale. Les armes fleurdelisées du Berry, discernables sur le fragment consacré aux héros hébreux, laissent penser que les tapisseries furent tissées à l'intention de Jean de Berry, mécène et frère du roi Charles V.

Avant de passer dans la salle suivante, admirer la porte gothique (16e s.) en lave de Volvic, provenant d'Auvergne, dont le tympan représente deux licornes.

Galerie des tapisseries de la Licorne (Unicorn Tapestries Room) – Par leur finesse d'exécution, leur réalisme dans les expressions et les attitudes, leur précision dans les détails et leur harmonie dans les coloris, les **tapisseries de la Licorne** représentent l'un des plus beaux exemples d'ouvrages à l'aiguille exécutés durant l'âge d'or de la tapisserie (fin 15e s.-début 16e s.).

L'ensemble, qui relate une Chasse à la Licorne (la licorne étant un animal fabuleux, à longue corne, dont le Moyen Âge avait fait le symbole de la pureté), se compose de sept tapisseries qui se trouvaient au château de Verteuil en Charente, propriété des La Rochefoucauld. Six d'entre elles furent achetées en 1922 par John D. Rockefeller Jr; la septième fut ajoutée à la collection en 1938. Sur la cheminée en calcaire du 15e s. (Alençon, Normandie) est apposée une dent de narval qui ressemble étrangement à une corne de licorne.

Salle Boppard (Boppard Room) – Cette salle tient son nom de la cité rhénane de Boppard en Allemagne d'où proviennent six vitraux (fin du 15e s.) qui décoraient jadis l'église des Carmélites de cette ville. On y voit aussi un beau retable en albâtre sculpté du 15e s. (Saragosse, Espagne) et un lutrin en cuivre exécuté aux Pays-Bas au 16e s.

Galerie des tapisseries de Burgos (Burgos Tapestry Hall) – De grandes tapisseries de 1495 y sont tendues. L'une évoque la Glorification du roi de France Charles VIII, à la suite de son avènement en 1483. Le jeune roi apparaît au moins cinq fois, désigné par sa couronne; on reconnaît aussi sa sœur, Anne de Beaujeu (régente jusqu'à sa majorité) et sa fiancée Marguerite d'Autriche. D'autres scènes, d'une iconographie compliquée, permettent de reconnaître Adam et Ève, Esther et Assuérus, l'empereur Auguste et les trois héros chrétiens Charlemagne, Godefroi de Bouillon et Arthur *(ci-dessus)*.

Salle Campin (Campin Room) – Cette pièce, dont le plafond provient d'un palais espagnol, a été garnie d'objets domestiques médiévaux destinés à recréer l'atmosphère de l'époque: table et bancs, lustre en bronze et cage à oiseaux en fer du 15e s. (la seule du Moyen Âge à avoir subsisté).

Au-dessus du coffre est placé le fameux **triptyque de Merode**, par Robert Campin. Le panneau principal évoque l'Annonciation avec un luxe de détails familiers pleins de charme. Les volets montrent les donateurs à gauche, et saint Joseph à droite, dans son atelier de charpentier: dans cette dernière scène, on remarque avec amusement la souricière, et on apprécie l'extrême minutie du décor en arrière-plan.

Galerie du gothique tardif (Late Gothic Hall) – Cette vaste salle, à laquelle on a voulu donner l'apparence d'un réfectoire de monastère, est éclairée par quatre fenêtres du 15ᵉ s. provenant du couvent dominicain de Sens (Bourgogne). Elle renferme un magnifique retable espagnol du 15ᵉ s. en bois peint, sculpté et doré. Admirer l'Adoration des mages (fin du 15ᵉ s., Allemagne) ainsi qu'une Vierge à genoux d'une grande pureté de lignes (fin du 15ᵉ s., Italie). Au-dessus de la porte, on remarquera une statue représentant saint Michel (16ᵉ s., Espagne).

Niveau inférieur (Ground Floor) *Plan ci-dessous*

Chapelle gothique (Gothic Chapel) – Inspiré de la chapelle St-Nazaire à Carcassonne et de l'église de Monsempron, cet édifice constitue un cadre parfait pour une intéressante collection de dalles funéraires et de gisants. Parmi les seconds, citons la très belle effigie de Jean d'Alluye (13ᵉ s.) provenant de l'abbaye de la Clarté-Dieu en Touraine, et quatre mausolées des comtes d'Urgel (13ᵉ-14ᵉ s.), d'origine catalane. Les tombes proviennent du monastère de Santa Maria de Bellpuig de las Avellanas, au Nord de Lérida (Espagne). Quant aux vitraux des fenêtres absidales (14ᵉ s.), ils sont originaires d'Autriche.

Cloître de Bonnefont (Bonnefont Cloister) – Sur deux de ses côtés, ce cloître est bordé de colonnes géminées dont les doubles chapiteaux de marbre gris-blanc des carrières de St-Béat, appartenaient au cloître (13ᵉ-14ᵉ s.) de l'ancienne abbaye cistercienne de Bonnefont-en-Comminges, dans les Pyrénées. Les deux autres côtés forment terrasses sur Fort Tryon Park et la vallée de l'Hudson. Un jardin de simples (plantes médicinales) accroît le charme de cet endroit.

Cloître de Trie (Trie Cloister) – Il évoque la sérénité et le recueillement monacal, en raison de ses dimensions réduites. Ses chapiteaux, de la fin du 15ᵉ s., sont ornés de blasons ou historiés de scènes religieuses: ceux de la galerie Sud relatent des épisodes de la vie du Christ. Au centre de la cour, la fontaine (15ᵉ-16ᵉ s.), composée de deux parties découvertes dans la région des Vosges, est surmontée d'une croix portant, d'un côté, le Christ entre la Vierge et saint Jean, de l'autre sainte Anne, la Vierge et deux saints.

Galerie des vitraux (Glass Gallery) – Cette salle doit son nom à ses vitraux (15ᵉ-16ᵉ s.) représentant, entre autres, des scènes de l'Ancien et du Nouveau Testament. Elle contient une belle collection de statues des 15ᵉ et 16ᵉ s. en bois, en albâtre, en pierre et en ivoire, et une Nativité peinte dans l'atelier de Roger Van der Weyden (15ᵉ s., Flandre).
À l'extrémité de la galerie, remarquer une curieuse clôture d'escalier en bois sculpté (16ᵉ s.) provenant d'une maison d'Abbeville, dans la Somme.

Trésor (Treasury) – Parmi les objets les plus remarquables figure une croix du 12ᵉ s., sculptée dans une défense de morse, qui provient du monastère de Bury St Edmund dans le Suffolk (Angleterre). Cette croix est couverte sur les deux faces de personnages, d'inscriptions et de scènes minuscules illustrant l'Ancien et le Nouveau Testament. Sur une face, on voit le Christ devant Pilate, la Déposition du corps, la Résurrection et l'Ascension. Sur le dos de la croix, les petits personnages aux longues barbes représentent les prophètes qui avaient annoncé la venue du Messie. Les bras de la croix se terminent par les symboles des Évangélistes finement sculptés: le lion de saint Marc, l'aigle de saint Jean et le taureau de saint Luc.

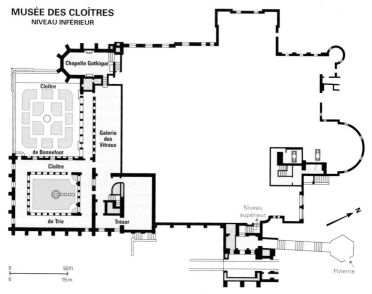

MUSÉE DES CLOÎTRES
NIVEAU INFÉRIEUR

Chapelle Gothique

Cloître de Bonnefont

Cloître de Trie

Galerie des Vitraux

Trésor

Niveau supérieur

Poterne

0   50ft
0   15 m

Dans la même salle sont exposés des émaux de Limoges du 13e s., des reliquaires, un grain de chapelet en orme dont l'intérieur évidé abrite une minuscule représentation de la Passion (15e s., Allemagne). De superbes tentures brodées de fil de soie et d'or représentent des scènes bibliques. Remarquer une tapisserie allemande de la fin du 14e s. illustrant des scènes de la vie du Christ et des passages de l'Ancien Testament.

On verra également un ensemble de 37 panneaux de stalles (début 16e s.) de style gothique tardif provenant probablement de l'abbaye de Jumièges en Normandie, et décorés de scènes de la vie du Christ et de la Vierge. Dans une vitrine, admirer les *Belles Heures* du duc Jean de Berry, chef-d'œuvre de l'enluminure du 15e s.

★★ FORT TRYON PARK *Plan p. 106*

Aménagé par Frederick Law Olmsted Jr sur les collines dominant l'Hudson, ce parc verdoyant et tranquille donne l'impression d'être situé à cent lieues de New York, et l'on s'y prend à oublier la présence de la grande cité. Relativement peu étendu (environ 25ha), il est coupé de vallonnements pittoresques tandis que des terrasses habilement aménagées offrent de nombreuses perspectives sur le fleuve. Au 19e s., il y avait encore là des pacages et des fermes qui avaient remplacé les campements indiens du temps de la colonisation. John D. Rockefeller Jr acquit le site en 1909 et en fit don à la ville en 1930.

Un belvédère a été aménagé sur le site de **Fort Tryon** qui tenait son nom du dernier gouverneur civil anglais de New York, William Tryon. Le fort couronnait une éminence à 76m au-dessus de l'Hudson, et servait d'avant-poste au Fort Washington qui fut le dernier point de résistance contre l'invasion anglaise de Manhattan pendant la guerre d'Indépendance.

C'est là que l'héroïne américaine Margaret Corbin remplaça son mari tué au combat et, dans la lutte, fut grièvement blessée. Avec la chute du Fort Washington, le 16 novembre 1776, les Anglais occupèrent New York qui resta entre leurs mains pendant sept ans. Il n'y a pas si longtemps, on y trouvait encore des boulets de canon, des boutons d'uniforme et des boucles de ceinturon.

Du belvédère se dégagent aujourd'hui des **vues**★ splendides sur l'Hudson et sur le pont George Washington d'un côté, et sur l'East River de l'autre.

Entre Fort Tryon et Margaret Corbin Plaza, le chemin suit le faîte de la colline qui dévale jusqu'aux rives de l'Hudson. À droite, un peu en contrebas, apparaît un petit jardin, le Heather Garden, avec des fleurs et des plantes rares.

Situé à l'extrémité Nord-Ouest de Manhattan, **Inwood Hill Park** est séparé de Fort Tryon Park par un étranglement au creux duquel se nichent quelques immeubles résidentiels. Le terrain, boisé et vallonné, n'a guère changé depuis le temps où il se nommait Shora-Kapkok et était peuplé d'Indiens. Pendant la guerre d'Indépendance, des soldats anglais et des mercenaires allemands à la solde des Britanniques furent cantonnés en ces lieux.

Aujourd'hui, le parc est plutôt vide en semaine, et il est déconseillé de s'y promener seul. Mais le dimanche, ses futaies servent volontiers de cadre aux pique-niques des New-Yorkais venus s'y détendre.

Non loin du parc, au Nord-Est, le long de l'Harlem River, s'étend Baker Field, terrain de jeux de l'UNIVERSITÉ DE COLUMBIA. Plus à l'Est, à l'angle de la 204e Rue Ouest et de Broadway, se trouve la **Dyckman House** *(ouv. jeu.–dim. 11h–16h;* ☎ *304-9422)*, seule ferme coloniale hollandaise (restaurée) du 18e s. à avoir subsisté dans Manhattan. Pourvue d'un mobilier d'époque, et agrémentée d'un charmant jardin de plantes, elle témoigne de la vie en Amérique au temps des colonies.

Pour visiter les villes ou parcourir les paysages grandioses de Terre-Neuve à Vancouver, et de la frontière des États-Unis au Grand Nord canadien,

utiliser le **guide vert Michelin Canada.**

Manhattan: Autres curiosités

Roosevelt Island – *Carte pp. 3-4.* ●*station Roosevelt Island (lignes B, Q). Tramway aérien (à l'angle de la 2ᵉ Av. et de la 6ᵉ Rue) t. l. j. 6h–2h (sam.–dim. 3h30). Départs toutes les 15mn (toutes les 7mn aux heures de pointe: 7h30–9h30 & 16h30–19h). Aller simple 1,40$.* &. ☎*832-4543. Accès en voiture à partir de Queens par le pont partant de la 36ᵉ Av. La circulation automobile étant limitée sur l'île, les visiteurs devront laisser leur véhicule au Motorgate Garage (juste à la sortie du pont) et prendre un minibus.* Modèle d'urbanisme des années 1970, Roosevelt Island (longueur: 4km; largeur: 244m; superficie: 59,5ha) s'avance dans l'East River, à 275m des côtes de Manhattan. On l'appelait autrefois «Welfare Island» (l'île de Bienfaisance), à cause de ses hôpitaux pour les pauvres. Elle est reliée à Manhattan par un pont et par un «tramway aérien» qui offre de belles vues sur la rivière pendant les trois minutes de traversée.

Le complexe de Roosevelt Island a été prévu pour loger des familles de toutes conditions sociales, et comprend des commerces, des écoles, deux hôpitaux, des parcs et divers centres de loisirs.

De célèbres urbanistes et architectes (Johanson & Bhavnani, et Sert, Jackson & Associates) ont conçu la première phase sur des plans de Philip Johnson et de John Burgee. La tranche baptisée Manhattan Park est l'œuvre de Gruzen Sampton Steinglass; elle comporte 1 108 logements.

Trois des curiosités de l'île ont été restaurées: la **Chapel of the Good Shepherd**, bâtie en 1889; la **Blackwell Farm House [1]**, l'une des plus anciennes fermes de New York, datant de la guerre d'Indépendance; et le **phare** (Lighthouse), construit en 1872 par James Renwick. Vestige du New York City Lunatic Asylum, premier hôpital psychiatrique de la ville, l'Octagon Tower est en cours de rénovation. Une promenade au bord de l'eau, de part et d'autre de l'île, offre de beaux points de vue sur Manhattan et la rivière.

★ Chelsea – *Durée: 3h. Carte p. 4.* ●*station 23rd St (lignes 1, 9).* Ainsi nommé d'après le célèbre faubourg londonien, Chelsea se situe entre deux rues animées, la 34ᵉ et la 14ᵉ, à deux pas du quartier de la confection (Garment District) qui longe la 7ᵉ Avenue. Ses rues ombragées bordées de belles maisons de ville et son allure un peu bohème en font un lieu à la fois pittoresque et varié.

En divisant en lots le domaine que son grand-père, le capitaine Thomas Clarke, avait fondé en 1750 dans cette partie de la ville, l'écrivain Clement Clarke Moore amorça la mise en valeur du quartier. Une importante communauté artistique, attirée au tournant du siècle par l'essor de l'industrie cinématographique, prospère aujourd'hui dans la partie Ouest de Chelsea où de nombreux entrepôts du 19ᵉ s. ont été transformés en galeries, théâtres et autres lieux de spectacle, parmi lesquels le Kitchen *(512, 19ᵉ Rue O.)* et le Joyce Theater *(175, 8ᵉ Av.).*

Visite – Chelsea comprend une zone historique qui s'étend de la 19ᵉ à la 23ᵉ Rue. Au cœur même de l'ancien quartier des théâtres de New York *(sur la 23ᵉ Rue, entre la 7ᵉ et la 8ᵉ Av.),* se dresse l'**Hotel Chelsea [2]** (1884, Hubert & Pirsson), édifice d'aspect éclectique orné de balcons en fer forgé. Beaucoup d'écrivains et d'artistes fréquentèrent ce légendaire établissement hôtelier: Dylan Thomas, Mark Twain, Jackson Pollock et Andy Warhol, dont le film *Chelsea Girls* fut tourné sur les lieux. Le hall, quelque peu vieilli, expose les œuvres de clients d'hier et d'aujourd'hui. *Prendre la 8ᵉ Av. en direction du Sud, et tourner à droite dans la 22ᵉ Rue O.*

D'élégants *brownstones* (19ᵉ s.) de style «italianisant», avec leurs perrons et leurs étages en sous-sol si caractéristiques, bordent cette rue calme. À l'angle de la 9ᵉ Avenue, remarquer vers le Sud un groupe de maisons en bois *(crémerie L & S et bâtiments adjacents, aux nᵒˢ 183-187 1/2)* représentatives de l'architecture d'antan. *Prendre la 10ᵉ Av. en direction du Sud.*

À l'angle de la 21ᵉ Rue et de la 10ᵉ Avenue trône une église de style néo-roman bâtie en 1930, la Guardian Angel Church, dont le portail délicatement ouvragé mérite d'être mentionné. *Continuer sur la 10ᵉ Av. en direction du Sud, et prendre à gauche la 20ᵉ Rue O.*

Symboles d'une élégance révolue, les charmantes maisons de style néo-grec qui bordent **Cushman Row [3]** *(406-418, 20ᵉ Rue O.)* furent construites en 1840 pour Don Alonzo Cushman, riche marchand drapier. On remarquera leurs balustrades en fer forgé finement travaillées.

Le séminaire de New York, ou **General Theological Seminary [4]**, s'étend sur tout un bloc. L'immeuble moderne (1960) donnant sur la 9ᵉ Avenue *(entrée au nᵒ 175)* est assez quelconque, mais le reste du complexe, avec ses bâtiments de grès et de brique groupés autour d'une cour centrale gazonnée, évoque l'ambiance d'un campus anglais. Noter tout particulièrement le West Building, plus vieil édifice de style néo-gothique de New York (1836).

Dominée par une tour imposante, **St Peter's Episcopal Church** *(346, 20ᵉ Rue O.)* présente un mélange éclectique de styles architecturaux (néo-gothique, néo-grec et autres) du début du 19ᵉ s. Tout à côté, au nᵒ 336, l'Atlantic Theater – théâtre «Off-Broadway» spécialisé dans les pièces d'avant-garde américaines – occupe l'ancien presbytère en brique, bâti en 1852.

★ Tribeca – *Durée: 2h. Carte p. 5.* ●*station Franklin St (lignes 1, 9).* Ancienne zone industrielle délimitée au Sud par le FINANCIAL DISTRICT, au Nord par GREENWICH VILLAGE et à l'Est par SOHO, Tribeca (contraction de «the TRIangle BElow CAnal Street») doit son nom à un promoteur immobilier qui, dans les années 1980, s'efforça d'en faire un secteur à la mode, à l'instar de SoHo. Le cœur de ce quartier en pleine évolution se situe au Nord de Chambers Street. Ses rues sans prétention et ses nombreux recoins contiennent toutes sortes de constructions en fonte du 19ᵉ s., des galeries, des magasins et des cafés.

Durant la seconde moitié du 19e s., le déclin des activités portuaires du SOUTH STREET SEAPORT (sur l'East River) au profit des môles en eau profonde sur l'Hudson entraîna le développement de la partie Ouest de Lower Manhattan. Le cœur de Tribeca, alors appelé Lower West Side, devint un centre du commerce en gros de la viande et des fruits et légumes connu sous le nom de Washington Market, et divers entrepôts destinés au stockage des marchandises furent construits. Élégante structure revêtue de brique et de granit, le **New York Mercantile Exchange [5]** (1884) abritait à cette époque les bureaux des courtiers en alimentation du marché voisin. De nos jours, le commerce des fruits et légumes se concentre dans la partie du Bronx appelée Hunts Point, et le quartier du Washington Market désigne désormais la section de Greenwich Street située au Nord de Chambers Street, dont les petites boutiques de vente au détail offrent toutes sortes de produits et de denrées alimentaires.

Environ 9 000 personnes vivent aujourd'hui dans cet ancien secteur à vocation industrielle où beaucoup d'artistes ont élu domicile et ont aménagé des lofts dans d'anciens bâtiments industriels désaffectés.

Visite – *Partir de l'angle de White et Broadway Sts, et se diriger vers l'Ouest.* Entre Broadway et Church Streets, White Street comprend la Center Synagogue (*n° 49*), reconnaissable à sa curieuse façade arrondie, et la **Let There Be Neon Gallery** (*n° 38*), qui expose les œuvres de son fondateur Rudi Stern et de celles d'autres artistes du néon.

À partir de l'Avenue of the Americas, White Street offre quelques exemples caractéristiques de l'architecture en fonte du 19e s., dont les **n°s 8-10** et le **n° 17**, coiffé d'un toit à la Mansart. Leurs façades illustrent avec éloquence le mélange éclectique de styles propre au quartier. *Prendre W Broadway en direction du Sud. Tourner à droite dans Franklin St, à gauche dans Hudson St, puis à droite dans Harrison St, et continuer jusqu'à l'angle de Greenwich St.*

Unique vestige des habitations de marchands typiques du quartier au siècle dernier, quatre maisons mitoyennes de style fédéral bâties en 1828 forment **Harrison Street Row** (*n°s 37-41*). *Continuer sur Greenwich St en direction du Sud jusqu'au Washington Market Park.*

Avec sa jolie clôture en fer forgé et son kiosque dentelé, le **Washington Market Park** *(à l'angle de Duane et Greenwich Sts)* constitue une agréable oasis de verdure.

Grace Church – *Plan p. 85 et carte p. 4. 802 Broadway, à la hauteur de la 10e Rue E. Ouv. lun.–ven. 10h–17h45, sam. 12h–16h, dim. pour les offices religieux seulement. Visites guidées possibles.* ৬. Fondée à l'origine par la paroisse de TRINITY CHURCH, cette église épiscopale fut construite en 1846 par James Renwick qui conçut par la suite les plans de ST PATRICK'S CATHEDRAL.

Remarquable par l'acuité du profil de sa flèche, Grace Church est un bel exemple du style néo-gothique. En 1863, P.T. Barnum réussit à convaincre le recteur d'y célébrer le mariage de deux nains de son cirque: Charles S. Stratton, plus connu sous le nom de Tom Pouce, et Lavinia Warren. À gauche de l'église, le presbytère (également dû à Renwick) est l'une des premières résidences de style néo-gothique de New York.

Little Church Around the Corner (**Church of the Transfiguration**) – *Carte p. 4. 1, 29e Rue E. Ouv. t. l. j. 8h-18h.* ৬. La charmante «petite église au coin de la rue», précédée par un paisible jardin, paraît encore plus petite, comparée aux gratte-ciel voisins et surtout à l'EMPIRE STATE BUILDING.

Bâtie en grès rouge vers le milieu du 19e s. dans le style gothique anglo-saxon dit campagnard (Cottage Gothic), cette église épiscopale acquit son surnom en 1870. C'est cette année-là que le pasteur d'une église voisine refusa de célébrer le service funèbre d'un acteur, les comédiens étant alors mis à l'index par certains membres du clergé. Les amis du défunt décidèrent de tenter leur chance à la «petite église au coin de la rue» dont le pasteur passait pour être accommodant. Il le fut en effet (un monument a immortalisé son action charitable), et depuis ce temps, les gens du spectacle, reconnaissants, accordent leur préférence à la paroisse qui est devenue l'une des plus fréquentées pour les mariages.

L'intérieur contient de remarquables vitraux commémorant certains grands acteurs new-yorkais. On remarquera celui, dessiné en 1898 par John LaFarge, qui représente Edwin Booth dans le rôle de Hamlet, et celui du vestibule *(conduisant au transept Sud)*, enrichi de diamants bruts, dédié à la mémoire de l'acteur espagnol José Maria Muñoz. Au-dessus du maître-autel, retable de la Transfiguration, dessiné par Frederick Clark Withers.

Church of St Mary the Virgin – *Plan p. 32 et carte p. 3. 139, 46e Rue O. Ouv. lun.–sam. 11h–19h, dim. 8h–18h. Visite guidée (30mn) dim.* Cette église épiscopale (1868) à la façade néo-gothique contient un intérieur qui fut richement décoré durant la première moitié du siècle. Remarquer, sur le bas-côté gauche, une Vierge à l'enfant, bas-relief du 19e s. en porcelaine provenant de l'atelier florentin des Della Robbia. Les peintures murales de la chapelle de la Vierge (Lady Chapel) évoquent l'Annonciation et l'Épiphanie. Dans le baptistère, admirer la chaire et l'extraordinaire couvercle conique en bois sculpté de 73 figurines, coiffant les fonds baptismaux. Dans la chapelle Notre-Dame de la Miséricorde (Chapel of Our Lady of Mercy), s'arrêter devant le riche autel en marbre noir et la plaque du 15e s. représentant la mort de saint Antoine. L'abside contient, au-dessus du maître-autel, des vitraux réalisés par l'Anglais Kempe (début 20e s.).

★ **Jacob K. Javits Convention Center** – *Carte p. 3. 655, 34e Rue O.* Le palais des congrès de New York tient son nom d'un ancien sénateur de l'état de New York, Jacob K. Javits (1904-1986). Il s'agit d'un édifice relativement peu élevé s'étendant le long de l'Hudson, de la 34ᵉ à la 39ᵉ Rue Ouest. Conçu par I.M. Pei & Partners en 1986, le centre dispose d'une surface totale de 167 400m² et renferme deux grands halls d'exposition, plus d'une centaine de salles de réunions, des restaurants et des aires de service. Il peut accueillir chaque jour 85 000 personnes. Particulièrement remarquable sur le plan architectural, le hall d'exposition principal est constitué par une énorme armature d'acier. Ses quelque 76 000 tubes et ses 19 000 bagues lui donnent l'aspect d'un gigantesque jeu de construction. L'ossature métallique, extrêmement souple, est maintenue par des colonnes de 27m de haut; elle fait office de poutrelles, de murs et de toit.

★★ **Pont George Washington** (George Washington Bridge) – *4$ aller-retour/voiture (péage côté New Jersey)*. Ce pont à péage, reliant la 179ᵉ Rue (Manhattan) à Fort Lee (New Jersey), fut longtemps le plus long du monde, et demeure l'unique pont suspendu à 14 voies. À titre indicatif, près de 100 millions de véhicules l'ont emprunté en 1992! Conçu par **O.H. Amman**, ingénieur à l'origine du PONT VERRAZANO-NARROWS, et par l'architecte Cass Gilbert, il fut ouvert à la circulation le 25 octobre 1931 et coûta environ 59 millions de dollars. En 1959, l'accroissement constant du trafic nécessita l'ajout d'un second tablier formant un étage inférieur, qui allait être inauguré en 1962. Dans le même temps, des voies d'accès furent aménagées par le truchement d'échangeurs. Extraordinaire prouesse technique, le pont George Washington enjambe l'Hudson de son unique travée (longueur: 1 066m). Le sommet des pylônes porteurs s'élève à 184m, et les câbles de soutien mesurent environ 91cm de diamètre. Huit files de voitures peuvent circuler sur le tablier supérieur à 76m au-dessus du niveau du fleuve. Le tablier inférieur peut recevoir six files de voitures.

On aura la meilleure vue du pont en effectuant la promenade en bateau *(p. 12)* autour de Manhattan, ou en parcourant l'Henry Hudson Parkway qui longe le fleuve. Au Nord, remarquer le petit phare rouge (Little Red Lighthouse) sur Jeffrey's Hook, minuscule langue de terre sur l'Hudson située à la hauteur de la 178ᵉ Rue, au pied d'une des piles du pont.

Union Square – *Plan p. 85. De la 14ᵉ à la 17ᵉ Rue E., entre Park Ave S et University Place*. Jadis le théâtre d'importants rassemblements politiques, Union Square n'est plus guère qu'un carrefour animé au point de jonction de Broadway, Park Avenue South, et des 14ᵉ et 17ᵉ Rues.

En 1836, Union Square, dont le centre était occupé par un jardin clos de grilles que l'on fermait au crépuscule, marquait la limite Nord de la ville. Vingt ans plus tard, c'était un endroit aristocratique qui rivalisait de distinction avec ASTOR PLACE. Mais au fur et à mesure que la ville se développait vers le Nord, les résidences cossues de la haute société cédèrent la place à des salles de spectacles, à l'Academy of Music (devenue le Palladium, *p. 85*) et à des établissements commerciaux comme la joaillerie Tiffany, la librairie Brentano's ou le restaurant Delmonico. Au début du 20ᵉ s., Union Square connut de grands rassemblements populaires, tel celui qui marqua, le 22 août 1927, l'exécution des anarchistes Sacco et Vanzetti à Boston. Dans la bagarre, plusieurs participants furent blessés.

Union Square est aujourd'hui très célèbre pour son marché qui a lieu les mercredis et les samedis *(8h–18h)*. Les New-Yorkais y affluent pour faire leurs provisions de fruits et de légumes frais, de fleurs, de pain, de miel et d'œufs. Le jardin du square contient trois statues intéressantes: les deux premières, réalisées par Henry Kirke Brown, représentent George Washington *(au Sud)* et Abraham Lincoln *(au Nord)*; la troisième, dédiée à La Fayette *(à l'Est)*, est l'œuvre de Bartholdi, mieux connu comme sculpteur de la STATUE DE LA LIBERTÉ. À l'Est s'élève le **Consolidated Edison Building** *(4 Irving Place, à la hauteur de la 14ᵉ Rue)*, siège de l'entreprise privée qui alimente en vapeur, en électricité et en gaz, la majeure partie de New York.

Madison Square – *Carte p. 4. De la 23ᵉ à la 26ᵉ Rue E., entre Madison Ave et la 5ᵉ Av*. Créé en 1847 à l'emplacement d'un terrain marécageux, Madison Square servait à l'origine de place d'armes. À l'exemple de Union Square, l'endroit devint, dans la seconde moitié du 19ᵉ s., un quartier résidentiel entouré d'hôtels à la mode, de grands restaurants et de magasins de luxe.

En 1884, afin de collecter de l'argent au profit du piédestal de la statue de la Liberté, le bras brandissant le flambeau de la statue fut installé au centre du square et suscita la curiosité de milliers de visiteurs.

Madison Square fut longtemps associé à différents événements sportifs. Dès ses débuts y furent disputées les premières parties d'un jeu nouveau, le base-ball *(p. 157)*. De 1853 à 1856 s'installa en ce lieu l'Hippodrome, qui pouvait accueillir plus de 10 000 spectateurs. Madison Square a également donné son nom à l'illustre Madison Square Garden. C'était, à la fin du 19ᵉ s., un stade de 8 000 places qui avait été construit à l'angle Nord-Ouest du square par l'architecte Stanford White. En 1906, celui-ci y fut assassiné par le mari jaloux de l'actrice Evelyn Nesbitt, qui avait servi de modèle à la statue surmontant le bâtiment. Cette histoire est illustrée dans le film *Ragtime* (1981, Milos Forman). Détruit en 1925 pour faire place à l'immeuble d'une compagnie d'assurances *(ci-dessous)*, le «Garden», comme on l'appelait alors, fut reconstruit sur la 49ᵉ Rue Ouest, entre les 8ᵉ et 9ᵉ Avenues; en 1968, il fut remplacé par l'actuel Madison Square Garden qui s'étend sur deux blocs entre les 31ᵉ et 33ᵉ Rues et les 7ᵉ et 8ᵉ Avenues, à l'ancien emplacement de Pennsylvania Station, impressionnante gare construite par McKim, Mead & White. Aujourd'hui, Madison Square forme un agréable îlot de verdure dans Manhattan. L'endroit a quelque peu perdu de son éclat d'antan, mais plusieurs édifices qui l'entourent méritent d'être mentionnés. Là où se trouvait jadis le fameux «Garden» *(à l'angle Nord-Est du square, entre les 26ᵉ et 27ᵉ Rues E.)* s'élève désormais le New York Life Insurance Building, immeuble de style néo-gothique pourvu d'impressionnantes gargouilles, qui fut conçu en 1928 par Cass Gilbert.

À l'angle de la 25ᵉ Rue Est, un élégant bâtiment en marbre blanc (1899), à la façade agrémentée de colonnes corinthiennes, abrite la division d'appel de la Cour suprême de l'état de New York. L'édifice est couronné de figures allégoriques et de statues de grands législateurs du passé, dont Moïse, Justinien et Confucius; celle de droite, qui représentait Mahomet, fut retirée à la demande des musulmans de New York, le Coran interdisant toute représentation humaine du Prophète. Pénétrer à l'intérieur du bâtiment pour admirer le vestibule, dont les colonnes de marbre jaune supportent un plafond doré.

Plus au Sud, entre les 23ᵉ et 24ᵉ Rues Est, la **Metropolitan Life Insurance Company Tower** (1909, Stanford White), dont le sommet atteint 213m, évoque le campanile de St-Marc à Venise. Les aiguilles des minutes de son énorme horloge à quatre faces pèsent chacune environ 453kg et celles des heures 317kg.

À l'extrémité Sud du square, un curieux bâtiment de style néo-Renaissance forme proue. Il s'agit du **Flatiron Building★**, l'un des premiers gratte-ciel new-yorkais dont la forme triangulaire inhabituelle, qui rappelle celle d'un fer à repasser, lui a valu son nom. Ce bâtiment de 22 étages (1902, Daniel H. Burnham), en brique et en pierre calcaire, fut construit pour la Fuller Construction Company, société de travaux publics qui était également propriétaire du ꜰᴜʟʟᴇʀ ʙᴜɪʟᴅɪɴɢ, sur la 57ᵉ Rue Est.

Quelques sculptures de Manhattan

Downtown

Stabile (1971)	Alexander Calder	Devant le US Custom House (p. 60)
Bronze Sculpture (1971)	Fritz Koenig	Esplanade centrale du World Trade Center (p. 60)
The Red Cube (1967)	Isamu Noguchi	Esplanade de la Marine Midland Bank (p. 61)
Groupe de quatre arbres (1972)	Jean Dubuffet	Esplanade de la Chase Manhattan Bank (p. 63)
Œuvre innomée (1973)	Yu Yu Yang	Esplanade du Wall Street Plaza Bldg (p. 65)
Korean War Memorial (1991)	Mac Adams	Battery Park
American Merchant Mariner Memorial (1991)	Marisol	Battery Park
Shadows and Flags (1977)	Louise Nevelson	Louise Nevelson Plaza, à l'intersection de Maiden Lane, William et Liberty Sts (p. 64)
The Family (1979)	Chaim Gross	Angle Nord-Ouest de Bleeker St et de la 11ᵉ Rue O.
Gay Liberation (1980)	George Segal	Christopher Park, à l'intersection de Christopher St et de la 4ᵉ Rue O. (p. 81)
Alamo (1967)	Bernard (Tony) Rosenthal	Intersection d'Astor Place, de Lafayette St et de la 8ᵉ Rue O. (p. 85)

Midtown

Eye of Fashion (1976)	Robert M. Cronbach	Esplanade du Fashion Institute of Technology, à l'angle de la 27ᵉ Rue O. et de la 7ᵉ Av.
Œuvre innomée (1973)	Forrest Myers	599 Broadway (mur Nord)
The Lover's Bench (1982)	Lea Virot	Angle de la 33ᵉ Rue O. et de la 7ᵉ Av. (en face de Pennsylvania Station)
The Garment Worker (1984)	Judith Weller	Esplanade du 555, 7ᵉ Av. (à la hauteur de la 39ᵉ Rue O.)
Contrappunto (1963)	Beverly Pepper	777, 3ᵉ Av. (entre les 48ᵉ et 49ᵉ Rues)
Prometheus (1934)	Paul Manship	Esplanade en contrebas du Rockefeller Center (p. 39)
Atlas (1937)	Lee Lawrie	Devant l'International Bldg, Rockefeller Center (p. 38)
News (1940)	Isamu Noguchi	Associated Press Bldg, Rockefeller Center
Lapstrake (1987)	Jésus Bautista Moroles	Esplanade du 31, 52ᵉ Rue O. (p. 40)
Peace Form One (1980)	Daniel Larue Johnson	Ralph J. Bunch Park, Siège des Nations Unies
Single Form (1964)	Barbara Hepworth	Devant le bâtiment du Secrétariat, Siège des Nations Unies (p. 51)
No. 9 sign (1974)	Ivan Chermayeff	9, 57ᵉ Rue O. (p. 42)

Uptown

Reclining Figure (1965)	Henry Moore	Bassin de l'esplanade du Lincoln Center
Le guichet (1963)	Alexander Calder	Devant la Library for the Performing Arts, Lincoln Center
Romeo and Juliet (1977)	Milton Hebald	Central Park, près de l'entrée du Delacorte Theater (à la hauteur de la 81ᵉ Rue O.)
Night Presence IV (1972)	Louise Nevelson	Terre-plein à l'angle de Park Avenue et de la 92ᵉ Rue
Three-Way Piece: Points (1967)	Henry Moore	Esplanade dominant Amsterdam Ave, campus de l'université de Columbia (p. 102)
Bellerophon Taming Pegasus (1967)	Jacques Lipchitz	Entrée de la faculté de droit, campus de l'université de Columbia (p. 102)

Musées de Manhattan

(ordre alphabétique)

New York Convention & Visitors Bureau

Metropolitan Museum of Art

ABIGAIL ADAMS SMITH MUSEUM

Durée: 1h. 421, 61e Rue E. ● station 59th St (lignes 4, 5, 6, R, N). Carte p. 3. Visite guidée seulement (1h), juin–juil. lun.–ven. 12h–16h; sept.–mai lun.–ven. 12h–16h, dim. 13h–17h. 3$. ☎838-6878.

Construite en 1799, cette résidence en pierre de style fédéral – l'une des seules de cette époque à avoir subsisté à New York – se trouve aujourd'hui dans un quartier commerçant de Manhattan. Elle fut bâtie sur un vaste domaine de 10ha qui appartenait au colonel William Smith et à son épouse Abigail Adams Smith, fille du Président John Adams. Le couple endetté avait dû céder la propriété à un négociant nommé William T. Robinson. Ce dernier fit construire un manoir et des dépendances, dont ce bâtiment qui servait à l'origine de remise et d'écurie. Alors que le manoir brûla en 1826, la remise fut épargnée des flammes et transformée, la même année, en une auberge connue sous le nom de Mount Vernon Hotel. L'édifice fut racheté et restauré en 1924 par les Colonial Dames of America (Dames Coloniales d'Amérique) qui lui rendirent son apparence du 19e s. Neuf pièces décorées de meubles et d'objets des 18e et 19e s., ainsi qu'un très beau jardin, sont ouverts au public.

ALTERNATIVE MUSEUM

Durée: 1h. 594 Broadway. ● stations Spring St (ligne 6) ou Prince St (lignes N, R). Plan p. 82. Ouv. mar.–sam. 11h–18h. Fermé j. f. & 2 semaines en août. 3$. ♿ ☎966-4444.

Installé depuis 1975 dans un loft du quartier de SOHO, ce musée a pour mission de «tester les définitions et les limites de l'art dans la société contemporaine», et traite d'une variété de sujets allant de l'exclusion culturelle aux stéréotypes raciaux et sexuels. Ses trois galeries accueillent chaque année plusieurs expositions consacrées aux arts visuels, et sont également le cadre de concerts de jazz et de musique du «nouvel âge», de débats, de spectacles de danse et de programmes audiovisuels. Le musée présente les œuvres d'artistes encore peu connus, et celles d'artistes consacrés, parmi lesquels Adrian Piper, Ida Applebroog, Andres Serrano et Lorna Simpson.

★ AMERICAN CRAFT MUSEUM

Durée: 1h. 40, 53e Rue O. ● station 53rd St (lignes E, F). Plan p. 33. Ouv. mar.–dim. 10h–17h (mar. 20h). 5$. ♿ ☎956-3535.

Créé en 1956 par l'American Craft Council, ce remarquable musée illustre par ses expositions permanentes et temporaires, la variété et l'esprit de l'artisanat contemporain, et associe les tendances d'avant-garde aux techniques plus traditionnelles. Le musée se situe dans une tour de granit rose tacheté (1986; Roche, Dinkeloo & Associates), flanquée de colonnes stylisées et de larges fenêtres en verre fumé. Il est mis en valeur, du point de vue architectural, par un atrium à quatre étages et un élégant escalier en spirale dont la forme rappelle la célèbre rampe hélicoïdale du Guggenheim Museum *(p. 123)*. L'escalier conduit à plusieurs galeries présentant les dernières acquisitions ainsi que des expositions dont les thèmes couvrent l'art artisanal américain et étranger (tissus, céramiques, techniques mixtes, objets en bois, en métal, en verre ou en matières synthétiques).

★★★ AMERICAN MUSEUM OF NATURAL HISTORY

Durée: 1 journée. Central Park W, entre les 77ᵉ et 81ᵉ Rues. ●*stations 81st St (lignes B, C) ou 79th St (lignes 1, 9). Plan p. 91.*

Ce Muséum d'histoire naturelle, le plus grand de son genre au monde, joue en partie le rôle de musée de l'Homme, et compte parmi les institutions new-yorkaises les plus vénérées. Ses remarquables collections (minéralogie, paléontologie, ethnographie, etc.), qui concernent les multiples aspects du monde naturel mais aussi humain, feront de la visite une promenade enrichissante.

Le bâtiment – Fondé en 1869 par Albert S. Bickmore, le muséum occupa tout d'abord l'arsenal de CENTRAL PARK. D'aspect colossal, la structure actuelle (Calvert Vaux), qui comprend aujourd'hui 23 bâtiments reliés les uns aux autres, fut commencée en 1874, la première pierre ayant été posée par le général Uysses S. Grant, alors Président des États-Unis. L'énorme édifice devait être inauguré trois ans plus tard par le successeur de Grant, le Président Rutherford B. Hayes.
Terminé dans les années 1930, le muséum présente un curieux mélange de styles en raison des campagnes de construction menées sous la direction d'architectes différents. Du côté de Central Park, où se trouve l'entrée principale *(2ᵉ niveau)*, trône une majestueuse façade longue de 213m, dont la colonne ionique porte les statues des explorateurs et naturalistes Boone, Audubon *(p. 152)*, Lewis et Clark. Deux autres faces cherchent à suggérer un château médiéval tandis que la dernière, sur le côté du planétarium, est de style moderne. Située sur la 77ᵉ Rue Ouest, une seconde entrée permet d'accéder au premier niveau et au Naturemax Theater. Les importants projets de restauration en cours, menés par le célèbre cabinet d'architectes Roche, Dinkeloo & Associates, visent à rendre au bâtiment son apparence et sa splendeur d'autrefois, et à en révéler certaines caractéristiques d'origine (fenêtres, arches et colonnes de fonte).

Les collections – Elles comprennent plus de 30 millions d'objets et de spécimens dont une petite partie seulement est exposée au public, dans 40 salles réparties sur quatre étages. D'un grand intérêt, les **dioramas** présentent de façon très vivante les animaux naturalisés: le sol et la végétation sont fidèlement reproduits, tandis que les fonds de paysages ont été peints d'après des esquisses réalisées sur le terrain, les éclairages contribuant à donner l'illusion de la réalité. Le muséum possède également une bibliothèque spécialisée (environ 450 000 volumes) logée dans un bâtiment de huit étages sur la 77ᵉ Rue Ouest.

VISITE

Ouv. dim.–jeu. 10h–17h45, ven.–sam 10h–20h45. Fermé Thanksgiving & 25 déc. 6$. Visites guidées (1h 15mn) toutes les heures jusqu'à 15h15. ✕ &. *Programme et horaires* ☎ *769-5100.*

Il est impossible de visiter un musée aussi gigantesque que celui-ci en une journée. Les descriptions suivantes ne visent qu'à faire ressortir, pour chaque étage, les points saillants des collections. Pour établir un programme de visite en fonction de ses goûts, se procurer un plan détaillé du muséum à l'accueil.

Commencer la visite par le Theodore Roosevelt Memorial Hall, au 2ᵉ niveau.

Deuxième niveau (Second Floor) – La rotonde centrale est dominée par l'immense squelette (16,8m de haut, soit l'équivalent de cinq étages) d'un **barosaure**, dinosaure herbivore de la période jurassique. Ce spécimen, le plus grand du monde à être exposé, est en fait une réplique en résine et mousse synthétique des ossements fossilisés, trop fragiles pour être assemblés.
À l'Ouest du hall d'entrée qui donne sur Central Park, s'ouvre une salle spectaculaire consacrée aux **mammifères d'Afrique★**. On y voit un impressionnant troupeau d'éléphants en état d'alerte et, sur les côtés, de remarquables dioramas représen-

Squelette de barosaure (Theodore Roosevelt Memorial Hall)

tant des zèbres, des antilopes, des gorilles, des lions et des gazelles dans leur cadre naturel. Dans les galeries de cette salle, à hauteur du troisième niveau, d'autres dioramas présentent différentes espèces de singes, des rhinocéros, des léopards et des hyènes. Une autre attraction est la **salle des oiseaux des mers du Sud** (Hall of Oceanic Birds), au Nord de l'entrée donnant sur Central Park West. Elle abrite des espèces naturalisées de Nouvelle-Guinée, de Nouvelle-Zélande et d'autres provenances. Sous la voûte, un essaim d'albatros se détache sur un fond de ciel bleu.

Consacrée au continent africain, la **salle des peuples d'Afrique** (Hall of African Peoples) en étudie les hommes et les cultures. Dans la **salle du Mexique et de l'Amérique centrale** (Hall of Mexico and Central America), on peut admirer une remarquable collection d'art précolombien, tout particulièrement en ce qui concerne les civilisations aztèque et maya (ornements en or datant d'il y a 2 500 ans et sculptures en argile de Veracruz). La **salle des peuples d'Amérique du Sud** (Hall of South American Peoples) expose de nombreux trésors des Andes et d'Amazonie, illustrant les croyances religieuses et l'organisation sociale des cultures d'hier et d'aujourd'hui. Remarquer un «manto» Paracas (pièce de coton triangulaire décorée de motifs polychromes, Pérou) remontant à 2 300 ans.

La **salle des peuples d'Asie★** (Hall of Asian Peoples) présente une exposition sur le continent asiatique de la préhistoire au 19e s. La vie quotidienne dans différents pays (de l'Arabie au Japon en passant par la Sibérie et l'Inde), les cérémonies et les rites sont illustrés par des dioramas et des scènes grandeur nature. Avec une collection de plus de 60 000 objets, il s'agit de la plus importante exposition de ce type dans l'hémisphère occidental.

Premier niveau (First Floor) – Cet étage est largement consacré à l'Amérique du Nord et aux tribus amérindiennes de la côte Nord-Ouest. On verra, dans le hall d'entrée donnant sur la 77e Rue, un canoë haida provenant des îles de la Reine-Charlotte, au large de la Colombie-Britannique (Canada); taillée dans une seule pièce de cèdre, l'embarcation peut contenir plus de 30 passagers. La **salle des peuples du Nord-Ouest★** (Pacific Northwest Hall) contient de superbes mâts totémiques, des outils et des objets d'artisanat amérindien et inuit.

À gauche de l'entrée, la **salle des mollusques** (Hall of Mollusks and Our World) illustre l'importance des coquillages et leur utilisation dans différentes sociétés autour du globe. Ouverte en 1993, la **salle de la biologie et de l'évolution** (Hall of Human Biology and Evolution) expose les origines de l'homme et ses caractères essentiels; elle est divisée en trois parties centrées sur l'anatomie, l'évolution humaine et les origines de la créativité.

La **salle des météorites, des minéraux et des gemmes★★** constitue un richissime ensemble de plus de 6 000 rubis, émeraudes, diamants et autres, dont le Star of India, plus gros saphir du monde (563 carats), ainsi qu'une merveilleuse topaze du Brésil. On y verra aussi l'Ahnighito, météorite dépassant les 30 tonnes.

La salle des mammifères d'Amérique du Nord et celle des forêts nord-américaines sont également fort intéressantes. Consacré à l'océanographie et à la biologie des poissons, le Hall of Ocean Life and Biology of Fishes présente (sur deux étages) l'immense maquette d'une baleine bleue longue de 29m, suspendue en position de plongée, de même qu'un superbe diorama sur le récif corallien des Bahamas.

Destinée aux enfants, la **salle des découvertes** (Discovery Room) propose des activités d'éveil conçues pour donner à chacun le goût des sciences naturelles. Des projections de films ont lieu dans le Naturemax Theater, auditorium de 996 places équipé d'un gigantesque écran (hauteur: équivalent de quatre étages; largeur: une vingtaine de mètres).

Troisième niveau (Third Floor) – La **salle des reptiles et des batraciens** (Hall of Reptiles and Amphibians) abrite le plus grand lézard du monde actuel, le varan de Komodo (3m), tandis que la **salle des primates** (Hall of Primates) rassemble les lointains cousins de l'homme. À l'Ouest de cette galerie, des expositions sur les Amérindiens des forêts de l'Est et des Plaines présentent des huttes reconstituées, des armes, des outils et divers objets de la vie quotidienne. La salle des oiseaux d'Amérique du Nord (Hall of North American Birds) regroupe de nombreuses espèces tel le dindon sauvage, dont Benjamin Franklin voulait d'ailleurs faire l'oiseau national des États-Unis.

Inspirée par les travaux et les idées de la célèbre ethnologue Margaret Mead (1901-1978), la **salle des peuples du Pacifique★** (Hall of the Pacific Peoples) contient des objets appartenant à six régions culturelles du Pacifique: l'Australie, l'Indonésie, les Philippines, la Mélanésie, la Micronésie et la Polynésie. Une grande vitrine, au centre de la salle, contient des masques sacrés, des personnages sculptés et des boucliers vivement décorés, représentatifs de l'art riche et varié des peuples du bassin du fleuve Sepik, en Nouvelle-Guinée.

Quatrième niveau (Fourth Floor) – *Fin des travaux de rénovation prévue pour 1996.* Célèbre dans le monde entier, la merveilleuse **collection de fossiles★★** du Muséum d'histoire naturelle introduit le visiteur à la paléontologie des invertébrés. De nombreuses expositions interactives, voire même «touche-à-tout», rendent la visite passionnante. Deux salles *(inaugurées en 1994)*, Advanced Fossil Mammals et Primitive Fossil Mammals, retracent l'évolution des mammifères au cours des âges. La première contient un alignement de spécimens de la période glaciaire, dont les restes momifiés, vieux de 25 000 ans, d'un bébé mammouth (découvert en Alaska). La seconde donne l'occasion d'admirer l'impressionnant squelette d'un dimetrodon, redoutable créature du permien caractérisée par une crête dorsale épineuse. Le reste de l'étage *(aménagement en cours)* sera consacré aux vertébrés inférieurs (fossiles de poissons et d'amphibiens) et surtout, à une exposition fort prometteuse sur les dinosaures.

AMERICAN MUSEUM OF NATURAL HISTORY

★★ Hayden Planetarium

Ouv. lun.–ven. 12h30–16h45, sam. 10h–17h45, dim. 12h–17h45. Fermé Thanks-giving & 25 déc. 5$ (spectacle compris). ✕ ♿. *Programme et horaires* ☎769-5100.

Conçu en 1935, le Hayden Planetarium forme le département d'astronomie du Muséum d'histoire naturelle. Sous sa gigantesque coupole, il présente une fasci-nante initiation à la lecture du ciel et des astres.

Guggenheim Space Theater – *1er niveau (1st floor).* Ce théâtre de l'espace pré-sente, sur un écran circulaire, un spectacle audio-visuel sur les thèmes suivants: la Terre, la Lune, le système solaire et les fusées. Au centre du plafond figure la maquette animée du système solaire (15m de diamètre): autour du Soleil se meu-vent six planètes (la Terre, Mars, Jupiter et leurs satellites, Saturne et ses anneaux, Mercure et Vénus), lesquelles tournent sur leur axe. Trop éloignées, Uranus, Neptune et Pluton ne sont pas représentées.

Sky Theater – *2e niveau (2nd floor).* Projetés sur une immense voûte hémisphé-rique (hauteur: 15m, diamètre: 23m), les spectacles qui y sont donnés *(45mn)* changent trois fois par an et offrent un aperçu exceptionnel des différentes planè-tes de l'univers.
Les spectateurs sont placés en rond autour de l'appareil de projection (Zeiss VI). Celui-ci, d'un type très perfectionné, présente un corps principal, long de 4m envi-ron, se terminant par deux globes dont l'un projette les images des étoiles fixes de l'hémisphère Nord et l'autre, celles de l'hémisphère Sud; des projecteurs indi-viduels pour le Soleil, la Lune et les planètes sont incorporés dans le cylindre qui supporte les globes.
La salle du Soleil (Hall of the Sun) montre comment cet astre influence notre pla-nète, et explique son rôle dans l'univers.
Deux autres galeries évoquent l'histoire et les progrès de l'astronomie. Un grand panneau mural (11m) reproduit soigneusement la surface de la Lune. Des reconsti-tutions de fusées ou de satellites, et des balances spécialement conçues pour permettre au visiteur de connaître son poids sur les différentes planètes du systè-me solaire, retiendront aussi l'attention.

★ ASIA SOCIETY

Durée: 1h. 725 Park Ave. ●*station 68th St (ligne 6). Plan p. 95. Ouv. mar.–sam. 11h–18h (jeu. 20h), dim. 12h–17h. Fermée j. f. 3$.* ♿ ☎288-6400.

Fondée en 1956 par John D. Rockefeller, troisième du nom, pour faire mieux connaître les cultures asiatiques, l'Asia Society occupe un bâtiment de huit étages en grès et en granit rose (1981) qui fut conçu par l'architecte Edward Larrabee Barnes. Elle offre un cadre élégant pour ses expositions d'art oriental, et orga-nise aussi des conférences, des projections de films et des spectacles dans son auditorium de 258 places. Une librairie spécialisée, fort bien achalandée, propose de surcroît un nombre impressionnant d'ouvrages de référence sur l'histoire et les cultures d'Asie.
Le hall d'entrée comprend de remarquables sculptures monumentales, dont un tympan chinois du 6e s. représentant un Bouddha prêchant, et un Ganesha (dieu hindou de la bonne fortune) à tête d'éléphant du 8e s.
Au rez-de-chaussée, une vaste galerie est consacrée à des expositions thématiques temporaires. La superbe collection d'art asiatique de John D. Rockefeller et de son épouse, léguée à la société en 1978, est présentée par roulement dans les deux galeries du premier niveau. On peut y admirer des bronzes indiens, des cérami-ques chinoises et japonaises, de somptueux paravents peints, des sculptures sur bois et des manuscrits, ainsi que des bas-reliefs de pierre (Asie du Sud-Est) d'un effet saisissant.

★ AUDUBON TERRACE

Durée: 3h. Sur Broadway, entre les 155e et 156e Rues. ●*station 157th St (ligne 1).*

Plusieurs musées et organismes culturels, relativement peu connus du public, se groupent, au Nord-Ouest de HARLEM, autour d'une vaste place où se dressait jadis la maison de campagne du naturaliste John Audubon *(p. 152)*, que celui-ci avait baptisée Minnieland. Les bâtiments actuels furent construits au début du 20e s. dans le style néo-classique, par Charles Pratt Huntington, neveu de Archer M. Huntington *(p. 151)* qui conçut le projet en 1908 et en assura le financement.

★★ Hispanic Society of America – *Ouv. mar.–sam. 10h–16h30, dim. 13h–16h.*
Fermée j. f. ☎926-2234. Ce petit musée offre un fascinant panorama de la civilisa-tion hispanique depuis l'époque pré-romaine, et abrite une riche collection de toiles de maître. Il occupe un bâtiment de deux étages devant lequel trône une sta-tue en bronze du Cid, et possède un intérieur à la fois somptueux et bien agencé. La galerie du rez-de-chaussée, aménagée en cour intérieure de style Renaissance, offre une importante sélection d'objets traditionnels et rituels (stalles d'église, tabernacles, parements d'autel), de pièces d'argenterie, d'outils préhistoriques, de gisants Renaissance et de tissus brochés. Remarquer, dans l'entrée, deux portraits peints par Goya, dont l'un représente la Duchesse d'Albe (18e s.), et à droite de la galerie, la porte Mudejar (15e s.), entourée de carreaux de faïence aux couleurs

vives; encore plus à droite, la salle Sorolla contient plusieurs toiles de Sorolla y Bastida. Toujours au même étage se trouve une bibliothèque de recherche. Décorée de **portraits** réalisés par le Greco, Morales, Ribera, Vélasquez et Goya, la galerie supérieure expose quant à elle une riche collection de faïences, de céramiques et de porcelaines, d'objets en métal, de poteries mordorées et de bijoux.

★ **American Numismatic Society** – *Ouv. mar.–sam. 9h–16h30, dim. 13h–16h. Fermée j. f.* ☎234-3130. Fondé en 1858, ce petit musée renferme l'une des plus grandes collections de pièces et de médailles au monde ainsi qu'une vaste bibliothèque de recherche et de riches archives. Au rez-de-chaussée, deux galeries exposent des médailles choisies spécialement pour leur intérêt artistique ou historique, et proposent des expositions temporaires sur le thème de la monnaie et de son rôle dans les différents pays du monde. Ne pas manquer de voir «Le monde des pièces» (The World of Coins), qui fait l'historique du monnayage de l'Antiquité jusqu'à nos jours.

American Academy of Arts and Letters – *Ouv. mars, mai–juin & nov. mar.–dim. 13h–16h. Calendrier des expositions* ☎368-5900. Les 250 membres de cet institut, le plus prestigieux du pays dans le domaine des arts et des lettres, ont été choisis parmi les architectes, écrivains, compositeurs et artistes américains les plus distingués. Trois fois par an, l'Académie présente des œuvres d'art et des manuscrits. Exposée en permanence, la collection de peintures de Childe Hassam peut être vue toute l'année sur rendez-vous.

CHINATOWN HISTORY MUSEUM

Durée: 1/2h. 70 Mulberry St (2e niveau). ●*stations Canal St (lignes N, R, 6) ou Grand St (lignes B, D). Plan p. 74. Ouv. lun.–ven. 12h–17h. Fermé j. f. 1$.* ☎619-4785.

Créé en 1980, ce petit musée retrace l'histoire et la culture des Chinois de New York, et a pour mission de favoriser la connaissance des communautés chinoises d'Amérique. L'exposition permanente, consacrée au développement de Chinatown, comporte une surprenante collection d'objets et de documents sonores. Le musée propose également des expositions temporaires mettant l'accent sur des thèmes particuliers tels que les arts et la culture.

★ COOPER-HEWITT NATIONAL DESIGN MUSEUM

Durée: 1h. 2, 91e Rue E. ●*stations 86th ou 96th Sts (lignes 4, 5, 6). Carte p. 3. Ouv. mar.–sam. 10h–17h (mar. 21h), dim. 12h–17h. Fermé j. f. 3$. Visites guidées possibles.* ♿ ☎860-6868.

En 1897, **Sarah**, **Eleanor** et **Amy Hewitt** décidaient de créer un musée des arts décoratifs à New York. Les goûts éclectiques des trois sœurs, associés à leurs méthodes d'acquisition quelque peu irrégulières, permirent de rassembler une collection de 250000 objets, dont certains vieux de plus de 3000 ans. Rattaché depuis 1968 au prestigieux institut américain Smithsonian, le musée illustre les tendances actuelles et passées en matière de design, dans les domaines les plus divers: industrie, architecture, décoration intérieure, mode et publicité.
Le résultat des goûts et des recherches des sœurs Hewitt fut tout d'abord exposé au COOPER UNION OF NEW YORK, école supérieure d'art, d'architecture et de techniques industrielles fondée par leur grand-père, Peter Cooper. Depuis 1972, le musée occupe l'ancien hôtel particulier de style académique (1898) d'**Andrew Carnegie** (1835-1919). Entouré d'une clôture de fer forgé et d'un charmant jardin, ce manoir comptait à l'origine 64 pièces réparties sur six étages. À l'heure actuelle, le rez-de-chaussée et les premier et deuxième étages abritent des expositions, les deux étages suivants étant réservés à l'administration, à la bibliothèque (photographies et documents d'archives sur les couleurs, les motifs, les textiles et la décoration intérieure) et à d'autres services.
Dès l'entrée, on remarquera les riches **boiseries de chêne** dont le style reflète parfaitement les goûts de la fin du 19e s. Des expositions thématiques, renouvelées régulièrement (une douzaine de fois par an), mettent l'accent sur un aspect spécifique du design ou sur un type particulier d'objet décoratif ou fonctionnel, et présentent une partie du fonds permanent. Celui-ci rassemble une collection de 50000 **estampes et dessins** originaux, dont des œuvres d'artistes américains tels Frederic Church et Winslow Homer, ou italiens tels Andrea Mantegna (15e s.) et Giorgio de Chirico (20e s.). Le musée possède également une collection de textiles du 3e s. av. J.-C.; des objets décoratifs en argent, en bronze et en fer forgé; des bijoux et des pièces d'orfèvrerie; des papiers peints et des cartons à chapeau; de la porcelaine, des verres et des poteries; des meubles, des boiseries, des cages à oiseaux chinoises des 18e et 19e s. et de splendides pendules.

Pour connaître les expositions et les salons en cours à New York, consulter le Calendrier des manifestations p. 186.

★ FORBES MAGAZINE GALLERIES

Durée: 1h. 62, 5ᵉ Av. ●station 14th St (lignes 4, 5, 6). Plan p. 82. Ouv. mar.–mer. & ven.–sam. 10h–16h. Fermées j. f. & ☎206-5548.

Siège de l'une des plus célèbres revues économiques américaines, le Forbes Building abrite, depuis 1985, des collections fort éclectiques rassemblées par l'éditeur Michael Forbes et sa famille. Ces collections, particulièrement renommées pour leurs objets précieux (plus de 300) façonnés par l'orfèvre-joaillier russe Peter Carl Fabergé *(ci-dessous)*, sont présentées dans des galeries au rez-de-chaussée de l'immeuble. Elles contiennent également de remarquables bateaux miniatures, des milliers de soldats de plomb présentés dans des scènes historiques, les œuvres d'artistes les plus divers (Gilbert Stuart, George Bellows et bien d'autres), ainsi que des lettres et manuscrits de présidents américains.

Fabriqués entre 1885 et 1916 pour la famille impériale russe, les fameux **œufs Fabergé★** constituent sans aucun doute la pièce maîtresse du musée. Sur un total de 45 œufs recensés dans le monde, les galeries Forbes en possèdent aujourd'hui une douzaine. Décorés d'or, d'argent, de pierres précieuses et d'émaux, ces objets d'une exquise fantaisie réservent parfois d'amusantes surprises. Trois d'entre eux méritent un examen particulier: l'œuf représentant un oranger (Orange Tree Egg), dans lequel un oiseau mécanique apparaît et se met à chanter quand on fait tourner une certaine orange; l'œuf du couronnement (Coronation Egg), réplique du carrosse impérial; et l'œuf représentant un coq (Chanticleer Egg) qui, toutes les heures, pousse son cri en battant des ailes.

★★★ FRICK COLLECTION

Durée: 1h 1/2. 1, 70ᵉ Rue E. ●station 68th St (ligne 6). Plan p. 94.

Pour le fervent d'art ancien comme pour le simple amateur de jolies choses, la visite de la Frick Collection constituera l'un des moments les plus agréables d'un voyage à New York. Riche d'œuvres très variées (toiles de maîtres, mobilier, arts décoratifs) acquises sur une période de 40 ans, elle offre encore l'aspect d'une résidence privée à l'ambiance intime et raffinée.

Un peu d'histoire – Magnat de l'acier et du charbon de Pittsburgh, **Henry Clay Frick** (1849-1919) commença à collectionner des œuvres d'art dès le premier voyage qu'il fit en Europe avec son ami Andrew Mellon. D'abord intéressé par la peinture anglaise du 18ᵉ s., Frick enrichit peu à peu sa collection de sculptures (surtout en bronze), de gravures et de dessins, d'émaux, de meubles, de tapis et de porcelaines. En 1913, il fit ériger un magnifique hôtel particulier à l'emplacement de l'ancienne bibliothèque Lennox, afin d'y exposer les trésors qu'il avait amassés. Les plans de cette magnifique demeure de 40 pièces furent confiés au célèbre cabinet d'architectes Carrère & Hastings, à l'origine de la NEW YORK PUBLIC LIBRARY. Frick légua la propriété et la collection à un conseil d'administration chargé d'en faire un musée après sa mort. Après des travaux de rénovation et d'agrandissement menés par John Russell Pope, l'ensemble fut officiellement transformé en musée en 1935, et présente aujourd'hui des œuvres du 14ᵉ au 19ᵉ s.

VISITE

Ouv. mar.–sam. 10h–18h, dim. 13h–18h. Fermée j. f. 5$; les enfants de moins de 10 ans ne sont pas admis. & Présentation audio-visuelle (20mn) du musée et de ses collections plusieurs fois par jour. Concerts dim. après-midi toute l'année (17h); réservations par courrier uniquement, à l'adresse suivante: Concert Dept., The Frick Collection, 1 E 70th St, New York, NY 10021. Conférences gratuites mer. après-midi (17h30). Programme et horaires ☎288-0700.

Salle Fragonard

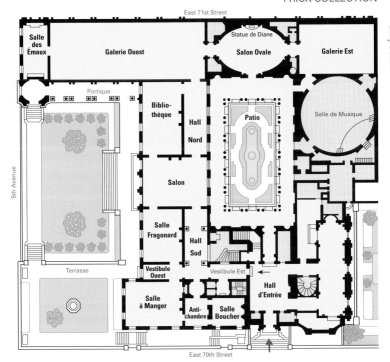

Hall d'entrée (Entrance Hall) – Dans une niche située du côté droit de ce hall pavé de marbre, on remarque un buste de Henry Clay Frick (1922) par Malvina Hoffman.

Salon Boucher (Boucher Room) – Reconstitution d'un boudoir du 18e s., intime et raffiné. Les boiseries, enrichies de huit compositions de Boucher (1703-1770), furent commandées par Mme de Pompadour en 1752, et représentent les Arts et les Sciences. Certains meubles français du 18e s. ont été réalisés par les fameux ébénistes Carlin et Riesener.

Antichambre (Anteroom) – Cette pièce expose le plus ancien portrait (v. 1470) attribué au peintre flamand Hans Memling, avec un paysage en arrière-plan.

Salle à manger (Dining Room) – Elle est ornée de portraits anglais du 18e s. aux séduisants coloris, réalisés par Hogarth, Romney et Reynolds, et d'un chef-d'œuvre de Gainsborough: *The Mall in St James's Park* (Le Mall à St James's Park). Noter aussi les seaux à vin argentés (18e s., Angleterre) et les porcelaines chinoises, dont deux vases bleus sur le manteau de cheminée.

Vestibule Ouest (West Vestibule) – Il abrite les *Quatre saisons*, œuvre réalisée en 1775 par Boucher pour Mme de Pompadour. Sur le splendide bureau marqueté attribué à André Charles Boulle, on admirera de délicats pots couverts en porcelaine de Chine.

Salle Fragonard (Fragonard Room) – Elle tient son nom d'une série de 11 peintures décoratives de Jean-Honoré Fragonard (1732-1806), d'une grâce inimitable, intitulée *Les progrès de l'amour*. Commandés par Mme du Barry, favorite de Louis XV, pour son pavillon de Louveciennes, les quatre plus grands panneaux décrivent le cheminement de l'amour dans un cœur féminin: la poursuite, la rencontre, l'amant couronné et les lettres d'amour; des copies de ces œuvres se trouvent dans la villa-musée Fragonard à Grasse *(voir le guide vert Michelin Côte d'Azur).* Un superbe mobilier français accompagne ces chefs-d'œuvre: canapés et sièges recouverts de tapisseries de Beauvais d'après Boucher et Oudry; commode Louis XVI de La Croix; deux magnifiques trépieds, l'un recouvert de lapis-lazuli, l'autre de porcelaine de Sèvres; enfin, sur la cheminée, un buste en marbre de la *Comtesse du Cayla*, par Houdon (1777).

Hall Sud (South Hall) – Du mobilier se détachent un secrétaire Louis XVI et une commode réalisés par Jean-Henri Riesener pour la reine Marie-Antoinette. Parmi les peintures, signaler un portrait de Boucher représentant l'épouse du maître et deux petits Vermeer (17e s.), dont *L'officier et la jeune fille*, d'une radieuse luminosité. Au pied de l'escalier se trouve une horloge Louis XVI comportant un baromètre. Installé en 1914, un grand orgue associe élégamment marbre et dorures.

Salon (Living Hall) – On peut y admirer un bureau d'André Charles Boulle et deux meubles en marqueterie inspirés de son style, ainsi que des chefs-d'œuvre de la peinture du 16e s. L'école vénitienne est évoquée par un *Saint François* que Bellini a placé dans un paysage d'une grande finesse, et par deux portraits de Titien: *Pietro Aretino* et l'*Homme à la toque rouge*, empreint de sensualité. La fascinante représentation de *Saint Jérôme* en cardinal, exécutée par le Greco, représente l'école espagnole. L'école allemande s'affirme dans deux portraits par Holbein le Jeune témoignant d'un sens aigu de l'observation: celui de *Thomas More* et de *Thomas Cromwell*.

Bibliothèque (Library) – Cette pièce aux riches boiseries abrite une bibliothèque de livres d'art, de fiction et de poésie.
Sur la cheminée, on remarque un portrait de Henry Clay Frick, peint par John Johansen en 1943. De beaux ensembles de porcelaines chinoises et de petits bronzes italiens et français des 16e et 17e s. sont exposés ici, ainsi qu'un buste en terre cuite du miniaturiste Peter Adolf Hall, réalisé par Boizot en 1775. Parmi la série de peintures anglaises des 18e et 19e s., remarquer celle de John Constable, intitulée *Salisbury Cathedral from the Bishop's Garden*.

Hall Nord (North Hall) – Au-dessus de la table Louis XVI en marbre gris se trouve le célèbre portrait (par Ingres) de la *Comtesse d'Haussonville*, petite-fille de Mme de Staël. Le buste de marbre, dû à Houdon, représente le marquis de Miromesnil, garde des Sceaux sous Louis XVI. Noter aussi le *Portail de Valenciennes* de Watteau, récemment acquis par le musée, *Vétheuil en hiver* de Monet, et enfin, la seule nature morte de la collection, réalisée par Chardin.

Galerie Ouest (West Gallery) – Cette salle, décorée de meubles italiens du 16e s. et de tapis persans, présente des portraits et des paysages des écoles hollandaise, française, espagnole et anglaise. Parmi les premiers, citons *Lodovico Capponi*, page de Cosme Ier de Médicis, par Bronzino (16e s., Florence); un Greco de la période italienne (*Vincenzo Anastagi*); des toiles de Frans Hals; trois splendides Rembrandt *(Autoportrait, Nicolas Ruts* et le *Cavalier polonais)*, deux œuvres célèbres de Van Dyck reproduisant les traits de Frans Snyders, peintre anversois de natures mortes, et ceux de sa femme Margaret; et *Philippe IV d'Espagne*, par Vélasquez. La galerie expose d'autres tableaux bien connus, parmi lesquels la *Forge* de Goya, et deux peintures allégoriques de Véronèse.
On admirera également des paysages de Van Ruisdael et de Hobbema (école hollandaise, 17e s.), une vue sur le port de Dieppe de Turner, et l'*Éducation de la Vierge*, œuvre d'Étienne de La Tour longtemps attribuée à son père, le célèbre Georges de La Tour.

Salle des émaux (Enamel Room) – Une très belle collection d'émaux peints de Limoges (16e et 17e s.), aux coloris bleus et verts intenses, fait escorte à plusieurs œuvres italiennes primitives et de la Renaissance. S'arrêter devant une peinture de Piero della Francesca représentant l'apôtre saint Simon, et admirer une *Madone à l'enfant* accompagnée de saint Laurent et de saint Julien, par Gentile da Fabriano, ainsi qu'un *Couronnement de la Vierge* de Veneziano.

Salon ovale (Oval Room) – Il abrite une réplique grandeur nature de Diane, réalisée en terre cuite par Houdon (école française, 18e s.). La statue d'origine avait été exécutée pour le duc de Saxe-Cobourg et acquise par l'impératrice Catherine II de Russie. Des portraits de Gainsborough et de Van Dyck viennent compléter le décor.

Galerie Est (East Gallery) – On y voit un véritable cocktail de peintures d'époques et d'écoles diverses, mais d'une grande qualité: le *Sermon sur la montagne* de Claude Lorrain; un Greuze sentimental, la *Dévideuse de laine*; la *Vue d'un quai d'Amsterdam*, par Jacob van Ruisdael, où la voile du bateau à gauche paraît capter toute la lumière; le portrait, par David, de la *Comtesse Daru*, épouse de l'Intendant général des armées napoléoniennes; et la *Répétition* d'un ballet par Degas. Sont également exposés quatre portraits dus à Whistler, dont l'étonnante *Mrs. Frederick R. Leyland*, trois portraits par Goya et deux par Van Dyck.

Patio (Garden Court) – C'est un des endroits les plus agréables du musée, frais en été grâce à son pavement de marbre, son bassin, sa fontaine, ses plantes tropicales et ses fleurs. Tout d'abord conçu pour accueillir les attelages, l'espace a été rénové par John Russell Pope en 1935. Se placer à l'extrémité Sud pour admirer la perspective terminée par la statue de Diane de Houdon *(salon ovale)*. Parmi les sculptures, remarquer l'ange en bronze de Jean Barbet (école française, 15e s.).

★ GRACIE MANSION

Durée: 1h. Sur East End Ave, à la hauteur de la 88e Rue. ●station 86th St (lignes 4, 5, 6). Carte p. 3. Visite guidée (1h) seulement, mi-mars–mi-nov mer. 10h–15h. 3$. Réservations nécessaires. ⚐ ☎570-4751.

Situé dans la partie Nord du Carl Schurz Park *(p. 96)*, îlot de verdure en bordure de l'East River, ce manoir campagnard de style fédéral, à la façade ocre et blanche ornée de volets verts, date de 1799. Il doit son nom à Archibald Gracie, riche marchand qui reçut en son temps de nombreuses personnalités américaines, parmi lesquelles Alexander Hamilton et John Quincy Adams. L'édifice changea plusieurs fois de mains avant d'être acquis par la ville en 1896. Il tomba quelque temps à l'abandon, fut repris par le MUSEUM OF THE CITY OF NEW YORK en 1924, puis devint – à partir de 1942 – le lieu de résidence officiel du maire en fonction. D'importants efforts de restauration, menés sous l'administration d'Edward Koch, permettent aujourd'hui d'y admirer un magnifique parterre marbré dans l'entrée, ainsi qu'un beau mobilier d'époque (styles Empire et fédéral). Sont également exposés quelques effets personnels appartenant au maire actuel de New York et à sa famille.

★★ GUGGENHEIM MUSEUM

Durée: 2h. 1071, 5ᵉ Av. ●*station 86th St (lignes 4, 5, 6). Plan p. 95.*

Véritable monument à la gloire du modernisme, le Solomon R. Guggenheim Museum occupe un curieux édifice en spirale conçu par le célèbre Frank Lloyd Wright. Il présente un intérêt particulier pour son architecture insolite autant que pour sa collection d'art contemporain.

Un peu d'histoire – Grand amateur d'art, **Solomon R. Guggenheim** (1861-1949) était issu d'une famille d'immigrants suisses allemands qui firent fortune au 19ᵉ s. dans l'extraction des métaux précieux. Avec son épouse, Irène Rothschild, ce collectionneur acharné s'intéressa d'abord aux tableaux de maîtres. Au début du 20ᵉ s., sous l'impulsion de leur conseillère artistique, Hilla Rebay, le couple se tourna vers l'art non-figuratif (Kandinsky, Mondrian, Moholy-Nagy et autres). La Fondation Solomon R. Guggenheim fut créée en 1937 afin de promouvoir et encourager les arts et l'enseignement artistique. Six ans plus tard, Rebay chargea Frank Lloyd Wright de dresser les plans d'un édifice qui abriterait les merveilles amassées par Solomon Guggenheim. Ce dernier mourut malheureusement en 1949, sept ans avant la mise en chantier du musée.

La Fondation continua néanmoins de gérer sa remarquable collection, depuis lors enrichie de nouvelles acquisitions. En 1963, **Justin K. Thannhauser**, marchand d'objets d'art et fervent admirateur d'art moderne, légua par exemple au musée 75 œuvres impressionnistes et post-impressionnistes. Douze ans plus tard, la nièce de Solomon Guggenheim, Peggy, faisait à son tour don d'une série d'œuvres da-

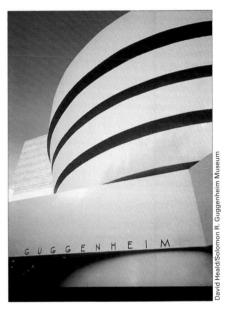

Solomon R. Guggenheim Museum

David Heald/Solomon R. Guggenheim Museum

daïstes et surréalistes qu'elle conservait dans son palais à Venise (où elles demeurent toujours). Le musée, qui possède depuis 1992 une annexe dans le quartier de SOHO, projette actuellement l'ouverture d'une autre succursale à Salzbourg (Autriche), qui lui donnera une dimension véritablement internationale dans le domaine de l'art contemporain.

Le bâtiment – Père de l'architecture moderne américaine, **Frank Lloyd Wright** (1867-1959) révolutionna les idées de son temps en associant des matériaux naturels à d'audacieuses formes géométriques. Il était un critique acerbe de l'architecture new-yorkaise, et le musée Guggenheim (1956-1959) fut d'ailleurs sa seule commande importante pour la grande métropole. Wright considérait ce «Panthéon» personnel, basé sur un plan en spirale d'une grande complexité, comme le couronnement de sa carrière (noter en passant qu'il s'agit de l'œuvre de Wright la plus visitée, et l'un des bâtiments américains les plus célèbres).

Dès le début, l'édifice suscita de nombreuses controverses. Ses formes osées détonnaient dans le décor environnant (à ceux qui traitaient son musée de «brioche indigeste» ou de «machine à laver», Wright répliquait: «Un bâtiment ne se juge pas plus sur son extérieur qu'une automobile»). De plus, sa rampe hélicoïdale et ses murs légèrement inclinés en porte-à-faux vers l'extérieur furent un véritable casse-tête lors de la construction, puis de l'agencement des collections. Pour cette raison, le musée subit, au fil des ans, de nombreuses transformations qui lui ôtèrent son cachet typiquement «Frank Lloyd Wright». Cependant, les travaux de rénovation exécutés par Gwathmey, Siegel & Associates en 1992 ont redonné au bâtiment son apparence d'origine.

De Central Park, sur la 5ᵉ Avenue, on peut observer le musée dans son entier, dominé par un tronc de cône renversé (le «Nautilus» Building) présentant quatre spires au-dessus d'un entablement. À gauche, une petite aile arrondie (le «Monitor» Building), dont la forme suggère une passerelle de navire, se détache sur une tour de couleur crème (10 étages) qui fut ajoutée à l'ensemble en 1992. Sur le trottoir, des cercles métalliques rappellent le motif circulaire de l'édifice et se poursuivent jusque dans l'entrée en pierre de travertin.

VISITE

Ouv. dim.–mer. 10h–18h, ven.–sam. 10h–20h. Fermé Thanksgiving & 25 déc. 7$.
✗ & ☎*423-3500.*

Véritable kaléidoscope de formes arrondies qui se transforment à chaque niveau, et se répètent dans les balustrades, le mobilier et les cages d'ascenseur, le Guggenheim possède sans aucun doute l'un des espaces intérieurs les plus spectaculaires de la ville. Sa fameuse rampe hélicoïdale, qui se déroule en pente douce sur plus de 400m, dessert sur quatre niveaux les galeries de la nouvelle annexe.

Aux trois derniers étages du Monitor Building, d'autres galeries aux larges baies vitrées offrent un panorama intéressant sur le musée et sur CENTRAL PARK. Sur la terrasse extérieure *(5e niveau)*, on remarquera la sculpture de David Smith intitulée *Cubi xxvii*.

Collections – Parmi les quelque 6 000 œuvres (peintures, sculptures, aquarelles, estampes, etc.) conservées au Guggenheim, on peut citer la plus grande collection de Kandinsky du pays (195 œuvres), plus de 75 Klee, et d'importants ensembles de Chagall, Delaunay, Dubuffet, Mondrian, Léger et Gris. En 1990, la collection Panza di Biumo est venue enrichir les fonds du musée de plus de 300 œuvres contemporaines (années 1960-1970) réalisées par des adeptes de l'art minimal, tels Carl André, Dan Flavin et Robert Morris.
Des œuvres issues de la **collection Thannhauser** sont exposées en permanence au deuxième niveau du Monitor Building. Parmi celles-ci, on remarquera la plus ancienne pièce de l'exposition, un paysage pré-impressionniste intitulé *Les coteaux de l'Hermitage à Pontoise* par Pissaro (v. 1867) ainsi que des toiles de Renoir *(Femme au perroquet)*, Manet *(Devant le miroir, La comtesse Albassi)*, Van Gogh *(Le viaduc, Montagnes à Saint-Rémy)* et Toulouse-Lautrec *(Au Salon)*. On trouvera également des natures mortes de Cézanne et de petites sculptures de Degas et de Maillol. Picasso est particulièrement bien représenté, avec quelques œuvres de jeunesse *(Au bout de la route* et *Le Moulin de la Galette)* et une toile de 1931, *Pichet et compotier sur une table*. Le musée propose régulièrement des expositions temporaires dans la galerie principale et dans son annexe adjacente, tout comme dans la galerie de SoHo *(p. 77)*.

★ INTERNATIONAL CENTER OF PHOTOGRAPHY

Durée: 1h. 1130, 5e Av. ●station 96th St (ligne 6). Carte p. 3. Ouv. mar.–dim. 11h–18h (mar. 20h). Fermé j. f. 4$. ☎860-1783. Annexe au 1133 Ave of the Americas. ●toute ligne desservant la station 42nd St. Ouv. mar.–dim. 11h–18h (mar. 20h). Fermée j. f. 4$. ♿ ☎768-4682.

Le centre international de la photographie est installé dans une élégante maison en brique de style néo-géorgien (reconnaissable à ses sept œils-de-bœuf) qui abritait autrefois le siège de la National Audubon Society. Ouvert au public depuis 1974, il présente des œuvres majeures de photographes et journalistes des 19e et 20e s., soit plus de 12 500 épreuves originales exposées en alternance dans ce bâtiment, et dans l'annexe du musée, située dans Midtown *(1133 Ave of the Americas)*. Le centre propose également des spectacles audio-visuels, organise des ateliers, et contient une importante librairie spécialisée.

INTREPID SEA-AIR-SPACE MUSEUM

Durée: 1h. Pier (quai) 86, à la hauteur de la 46e Rue O. et de la 12e Av. ●toute ligne desservant la station 42nd St, puis bus M42 ou M34 jusqu'au quai de la 42e Rue. Carte p. 3. Ouv. Memorial Day–Labor Day t. l. j. 10h–17h. Reste de l'année mer.–dim. 10h–17h. Fermé 1er janv., Thanksgiving & 25 déc. 7$. Visites guidées (30mn) possibles. ✗ ♿ ☎245-0072.

Ancré à un môle de l'Hudson, le porte-avions *Intrepid* est un vétéran de la Seconde Guerre mondiale et de la guerre du Viêt-nam; il servit également de navire de récupération lors des vols spatiaux Mercury et Gemini. Désarmé dans les années 1970, le navire sert désormais de musée flottant aéronaval.
Le pont-hangar présente des expositions consacrées à la Marine, à l'aviation, à l'histoire de l'*Intrepid* et à la technologie spatiale. Mais la partie la plus marquante de la visite sera sans doute le porte-avions lui-même, véritable ville flottante avec son dédale de couloirs, ses ponts gigantesques, son îlot aux passerelles vertigineuses et son étrave élancée. Sur le pont d'envol, on peut voir de près des avions qui semblent sur le point de décoller. En plus du matériel exposé dans le Pioneers Hall, un film *(17mn)* présente la routine quotidienne à bord d'un porte-avions en mer, et un impressionnant montage audio-visuel (*12mn)* évoque l'attaque du navire, en novembre 1944, par deux kamikazes. Le Technologies Hall présente quant à lui des avions à réaction, des fusées et des armes sophistiquées.
La visite est complétée par celle de l'**USS Growler**, sous-marin lanceur de missiles construit en 1958 et aujourd'hui désarmé *(dernière visite 17h30)*. On découvre également l'**USS Edson**, 946e et dernier destroyer de la flotte américaine, le fameux bateau-phare **Nantucket** et l'**A-12 Blackbird**, l'avion monoplace le plus grand et le plus rapide jamais utilisé.

JAPAN HOUSE

333, 47e Rue E. ●toute ligne desservant la station Grand Central. Plan p. 48. Ouv. au public lors d'expositions. Programme et horaires ☎752-3015.

La Japan Society (organisation culturelle et éducative) occupe un bâtiment noir très bas à deux pas du SIÈGE DES NATIONS UNIES. L'intérieur, à la fois sobre et serein, contient une salle d'exposition, un auditorium, une bibliothèque, un centre linguistique, plusieurs salles de conférences et un jardin. Des expositions temporaires sont régulièrement consacrées à la musique, la danse, le cinéma et l'art japonais.

★ JEWISH MUSEUM

Durée: 1h. 1109, 5ᵉ Av. ●station 86th St (lignes 4, 5, 6). Carte p. 3. Ouv. dim.–jeu. 11h–17h45 (mar. 20h). Fermé lors des fêtes juives. 6$. ♿ ☎423-3230.

Ce musée du judaïsme, fondé en 1904, se trouvait à l'origine dans la bibliothèque du Jewish Theological Seminary *(3080 Broadway)*. Il occupe aujourd'hui une élégante demeure de style Renaissance française (1908) dont les propriétaires, Félix et Frieda Warburg, firent don à l'école de théologie juive en 1947.
En 1992, une aile, dessinée par l'architecte Kevin Roche, est venue doubler la surface d'exposition du musée.
Composée de plus de 27 000 pièces, la collection témoigne, à travers ses documents historiques et littéraires, ses objets de culte, ses souvenirs du mouvement sioniste et ses œuvres d'art diverses, de la richesse de la tradition juive à travers les siècles. Elle comprend notamment une mosaïque persane bleue provenant d'une synagogue du 16ᵉ s., de très rares lampes utilisées à l'occasion de la fête des Lumières, une arche du 12ᵉ s. abritant la Torah (livre sacré fait d'un rouleau de parchemin sur lequel figure la loi de Moïse) et des livrets de prière rehaussés de velours. On peut également admirer des œuvres d'art contemporain, des textiles (en particulier de splendides châles de mariage), d'anciens artefacts provenant de Terre Sainte, et des monnaies et médailles hébraïques.
Le musée abrite en outre les archives nationales juives de radiodiffusion. Il organise aussi des expositions temporaires, et propose des cycles de conférences, des films et des programmes à l'intention des enfants.

LOWER EAST SIDE TENEMENT MUSEUM

Durée: 1/2h. 97 Orchard St. ●stations Delancey St (ligne F) ou Grand St (lignes B, D). Plan p. 74. Ouv. mar.–ven. 11h–17h, dim. 11h–18h. Les billets s'achètent au 90 Orchard St. 7$ (exposition et visite guidée des logements d'immigrants); 3$ (exposition seulement). ♿ ☎431-0233.

Durant les grandes vagues d'immigration vers les États-Unis (du milieu du siècle dernier jusque dans les années 1920), des milliers d'étrangers vinrent s'entasser dans le quartier du LOWER EAST SIDE après avoir accompli les formalités d'entrée dans le pays, et commencèrent leur vie américaine dans des immeubles d'habitation surpeuplés, offrant des logements pour la plupart étriqués et insalubres. Ce musée de l'immigration, créé en 1988, permettra d'apprécier les conditions de vie souvent misérables dans lesquelles vivaient beaucoup des nouveaux arrivants.
La visite commence au 90 Orchard Street, où une ancienne boutique convertie en salle d'exposition retrace l'histoire de ce fameux quartier «ethnique» au moyen d'objets (dont un modèle réduit d'immeuble), de présentations audio-visuelles et de montages divers. On peut ensuite se rendre au 97 Orchard Street, dans un immeuble de 6 étages (1863) partiellement restauré, afin de visiter deux logements modestement meublés: le premier était occupé, dans les années 1870, par une famille juive d'origine allemande; le second, dans les années 1930, par des immigrants italiens. L'immeuble aurait accueilli, sur une période de 70 ans, quelque 10 000 résidents...

★★★ METROPOLITAN MUSEUM OF ART

Sur la 5ᵉ Av., à la hauteur de la 82ᵉ Rue. ●station 86th St (lignes 4, 5, 6). Plan p. 95.

Le «Met», comme on dit à New York, abrite des collections immenses qui constituent une véritable encyclopédie des arts représentant plus de cinq mille ans d'humanité, de la préhistoire au 20ᵉ s. Dotée de moyens matériels importants, cette prestigieuse institution muséologique, l'une des plus grandes du monde, accueille chaque année plus de cinq millions de visiteurs.

Un peu d'histoire – Fondé le 13 avril 1870 par des membres de l'Union League Club de New York, le Metropolitan Museum of Art ouvrit ses portes en 1872 dans un local provisoire, l'académie de danse de Dodsworth, au 681, 5ᵉ Avenue, et reçut un sarcophage romain en guise de premier don. Le général di Cesnola, ancien consul à Chypre, devait par la suite vendre au musée sa collection d'antiquités chypriotes et Catherine L. Wolfe, en 1877, léguer une collection de 143 tableaux hollandais et flamands.
Depuis, les fonds du Metropolitan ont considérablement augmenté grâce à la générosité de riches mécènes (Astor, Morgan, Rockefeller, Marquand, Hearn, Altman, Bache, Lehman, Wrightsman). Ils se composent aujourd'hui de plus de trois millions d'objets d'art, dont un quart à peine est exposé.

Le bâtiment – Le musée occupe son emplacement actuel depuis 1880. Érigé sur un terrain appartenant à la ville de New York, le bâtiment en brique rouge de style néo-gothique qui constitue l'une des ailes de l'édifice présent, fut dessiné par Jacob Wrey Mould et **Calvert Vaux**, le célèbre paysagiste qui collabora avec Olmsted à la création de CENTRAL PARK.
Conçue par Richard Morris Hunt, la façade monumentale *(sur la 5ᵉ Av.)* en calcaire gris de l'Indiana, de style académique, fut achevée en 1912, mais sa décoration ne fut jamais terminée. L'aile Sud-Ouest fut ajoutée en 1888, tandis que les ailes Sud et Nord, dessinées par McKim, Mead & White, furent respectivement construites en 1911 et 1913. Entreprise en 1881, la construction de la bibliothèque Thomas J. Watson (Brown, Lawford & Forbes), subventionnée par des fonds privés, s'acheva en 1965. Des plans d'agrandissement du musée, confiés en grande partie au cabi-

METROPOLITAN MUSEUM OF ART

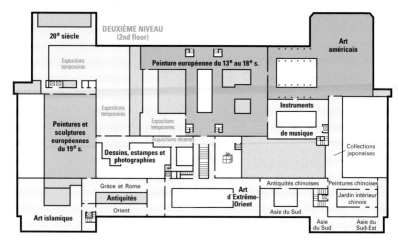

**DEUXIÈME NIVEAU
(2nd floor)**

20e siècle

Expositions temporaires

Peinture européenne du 13e au 18e s.

Art américain

Peintures et sculptures européennes du 19e s.

Expositions temporaires

Expositions temporaires

Instruments de musique

Dessins, estampes et photographies

Acquisitions récentes

Collections japonaises

Grèce et Rome

Antiquités

Orient

Art d´Extrême-Orient

Antiquités chinoises

Peintures chinoises

Jardin intérieur chinois

Art islamique

Asie du Sud

Asie du Sud

Asie du Sud-Est

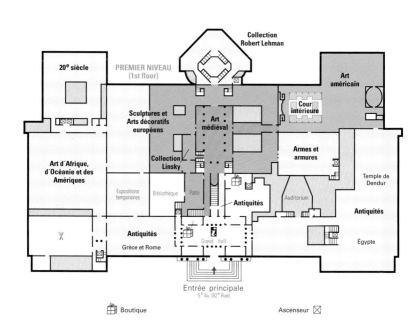

Collection Robert Lehman

**PREMIER NIVEAU
(1st floor)**

20e siècle

Art américain

Sculptures et Arts décoratifs européens

Art médiéval

Cour intérieure

Art d´Afrique, d´Océanie et des Amériques

Collection Linsky

Armes et armures

Temple de Dendur

Expositions temporaires

Bibliothèque

Patio

Antiquités

Auditorium

Antiquités

Antiquités

Antiquités
Grèce et Rome

Grand hall

Égypte

Entrée principale
5e Av. (82e Rue)

⊞ Boutique

Ascenseur ⊠

0   150 ft
0   40 m

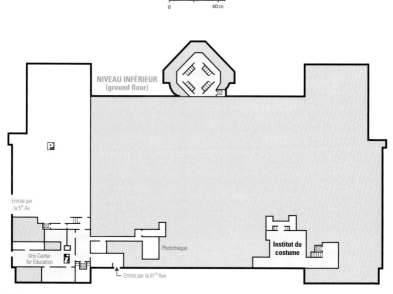

**NIVEAU INFÉRIEUR
(ground floor)**

P

Entrée par la 5e Av.

Phototèque

Institut du costume

Uris Center for Education

Entrée par la 81e Rue.

net d'architectes Roche, Dinkeloo & Associates, se succèdent depuis 1970, avec l'ajout de l'aile Robert Lehman (1975), du temple de Dendur dans l'aile Sackler (1978), de l'aile américaine (1980) et des ailes Michael C. Rockefeller (1982), Lila Acheson Wallace (1987) et Henry R. Kravis (1991). Reliant le bâtiment principal à l'aile Lila Acheson Wallace, la cour intérieure Carroll et Milton Petrie, inaugurée en 1990, est consacrée à la sculpture européenne; cet îlot de verdure ensoleillé constitue une étape reposante pour le visiteur fatigué d'avoir trop flâné devant les merveilleuses collections du musée.

Les départements – Il y en a 19, répartis ci-dessous en 15 unités. *Voir plan p. 126.*

Art américain ★★★ *(p. 127)*	**Art médiéval**★★ *(p. 142)*
Antiquités★★★ *(p. 132)*	**Art d'Afrique, d'Océanie et des Amériques**★★ *(p. 142)*
Sculptures et Arts décoratifs européens★★★ *(p. 135)*	**Armes et armures**★ *(p. 144)*
Peinture européenne du 13ᵉ au 18ᵉ s.★★★ *(p. 137)*	**Art d'Extrême-Orient**★ *(p. 144)*
Peintures et sculptures européennes du 19ᵉ s.★★★ *(p. 140)*	**Institut du costume**★ *(p. 144)*
Collection Robert Lehman★★ *(p. 141)*	**Art islamique**★ *(p. 144)*
	Instruments de musique★ *(p. 145)*
	Vingtième siècle★ *(p. 145)*
	Dessins, estampes et photographies *(p. 146)*

Les œuvres capitales figurent dans des encadrés de couleur présentés dans le sens de la visite.

VISITE

Ouv. mar.–dim. 9h30–17h15 (ven.–sam. 20h45). Fermé 1er janv., Thanksgiving & 25 déc. Contribution souhaitée: 7$; billet valable également pour les Cloîtres (p. 105). ✗ ♿ *☎535-7710. Certaines salles risquent d'être fermées mar., mer. ou jeu. Se renseigner au préalable en téléphonant au ☎879-5500.*

L'accès principal au musée se trouve sur la 5e Av., face à la 82e Rue. On pénètre dans le grand hall autour duquel se groupent les services: vestiaires, bureau d'accueil, comptoirs de vente (livres d'art, reproductions de bijoux anciens, cadeaux divers).
Des magnétophones portatifs permettent d'écouter des commentaires pré-enregistrés (certains en français) sur le musée.
Derrière les salles grecques et romaines, dans l'aile gauche, on trouve une cafétéria et un restaurant.
Parmi ses activités culturelles, le Metropolitan propose de nombreuses expositions thématiques et des concerts ainsi qu'un programme varié de classes, des visites-conférences et des projections de films au Ruth and Harold D. Uris Center (niveau inférieur).
Commencer la visite au bureau d'accueil du Uris Center (ci-dessus). Celui-ci présente, outre des plans détaillés du Metropolitan, un montage de diapositives sur le musée, ses collections, ses programmes et ses expositions temporaires.

Les descriptions suivantes sont données sous toute réserve, d'importants travaux d'aménagement occasionnant parfois la fermeture de certaines salles ou le redéploiement de certaines œuvres ou collections. S'informer à l'entrée.

★★★ ART AMÉRICAIN (American Wing) *4h 1/2. Plan p. 131.*

Cette vaste collection retrace l'histoire de l'art américain de la période coloniale jusqu'au début du 20e s. Répartie sur trois étages, elle comprend des reconstitutions d'intérieurs, des galeries d'art décoratif et une section consacrée à la peinture et à la sculpture.

- Vitraux de Tiffany
- Escaliers de Sullivan
- Manteau de cheminée de Saint-Gaudens et LaFarge
- Façade de la United States Bank
- Samovar (Paul Revere)
- Service à thé (attribué à Christian Wiltberger)
- Verrerie d'art (Tiffany)
- Bureau-bibliothèque en acajou décoré de six coquilles (Newport)
- Commode haute (Boston)
- *Lady With Her Pets* (Hathaway)
- Animaux (William Schimmel)
- Salle des Shakers
- Bibliothèque et bureau (Baltimore)
- Buffet (Baltimore)
- *George Washington* (Stuart)
- *View From Mount Holyoke, Massachusetts, After a Thunderstorm – The Oxbow* (Cole)
- *The Rocky Mountains* (Bierstadt)
- *The Aegean Sea* (Church)
- *Washington Crossing the Delaware* (Leutze)
- *Andrew Jackson* (Powers)
- *Prisoners From the Front* (Homer)
- *The Gulf Stream* (Homer)
- *Northeaster* (Homer)
- *Max Schmidt in a Single Scull* (Eakins)
- *The Bronco Buster* (Remington)
- *Madame X* (Sargent)

Cour intérieure

Située dans la partie arrière du musée, la gigantesque cour fleurie aux parois de verre est décorée d'œuvres d'architectes et d'artistes américains célèbres: les **vitraux** de Tiffany **[A]**; la loggia inspirée par l'art islamique que Louis Comfort Tiffany *(p. 129)* avait fait dessiner pour sa propriété de Oyster Bay; une paire d'**escaliers** en fonte **[B]** créés par Louis Sullivan en 1893 pour la Bourse de Chicago; une fenêtre à trois panneaux faite par Frank Lloyd Wright pour un théâtre d'enfants; un **manteau de cheminée** en marbre **[C]**, réalisé par Augustus Saint-Gaudens et John LaFarge, qui décorait la demeure de Cornelius Vanderbilt sur la 5ᵉ Avenue.

Les différents courants de la sculpture américaine sont représentés par les œuvres des 19ᵉ et 20ᵉ s. qui sont réparties dans le jardin. La sculpture américaine se développa à partir de 1850, quand les artistes américains commencèrent à voyager à l'étranger et furent particulièrement inspirés par la statuaire italienne antique et par les idéaux du monde classique. On remarquera tout particulièrement la statue de George Grey Barnard intitulée *Struggle of the Two Natures of Man* (La lutte des deux natures de l'homme).

Après la guerre de Sécession, Augustus Saint-Gaudens, de retour de Paris et Rome, exerça une influence importante sur les sculpteurs américains, avec ses mémoriaux de grande taille et ses représentations symboliques, telle la *Diane* de cuivre doré qui orne le centre de la cour.

Surtout célèbre pour son fameux *Seated Lincoln* (Lincoln assis), exposé dans le Lincoln Memorial à Washington, Daniel Chester French est représenté par deux répliques en marbre de ses œuvres *(salle 201): Mourning Victory* (La Victoire en deuil) et le Milmore Memorial.

Au Nord de la cour s'élève la **façade [D]** d'une des succursales de la United States Bank. Érigé en 1824 dans le style fédéral, l'édifice avait été conçu d'après les plans de Martin E. Thompson, et fut réalisé en marbre de Tuckahoe, extrait des carrières du comté de Westchester, dans l'état de New York.

The Metropolitan Museum of Art, gift of Ruth and Frank Stanton

Vitrail réalisé dans les ateliers Tiffany

Monter l'escalier jusqu'au niveau mezzanine.

Étain, orfèvrerie, verreries, céramiques – *Salles 201-203*. Les œuvres exposées dans les salles surplombant la cour illustrent les divers styles et tendances que les Américains développèrent dans ces domaines.

Très populaire aux 17ᵉ et 18ᵉ s., l'étain était utilisé dans la fabrication d'ustensiles de cuisine et d'objets religieux. Dans la salle 202, on peut admirer le pot en étain de John Will (18ᵉ s.); typique de l'époque, ce récipient à boire est gravé de motifs floraux d'une grande délicatesse. Quelques œuvres de Paul Revere, orfèvre d'origine française et héros de la guerre d'Indépendance, sont également exposées dans cette salle, dont un vase surmonté d'un ananas et un **samovar** datant de 1791. Il est intéressant de constater les similitudes qui existaient alors entre les formes des pièces d'argenterie et des meubles. Ainsi, les contours en forme de poire de la théière de Peter van Dyck (18ᵉ s.) rappellent les gracieux pieds galbés du style Queen Anne. Symbole des États-Unis, l'aigle fut un motif très populaire au début de la République; il servit à la décoration du **service à thé** (1799) attribué à Christian Wiltberger, qui aurait été offert à Eleanor Custis à l'occasion de son mariage avec Lawrence Lewis, neveu de George Washington.

Les services à thé rococo évoquent la richesse des meubles de style Chippendale. Parmi les œuvres sorties des ateliers de Tiffany, le vase Adams, en or incrusté de perles et de pierres semi-précieuses, et le vase aux magnolias (1893), recouvert d'or, d'émaux et d'opales, témoignent d'une fastueuse époque dominée par les rois du chemin de fer, les barons du charbon et les magnats de la finance.

Dans la salle 203, réservée au travail du verre, les premières vitrines sont consacrées au verre soufflé, taillé, gravé à la main et pressé. Des artisans travaillant selon les méthodes traditionnelles exécutèrent le compotier commandé par Mme Lincoln pour la Maison Blanche en 1861.

Au début du 19ᵉ s., les Américains découvrirent un procédé mécanique, à la fois rapide et économique, qui allait révolutionner le monde de la verrerie: le moulage. À la portée de toutes les bourses, les objets obtenus devinrent très populaires, d'autant plus qu'ils se prêtaient à une grande variété de formes et de motifs, comme l'illustre ce compotier fabriqué à Pittsburgh en 1860.

Une exposition introduit le visiteur à une autre technique, celle du verre soufflé-moulé, selon laquelle l'artisan souffle la pâte dans un moule et la décore d'un motif, puis la dégage du moule et la souffle à nouveau pour lui donner une forme plus ample.

Parmi les autres pièces exposées figurent des verres opaques de la fin du 19e s., aux tons agréables et aux formes élégantes.

La vedette de la collection revient sans doute aux **verres** de **Louis Comfort Tiffany**, fils du fondateur de la célèbre bijouterie *(p. 36)*. Admirateur et disciple de l'Art nouveau, Tiffany fut l'un des artistes les plus influents de son époque. La luminosité des couleurs et la grâce des formes font de ses vases et de ses lampes de véritables chefs-d'œuvre de l'art décoratif américain.

Enfin, les collections de céramiques et de poteries présentent des pichets et des statuettes en porcelaine «Parian» (appelée ainsi car elle ressemble au marbre de l'île de Paros en Grèce), ainsi que des cruches décorées de bleu cobalt et de nombreux grès de Rockingham, à la chaude couleur brune.

Décoration intérieure

Derrière la façade de la United States Bank se succèdent des reconstitutions d'intérieurs et des salles d'arts décoratifs (fortement inspirées de la tradition anglaise) présentant les styles du 17e s. au début du 20e s.

Pour les visiter dans l'ordre chronologique, commencer par le 3e niveau (3rd floor) que l'on gagne par l'ascenseur E2.

Début de la période coloniale (1630-1730) – *3e niveau (3rd floor); salles 301-312.* Traverser la salle du mobilier du 17e s., et entrer dans la Hart Room *(salle 303)*. Le principal intérêt de cette pièce modestement meublée (1674) – qui provient d'une maison d'Ipswich, dans le Massachusetts – est l'immense cheminée, les murs enduits de plâtre, les poutres à nu, le plafond bas, et les fenêtres à petits carreaux typiques de l'époque. On pénètre ensuite dans la Newington Room *(salle 305)* où sont exposés des meubles peints de la vallée du Connecticut. La Meetinghouse Gallery *(salle 309)* présente quant à elle des meubles du 17e s. et du début du 18e s. qui rappellent les styles européens. La charpente est inspirée de celle de l'Old Ship Meetinghouse d'Hingham (Massachusetts), construite en 1681 par des charpentiers de bateaux.

Dans la salle 310, une pièce provenant d'une maison de Long Island, la John Hewlett House (1740-1760), illustre à la fois le style classique (pilastres cannelés, corniche imposante) et l'influence hollandaise (carreaux de faïence, armoire).

Contrastant avec la sombre Hart Room *(ci-dessus)*, la John Wentworth Room *(salle 312)* faisait partie d'une riche demeure de Portsmouth, dans le New Hampshire. Elle date de 1695, et marque déjà la transition avec le 18e s.: ses fenêtres à guillotines, son mur de cheminée très caractéristique, couvert de boiseries, son fauteuil à oreillettes et sa commode haute annoncent en effet les nouvelles tendances dans le domaine de l'ameublement et de la décoration d'intérieur.

Gagner le 2e niveau (2nd floor) par l'ascenseur E1, puis prendre l'escalier jusqu'à l'ancienne aile. Commencer par la salle 210.

Fin de la période coloniale (1730-1790) – *2e niveau (2nd floor); salles 209-215.* Au cours du 18e s., les intérieurs se font très élégants, surtout dans les ports enrichis par le commerce (Boston, Newport, New York, Philadelphie et Baltimore). L'acajou remplace l'érable et le châtaignier, et les pieds de meubles se galbent et deviennent gracieux avant d'être supplantés par le style rococo lancé par l'ébéniste anglais Thomas Chippendale. Certes, les différences régionales persistent, mais de façon générale, les demeures citadines se caractérisent par un goût poussé du raffinement et du confort, tandis que dans les campagnes, les intérieurs restent encore d'une grande simplicité.

La Pennsylvania German Room *(salle 210)* montre le goût des immigrants allemands pour les ustensiles et meubles rustiques peints de motifs géométriques, de fleurs ou d'animaux naïfs dans des couleurs très vives. Le coffre décoré de tulipes rouges et blanches, de licornes et de colombes, faisait probablement partie de la dot d'une jeune fille. Dans la salle 211, la Powel Room (1766) – petit salon qui appartenait à la demeure d'un maire de Philadelphie à l'époque coloniale – est garnie de meubles en acajou appuyés contre un mur décoré d'un superbe papier peint chinois.

L'Alexandria Ballroom *(salle 215)* est la principale reconstitution d'intérieur de cet étage. Il s'agit d'une salle de bal datant de 1792, qui provient de la taverne Gadsby, à Alexandria (Virginie). Les deux cheminées, la galerie des musiciens, les chaises de style Queen Anne et Chippendale et les chandeliers de cuivre qui se reflètent dans de vieux miroirs évoquent l'époque où George Washington y fêta son dernier anniversaire, en 1798.

Continuer dans la nouvelle aile (salles 204-208).

Dans la salle 206, remarquer les papiers peints à la main d'origine anglaise provenant du hall d'entrée du manoir Van Rensselaer (à Albany, dans l'état de New York); ils représentent des paysages encadrés de motifs rococo. La Marmion Room *(salle 207)*, qui se trouvait autrefois dans une plantation de Virginie, contient des boiseries couvertes de paysages, de cornes d'abondance regorgeant de fruits, et d'urnes remplies de fleurs; la peinture des corniches, des pilastres et des panneaux inférieurs imite le marbre.

Les salles 204 et 205 font particulièrement bien ressortir les différences régionales dans l'ameublement et la décoration d'intérieur. Remarquer, dans la salle 204, un **bureau-bibliothèque** en acajou décoré de six coquilles, exécuté à Newport (1760-

1790) ainsi qu'une **commode haute** d'influence orientale, provenant de Boston (1730-1760). Noter aussi le beau travail d'ébénisterie des coffres d'horloges.

Les salles 217-224 et les expositions proposées au niveau mezzanine sont consacrées à la peinture et à la sculpture américaines *(description ci-dessous)*.

De la salle 205, descendre au 1er niveau (1st floor). Commencer la visite par la salle 116.

Arts populaires – De la période coloniale jusqu'à la fin du 19e s., les campagnes virent fleurir les arts populaires sous forme d'objets utilitaires sculptés et décorés pour la maison ou pour la ferme, et de portraits naïfs sans aucune perspective, tel **Lady With Her Pets** (Dame avec ses animaux) de Rufus Hathaway (1790).

On remarquera les *scrimshaw* (dents de cachalots gravées par les marins sur les baleiniers) et les petits **animaux** peints de William Schimmel, artisan itinérant qui sculptait des jouets en échange du gîte et du couvert.

La salle 118 ou **salle des Shakers** (Retiring Room) expose des meubles (chaises, tables, buffets) et des objets d'une grande pureté de lignes. Membres d'une secte religieuse qui atteignit son apogée au 19e s., les Shakers étaient en effet très réputés pour la simplicité, la sobriété et la finition de leur travail artisanal.

La visite permet de voir plusieurs exemples de décoration au pochoir (stencil). Beaucoup utilisée pour embellir les meubles, les planchers et les murs, cette forme d'art est restée populaire jusqu'à nos jours.

Dans la salle 119, noter le panorama peint entre 1816 et 1819 par John Vanderlyn, qui évoque le palais de Versailles et ses jardins.

Période fédérale (1790-1820) – Les décennies qui suivirent l'Indépendance furent marquées par une expansion économique importante. Le mobilier et l'architecture s'inspiraient alors du style néo-classique aux lignes pures et légères. Les architectes-décorateurs écossais James et Robert Adam eurent un impact fondamental sur l'architecture et le mobilier de leur pays, puis des États-Unis.

Le mobilier vit ses formes s'alléger. Les décorations sculptées furent remplacées par des incrustations de marqueterie, et parfois, par des panneaux de verre peint, comme le cas de la **bibliothèque-bureau** (1811) et de l'imposant **buffet** (1795-1815) des salles 105 et 106. Miroirs dorés finement travaillés et pendules décoratives venaient rehausser les intérieurs néo-classiques de facture sobre et dépouillée. En architecture, l'influence des frères Adam se reconnaît au choix des tons pastel et à l'utilisation de motifs classiques (urnes, guirlandes) pour l'ornementation des pilastres, des colonnettes et des manteaux de cheminée. L'ensemble est d'une sobre élégance, que l'on constate tout d'abord dans la salle 107 avec la Benkard Room (1811), puis dans la salle 111 avec la Haverhill Room (1805).

Dans la salle 110, la **Richmond Room** (1810) se distingue du style de cette période par ses moulures massives, ses boiseries en acajou et les proportions de ses portes. L'ameublement, exécuté par les ébénistes new-yorkais Duncan Phyfe et Charles Honoré Lannuier, est complété par des papiers peints représentant les monuments de Paris.

Période des «Revivals» (1820-1870) – Le style néo-classique, en faveur au début du 19e s., fit place, vers la fin du siècle, à celui des «réminiscences» *(revivals)* d'inspiration variée: gothique, rococo, Renaissance, Louis XVI, égyptienne... L'élégance et le raffinement des lignes du petit salon néo-grec de Duncan Phyfe *(salle 121)*, la profusion des motifs décoratifs du salon néo-rococo de John Henry Belter *(salle 122)*, l'ameublement superbe et la décoration grandiose du salon néo-Renaissance *(salle 124)* illustrent particulièrement bien ce retour aux styles d'antan. Remarquer au passage, dans une salle adjacente, la belle cage d'escalier conçue en 1884 par les architectes McKim, Mead & White pour une propriété de Buffalo, dans l'état de New York.

On trouve également à cet étage *(salle 127)* un bon exemple de l'ameublement du début du 20e s. dans la salle de séjour de la Francis Little House (1912-1914), dessinée par Frank Lloyd Wright *(p. 123)*. Les tons chauds des matériaux employés s'harmonisent avec ceux de la nature sur laquelle s'ouvre largement la pièce.

Peinture et sculpture

Quelque 400 œuvres présentées dans l'ordre chronologique constituent une vue d'ensemble de la peinture et de la sculpture américaines de la période coloniale jusqu'au début du 20e s.

Commencer par la salle 217.

18e s. – milieu du 19e s. – *Salles 217-221 et 223.* Le 18e s. fut dominé par l'art du portrait. Né en Écosse, John Smibert étudia en Italie, puis s'installa à Boston en 1729, ouvrant l'ère de la peinture professionnelle dans les colonies. Son tableau *Mrs Francis Brinley and Her Son Francis* (Madame Francis Brinley et son fils Francis) montre un style qui inspira de nombreux disciples comme John Singleton Copley et Gilbert Stuart, célèbre pour ses portraits de **George Washington [A]**.

À la fin du 18e s., les peintres américains allèrent étudier en Europe, surtout dans l'atelier londonien de leur compatriote, Benjamin West. Chef de file du mouvement néo-classique, celui-ci peignait de grandes fresques allégoriques ou mythologiques, telle *The Triumph of Love* (Le triomphe de l'amour), que l'on peut voir dans la salle 218. La grande taille de ses toiles inspira John Trumbull qui se spécialisa dans les fresques historiques. Son tableau *The Sortie Made by the Garrison of Gibraltar* (La sortie faite par la garnison de Gibraltar), exposé dans la salle 218, met en scène un épisode du siège de la forteresse britannique par les troupes françaises et espagnoles.

ART AMÉRICAIN

0   50 ft
0   10 m

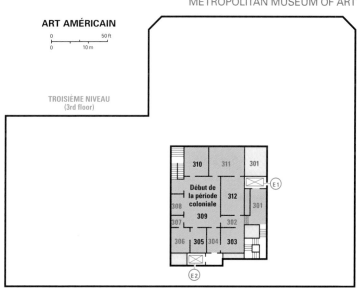

TROISIÈME NIVEAU
(3rd floor)

310 311 301

Début de
la période
coloniale

308 312 301

307 309 302

306 305 304 303

E1

E2

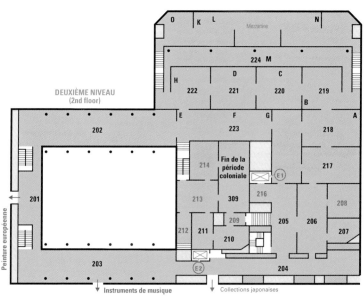

DEUXIÈME NIVEAU
(2nd floor)

O K L Mezzanine N

224 M

H D C

222 221 220 219

202

E F G B A

223 218

214 Fin de la
période
coloniale E1

201 216 217

213 309

Peinture européenne

209 208

212 211 205 206

210 207

203 E2 204

↓ Instruments de musique   ↓ Collections japonaises

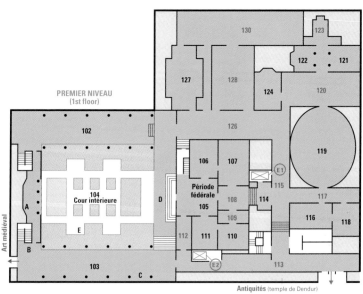

PREMIER NIVEAU
(1st floor)

130 123

122 121

127 128 124 120

126

102

106 107 E1

Période
fédérale 115

104
Cour intérieure D 114

108

A 105 109 119

116 117

E 112 111 110

B 116 118

103 E2 113

Art médiéval

↓ Antiquités (temple de Dendur)

Au début du 19ᵉ s., les peintres romantiques transforment l'art du portrait, particulièrement bien représenté dans la salle 219. On y admirera notamment *Mother and Son* (Mère et fils) de Thomas Sully et *The Muse* (La muse) de Samuel F. B. Morse, célèbre inventeur du télégraphe. Au même moment, d'autres artistes se tournent vers les scènes de genre. George Caleb Bingham évoque par exemple l'ambiance de l'Ouest dans ses **Fur Traders Descending the Missouri** (Négociants en fourrures descendant le Missouri) **[B]**.

La représentation des paysages se développe avec de gigantesques toiles lyriques de l'école de l'Hudson, première du genre aux États-Unis, dépeignant volontiers la grandeur et la beauté de l'immense continent américain. La salle 220 contient la célèbre toile **View From Mount Holyoke** (Vue du Mont Holyoke) **[C]** de Thomas Cole, tandis que les salles 221 et 223 présentent tour à tour **The Rocky Mountains** (Les Montagnes Rocheuses) **[D]** d'Albert Bierstadt et **The Aegean Sea** (La mer Égée) **[E]** de Frederic E. Church.

Au milieu du 19ᵉ s., l'histoire et l'expansion économique et géographique de la nation américaine inspirent de grandes toiles comme celle d'Emanuel Leutze, **Washington Crossing the Delaware** (Washington traversant le Delaware) **[F]**; cette dernière, exposée dans la salle 223, décrit Washington attaquant les mercenaires à la solde des Anglais la nuit de Noël 1776. Au fond de la salle, un buste en marbre de Hiram Powers représente le Président **Andrew Jackson [G]**.

Milieu du 19ᵉ s. – 20ᵉ s. – *Salles 222, 224 et mezzanine.* Ces salles présentent des peintres au tempérament typiquement américain comme **Winslow Homer**, **Frederic Remington** et **Thomas Eakins**. Illustrateur célèbre des événements de son temps, Homer relate dans ses premières œuvres – telle **Prisoners From the Front** (Prisonniers revenant du front) **[H]** – des scènes de la guerre de Sécession. La salle 224 expose des bronzes de Frederic Remington qui, au tournant du siècle, immortalisa la conquête de l'Ouest et ses héros; on peut également voir, dans la même salle, quelques œuvres d'Albert Pinkham Ryder.

Descendre dans la mezzanine.

Le portrait de la très élégante **Madame X [O]** est l'œuvre de John Singer Sargent, formé à Paris et influencé par les portraits de Vélasquez.

Vers la fin de sa vie, Homer trouva son inspiration dans la mer qu'il peignit avec beaucoup de force. Ses remarquables compositions, telles **The Gulf Stream [K]** et **Northeaster** (Le vent du Nord-Est) **[L]**, en firent un maître incontesté du mouvement naturaliste. Contemporain d'Homer, Eakins préférait quant à lui peindre des personnages. *The Thinker: Portrait of Louis Kenton* (Le penseur: Portrait de Louis Kenton) reflète l'influence de Vélasquez, tandis que *The Writing Master* (L'écrivain) fut inspiré de la technique de Rembrandt et que ses scènes d'extérieur, notamment **Max Schmidt in a Single Scull** (Max Schmidt faisant de l'aviron) **[N]**, annoncent déjà l'impressionnisme.

À la fin du 19ᵉ s., d'autres peintres américains adoptent le style impressionniste: ainsi, *At the Seaside* (Au bord de la mer) de William Merritt Chase et *Winter in Union Square* (Hiver à Union Square) de Childe Hassam, révèlent clairement l'influence française par leurs traits brefs et continus, leurs surfaces irrégulières et leurs couleurs éclatantes.

De nombreux peintres américains vivent alors en Europe, dont Mary Cassatt élève de Degas et seul peintre américain à avoir fait véritablement partie du mouvement impressionniste, et James McNeill Whistler, qui passa une partie de sa vie en Angleterre. De la première, on verra *Portrait of a Young Girl* (Portrait de jeune fille), et du second, *Arrangement in Flesh Colour and Black: Portrait of Theodore Duret* (Portrait de Théodore Duret).

Le Henry R. Luce Center for the Study of American Art, situé au même étage, permet d'accéder, grâce au fichier électronique AWARE (American Wing Art Research), aux réserves du musée, soit plus de 10 000 objets d'art non exposés.

★★★ ANTIQUITÉS (Ancient Art)

Cette remarquable section présente les riches collections d'antiquités égyptiennes, grecques, romaines et orientales du musée.

Antiquités égyptiennes (Egyptian Wing) *1ᵉʳ niveau (1st floor). 3h.*

Exposées au Nord du grand hall, les collections égyptiennes comprennent plus de 35 000 sculptures, objets funéraires, bas-reliefs et bijoux illustrant l'art et la civilisation de l'Égypte ancienne de la période prédynastique (antérieure à 3100 av. J.-C.) à la période copte (jusqu'à 641 apr. J.-C.).

Il est recommandé de visiter les salles dans l'ordre chronologique en commençant par la droite en entrant. Chaque période est indiquée sur le chambranle des portes séparant les salles.

Salle d'orientation – *Salle 1.* Un tableau chronologique, une carte murale, des objets de la période prédynastique, des sculptures et un sarcophage en pierre permettent de situer dans le temps les époques historiques, et de localiser les œuvres. On pénètre dans un mastaba, monument funéraire en forme de pyramide tronquée qui fut érigé à l'intention de Pernebi, dignitaire à la cour de Memphis (Vᵉ dynastie).

De la Iʳᵉ à la XVIIIᵉ dynastie – *Salles 2-15.* La salle 2 présente des bas-reliefs – dont quelques-uns proviennent de la pyramide de Chéops (IVᵉ dynastie) –, ainsi que des sculptures et objets de la vie quotidienne de la Iʳᵉ à la Xᵉ dynastie (3100-

2040 av. J.-C.). Les deux statuettes de pierre (V^e dynastie) représentant des prisonniers enchaînés, à genoux, ont les yeux obliques et le visage marqué de rides profondes pour souligner leur origine étrangère; placées dans les tombeaux royaux de l'Ancien Empire, elles symbolisaient l'autorité du pharaon devant l'instabilité et le désordre. On remarquera aussi les statues grandeur nature de dignitaires dont l'attitude rigide et digne est caractéristique de l'époque à laquelle elles furent réalisées (V^e dynastie).

La VIe dynastie fut suivie d'une période de troubles politiques. Après deux siècles d'instabilité, le roi de Thèbes Mentouhotep Ier rétablit l'unité de l'Égypte. Ce fut le début d'une nouvelle ère de prospérité: le **Moyen Empire**. Les objets regroupés dans les salles 3 à 5 appartenaient à ce pharaon, à sa famille et aux dignitaires qui le servaient. Le groupe de **figurines** provenant de la tombe de Meketrê, chancelier de Mentouhotep, offre une image fascinante des activités quotidiennes de l'Égypte ancienne: boulangers, brasseurs, bouchers, etc. Les bateaux sur le mur du fond et les petites statuettes de bois des porteuses d'offrandes, merveilleusement préservées, ont été trouvées dans le même tombeau.

Dans les salles 6 et 7, noter tour à tour une table d'offrandes de granit rouge provenant du temple d'Amenemhat Ier, et la stèle de Montou-Ousrê; cette dernière, dont les hiéroglyphes décrivent la carrière du haut dignitaire, a conservé la plus grande partie de ses couleurs d'origine.

Les portraits et bijoux présentés dans la salle 8 attestent du haut degré de perfection atteint par les artisans du Moyen Empire. En face de l'entrée, les **portraits royaux** de la XIIe dynastie sont saisissants de vérité. On trouve parmi eux la représentation en sphinx de Sésostris III, au visage plein de majesté, et le portrait très expressif du même pharaon en quartzite rouge. Les **bijoux** de la princesse Sat-Hator-Younet, extraits de son tombeau, sont une merveille de raffinement: ceinture de perles en améthyste et en or où s'intercalent des têtes de léopard dont le tintement rythmé accompagnait la marche de la princesse. Le pectoral d'or incrusté de pierres semiprécieuses est un présent de son père; au centre, un dieu à genoux soutient l'emblème royal.

La salle 12 contient les monumentales **statues de la reine Hatchepsout** (début de la XVIIIe dynastie), provenant du temple funéraire de Deir El-Bahari. Hatchepsout gouverna en pharaon; elle s'habillait en homme, ce qui explique qu'elle fut le plus souvent représentée avec la barbe royale. Les statues de granit rouge la représentent agenouillée et portant la mitre blanche, symbole de la royauté de la Haute-Égypte; beaucoup plus féminine, la charmante statue assise de la même reine, en calcaire blanc, contraste vivement avec ses représentations habituelles.

Dans la salle 13 se trouve le remarquable masque funéraire d'Hatnofret, recouvert de feuilles d'or (début de la XVIIIe dynastie), et dans la salle 14, de fragiles sandales d'or et des pectoraux à têtes de faucon qui étaient destinés à accompagner dans leur tombe les trois épouses royales.

La salle 15 est consacrée au règne d'Aménophis III. Les œuvres exposées frappent par la qualité de l'exécution et le souci du détail. On remarquera tout particulièrement la superbe statue en faïence bleue du grand pharaon égyptien, représenté en sphinx. Au centre de la salle, quatre statues de Sekhmet retiennent l'attention; déesse du désert et de la destruction, cette divinité à tête de lionne était aussi la protectrice du pharaon.

De la XVIIIe à la XXXe dynastie – *Salles 16-24, 26 et 29.* Cette section couvre une période de plus de 1000 ans (1379-330 av. J.-C.). Dans les salles 16 à 18 sont présentés des bas-reliefs, des objets funéraires et des sculptures datant du règne d'Akhenaton, qui déplaça la capitale de Thèbes à Amarna, et d'autres pharaons de la XVIIIe dynastie: Toutankhamon, Aï et Horemheb.

Dans la salle 17, parmi les statues royales, remarquer la tête du jeune pharaon Toutankhamon et une tête du dieu Amon. On pourra également voir, chose rarissime, le matériel d'embaumement ayant servi à la préparation du corps de Toutankhamon, ainsi que les restes du banquet donné à l'occasion de la fermeture de sa tombe. Dans une vitrine, parmi les objets provenant d'une sépulture de la vallée des Rois, remarquer un canope (vase funéraire destiné à recueillir les organes) en albâtre dont le couvercle représente une tête emblématique.

Au centre de la salle 18 se dresse la statue du général Horemheb; chef des armées de Toutankhamon dont il usurpa le trône, Horemheb allait devenir le dernier pharaon de la XVIIIe dynastie. On remarquera aussi l'énorme sarcophage en basalte d'Harkhebit (664- 525 av. J.-C.), gravé d'hiéroglyphes, et dans le hall, deux statues représentant un certain Youni (seul, puis en compagnie de sa femme), intéressantes pour les détails qu'elles illustrent sur la mode égyptienne. Le Livre des morts sur papyrus, qui devait guider le mourant lors de son passage dans l'autre monde, et l'encadrement de porte en granit datent de la même époque.

La salle 19, consacrée à la période des Ramsès dite période «ramesside» (XIXe et XXe dynasties), contient une statue agenouillée de Sethi Ier et une tête d'Amenmès. La stèle de Ptahmose représente ce dernier avec quatre suppliants.

Dans la salle suivante, qui couvre la période de la XXIe à la XXVe dynastie, une statuette en or d'Amon portant la croix ansée, symbole de la vie, avoisine un groupe de sarcophages superbement peints de la XXIe dynastie, ainsi que la momie et les sarcophages de Kharushere (seconde moitié de la XXIIe dynastie).

Parmi les sculptures en bronze ou en céramique et les objets divers exposés dans la salle 22, noter une statue d'Osiris en bronze incrustée d'or et deux flacons de céramique sur lesquels sont inscrits des vœux pour la nouvelle année. Les objets funéraires présentés dans cette salle comprennent des amulettes momiformes en or, des chaouabtis (petites statuettes représentant des serviteurs destinées à accomplir les tâches domestiques nécessaires au bien-être du défunt dans l'au-delà) en faïence, des scarabées et des bijoux.

La salle 23 contient des œuvres de la XXXe dynastie (380-342 av. J.-C.), dont le sarcophage en granit du prince Wennefer et la magnifique stèle de Metternich. Superbe exemple d'architecture monumentale égyptienne datant du règne d'Auguste (vers l'an 15 av. J.-C.), le **temple de Dendur** occupe la salle 25 dans sa totalité. Il fut offert aux États-Unis par l'Égypte dans les années 1960 en reconnaissance de l'aide apportée pour sauver les temples de Nubie (notamment le fameux site archéologique d'Abou Simbel) alors menacés d'être submergés par les eaux du barrage d'Assouan.

Période ptolémaïque – Période romaine et art copte (30 av. J.-C. – 641 apr. J.-C.) – *Salles 26-29, 31 et 32.* Particulièrement intéressantes, les salles 26 et 29 sont consacrées à la riche collection de reproductions de peintures décorant des temples et des tombes. Tous les objets rassemblés dans les salles 27 et 28 (sarcophages de pierre, momies, papyrus extraits du Livre des morts) datent de l'époque macédonienne et ptolémaïque allant de la «conquête» de l'Égypte par Alexandre le Grand (332 av. J.-C.) jusqu'à la mort de Cléopâtre (30 av. J.-C.), dernière reine de la dynastie des Ptolémées (du nom du général macédonien auquel Alexandre avait confié l'administration de l'Égypte).

La salle 31 contient des œuvres d'art romaines depuis le temps d'Auguste (1er s. av. J.-C.) jusqu'au 4e s. apr. J.-C. On y remarquera également les **portraits du Fayoum** (huit panneaux peints à la cire au 2e s. apr. J.-C.) ainsi qu'une quarantaine d'objets coptes (période chrétienne égyptienne, 2e-7e s. apr. J.-C.) évoquant la vie quotidienne du peuple égyptien et celle des communautés monastiques.

Antiquités grecques et romaines (Greek and Roman Art)
1er et 2e niveaux (1st-2nd floors). 1h.

1er niveau: neuf salles au Sud du grand hall et une salle au Nord de l'escalier principal. 2e niveau: quatre salles au Sud de la galerie dominant le grand hall.

Ces collections retracent l'évolution de la sculpture et de la poterie grecque et romaine. On y verra *(1er niveau)* des antiquités chypriotes, des objets provenant des Cyclades, et plusieurs exemples d'art étrusque (dont un magnifique chariot en bronze du 6e s.).

Avec le **Trésor grec et romain** *(au Nord de l'escalier principal)*, le musée présente sa collection d'orfèvrerie antique, constituée surtout de pièces de vaisselle et de vases rituels. Remarquer une coupe en or servant aux libations, décorée de glands et de faines (4e-3e s. av. J.-C.), ainsi que des petites cruches et louches en argent (Grèce, période archaïque, 6e s. av. J.-C.).

Superbement illustrée par la statuette d'un cheval en bronze (1er s. av. J.-C.-1er s. apr. J.-C.), la période géométrique en Grèce se caractérise par la pureté et la simplicité des lignes. La recherche des formes, surtout dans la représentation du corps humain (Kouros de marbre rose au visage énigmatique, 7e s. av. J.-C.) domine l'art religieux de la période archaïque (tombeaux, bas-reliefs).

L'art classique, plus souple, à la recherche de la perfection idéale du corps humain, est essentiellement représenté par des copies romaines de statues grecques. Plus réaliste et plus variée, l'époque hellénistique nous montre une paysanne expressive (2e s. av. J.-C.).

La poterie suit la même évolution: les motifs géométriques sont peu à peu remplacés par des formes humaines et des scènes de la mythologie ou de la vie courante *(salles du 2e niveau),* avec la technique des figures noires sur fond rouge puis, plus tard, des figures rouges sur fond noir, dont l'exemple le plus remarquable est le **cratère d'Euphronios**, remontant à 515 av. J.-C. *(salle 4).* Cette merveille, œuvre du potier Euxitheos et du peintre Euphronios, représente d'un côté le corps de Sarpédon (fils de Zeus), transporté par Hypnos et Thanatos (le Sommeil et la Mort), et de l'autre des guerriers en armes.

Dans la galerie transversale sont disposés des sarcophages et des bustes-portraits très réalistes dont les sculpteurs romains s'étaient fait une spécialité. Des peintures murales d'une villa de Boscoreale, près de Pompéi, ensevelie lors de l'éruption du Vésuve en 79 apr. J.-C., évoquent avec la précision d'un décor de théâtre l'architecture romaine urbaine, et utilisent le fameux rouge pompéien.

Dans l'angle Sud-Est du grand hall, remarquer la chambre à coucher ou *cubiculum* de la même villa, embellie par un sol en mosaïque qui proviendrait de thermes situés près de Rome (2e s.).

Antiquités orientales (Ancient Near Eastern Art) *2e niveau (2nd floor). 1h.*

Les sculptures, les poteries et les objets en métal de cette collection datent d'une période s'étendant du 6e millénaire av. J.-C. jusqu'aux débuts de l'Islam. Ils proviennent des territoires compris entre la Turquie à l'Ouest, la vallée de l'Indus à l'Est, les montagnes du Caucase au Nord et l'Arabie au Sud. L'accent est mis sur la Mésopotamie (civilisations sumérienne et assyrienne) et la Perse (civilisations achéménide et sassanide).

Cette section est dominée par un groupe de 20 bas-reliefs provenant du palais d'Assurnazirpal II – roi d'Assyrie de 883 à 859 av. J.-C. – à Nimrud (Iraq). Ils représentent le souverain tenant un arc, des dieux à tête d'oiseau et à tête humaine, et l'arbre sacré, symbole de la fertilité; les inscriptions exaltent les vertus d'Assurnazirpal et les réalisations de son règne. Les deux énormes créatures ailées à tête humaine et à cinq pattes gardaient l'une des entrées de ce palais.

Les ivoires sculptés (8e s. av. J.-C.), que l'on voit un peu plus loin, furent également trouvés à Nimrud.

On remarque aussi un lion en briques émaillées qui ornait la porte d'Ishtar à Babylone, construite par Nabuchodonosor II au 6e s. av. J.-C.; des sceaux en forme de cylindre, de Mésopotamie; des sculptures sumériennes en pierre; des objets de bronze (8ᵉ-7ᵉ s. av. J.-C.) découverts dans des sépultures au Luristan; des poteries peintes (5000-4000 av. J.- C.), des rhytons (cornes pour boire, en forme d'animal) en argent et en vif-argent doré, et divers récipients (8ᵉ s. av. J.-C.- 6ᵉ s. apr. J.-C.) provenant d'Iran.

MUSÉES

★★★ SCULPTURES ET ARTS DÉCORATIFS EUROPÉENS
(European Sculpture and Decorative Arts) *1ᵉʳ niveau (1st floor). 3h.*

Ce département, l'un des plus grands du musée, représente un total de plus de 60 000 œuvres de la Renaissance au début du 20ᵉ s. Sculpture, mobilier, céramique, ébénisterie, verrerie, orfèvrerie et textiles constituent le gros de la collection. Une place privilégiée est accordée aux meubles français et anglais, et aux porcelaines françaises et allemandes, que l'on pourra admirer dans d'exquises reconstitutions d'intérieurs d'époque.

Salles de la Renaissance et salles italiennes – *Salles 1-5 et 8-10.* On y remarque les marqueteries d'une chapelle modelée sur celle du château de la Bastie d'Urfé, en Forez (1550); la «chambre de Nelson», de style élisabéthain, provenant du Star Hotel à Great Yarmouth (Norfolk, Angleterre); une chambre aux murs de bois sculpté, contenant un poêle en porcelaine (Flims, Suisse).
Au milieu de la salle 2 est exposée une énorme table incrustée d'albâtre et de pierres semi-précieuses, qui fut dessinée par l'architecte Jacopo Barozzi da Vignola pour le palais Farnèse à Rome (16ᵉ s.). Un vestibule précède la chambre rococo *(salle 9)* du palais vénitien de Sagredo (début du 18ᵉ s.). Sont également exposées des majoliques italiennes d'Urbino, Gubbio et Deruta (16ᵉ s.) et des faïences françaises et hollandaises (Delft).

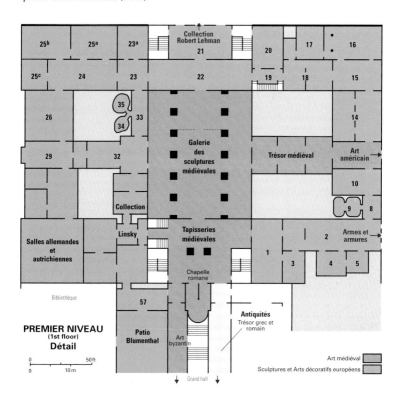

PREMIER NIVEAU
(1st floor)
Détail

Salles anglaises – *Salles 14-20.* Pour suivre l'évolution des arts décoratifs anglais de 1660 à 1840, commencer par la salle 19 dans laquelle un escalier baroque sculpté par Gibbons, provenant de Cassiobury Park (Hertfordshire), illustre les tendances du 17ᵉ s. Le style rococo, en vogue au milieu du 18ᵉ s., est évoqué *(salle 20)* par le spectaculaire décor de stuc de la salle à manger du château de Kirtlington Park (Oxfordshire), aujourd'hui aménagée en salon.
Le salon exposé dans la salle 17 se trouvait autrefois à Croome Court (Warwickshire). Il fut dessiné par l'architecte Robert Adam (1728-1792) qui élabora un style de décoration intérieure inspiré de l'Antiquité. Les murs sont tendus de tapisseries des Gobelins rouge foncé dessinées par François Boucher, et réalisées pour Lord Coventry, le propriétaire. La splendide salle à manger *(salle 16)* de la Lansdowne House (Londres) est également due à Adam. Les couleurs pastel, les pilastres, les niches garnies de statues antiques et les stucs «pompéiens» contrastent subtilement avec la table et les chaises d'acajou dont la teinte sombre met en valeur l'éclat de l'argenterie et du lustre.
Dans les salles 15 et 18, remarquer la collection très variée d'objets décoratifs anglais du 18ᵉ s.; les œuvres françaises datant de la même période sont exposées dans les salles 21 et 22.

MUSÉES

Salles françaises – *Salles 23-29 et 32-35*. Ces salles renferment une magnifique collection d'arts décoratifs français du 18e s. Dans la galerie d'accès *(salle 33)* a été reconstituée la devanture d'une boutique parisienne de 1775; derrière la façade ornée de pilastres et de paniers à fleurs typiques de l'époque Louis XVI, sont exposées de remarquables pièces d'argenterie de Paris.

On accède ensuite à deux élégants salons *(salles 34 et 35)*: un boudoir rococo provenant de l'hôtel de Crillon, avec un mobilier du château de St-Cloud dont un lit de repos de Marie-Antoinette, et la Bordeaux Room, salon arrondi aux lambris délicats et aux meubles néo-classiques.

La reconstitution d'un intérieur de style Louis XV *(salle 23)* est ornée de la réplique d'un portrait de Louis XV enfant, peint par Rigaud, dont l'original se trouve à Versailles. Parmi les superbes porcelaines de la Sèvres Alcove Gallery se distingue un vase en forme de navire et plusieurs pièces d'un bleu turquoise qui, avec le bleu nuit, a fait la réputation de la célèbre manufacture française. Derrière cette alcôve, le gracieux salon de l'hôtel parisien de Lauzun *(salle 23a)* contient des meubles précieux rehaussés de plaques en porcelaine de Sèvres. Remarquer aussi des meubles signés Carlin, Weisweiler et Bernard II van Risenburgh (initiales B.V.R.B.). Réalisée par André Furet, horloger du roi Louis XVI, la pendule en bronze et marbre représentant une femme noire possède un mécanisme original: les chiffres des heures et des minutes apparaissent dans les yeux de la dame et peuvent être changés en tirant sur ses boucles d'oreilles.

Quatre reconstitutions d'ensembles mobiliers du 18e s. donnent sur la galerie Louis XVI *(salle 24)* dont on admirera les meubles laqués. Le salon blanc et or de l'hôtel de Varengeville à Paris *(salle 25a)* met en valeur des meubles Louis XV, notamment le bureau du roi provenant du château de Versailles. Le salon rococo bleu et or du palais Paar à Vienne *(salle 25b)* se distingue par son mobilier précieux, une table à écrire signée Van Risenburgh et un lustre en cristal. Le salon néo-classique de l'hôtel de Cabris à Grasse *(salle 25c)* contient de magnifiques boiseries de chêne. Parmi les merveilles exposées figurent un nécessaire de voyage et une table convertible pouvant être utilisée pour déjeuner, lire ou faire sa toilette. Le salon de l'hôtel de Tessé à Paris *(salle 26)*, revêtu de boiseries grises et or, possède un tapis de la Savonnerie (17e s.) et des meubles conçus par Riesener pour Marie-Antoinette.

Enfin, les deux dernières salles sont consacrées au 17e s., règnes de Louis XIII et Louis XIV. Dans la chambre d'apparat de style Louis XIV, remarquer une série de tentures brodées représentant des allégories des saisons et des éléments, plusieurs meubles Boulle (ébéniste du roi et de sa cour à partir de 1672), et une cheminée monumentale sculptée d'après des dessins de Jean Le Pautre.

Salles allemandes et autrichiennes – Noter les faïences du 18e s., les porcelaines de Meissen et les pièces en verre émaillé de Bohême (1730).

Les meubles de jardin ornés de motifs floraux furent réalisés à la demande du prince-évêque Adam Friedrich von Seinsheim pour sa demeure de Schloß Seehof (près de Bamberg, en Allemagne).

★ **Collection Linsky** – Réunie sur une période de 40 ans par Jack et Belle Linsky, cette collection (inaugurée en 1984) comprend quelque 375 œuvres d'art réparties dans sept salles conçues pour évoquer le cadre intime d'une demeure privée. Tableaux de maîtres européens, bronzes Renaissance et baroques, porcelaines de divers pays, mobilier français du 18e s., bijoux et pièces d'orfèvrerie font partie des œuvres choisies par ce couple de collectionneurs pour leur qualité et leur beauté. De nombreuses toiles représentent les écoles italienne, flamande, française, hol-

A Corot
B Romantisme
C Néo-classicisme
D École de Barbizon
E Degas (sculptures)
F Degas (tableaux)
G Degas (pastels)
H Pastels
I Courbet
J Manet
K Courbet
L Renoir, Sisley, Fantin-Latour
M Boudin, Manet, Renoir, Monet, Fantin-Latour
N Monet
O Cézanne
P Cézanne, Monet, Toulouse-Lautrec, Vuillard
Q Monet
R Van Gogh, Gauguin, Seurat
S Van Gogh, Gauguin, Seurat, Matisse, Braque, Picasso
T Pissaro, Daubigny
U Le Salon, Rodin
V Barye, sculptures

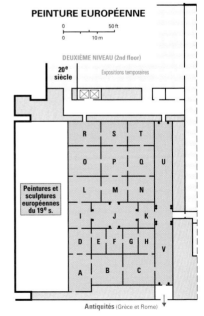

PEINTURE EUROPÉENNE

0   50 ft
0   10 m

DEUXIÈME NIVEAU (2nd floor)

20e siècle
Expositions temporaires

Peintures et sculptures européennes du 19e s.

R S T
O P Q U
L M N
I J K V
D E F G H
A B C

Antiquités (Grèce et Rome)

landaise et allemande, dont une Madone du Vénitien Carlo Crivelli (15ᵉ s.) et la première œuvre datée de Rubens: le portrait, peint sur cuivre, d'un architecte ou géographe (1597).

Parmi les bronzes, noter la représentation très expressive d'un moine copiste monté sur un dragon (12ᵉ s.) et celle d'un satyre (16ᵉ s., Antico). La reconstitution d'un intérieur de la fin du 18ᵉ s. contient une commode de David Roentgen et un charmant secrétaire revêtu d'acajou et de bois d'amarante, exécuté par Jean-François Œben pour Mme de Pompadour. Plus de 200 porcelaines rococo provenant des manufactures de Meissen et Chantilly viennent compléter la décoration. On remarquera aussi des figurines en porcelaine de la manufacture impériale de St-Pétersbourg (fin du 18ᵉ s.).

Patio Blumenthal (Vélez Blanco) – Reconstitué en 1964, ce patio Renaissance provient du château de Vélez Blanco, en Andalousie. Ses galeries de marbre blanc, ses bas-reliefs finement sculptés par des artistes lombards, ses chapiteaux, ses arcs et ses balustrades reflètent l'architecture méditerranéenne typique de l'époque. Une inscription latine donne le nom du propriétaire du château, Pedro Fajardo, et les dates de construction: 1506-1515.

Contiguë au patio Blumenthal, la salle 57 contient des statuettes de bronze d'origine italienne réalisées par des grands maîtres du 15ᵉ au 18ᵉ s. (Bellano, Riccio, Antico, Giovanni Bologna, Vittoria).

★★★ PEINTURE EUROPÉENNE DU 13ᵉ AU 18ᵉ S.
(13-18C European Paintings) *2ᵉ niveau (2nd floor). 4h. Plan ci-dessous.*

Des commentaires enregistrés sont à la disposition des visiteurs. Si l'on désire voir un département en particulier, il vaut mieux s'assurer à l'avance par téléphone que celui-ci est ouvert (☎879-5500).

- *L'Épiphanie* (Giotto ou son atelier)
- *Le voyage des Mages* (Sassetta)
- *Homme et femme à la fenêtre* (Fra Filippo Lippi)
- *La dernière communion de saint Jérôme* (Botticelli)
- *Pietà* (Crivelli)
- *Vierge à l'enfant* (Bellini)
- *Vénus et le joueur de luth* (Titien)
- *Jeune fille à l'aiguière* (Vermeer)
- *Aristote contemplant le buste d'Homère* (Rembrandt)
- *Madeleine repentie* (La Tour)
- *Mezzetin* (Watteau)
- *La Crucifixion et le Jugement dernier* (Van Eyck)
- *François d'Este* (Van der Weyden)
- *Le repos pendant la fuite en Égypte* (David)
- *Les moissonneurs* (Bruegel l'Ancien)
- *Vénus et Adonis* (Rubens)
- *Vue de Tolède* (le Greco)
- *Juan de Pareja* (Vélasquez)

Ce département comprend une quarantaine de salles, soit un total de plus de 3000 œuvres d'art du 13ᵉ au 18ᵉ s., présentées dans l'ordre chronologique et par pays. Essentiellement consacrée aux écoles italienne, flamande, française et hollandaise, la collection expose néanmoins les tableaux d'artistes anglais et espagnols.

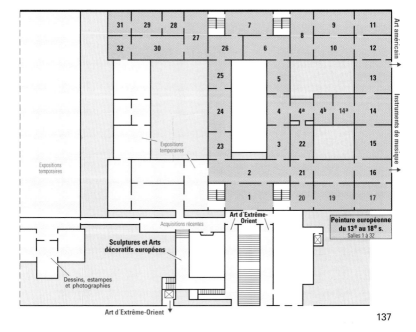

École italienne *Salles 1-4b, 5-9, 22 et 30*

Les primitifs et le 15ᵉ s. – *Salles 3, 4, 4a, 4b, 5 et 6*. Il s'agit en général de scènes religieuses à fonds dorés. En salle 3, l'**Épiphanie**, de Giotto (Florence) ou de son atelier, réunit dans une même composition l'Annonce aux bergers, la Nativité et l'Adoration des Mages. Comme Giotto, Sassetta (Sienne) occupe un rôle prééminent par son sens du paysage et son souci de la mise en scène, et son **Voyage des Mages** en témoigne paticulièrement bien. Les œuvres de Giovanni di Paolo et Segna di Buonaventura *(Saint Jean l'Évangéliste)* sont également représentatives de l'école siennoise.

La salle 4 est consacrée à la peinture profane du 15ᵉ s. Au-dessus d'un beau *cassone* (coffre de mariage) rehaussé d'une scène de bataille est accrochée une œuvre de Filippo Lippi, **Homme et femme à la fenêtre**, flanquée d'un portrait féminin peut-être réalisé par Giovanni di Francesco. On y trouve également le Florentin Ghirlandaio et son tableau *Francesco Sassetti et son fils Théodore* (remarquer le contraste entre les traits marqués de l'homme et ceux tout en douceur de l'enfant). En salle 4a, le plafond d'un palais siennois, peint par Pinturicchio (1454-1513), est décoré de scènes allégoriques et mythologiques: les *Triomphes* (d'après Pétrarque), les *Trois Grâces* et le *Jugement de Pâris*. Des exemples de peinture profane du 15ᵉ s. provenant de Florence et de Sienne, sont également exposés. L'école florentine *(salles 4b et 6)* est illustrée par Botticelli et son chef-d'œuvre, la **Dernière Communion de saint Jérôme** *(salle 4b)*, et par une sculpture en terre cuite émaillée de Luca Della Robbia représentant une Vierge à l'enfant *(salle 4b)*. On remarquera également l'exquise *Naissance de la Vierge (salle 6)* dont les détails se détachent sur un décor architectural romain.

Parmi les peintures de l'Italie du Nord *(salle 5)* figurent une **Pietà** qui faisait autrefois partie d'un retable du Vénitien Carlo Crivelli, une **Vierge à l'enfant** par Jacob Bellini, la *Fuite en Égypte* de Cosimo Tura et l'*Adoration des bergers* de Mantegna.

Renaissance (16ᵉ s.) – *Salles 7-9*. Caractérisés par le chatoiement des couleurs et des personnages en gros plan évoluant sur un fond de paysages très réalistes, les tableaux de l'école vénitienne dominent sans aucun doute la collection d'œuvres de la haute Renaissance.

Des toiles décoratives ornent les murs de la salle 8, parmi lesquelles la *Multiplication des pains* (Tintoret) et **Vénus et le joueur de luth** (Titien). Remarquer aussi le portrait de Filippo Archinto (également du Titien), représentant l'archevêque de Milan, et *Vénus et Cupidon* de Lorenzo Lotto.

Entourée par Jean Baptiste enfant, les saints Pierre et Paul et les saintes Catherine et Cécile, une Vierge à l'enfant de Raphaël constitue vraisemblablement la peinture religieuse la plus remarquable de la salle 7. De Raphaël aussi, l'*Agonie au jardin des Oliviers* (1505) est un petit panneau provenant de la prédelle du retable d'un couvent de Pérouse.

En salle 9 sont exposées des œuvres d'artistes moins réputés. On y verra par exemple la *Mise au tombeau* de Moretto da Brescia, et *Salomé portant la tête de Jean Baptiste* de Solario. L'énorme toile représentant *Pierre, Marthe, Marie-Madeleine et Léonard* fut réalisée par Corrège, le plus grand peintre de Parme.

17ᵉ s. – *Salle 30*. Œuvre de jeunesse de Caravage, les *Musiciens* frappent par leurs visages à la fois sensuels et efféminés. Parmi les autres toiles exposées, noter un *Couronnement de la Vierge* d'Annibale Caracci, et une *Immaculée Conception* de son élève Guido Reni.

18ᵉ s. – *Salles 1-2 et 22*. La salle 1 est dédiée au peintre vénitien Giovanni Battista Tiepolo dont les toiles lumineuses sont pleines de mouvement et de gaieté. La salle 2 contient deux tableaux de Pannini illustrant les monuments de la capitale italienne: *Rome ancienne* et *Rome moderne;* sur ce dernier, l'artiste a représenté la sculpture de Michel-Ange intitulée *Moïse*.

La salle 22 présente *Une danse à la campagne* de Tiepolo ainsi que les œuvres de deux autres grands peintres vénitiens, fleurons de l'art baroque: Francesco Guardi (vues de Venise) et Pietro Longhi (scènes intimes retraçant avec minutie la vie quotidienne des patriciens de Venise).

École hollandaise *Salles 11-15*

Des œuvres du 17ᵉ s. illustrent l'âge d'or de la peinture hollandaise. La collection de **Rembrandt** est tout à fait exceptionnelle, avec 33 tableaux couvrant la totalité de la carrière de l'artiste. Utilisant la lumière avec habileté, le peintre attache une attention toute particulière à la représentation des mains, des bijoux, des collerettes et des manchettes.

Dans la salle 12, noter la franche vivacité de la *Joyeuse compagnie sur la terrasse* de Jan Steen. Des tableaux hollandais plus tardifs offrent des scènes d'intérieur, des marines et des paysages aux ciels immenses.

Chef-d'œuvre de Vermeer, le Metropolitan possède la plus grande collection de Vermeer au monde, soit un total de cinq toiles, la **Jeune fille à l'aiguière**, baignée d'une fine lumière, attire d'emblée les regards *(photo p. 139)*. On remarquera aussi la *Curiosité* de Ter Borch, au style raffiné et élégant.

Dans la salle 13 est exposé l'un des premiers portraits de Rembrandt, *Homme en costume oriental*, composé vers 1630. Le joyau de la collection, daté de 1653, est **Aristote contemplant le buste d'Homère**, symbole de la pensée philosophique.

Des dernières œuvres de Rembrandt ressortent *(salle 14)* des portraits de lui-même et de ses concitoyens d'Amsterdam. Il faut aussi remarquer sa *Toilette de Bethsabée* au réalisme sans concession. De Frans Hals, on mentionnera d'exubérants portraits collectifs aux couleurs chatoyantes comme par exemple *Jeune homme et jeune femme dans une auberge*.

The Metropolitan Museum of Art, Henry G. Marquand Collection

Vermeer: *Jeune fille à l'aiguière*

École française   *Salles 10, 18 et 21*

17e s. – *Salle 10.* Une **Madeleine repentie** de Georges de La Tour illustre les qualités de sobriété et de force expressive de l'école française. Nicolas Poussin est représenté par *L'enlèvement des Sabines* tandis que Claude Lorrain, dans *Vue de La Crescenza* (villa près de Rome), peint un paysage traditionnel empreint d'une lumière très subtile. Sa *Marine avec Troyennes incendiant les navires* illustre un passage de l'*Énéide* de Virgile.

18e s. – *Salles 18 et 21.* Dans la salle 18, on peut admirer le tableau d'Adélaïde Labille-Guiard intitulé *Madame Guiard occupée à peindre et deux élèves la regardant,* interprété comme une réaction de l'artiste contre l'entrée limitée des femmes à l'Académie; *La Soupière d'argent* de Chardin, émouvante de franche simplicité; et les *Œufs cassés,* sujet équivoque peint avec science par Greuze, influencé par la peinture de genre flamande.
La salle 21 permet de suivre l'évolution de l'art du portrait, depuis les effigies léchées de Drouais *(Madame Favart)* jusqu'à celles sobres et austères de Duplessis *(Madame de Saint-Maurice).* Le long des murs se succèdent les «fêtes galantes» qui furent très populaires sous Louis XV, parmi lesquelles le tendre et triste **Mezzetin** (personnage de la *Commedia dell'Arte),* œuvre de petit format et de grande célébrité par Watteau, et le *Départ du messager,* une pastorale de Boucher. Plusieurs peintures de genre de Fragonard sont également exposées, dont une esquisse très enlevée, la *Famille italienne,* et *Le baiser volé.*

École anglaise   *Salles 2 et 16*

Ces salles abritent des portraits du 18e s. à la facture brillante, aux couleurs fraîches, mais au charme un peu superficiel. Noter, dans la salle 2, *Mrs Grace Dalrymple Elliott* de Thomas Gainsborough, ainsi que deux tableaux de Sir Joshua Reynolds: *Hon. Henry Fane with His Guardians* (L'Honorable Henry Fane avec ses tuteurs) et *Colonel George Coussmater.*

Écoles flamande et allemande   *Salles 23-28*

15e s. – *Salle 23.* Des sujets religieux et des portraits, un réalisme tempéré par une émotion sincère, le goût du détail pittoresque ou familier caractérisent les œuvres flamandes du 15e s. Jan van Eyck est représenté par une **Crucifixion** et un **Jugement dernier** très dramatiques; ce sont probablement les volets d'un triptyque dont la partie centrale a disparu. Une délicate *Annonciation* dans un lumineux paysage lui est aussi attribuée. De son contemporain Petrus Christus, on admire également le *Portrait d'un Chartreux.*
Les œuvres de Rogier van der Weyden, telles *Apparition du Christ à sa mère* et **François d'Este,** et le *Portrait d'un homme* par Hugo van der Goes, révèlent une autre facette de l'art flamand. La salle 23 présente en outre quelques portraits de Memling, parmi lesquels celui de Tommaso Portinari et de sa femme.

139

15ᵉ et 16ᵉ s. – *Salles 24-26.* On peut voir également, dans la salle 24, des œuvres religieuses de Gérard David, dont une *Nativité* qui faisait partie d'un polyptyque provenant d'une église près de Gênes, la *Crucifixion* et le **Repos pendant la fuite en Égypte**, ainsi qu'une *Vierge à l'enfant* de Jan Gossart, dit Mabuse.
Le thème de l'*Adoration des Mages* est traité par les Flamands Quentin Massys, Jérôme Bosch et Joos Van Ghent. Jadis attribuée à Memling, la remarquable *Annonciation* de Van der Weyden se déroule dans la chambre de la Vierge; on admirera tout particulièrement ses figures en gros plan et la tunique de l'ange Gabriel, finement brodée d'or.
Dans la salle 25, l'école allemande est représentée par des œuvres de Dürer *(Le Sauveur du monde)* et de Baldung *(Saint Jean à Patmos)*, et par des portraits de personnalités allemandes et de courtisans anglais réalisés par Hans Holbein.
Fort intéressante, la salle 26 présente des œuvres de Lucas Cranach l'Ancien *(Le jugement de Pâris, Le martyre de sainte Barbe, Samson et Dalila)* et un chef-d'œuvre de Bruegel l'Ancien : **Les moissonneurs**.

17ᵉ s. – *Salles 27-28.* Ces salles sont consacrées à Rubens et à ses contemporains. Remarquer, du grand maître en personne, **Vénus et Adonis**. Disciple de Rubens et peintre de la cour de Charles Iᵉʳ d'Angleterre, Van Dyck est représenté par ses célèbres portraits mondains.

École espagnole *Salles 2 et 29-32*

Le caractère espagnol, grave, mystique et passionné, s'exprime chez les grands peintres que furent le Greco, Goya, Vélasquez, Murillo et Ribera.
Du Greco *(salle 29)* sont présentées des œuvres capitales comme le portrait de l'inquiétant cardinal Guevara, Grand Inquisiteur d'Espagne, et la superbe **Vue de Tolède**. Parmi les œuvres de Vélasquez, on trouve le *Dîner à Emmaüs* et, dans la salle 31, les portraits de Philippe IV, roi d'Espagne et de **Juan de Pareja**, assistant et compagnon de voyage du peintre. Étonnant de vitalité et de réalisme, ce dernier tableau démontre la maturité du style de l'artiste.

★★★ PEINTURES ET SCULPTURES EUROPÉENNES DU 19ᵉ S.
(19C European Paintings & Sculpture Galleries) *2ᵉ niveau (2nd floor). 2h 1/2. Plan p.136.*

Cette collection de peintures et sculptures européennes est l'un des joyaux du musée. Exposés dans 22 salles qui se situent au deuxième niveau de l'aile Michael C. Rockefeller (Michael C. Rockefeller Wing), les chefs-d'œuvre qu'elle propose illustrent les tendances artistiques du 19ᵉ s., des tableaux académiques du Salon aux toiles avant-gardistes des impressionnistes et post-impressionnistes.
Chaque année (mai–nov.), le Metropolitan présente également les œuvres de la collection privée de Walter H. Annenberg.

• *La mort de Socrate* (David)	• *Terrasse à Sainte-Adresse* (Monet)
• *Madame Leblanc* (Ingres)	• *La grenouillère* (Monet)
• *Le Grand Canal à Venise* (Turner)	• *Madame Charpentier et ses enfants* (Renoir)
• *L'enlèvement de Rébecca* (Delacroix)	
• *Les Majas au balcon* (Goya)	• *Les tournesols* (Van Gogh)
• *La femme au perroquet* (Courbet)	• *Les cyprès* (Van Gogh)
• *En bateau* (Manet)	• *La montagne Sainte-Victoire* (Cézanne)
• *Paysage d'automne avec un troupeau de dindes* (Millet)	• *Danseuse de 14 ans* (Degas)
• *La main de Dieu* (Rodin)	• *Femme aux chrysanthèmes* (Degas)

Néo-classicisme, romantisme, réalisme – Dans le département consacré au début du 19ᵉ s., l'école néo-classique, inspirée par l'art antique grec et romain, est représentée par la sévère et stoïque **Mort de Socrate** de David. Ingres, l'un de ses successeurs, maîtrisait les lignes pures et raffinées, comme le montrent les portraits de *Monsieur Leblanc* et de **Madame Leblanc**. Jadis attribué à David, le *Portrait de Mlle Charlotte du Val d'Ognes* aurait peut-être été peint par l'un de ses élèves.
Dans son **Grand Canal à Venise**, ainsi que dans l'un de ses derniers tableaux, *Le baleinier*, le luministe anglais Joseph Turner montre le souci de résoudre le problème des dissociations des couleurs et de la lumière pour arriver à rendre l'atmosphère, préfigurant ainsi l'impressionnisme.
D'une veine plus romantique, l'**Enlèvement de Rébecca** de Delacroix a été inspiré par le roman de Walter Scott, *Ivanhoe*. Goya est représenté par ses célèbres **Majas au balcon** ainsi que par ses portraits d'enfants *(Manuel Osorio)* et de dignitaires espagnols *(Don Sebastián Martínez y Pérez)*.
Se rebellant contre les conventions établies des peintres académiques, Courbet donne libre cours à son réalisme sans fard dans ses scènes de chasse, ses paysages et ses marines. Ses nus, comme la **Femme au perroquet**, firent sensation à l'époque où ils furent exposés pour la première fois.

L'école de Barbizon, Millet, le Salon – En réaction contre la représentation idéalisée des paysages classiques, les peintres de l'école de Barbizon peignent directement d'après nature. On admirera des œuvres de Daubigny et de Théodore Rousseau *(Forêt en hiver au coucher du soleil)*.

Du vivant de Corot, on recherchait ses paysages sensibles, à dominante claire; aujourd'hui, on préfère ses portraits d'une attachante simplicité d'expression et d'attitude *(La liseuse, Sybille)*.

Démontrant son admiration pour l'école hollandaise, Millet est surtout connu pour ses paysages sombres exaltant la vie des paysans, tel le célèbre **Paysage d'automne avec un troupeau de dindes**.

Les œuvres du Salon, de tradition académique, traitent essentiellement de sujets exotiques, romantiques, mythologiques, idylliques et historiques. Remarquer la *Jeanne d'Arc* de Bastien-Lepage et *Friedland* d'Ernest Meissonier.

Considéré à l'époque comme un chef-d'œuvre, l'immense *Marché aux chevaux* de Rosa Bonheur fut acheté par Cornelius Vanderbilt et offert au musée en 1887.

Sculptures – Inspirés par des fresques anciennes, les panneaux allégoriques de Puvis de Chavanne célèbrent les valeurs patriotiques, familiales et campagnardes *(Cidre et Rivière)*. Parmi les sculptures de marbre de Carpeaux, on retiendra une composition monumentale et dramatique intitulée *Ugolin et ses fils*.

Les œuvres en bronze, en marbre et en terre cuite de **Rodin** sont particulièrement dignes d'attention. La fascination du grand sculpteur pour les mains s'exprime dans **La main de Dieu** et les modèles de mains regroupés dans une vitrine. Impressionné par les puissantes réalisations de Michel-Ange, Rodin créa sa grande composition en bronze d'*Adam et Ève*. Noter aussi ses bustes de la comtesse Anna de Noailles (appelée «Madame X»), de saint Jean Baptiste et de Balzac.

Impressionnistes et post-impressionnistes – Précurseur de l'impressionnisme, Manet fut inspiré par les maîtres espagnols. On admirera, parmi ses nombreuses œuvres, le *Chanteur espagnol* et le sombre *Christ mort avec des anges*. Son association avec les impressionnistes est visible dans une œuvre plus tardive: *En bateau*.

Ainsi nommés en 1874 d'après un tableau de Monet intitulé *Impression, soleil Levant* (tableau ne faisant d'ailleurs pas partie de cette collection), les impressionnistes travaillaient d'après nature, traduisant leurs sensations visuelles et rendant la lumière à l'aide de tons purs juxtaposés. La collection comprend de nombreux paysages de Monet, tour à tour saisissants de vie, comme **Terrasse à Sainte-Adresse**, lumineux comme la **Grenouillère**, gracieux comme les *Peupliers*, ou encore dramatiques comme cette toile représentant les falaises d'Étretat. La *Cathédrale de Rouen* est magnifique sous le soleil éclatant de midi, tout comme le *Parlement de Londres* voilé de brume, et le *Bassin aux nymphéas*, l'une des nombreuses représentations du pont japonais de Giverny.

La délicate palette de Renoir s'exprime dans ses paysages *(Dans la prairie)* et plus particulièrement dans ses portraits de jeunes femmes *(Au bord de la mer)*. Le portrait intime de **Mme Charpentier et ses enfants**, présenté au Salon en 1879, marqua le début de sa renommée.

Le style très personnel de Van Gogh se reconnaît dans ses portraits, ses paysages et ses natures mortes. Dans les *Iris*, les **Tournesols** et les **Cyprès**, les lignes mouvantes et les coups de pinceau véhéments expriment une émotion intense. Toutes les facettes de l'art élaboré et réfléchi de Cézanne peuvent être étudiées à travers ses paysages *(Le golfe de Marseille vu de l'Estaque* et la **Montagne Sainte-Victoire)**, ses portraits *(Les Joueurs de cartes, Mme Cézanne)* et ses natures mortes presque géométriques qui annoncent déjà le cubisme.

Des œuvres de Georges Seurat (étude pour *Le dimanche d'été à la Grande Jatte)* et de Paul Signac *(Le port de Marseille)* montrent la technique divisionniste de ces deux grands maîtres du pointillisme.

Parmi les post-impressionnistes, Toulouse-Lautrec peint les plaisirs et parfois les dessous de la vie parisienne *(Le sofa)*. Gauguin exprime quant à lui la beauté des mers du Sud avec des couleurs vives et des personnages aux allures de statues, comme la *Orana Maria*.

Degas – Le Metropolitan possède une merveilleuse collection d'œuvres de Degas (peintures, sculptures, pastels) montrant le goût du peintre pour le mouvement. Degas a représenté les danseuses dans des poses diverses, en peinture *(La classe de danse, Répétition sur la scène)*, en pastels *(Danseuses s'entraînant à la barre)* et en bronze (statuette d'une jeune **Danseuse de 14 ans**).

Parmi les scènes de la vie quotidienne, noter la **Femme aux chrysanthèmes** et la *Repasseuse*. Une collection de chevaux de bronze témoigne de l'admiration de Degas pour l'énergie et la grâce de ces animaux.

★★**COLLECTION ROBERT LEHMAN** (Lehman Pavilion)
1er niveau (1st floor). 1h.

Sept reconstitutions d'intérieurs d'époque fournissent un cadre intime à cette collection privée, l'une des plus belles du pays. Présentés par roulement, les quelque 3 000 objets d'art qui la composent furent rassemblés par le financier Philip Lehman et son fils Robert. La collection est particulièrement célèbre pour ses peintures italiennes des 14e et 15e s., avec des toiles de Sassetta *(Saint Antoine au désert)*, di Paolo *(Adam et Ève chassés du Paradis)*, Botticelli *(L'Annonciation)*, Bellini *(La Vierge à l'enfant)* et Crivelli.

Parmi les peintres de la Renaissance flamande, française et allemande, remarquer les œuvres de Petrus Christus *(Saint Éloi)*, Gérard David, Memling et Cranach l'Ancien. Pour les périodes ultérieures (écoles hollandaise et espagnole des 18e et 19e s.), la peinture est représentée par Rembrandt, le Greco *(Christ portant la croix)* et Goya. Les peintres français des 19e et 20e s. sont à l'honneur, avec des œuvres d'Ingres *(Portrait de la princesse de Broglie)* et de Renoir.

Les intérieurs reconstitués contiennent également de magnifiques objets décoratifs: tapisseries, meubles anciens, verrerie vénitienne, bronzes et émaux. Au niveau inférieur se trouve une sélection de dessins de Dürer et de Rembrandt, et environ 200 dessins vénitiens du 18e s.

★★ ART MÉDIÉVAL (Medieval Art) *1er niveau (1st floor). 1h 1/2.*

Riche de plus de 4 000 œuvres, cette impressionnante collection retrace l'évolution de l'art depuis la chute de l'Empire romain (4e s.) jusqu'à la Renaissance (16e s.). Ères paléochrétienne et byzantine (remarquable orfèvrerie), période des grandes invasions, haut Moyen Âge, style roman et gothique (travail du métal, vitraux, tapisseries) y sont tour à tour représentés. *Noter qu'une partie des collections d'art médiéval du Metropolitan est exposée au musée des Cloîtres (p. 105).*
Commencer la visite, à gauche de l'escalier principal, par la salle d'**art paléochrétien et byzantin** (Early Christian and Byzantine Corridor), évoqué notamment par le Second Trésor de Chypre (7e s.), ainsi que par des ivoires et des émaux. Parmi les beaux exemples de l'orfèvrerie du haut Moyen Âge, on remarque des pièces en vermeil et niellées (incrustées d'émail noir sur fond blanc) faisant partie du Trésor de Vermand (Nord de la France). Un portail roman en marbre provenant de San Gemini (Ombrie) donne accès à la salle principale. À droite, sous l'escalier, une **chapelle** reconstituée abrite une collection de sculptures romanes.

Tapisseries médiévales (Medieval Tapestry Hall) – Issues principalement des ateliers flamands d'Arras, de Bruxelles et de Tournai, ces **tapisseries** ont été tissées entre le 14e s. et le début du 16e s. Elles jouaient alors un rôle plus utilitaire que décoratif, étant destinées à protéger des courants d'air et de l'humidité. Commencée au début du 15e s., l'Annonciation est inspirée d'un dessin de Melchior Broederlam, peintre à la cour de Bourgogne. De belles tentures exécutées pour Charles le Téméraire, duc de Bourgogne, représentent Hector recevant les armes pendant la guerre de Troie. De grands vitraux de la période gothique tardive, provenant de Cologne et d'Angleterre, ornent deux des murs de la salle.

Galerie des sculptures médiévales (Medieval Sculpture Hall) – Avec ses colonnes massives, cette galerie a été habilement aménagée pour évoquer l'ambiance d'une église. Dans l'axe de la nef, la splendide **grille** baroque en fer forgé (1764) formant jubé, qui atteint presque le plafond, provient de la cathédrale de Valladolid (Espagne). À Noël, un grand arbre est exposé devant la grille, avec une crèche napolitaine du 18e s.
De nombreux bas-reliefs et statues permettent de suivre l'évolution de la sculpture gothique européenne du 13e au 16e s. Les plus belles pièces proviennent de Bourgogne, d'Italie et d'Allemagne. On remarquera tout particulièrement une Vierge à l'enfant du 15e s. de Poligny (France), et dans la même galerie, une série de panneaux représentant les Sacrements: le Baptême, le Mariage et l'Extrême-Onction.

Trésor médiéval (Medieval Treasury) – Rassemblant châsses, reliquaires et objets de culte, le Trésor abrite aussi deux beaux groupes sculptés (école française, début du 16e s.) provenant de la chapelle du château de Biron en Périgord: ce sont une Mise au tombeau et une Pietà.
Dans des vitrines situées au centre de la salle et le long des murs sont disposées de précieuses pièces d'orfèvrerie religieuse: situle (seau destiné à recevoir l'eau bénite) ottonienne en ivoire; châsse du 13e s. à décor d'émaux de Limoges et scènes de la vie du Christ en cuivre doré; reliquaire de saint Yrieix (13e s., Limousin), qui renfermait jadis des fragments de son crâne; croix processionnelle recouverte d'argent (12e s., Espagne).
Des émaux romans et gothiques rivalisent avec des ivoires français des 13e, 14e et 15e s., parmi lesquels un rosaire à grains figurant des têtes de mort.
Avant de quitter la salle, remarquer *(sur la droite)* une étonnante selle allemande en os dont le décor, sculpté en méplat, évoque des scènes d'amour courtois.

★★ ART D'AFRIQUE, D'OCÉANIE ET DES AMÉRIQUES
(Arts of Africa, Oceania and the Americas) *1er niveau (1st floor). 1h 1/2.*

Avec plus de 8 000 objets (utilitaires ou cérémoniels), cette remarquable collection d'art primitif témoigne par sa richesse de l'activité artistique des sociétés primitives d'il y a 3 000 ans jusqu'à nos jours. Elle provient de plusieurs fonds, le principal – environ 3 500 pièces – ayant été donné au Metropolitan par le gouverneur Nelson Rockefeller. Cette aile du musée est d'ailleurs dédiée à son fils Michael qui trouva la mort en 1961, à l'âge de 23 ans, au cours d'un voyage en Nouvelle-Guinée. Les multiples objets que le jeune homme rapporta de ses expéditions chez les Asmat d'Irian Jaya comptent parmi les plus intéressants, surtout de remarquables mâts totémiques et des boucliers richement décorés.
La collection est répartie en trois départements: Afrique, Océanie et Amérique.

Afrique – Essentiellement religieux, l'art africain est dominé par la sculpture sur bois, utilisé pour fabriquer des masques et des statues servant aux séances d'initiation et aux cérémonies funéraires. La collection est surtout riche en œuvres des Dogons et Bambaras du Mali, des Senoufos de Côte-d'Ivoire et de l'ancien royaume de Bénin (Nigeria).
La première salle présente un ensemble de sculptures dogons monumentales. Remarquer la statue d'un homme, les bras levés, ainsi qu'un coffre décoré d'une tête et d'une queue de cheval, qui recevait la chair des sacrifices pendant les cérémonies commémorant le mythe de la création.

Symboles de vie, les animaux ont souvent inspiré l'iconographie africaine. Les exemples les plus extraordinaires sont les cimiers de coiffes bambara représentant des antilopes stylisées aux lignes verticales harmonieuses. On peut voir aussi des masques senoufo, à l'aspect féroce, composés de mâchoires et de dents de crocodile, de cornes d'antilope et de défenses de phacochère. Parmi les sculptures bambara, noter la représentation d'une mère et de son enfant.

L'exposition adjacente présente des statues, des masques et un tabouret de chef d'origine buli, des figurines en bois et des objets en ivoire du Zaïre (dont un magnifique masque lega), et un superbe reliquaire fang qui protégeait la châsse où étaient conservés les ossements des ancêtres.

Joyau de la section d'art africain, la collection d'objets en bronze provenant de l'ancienne cour royale du Bénin présente des plaques, des animaux, des statues et des têtes (16ᵉ-19ᵉ s.) ornées de coiffures et de colliers. Dans une vitrine, remarquer un **masque en ivoire** royal, lui aussi du Bénin, dont la coiffure se compose notamment de représentations de têtes de marchands portugais qui débarquèrent au Nigeria au 15ᵉ s. Admirer aussi une coiffe à double face provenant de la tribu Ekoi (Nigeria) et un masque en bois sculpté par les Ibibio.

Océanie – Les arts traditionnels océaniens, d'une grande variété, comprennent des objets sculptés, gravés ou peints, à but rituel ou pour l'usage quotidien, parmi lesquels un tambour superbement sculpté des îles Australes et un **bouclier** de cérémonie incrusté de nacre des îles Salomon.

Des peintures sur écorce, qui décoraient le toit d'une maison de cérémonie, sont exposées dans la première salle (essentiellement consacrée à la Nouvelle-Guinée), au-dessus de boucliers aux décorations élaborées, de masques, de poutres et de tambours de toute beauté.

En entrant dans la grande galerie aux parois vitrées, on aperçoit un remarquable ensemble composé de neuf **mâts totémiques** ou *mbis*; ces sculptures délicates, d'origine asmat, s'élèvent jusqu'à 6m de haut. Toujours dans la même galerie, admirer des sculptures minutieusement ouvragées de Nouvelle-Irlande, des figurines en fougère arborescente, un haut tambour à fentes des Nouvelles-Hébrides et un totem en forme de crocodile long de 7,5m, provenant de Papouasie.

The Metropolitan Museum of Art, gift of Alice K. Bache

Masque funéraire du Pérou

Amériques – Le Trésor, dans la première salle, rassemble les collections de bijoux, vases et masques en or d'Amérique centrale et du Sud. On y verra par exemple un pendentif (Colombie, 13ᵉ-16ᵉ s.) représentant un petit personnage surmonté d'une coiffe raffinée, et des boucles d'oreilles mochica, véritable mosaïque de pierres colorées et de nacre (Pérou, 3ᵉ-6ᵉ s.).

Le remarquable **masque funéraire** paracas (3ᵉ-1ᵉʳ s. av. J.-C.; *photo ci-dessus)* peint de couleurs vives, le somptueux ensemble de plumes jaunes et bleues richement décorées (7ᵉ-8ᵉ s.) sur le mur à droite, et l'ensemble de vases en argent et d'anciennes poteries sont d'origine péruvienne.

La salle suivante présente les arts d'Amérique centrale. Parmi les œuvres exposées figure une **statue maya assise** (6ᵉ s.), rarissime objet en bois de cette civilisation qui soit parvenu jusqu'à nous. Dans les vitrines le long du mur s'alignent des «personnages souriants» (7ᵉ-8ᵉ s.) provenant de Veracruz. Les objets en pierre ornés de motifs (jougs, haches et autres) sont associés à un ancien jeu de balle rituel. Une superbe colonne de pierre du Mexique illustre l'habileté des sculpteurs mayas tandis qu'un masque de jade finement ouvragé témoigne des talents artistiques des Olmèques du Mexique (1200-400 av. J.-C.).

★ **ARMES ET ARMURES** (Arms and Armor) *1ᵉʳ niveau (1st floor). 1h.*

Les dix salles de ce département présentent une importante collection de plus de 14 000 armes et armures de tous les pays, davantage destinées à la parade qu'à des fins militaires. Les salles Ouest, organisées autour d'un hall central, abritent des armes européennes (certaines, très rares, ayant appartenu à différents souverains), tandis que les salles Est sont consacrées aux armes d'Orient (Chine, Japon, Inde, Turquie et Iran).

Dans le hall sont exposées d'impressionnantes armures de joutes et de tournois et des harnois de cheval exécutés par Wolfgang Grosschedel et Kunz Lochner au 16ᵉ s. Les vitrines contiennent des armes finement ciselées au-dessus desquelles sont accrochés drapeaux et bannières aux couleurs vives.

Des armes et armures ayant servi durant les croisades, un heaume censé avoir appartenu à Jeanne d'Arc et plusieurs boucliers illustrent la période antérieure au 16ᵉ s. Les pièces les plus remarquables sont le heaume de François Iᵉʳ, œuvre du célèbre armurier milanais Filippo Negroli, le bouclier gravé (1555) fabriqué par Étienne Delaune pour le roi Henri II, et une armure d'Anne de Montmorency, grand connétable de France.

Les armes en acier trempé, fabriquées pour la plupart à Tolède (Espagne), comprennent des dagues, des épées, des rapières, des hallebardes, des lances et des piques. Voir l'épée à pommeau ciselé du marquis de Spinola (16ᵉ s.).

Parmi les armes à feu, noter le pistolet à double barillet (v. 1540) – l'un des tous premiers de la sorte – réalisé par l'armurier munichois Peter Peck pour Charles Quint, ainsi qu'une paire de pistolets à silex (1786) ayant appartenu à l'impératrice Catherine II de Russie.

Les armes à feu européennes et américaines sont regroupées dans une petite salle au Nord. Les salles Est permettent quant à elle de suivre l'évolution des moyens individuels de défense et d'attaque des pays d'Extrême-Orient et du Proche-Orient. On y remarquera un casque en forme de turban (15ᵉ s., Iran), des sabres et leurs fourreaux incrustés d'émeraudes, de diamants et de pierres précieuses diverses, et – joyau de la collection japonaise – un *yoroï* (14ᵉ s.), armure composée d'un revêtement de cuir et d'une jupe de protection à quatre panneaux.

★ **ART D'EXTRÊME-ORIENT** (Asian Art) *2ᵉ niveau (2nd floor); accès également possible par ascenseur ou par l'escalier de l'aile égyptienne. 1h.*

Dans les salles qui encadrent l'escalier principal sont exposés des céramiques, des œuvres de ferronnerie, des peintures, des sculptures, des bronzes, des jades et des textiles permettant de suivre le développement artistique de la Chine, du Japon, de la Corée, de l'Inde et du Sud-Est asiatique sur une période allant du 3ᵉ millénaire av. J.-C. jusqu'à nos jours.

La pièce maîtresse de la collection est la reproduction du **jardin intérieur chinois★** (Garden Court) et de la salle d'études d'une maison de Suzhou datant de l'époque Ming. Véritable oasis de calme, ce jardin soigneusement agencé recrée une atmosphère favorable à la méditation, avec sa terrasse *(face à l'entrée)*, son demi-pavillon *(à gauche)*, son allée *(à droite)* et ses fenêtres treillissées *(mur Sud)*. Dans les salles autour du jardin sont exposées par roulement des peintures chinoises couvrant quatre dynasties: Song (960-1279), Yuan (1279-1368), Ming (1368-1644) et Qing (1644-1911), ainsi que des œuvres modernes, représentant des paysages, des fleurs ou des thèmes bouddhistes et taoïstes.

Une immense peinture murale (14ᵉ s., province de Shanxi) représentant Bouddha et ses disciples, dans une salle au Nord du grand hall, constitue un magnifique décor pour l'importante collection de sculptures bouddhiques chinoises des 5ᵉ et 6ᵉ s. À gauche commencent les salles consacrées à l'art chinois ancien depuis le néolithique (début du 2ᵉ millénaire av. J.-C.) jusqu'à la dynastie Tang (10ᵉ s.). Ces expositions rassemblent des objets de jade, des céramiques, des vases rituels en bronze et des objets funéraires.

Les **collections japonaises** présentent des peintures, des sculptures, des laques, des impressions à la planche et des parchemins de la période Edo. Remarquer les superbes iris de *Yatsuhashi* par Ogata Korin. On trouve également l'autel central d'un temple du 12ᵉ s., une pièce de méditation de style shoin reproduite d'après une salle du temple Onjo-ji (17ᵉ s.), près de Kyoto, ainsi qu'une sculpture intitulée *Water Stone*, exécutée par Isamu Noguchi *(p. 168)*.

★ **INSTITUT DU COSTUME** (Costume Institute)
Niveau inférieur (ground floor). 1h.

Ce centre d'étude du costume, fondé en 1937, rassemble une vaste collection (environ 40 000 pièces) de vêtements occidentaux et de costumes régionaux traditionnels d'hier et d'aujourd'hui (anciens habits de cour, tenues de soirée et autres) provenant des cinq continents. Les créations de grands couturiers français et américains illustrent la mode contemporaine.

Expositions thématiques mi-déc.–mi-avr. et mi-juin–dim. avant Labor Day. Fermé le reste de l'année.

★ **ART ISLAMIQUE** (Islamic Art) *2ᵉ niveau (2nd floor). 1h.*

Particulièrement réputée pour ses objets en verre et en métal, ses miniatures et ses tapis anciens, la collection d'art islamique du Metropolitan couvre la période du 7ᵉ au 19ᵉ s. et reflète la grande diversité du monde musulman.

Fondé par Mahomet en Arabie, l'Islam gagne l'Asie aux 8ᵉ et 9ᵉ s., puis les rivages de la Méditerranée jusqu'en Espagne. L'art islamique se retrouve donc dans des régions très variées: Mésopotamie, Perse, Maroc, Égypte, Syrie et Inde. Dans la première salle, une carte murale et des panneaux explicatifs montrent les différentes zones d'influence de la culture musulmane. L'opulence d'une maison syrienne du 18e s. apparaît dans le plafond décoré, les murs peints et dorés, le magnifique pavement de marbre et la fontaine d'une salle de réception. La salle 2, consacrée aux fouilles de Nishapur, florissante cité de Perse (9e-12e s.), contient de rares peintures murales et des objets en métal, en pierre, en verre et en céramique dont certains sont gravés d'inscriptions et d'arabesques.

Au fil des siècles, les œuvres présentées sont de plus en plus raffinées. On trouve, dans la salle 5, des carreaux de faïence, des boiseries à entrelacs et des objets de métal de la période des mamelouks. Le plafond en bois (début du 16e s.) vient de l'Espagne mauresque. La porte égyptienne à deux battants (14e s.) illustre, par l'extrême raffinement des dessins géométriques gravés dans le bois et l'ivoire, la maîtrise des artisans arabes.

Plus loin, on admire des sculptures en ivoire, des céramiques et verres peints, des lampes religieuses décorées, des poteries d'Iran, des vases de jade et des bijoux indiens (17e s.). En salle 4c, un **mihrab** (niche indiquant la direction de la Mecque dans les mosquées) d'Ispahan datant de 1354 présente un assemblage de mosaïques où les caractères coufiques se mêlent aux motifs floraux et géométriques.

La peinture, qui trouve ici toute son expression dans l'illustration de manuscrits, est représentée par une merveilleuse collection de **miniatures** persanes, indiennes et turques. Le joyau en est une série de délicieuses peintures fines provenant du «Shah Nameh» ou «Livre des Rois», décrivant l'épopée du peuple iranien en lutte contre le conquérant arabe *(salle 6)*.

De somptueux tapis *(salles 7 et 8)* témoignent de l'importance et du niveau de perfection des ateliers de tissage d'Égypte, de Perse, d'Inde et de Turquie. Remarquer, en salle 8, un heaume ottoman doré et un tapis de prière, très rare, utilisé à la cour de l'empereur ottoman (fin du 16e s.).

★ **INSTRUMENTS DE MUSIQUE** (Musical Instruments)
2e niveau (2nd floor). 1h.

Un système d'écouteurs, que l'on peut louer 4$ à l'«Acoustic Guides Desk» (1er niveau), permet d'entendre les instruments jouant de la musique d'époque.

Ce département présente une collection originale de plus de 4 000 instruments de musique de toutes époques provenant du monde entier. Les salles Ouest consacrées aux instruments européens, contiennent le plus ancien piano connu (1720), trois Stradivarius (violons réalisés par le célèbre luthier de Crémone), deux guitares classiques ayant appartenu à Andres Segovia, faites en palissandre, épicéa et acajou, et une étonnante suite de clavecins et de pianos décorés de marqueteries, de sculptures et de peintures, dont l'épinette réalisée en 1540, à Venise, pour la duchesse d'Urbino. On verra aussi deux splendides virginals (ancêtres du piano) ornés de peintures (16e s., Flandres), des luths, des cithares et des guitares du 17e s., et des instruments à vent en coquillage, en os, en peau de chèvre et en porcelaine de Meissen.

Dans les salles Est sont exposés des instruments asiatiques, américains et africains parfois très rares, parmi lesquels un sesando (sorte de cithare en feuilles de palmier) indonésien, un mayuri (sitar) indien et une crécelle des îles de la Reine-Charlotte (au large de la Colombie-Britannique). Le plus souvent choisis en fonction de leur rôle dans la société et de leurs qualités musicales, la plupart de ces instruments, en état de marche, sont parfois utilisés pour des concerts.

★ **VINGTIÈME SIÈCLE** (20C Art)
Aile Lila Acheson Wallace (Lila Acheson Wallace Wing). 1h 1/2.

Les salles consacrées à l'art du 20e s. proposent une sélection de 8 000 peintures, sculptures, œuvres sur papier et objets décoratifs répartis sur trois étages et dans une cour au plafond vitré *(niveau mezzanine)*.

Un **jardin**★ sur les toits *(ouv. mai– oct.)* présente en outre un panorama de la sculpture contemporaine tout en offrant de splendides **vues** sur Manhattan; on y verra par exemple les *Bourgeois de Calais* de Rodin.

Parmi les modernes s'imposent des artistes européens comme Bonnard, Matisse et Picasso *(Gertrude Stein)*, ou encore le peintre allemand Paul Klee dont le musée possède 90 tableaux depuis l'acquisition, en 1984, de la collection Berggruen. Le département d'art contemporain du Metropolitan met cependant l'emphase sur l'école américaine, en particulier sur le «groupe des Huit», les expressionnistes abstraits et les minimalistes.

Du début du 20e s., on retiendra *Portrait of a German Officer* (Portrait d'un officier allemand) de Marsden Hartley et *Cow's Skull: Red, White and Blue* (Crâne de vache) de Georgia O'Keeffe. Dans la période d'après-guerre, New York devint centre mondial de l'art et assista au développement de l'expressionnisme abstrait, avec pour représentants Jackson Pollock *(Autumn Rhythm)*, Willem de Kooning *(Easter Monday)* et Mark Rothko *(Untitled Number 13)*. Parmi les œuvres les plus récentes, on trouve *Stepping Out* de Roy Lichtenstein et *House of Fire* de James Rosenquist. David Hockney, Clyfford Still, Frank Stella, Ellsworth Kelly et d'autres artistes américains ou européens donnent un aperçu de l'art des années 1970, 1980 et 1990. Le département expose aussi des sculptures d'Archipenko et de Giacometti, Pevsner, Smith et Noguchi.

DESSINS, ESTAMPES ET PHOTOGRAPHIES
(Drawings, Prints and Photographs) *2e niveau (2nd floor). 1h.*

Entrée en haut et à gauche de l'escalier principal du musée. Pour connaître le programme, s'adresser au bureau d'accueil.

Dessins – Exposé par roulement, le fonds de ce département comprend plus de 4 000 œuvres d'artistes italiens et français (15e-19e s.) comme Michel-Ange, Pietro da Cortona, Romanino di Brescia, Poussin, David et Delacroix. Les écoles hollandaise et espagnole sont représentées par des dessins de Rubens, Rembrandt et Goya. Parmi les joyaux de la collection, on compte un nu de Raphaël, la *Rédemption du Monde* de Véronèse et le *Jardin d'amour* de Rubens.

Estampes et photographies – Toutes les techniques y sont représentées, de la gravure sur bois à la lithographie en passant par les différentes formes de gravures, avec une attention toute particulière pour les images allemandes (15e s.), italiennes (18e s.) et françaises (19e s.). Parmi les œuvres les plus anciennes et les plus précieuses, citons une *Bataille d'hommes nus* par Antonio Pollaiuolo; la *Bacchanale* par Andrea Mantegna; *Les cavaliers de l'Apocalypse* par Albrecht Dürer; *L'Été* d'après Bruegel; *Le temps, Apollon* et *Les saisons* par Claude Lorrain; *Faust dans son étude* et le *Christ prêchant* de Rembrandt.
Pour le 18e s., remarquer des œuvres de Hogarth (école anglaise), Piranèse (école italienne), Fragonard (école française) et Goya (école espagnole), et pour le 19e s., des œuvres de Daumier *(Rue Transnonain)* et de Toulouse-Lautrec *(Aristide Bruant)*. L'essentiel de la collection de photographies se compose des clichés d'Alfred Stieglitz, acquis par le musée entre 1928 et 1949.

MUSEO DEL BARRIO

1230, 5e Av. ●station 103rd St (ligne 6). Carte p. 2. Ouv. mer.–dim. 11h–17h. Fermé Thanksgiving & 25 déc. 4$. Horaires de visite ☎831-7272.

Centre culturel de la communauté hispanique de Harlem *(p. 104)*, ce petit musée (1969) occupe l'aile gauche d'un imposant bâtiment en fer à cheval donnant sur la 5e Avenue. Consacré à l'art portoricain et latino-américain, il présente des objets des Caraïbes, des peintures et des sculptures contemporaines ainsi qu'une collection de statuettes religieuses faites à la main, les **Santos de Palo**. Le musée organise également conférences et ateliers divers, et joue un rôle important au sein de la communauté portoricaine de New York.

★ MUSEUM FOR AFRICAN ART

*Durée: 1h. **593 Broadway.** ●stations Prince St (lignes N, R) ou Spring St (lignes A, C, E). Plan p. 82. Ouv. mar.–sam. 10h30–17h30, dim. 12h–18h. Fermé j. f. 4$. Visite guidée (1h) sam. & dim. 14h. ⴲ ☎966-1313.*

Il n'existe, aux États-Unis, que deux musées d'art africain, dont celui-ci. Sa collection permanente, destinée à la recherche, est plutôt modeste, mais ses expositions temporaires proposent en revanche une importante sélection d'œuvres contemporaines et anciennes dans des domaines les plus divers (peinture, sculpture, masques, art textile, etc.).
Depuis son ouverture en 1984, le musée a organisé plus de 16 expositions itinérantes axées sur les traditions artistiques et l'héritage culturel du continent africain. Il se trouvait autrefois dans l'Upper East Side, mais occupe depuis 1993 de nouveaux locaux situés dans le quartier de SOHO. Dessiné par l'architecte Maya Lin, célèbre pour son monument à la mémoire des victimes de la guerre du Viêt-nam (à Washington), l'intérieur évoque l'Afrique, avec ses tons jaune vif, bleu-vert et gris. Dans l'entrée, une boutique aux couleurs éclatantes propose des objets artisanaux traditionnels (poteries, vêtements, paniers et bijoux) accompagnés d'une explication sur leur provenance et leur rôle dans la société africaine. Tous les vendredis soirs, le musée organise des concerts et des spectacles de danse ou d'art d'interprétation. On peut également y découvrir l'art cinématographique et théâtral, la télévision, la musique et les traditions orales des pays d'Afrique.

MUSEUM OF AMERICAN FOLK ART

Durée: 1h. 2 Lincoln Square. ●station 66th St (lignes 1, 9). Plan p. 91. Ouv. mar.–dim. 11h30–19h30. Fermé j. f. ⴲ ☎977-7298.

Composé de trois galeries disposées autour d'un hall central, ce petit musée occupe la partie Nord-Ouest d'une tour résidentielle située en face du LINCOLN CENTER. Créé en 1961, il a pour vocation de préserver l'art populaire américain et de le faire découvrir au public. Les artistes représentés sont généralement autodidactes, et les objets exposés, pour la plupart fabriqués à la main, ont le plus souvent un rôle fonctionnel. Le musée organise trois grandes expositions annuelles, plusieurs expositions itinérantes et divers programmes culturels. Sa collection permanente se compose de meubles, de tableaux, de sculptures et d'objets décoratifs ou usuels de l'époque des pionniers à nos jours. On remarquera particulièrement deux girouettes du 19e s, plusieurs objets peints illustrant l'artisanat américain à ses débuts, et un splendide couvre-lit matelassé.

★★★ MUSEUM OF MODERN ART

Durée: 3h. Entrée principale: 11, 53ᵉ Rue O. Entrée côté jardin: 14, 54ᵉ Rue O.
●*station 53rd St (lignes E, F). Plan p. 33.*

Les innombrables chefs-d'œuvre rassemblés dans ses murs font du musée d'Art moderne de New York l'une des institutions culturelles les plus prestigieuses du monde. Le MOMA, comme on l'appelle familièrement, propose un panorama artistique sans égal. Ses fabuleuses collections couvrent l'ensemble des arts visuels: peinture, dessin, sculpture, mais aussi photographie, arts graphiques et arts industriels, architecture, design et art vidéo. Le musée abrite également la plus grande cinémathèque du pays.

Un peu d'histoire – Le Museum of Modern Art fut fondé en 1929 sous l'impulsion de trois riches mécènes: Abby Aldrich Rockefeller, Lillie P. Bliss et Mary Quinn Sullivan, dans le cadre d'une campagne destinée à faire connaître l'art moderne aux États-Unis. La première exposition, consacrée aux post-impressionnistes (peu connus à l'époque), eut lieu en automne de la même année dans des locaux provisoires. Célèbre historien d'art, le directeur fondateur, **Alfred H. Barr Jr**, allait par la suite définir la philosophie du lieu en laissant une place égale aux idées et aux objets. Grand novateur dans le domaine des arts, Barr introduisit le concept alors révolutionnaire d'un musée dont les collections seraient classées par départements, et fit place, dans ses expositions, à des disciplines peu reconnues telles la photographie, le design et l'architecture.

Le bâtiment – Dessiné par Philip Goodwin et Edward Durell Stone en 1939, cet édifice de marbre et de verre fut rénové de nombreuses fois. Il s'agit d'un des premiers exemples du style «international» (terme d'ailleurs introduit en 1932 par Henry Russell Hitchcock et Philip Johnson à l'occasion d'une exposition rétrospective d'architecture moderne organisée par le musée) aux États-Unis. Le jardin des sculptures et l'aile Est furent ajoutés en 1964, selon les plans de Philip Johnson. Plus récemment (à partir de 1979), un important programme de rénovation et de construction mené par Cesar Pelli a permis de doubler l'espace des salles d'exposition et d'ajouter à l'ensemble une structure de verre, le Garden Hall, ainsi qu'une tour résidentielle de 44 étages, totalement indépendante du musée (à l'Ouest).

Les collections – En 1931, Lillie P. Bliss faisait don au musée de 235 œuvres d'art, dont plusieurs Cézanne, Gauguin, Seurat et Redon. Le fonds se compose aujourd'hui de plus de 10000 acquisitions, réparties de la façon suivante: peinture et sculpture (de 1880 à nos jours); dessins (dadaïsme, mouvement surréaliste, école de Paris, avant-garde russe, courant américain); gravures et illustrations (arts bibliographiques et techniques de la gravure, y compris des lithographies de Picasso); photographie (depuis son invention; œuvres d'Atget, Stieglitz, Cartier-Bresson, Weston et Friedlander); architecture et design (maquettes d'architecture, affiches, arts décoratifs, objets utilitaires); cinéma et vidéo (films muets, expérimentaux, animés, documentaires, longs métrages et épreuves de tournage provenant des quatre coins du monde).

VISITE

Ouv. sam.– mar 11h–18h, jeu.–ven. 12h–20h30. Fermé Thanksgiving & 25 déc. 8$.
Concerts de jazz gratuits ven. 17h30–19h45 dans le Garden Café. ✗ & ☎708-9400.

Le niveau inférieur comprend deux salles de cinéma. Le premier niveau, consacré aux services (librairie, bureau d'accueil, cafétéria) et aux expositions temporaires, contient également une salle destinée à la vidéo. Il ouvre sur le **jardin de sculptures** Abby Aldrich Rockefeller *(concerts gratuits juil.–août ven.–sam. 19h)*. Ce dernier, agrémenté d'un parterre de marbre, constitue l'un des espaces de plein air les plus exquis de Manhattan. Il sert de cadre à de nombreuses œuvres de maîtres incontestés de la sculpture. On y remarquera notamment un *Balzac* de Rodin (1898), *Group: Large Torso: Arch* de Henri Moore, et la célèbre *Chèvre* de Picasso, dont le ventre a été façonné à partir d'un panier.

Les étages supérieurs sont réservés aux expositions temporaires, à la peinture et à la sculpture *(2ᵉ et 3ᵉ niveaux)*, à la photographie *(2ᵉ niveau)*, aux gravures et aux illustrations *(3ᵉ niveau)*, et à l'architecture et au design *(4ᵉ niveau)*. L'agencement des salles est, en règle générale, chronologique. Nous donnerons, dans les lignes suivantes, une analyse succincte présentant les artistes et les diverses tendances de l'art moderne, ainsi qu'une idée générale de l'étendue des collections.

Post-impressionnisme – *Salles 1-3.* Ce terme englobe plusieurs mouvements qui apparurent en Europe entre 1880 et 1905 en réaction aux impressionnistes. Ces derniers cherchaient à traduire les vibrations lumineuses et les impressions colorées par des touches irrégulières, accordant une place prépondérante à l'éclairage, son analyse et ses effets (les *Nénuphars* de Claude Monet). Par contraste, les post-impressionnistes tels le visionnaire Van Gogh *(La nuit étoilée)*, le lucide observateur des mœurs qu'était Toulouse-Lautrec, ou encore Cézanne, sur la voie du cubisme, mettront l'accent sur les formes au moyen de lignes expressives et de traits simplifiés. Un grand nombre d'entre eux embrassent également le symbolisme et les thèmes religieux. Le mouvement post-impressionniste englobe par ailleurs le cercle des Nabis («prophètes» en hébreu), groupe de peintres français (dont Pierre Bonnard et Édouard Vuillard) privilégiant les aplats de couleurs pures, et les adeptes du néo-impressionnisme (pointillisme et divisionnisme) comme Seurat *(Un soir à Honfleur)*.

Fauvisme – *Salle 4. Des œuvres de Matisse sont également exposées en salle 12.* En 1905, le critique Louis Vauxcelles avait comparé le Salon d'automne de Paris, où exposaient entre autres Henri Matisse *(Le grand intérieur rouge)*, André Derain *(Les baigneuses)* et Maurice de Vlaminck *(Automne)*, à une véritable «cage aux fauves», tant les œuvres exposées exaltaient les couleurs pures et les coups de pinceau impulsifs. Ce mouvement ne dura guère plus de deux ans, mais les compositions franches et spontanées qui en découlèrent eurent un impact retentissant sur le développement de l'expressionnisme européen.

Cubisme – *Salle 5.* Dissociant les éléments réels des objets qu'ils ont sous les yeux, et traduisant leur vision picturale par un ensemble de lignes ou de formes souvent géométriques, les cubistes se démarquent radicalement de l'art occidental traditionnel. Inspirée par l'art africain et les œuvres tardives de Cézanne, cette nouvelle approche apparaît pour la première fois en 1907 dans l'œuvre de Picasso intitulée *Les demoiselles d'Avignon (photo ci-dessous)* qui représente le premier choc esthétique du cubisme naissant. Chez Braque, autre initiateur du mouvement, le jeu des formes devient plus important que les formes mêmes; noter son *Homme à la guitare*, remarquable par l'économie des moyens employés (1911). Le cubisme influencera de nombreux autres artistes du début du 20e s., comme Fernand Léger *(La ville)*, l'Espagnol Juan Gris et l'Américain Stuart Davis. Précurseur de la peinture abstraite, Marc Chagall *(Moi et le village)* puise son inspiration dans le mouvement cubiste pour ce qui est des proportions, dans le fauvisme pour ce qui est des couleurs, et dans le folklore russe pour ce qui est de l'imagerie. Le cubisme s'exprime également dans la sculpture, notamment dans quelques œuvres de Picasso.

The Museum of Modern Art, New York, Lillie P. Bliss Bequest

Picasso: *Les demoiselles d'Avignon* (huile 243,9 x 233,7cm)

Expressionnisme – *Salle 6. Des œuvres de Paul Klee sont également exposées en salle 14.* Fondé sur une approche artistique émotionnelle selon laquelle la valeur de toute création se mesure à l'intensité de l'expression, ce mouvement se développe en Allemagne entre 1905 et 1925. S'inspirant des travaux des symbolistes Edvard Munch *(The Storm)* et Gustav Klimt *(Hope II)*, de la gravure sur bois médiévale et de l'art tribal africain, les expressionnistes privilégient la distorsion des formes, les stylisations extrêmes et les combinaisons de couleurs vives afin de rejeter un naturalisme qu'ils jugent superficiel. Au cœur du mouvement, signalons le Die Brücke (Le pont), école fondée à Dresde en 1905 et dirigée par Ernst Kirchner *(Street Berlin)*, et le Der Blaue Reiter (Le cavalier bleu), groupe d'expressionnistes munichois fondé en 1911, avec en particulier Wassily Kandinsky *(No. 201)* et Paul Klee *(Actor's Mask)*. L'expressionnisme compte, parmi ses représentants les plus caractéristiques, Oskar Kokoschka, connu pour ses portraits et ses autoportraits d'un grand lyrisme.

Futurisme – *Salle 7.* Le futurisme italien se manifeste la première fois en 1909, lorsque le poète F.T. Marinetti déclare: «La splendeur du monde s'est enrichie d'une nouvelle forme de beauté, la beauté de la vitesse». Les adeptes du futurisme veulent que tous les aspects de l'art et de la culture (cinéma, architecture, musique, littérature, peinture) se débarrassent du carcan de la tradition, et cherchent à exprimer la beauté dynamique de la civilisation moderne. Cette énergie profonde et turbulente est évidente dans les peintures d'Umberto Boccioni *(The City Rises*, 1910) et dans ses sculptures *(Development of a Bottle in Space* et *Unique Forms of Continuity in Space)*, tout comme dans les œuvres de Giacomo Balla (S*wifts: Paths of Movement + Dynamic Sequences*, 1913).

Dadaïsme et surréalisme – *Salles 9 et 14-16.* Né de la Première Guerre mondiale, le dadaïsme (1915-v. 1923) exprime le rejet des valeurs bourgeoises et conteste à l'art toute valeur esthétique ou morale. Les œuvres créées par ses adeptes (qui choisirent le terme «Dada» au hasard dans le dictionnaire) se présentent comme des parodies de la réalité dont le but essentiel est de choquer. Un collage typique est par exemple constitué de bouts de papier déchirés au hasard, tandis qu'une pelle à neige ou une cuvette de W.-C. se transforment soudainement en sculptures. Parmi les représentants de ce courant nihiliste, on retiendra les noms de Jean Arp, Marcel Duchamp *(Le passage de la vierge à la mariée)*, Francis Picabia, ou encore Kurt Schwitters et Man Ray.

Dans les années 1920, le mouvement dada contribue, à Paris, à la naissance du surréalisme dont on distingue deux écoles. La première, représentée par Joan Miró *(Hirondelle/Amour)* et Max Ernst, projette une vision symbolique, voire hallucinatoire, du monde. La seconde s'exprime par des scènes à la fois réalistes et mystérieuses, que l'on retrouve dans les œuvres de René Magritte *(Le faux miroir)*, Paul Delvaux et Salvador Dali *(La persistance de la mémoire)*.

Parmi les sculptures surréalistes les plus violentes, remarquer la représentation d'une femme égorgée de Giacometti.

Art abstrait: suprématisme, constructivisme et néo-plasticisme – *Salles 10-11.* L'art abstrait (non-figuration), dont le principe est d'émouvoir par le simple effet des formes et des couleurs, apparaît en Russie avant la Première Guerre mondiale. Vers 1914, Kandinsky pose les bases de l'abstraction géométrique avec ses œuvres sans référence à des objets ou des situations reconnaissables. Père du suprématisme, Kasimir Malevich peint, en 1918, son fameux *Carré blanc sur fond blanc*, élément d'une série d'œuvres incarnant l'esprit de la nouvelle société socialiste, et dans lesquelles les références picturales sont réduites aux formes géométriques les plus élémentaires.

Animés du même idéal, les sculpteurs Naum Gabo, Antoine Pevsner et Vladimir Tatlin fondent le mouvement constructiviste (1917-1920). Leurs sculptures, en bois, en verre, en métal et en plastique, symbolisent une ère industrielle encore jeune. Elles influenceront, avec les peintures, les dessins et les photographies d'Alexandre Rodchenko, le Bauhaus allemand et le néo-plasticisme hollandais. Ce dernier, créé en 1917, exprime ses principes dans la revue De Stijl. Il est représenté par des peintres comme Piet Mondrian *(Broadway Boogie Woogie)* dont les compositions graphiques mélangent les couleurs primaires à la non-couleur (gris, blanc, noir) et adoptent des formes élémentaires (lignes et rectangles harmonieusement disposés).

Nouvelle objectivité (Neue Sachlichkeit) – *Salle 17.* Le terme, apparu en Allemagne en 1923, englobe les compositions d'artistes tels Georg Grosz, Otto Dix et Max Beckmann dont les distorsions et la causticité dénoncent le vide spirituel de la société allemande et les effets de la guerre.

Avec ses images sombres et troublantes, le triptyque de Beckmann intitulé *Departure* (1933) est un parfait exemple de cette tendance.

Muralisme mexicain – *Salle 17.* Les peintres Diego Rivera, David Alfaro Siqueiros et José Clemente Orozco sont à l'origine de ce mouvement (v. 1920-v.1940) qui glorifie les travailleurs et la Révolution mexicaine.

Leurs œuvres, d'inspiration précolombienne, expriment avec puissance la souffrance humaine et la protestation sociale dans des scènes de rue ou de genre sous forme de panneaux muraux monumentaux.

Amérique: régionalisme et figuration – *Salles 18-20.* Associé à la Grande Dépression des années 1930, le mouvement régionaliste américain marque un retour aux sources en réaction à l'art sophistiqué des décennies précédentes. Représentatifs de ce courant conservateur, les peintres Thomas Hart Benton et Grant Wood illustrent de façon réaliste des thèmes folkloriques tels que la vie quotidienne dans les petites villes.

Edward Hopper *(House by the Railroad)* et Andrew Wyeth *(Christina's World)* font partie des peintres figuratifs les plus éminents et sont connus pour leurs scènes réalistes souvent mélancoliques et leurs paysages rêveurs.

Expressionnisme abstrait – *Salles 20 et 23-24.* Apparu dans les années 1940 aux États-Unis, ce mouvement essentiellement non-figuratif rejette les valeurs picturales traditionnelles au profit d'une émotion et d'une spontanéité sans fard. Dans la technique dite «Action Painting» (peinture gestuelle), l'artiste adopte une façon de peindre où intervient largement l'instinct, et s'engage dans un véritable corps à corps avec la toile, les coulées ou les projections de peinture devenant son mode d'expression privilégié; on remarquera les créations rythmiques de Jackson Pollock *(One)*, les compositions turbulentes de Willem de Kooning *(Woman, I)*, ou les œuvres plus calligraphiques de Franz Kline *(Chiefs)*. Le terme «Color Field» (ou abstraction chromatique) sert à décrire des expressionnistes abstraits comme Mark Rothko et Barnett Newman, dont les tableaux lyriques explorent les possibilités expressives des grands aplats de couleur. Pionnier de l'art expressionniste abstrait, Robert Motherwell compose des œuvres monochromes pleines de hardiesse.

Pop'art – *Salles 23 et 26.* Né en Grande-Bretagne et aux États-Unis vers 1955, ce mouvement célèbre (jusque dans les années 1960) la culture populaire diffusée par les mass media en préconisant l'introduction dans l'art des objets de la vie courante (boîtes de conserves, mégots, etc.). Parmi les artistes les plus célèbres, citons Andy Warhol *(Gold Marilyn Monroe)*, Roy Lichtenstein *(Girl with Ball)*, Jim Dine, David Hockney, Claes Oldenburg, Robert Rauschenberg et Jasper Johns *(Flag)*. Leurs œuvres sont le résultat de techniques variées: collage, peinture à l'aérographe, impression commerciale et sculptures gonflables.

Art conceptuel – Toujours en vogue, cette forme d'art apparue dans les années 1960 met l'accent sur la conception plutôt que la réalisation (œuvre finie, statique): le déroulement dans le temps du mode d'expression choisi (Performance Art) constitue donc l'œuvre même.

S'y apparente l'art minimal (*Less is more:* Moins, c'est davantage), avec les sculptures de Tony Smith et Andre Judd et les peintures de Joseph Stella, Kenneth Noland et Ellsworth Kelly, dans lesquelles la réflexion sur l'art prime la pratique artistique, d'où l'utilisation de formes et de couleurs simples.

Tendances récentes – Dans les années 1980 se développent, en réaction aux décennies précédentes, divers courants artistiques parmi lesquels une nouvelle forme d'expressionnisme, représentée par les peintres allemands Georg Baselitz et Markus Lupertz et l'Américain David Salle. Rejetant les restrictions imposées par l'art minimal, ces derniers créent des œuvres provocatrices chargées d'images sexuelles explicites, voire même vulgaires.

Dans le domaine de la photographie, les sujets ouvertement sexuels traités par Robert Mapplethorpe vont jusqu'à remettre en cause les fondements mêmes de l'art. Autre expression de la contre-culture, le graffitisme s'inspire essentiellement des inscriptions et des dessins trouvés dans le métro, et compte parmi ses artistes les plus connus Jean-Michel Basquiat et Keith Haring, qui utilise des ardoises et des bâches dans ses «toiles».

Plus récemment, des artistes tels Robert Morris *(Untitled 1982)* et Elizabeth Murray *(Popeye)*, sur la voie d'un nouvel art abstrait, se sont efforcés de tester les limites de la non-figuration afin d'en comprendre la signification profonde.

Pour permettre aux visiteurs de découvrir les tendances artistiques les plus récentes, le Project Series propose des expositions temporaires exclusivement consacrées aux artistes d'avant-garde.

★ MUSEUM OF TELEVISION AND RADIO

Durée: 1h. 25, 52ᵉ Rue O. ●stations 53rd St (lignes E, F) ou 51st St (ligne 6). Plan p. 33. Ouv. mar.–dim. 12h–18h (jeu. 20h). Fermé j. f. Contribution souhaitée: 6$. Visites guidées (1h) possibles. ⅗ ☎621-6800.

Entièrement consacré à l'un des aspects les plus populaires de la culture américaine contemporaine: la télévision et la radio, ce musée fut créé en 1975 par William S. Paley, ancien président de la CBS (Columbia Broadcasting System). Il occupe depuis 1991 un immeuble de 17 étages (John Burgee et Philip Johnson) recouvert d'un parement de calcaire. L'intérieur contient plusieurs auditoriums et de nombreuses salles de projection, ainsi qu'une immense médiathèque *(4ᵉ niveau)* pourvue d'un fichier central informatisé.

Les visiteurs ont accès, sur simple demande, à plus de 50 000 bandes vidéo et enregistrements sonores divers (émissions et publicités) qu'ils peuvent consulter sur place dans des cabines audio-visuelles équipées à cet effet.

Le fonds documentaire, très varié (films d'archives, reportages, comédies et autres), illlustre les développements de la radiodiffusion et de la télévision au cours des 70 dernières années. Le musée organise également des programmes thématiques tout au long de l'année.

★★ MUSEUM OF THE CITY OF NEW YORK

Durée: 1h 1/2. Sur la 5ᵉ Av., à la hauteur de la 103ᵉ Rue. ●station 103rd St (ligne 6). Carte p. 2. Ouv. mer.–sam. 10h–17h, dim. 13h–17h. Fermé j. f. Contribution souhaitée: 5$. ⅗ ☎534-1672.

Première institution américaine consacrée à l'histoire d'une ville, ce musée (1923) recrée le visage de New York, du modeste comptoir hollandais à la florissante métropole internationale. Situé à l'origine dans Gracie Mansion *(p. 122)*, il occupe depuis 1929 un bâtiment de style néo-géorgien, face à Central Park. Les collections, très riches, présentent des souvenirs, des objets d'art décoratif, des meubles, de l'argenterie, des estampes et des peintures.

Niveau inférieur (Basement) – La Volunteer Fire Gallery (salle des pompiers bénévoles) retrace l'histoire des sapeurs-pompiers new-yorkais à l'aide d'estampes, de témoignages, d'objets et d'engins relatifs à la lutte contre le feu, comme une voiture hippomobile à impériale. Excellente introduction à la ville, le *Big Apple Video* raconte l'histoire de New York par le son et l'image *(projection t. l. j. toutes les 30mn dans l'auditorium)*.

Premier niveau (First floor) – *Entrée principale.* Dominée par un magnifique escalier en colimaçon, une rotonde élevée délimite deux galeries allongées qui abritent des expositions temporaires. À gauche de l'entrée se trouvent le bureau d'accueil et la boutique du musée.

Deuxième niveau (Second Floor) – Six reconstitutions d'**intérieurs d'époque**, dont une pièce de séjour à la hollandaise (17ᵉ s.) et un salon de la fin du 19ᵉ s., font revivre le décor intérieur d'autrefois et témoignent de l'évolution de l'habitat new-yorkais. On remarquera tout particulièrement une fenêtre dont les vitraux furent réalisés par Richard Morris Hunt. Au même étage est exposée une belle collection de pièces d'**orfèvrerie** ancienne: service à thé en or de Tiffany (1897), chopes à bière hollandaises et autres. Répartis sur plusieurs salles, les meubles de salon comptent parmi eux un cabinet-bibliothèque ayant appartenu à la chanteuse Jenny Lind, qui contient sept volumes sur les oiseaux d'Amérique, du célèbre naturaliste Audubon. D'autres salles présentent l'histoire du port de New York à l'aide de cartes, de tableaux, de modèles réduits de navires et de figures de proue sculptées.

Troisième niveau (Third Floor) – La galerie des jouets (Toy Gallery) propose une remarquable sélection de plus de 6 000 objets classés par thème, notamment de magnifiques **maisons de poupées★** recréant les intérieurs typiques de plusieurs époques. On admirera le pavillon Ann Anthony (1769), peuplé de personnages de cire, et la maison Stettheimer, qui représente un *brownstone* new-yorkais des années 1920, avec ses figurines de personnalités célèbres et ses reproductions miniatures d'œuvres de Marcel Duchamp et d'autres artistes d'avant-garde.
Dans le hall principal, les portraits de différentes célébrités illustrent l'évolution de la mode new-yorkaise.

Cinquième niveau (Fifth Floor) – Deux pièces somptueusement décorées provenant de la résidence de John D. Rockefeller (1860), qui s'élevait à l'emplacement actuel du jardin des sculptures du Museum of Modern Art *(p. 147)*, illustrent le style cossu de l'ère victorienne. La chambre à coucher se distingue par ses tissus d'ameublement damassés et ses murs vert foncé ornés de tableaux aux cadres dorés. Le dressing, de style Renaissance américaine, contient des meubles en palissandre réalisés par l'ébéniste George Schasty. Dans l'alcôve Flagler, remarquer deux tableaux de Childe Hassam au-dessus d'un piano Steinway.

NATIONAL ACADEMY OF DESIGN

Durée: 1h. 1083, 5e Av. ●station 86th St (lignes 4, 5, 6). Plan p. 95. Ouv. mer.–dim. 12h–17h (ven. 20h). Fermée j. f. 3,50$. ⅊ ☎369-4880.

Un petit bâtiment de forme arrondie abrite l'Académie nationale de dessin de New York. Cette vénérable institution culturelle, qui possède aujourd'hui l'une des plus belles collections d'art américain du pays, fut créée au début du 19e s. comme école d'Art, et pour servir de cadre à des expositions de peinture, de sculpture, de gravure et d'architecture.
Au premier niveau, une charmante librairie revêtue de jolies boiseries mène à une entrée (dallage de marbre) dominée par un splendide escalier circulaire. Remarquer la statue de *Diane*, réalisée par Anna Huntington Hyatt, épouse d'un certain Archer M. Huntington qui, après avoir acquis le bâtiment en 1902, en fit don à l'Académie en 1940. Les deuxième et troisième niveaux sont consacrés à des expositions temporaires présentant des œuvres issues de la collection permanente ou provenant des fonds d'autres institutions muséologiques. Tout candidat désirant devenir membre de l'Académie est tenu de se présenter en faisant son autoportrait et en montrant l'une de ses créations les plus représentatives, ce qui a permis à la collection de s'enrichir d'œuvres d'artistes célèbres des 19e et 20e s., comme Winslow Homer, John Singer Sargent, Augustus Saint-Gaudens, Isabel Bishop et Thomas Eakins. L'Académie dispense également des cours de dessin, de peinture, de sculpture et d'arts graphiques.

★★ NATIONAL MUSEUM OF THE AMERICAN INDIAN
(George Gustav Heye Center)

Durée: 1h. 1 Bowling Green (dans le US Custom House). ●stations Bowling Green (lignes 4, 5) ou Whitehall St (lignes N, R) ou South Ferry (lignes 1, 9). Plan p. 64 [M]. Ouv. toute l'année t. l. j. 10h–17h. Fermé 25 déc. Entrée libre. ☎668-6624.

Autrefois situé dans l'un des bâtiments de l'AUDUBON TERRACE, ce remarquable musée occupe, depuis 1994, le magnifique immeuble de style académique (1907, Cass Gilbert) de l'ancienne douane de New York *(p. 66)*. Ses collections, entièrement dédiées aux Indiens des deux Amériques, comptent parmi les plus belles de l'hémisphère occidental.
En 1989, le prestigieux institut américain Smithsonian faisait l'acquisition de plus d'un million d'objets artisanaux et autres collectionnés par le banquier new-yorkais George Gustav Heye (1874-1957) au cours de sa vie. Le musée dont nous parlons ici fait partie d'un énorme complexe muséologique placé sous l'égide du Smithsonian et destiné à faire connaître au public l'héritage historique et culturel amérindien. Une fois les travaux achevés, ce triptyque devrait comprendre une branche principale à Washington *(ouverture prévue vers 2001)* ainsi qu'un centre de recherche dans le Maryland *(ouverture prévue pour 1997)*.
Environ 67% de la collection rassemblée par George Heye concerne les Indiens des États-Unis et 3% ceux du Canada, le reste étant consacré aux cultures latino-américaines. Vannerie et sculptures en bois des tribus de la côte Nord-Ouest, vêtements des Indiens des Plaines, bijoux d'origine olmèque et toltèque, armes et objets rituels offrent un fascinant panorama des civilisations amérindiennes de la préhistoire jusqu'à nos jours.
Les galeries principales s'organisent autour d'une splendide **rotonde** de marbre ornée de fresques (v. 1930, Reginald Marsh) représentant les activités du port de New York. Les collections sont regroupées en trois thèmes *(les expositions étant temporaires; les descriptions suivantes sont donc données sous toute réserve)*. La première exposition, intitulée «Creation's Journey: Masterworks of Native American Identity and Belief», présente une approche historique, avec une sélec-

tion pluraliste de 165 œuvres d'art et d'artisanat du 4ᵉ millénaire av. J.-C. jusqu'à aujourd'hui. On y remarquera tout particulièrement une tunique chilkat (19ᵉ s.) ainsi qu'un manteau court en plumes d'origine chimu (Pérou, 9ᵉ-15ᵉ s.). La seconde exposition, nommée «All Roads are Good: Native Voices on Life and Culture», donne l'occasion d'admirer près de 300 objets sélectionnés par des Amérindiens pour leur valeur esthétique, spirituelle, culturelle ou personnelle. La dernière exposition, «This Path We Travel: Celebration of Contemporary Native American Creativity», est consacrée aux œuvres d'une quinzaine d'artistes amérindiens contemporains (sculpture, poésie, musique, vidéo, etc.). Le musée propose par ailleurs tout un programme de films, de conférences et de spectacles de danse.

NEW MUSEUM OF CONTEMPORARY ART

Durée: 1/2h. 583 Broadway. ●*stations Spring St (ligne 6) ou Prince St (lignes N, R). Plan p. 82. Ouv. mer.–dim. 12h-18h (sam. 20h). Fermé j. f. 4$.* ♿ ☎*219-1355.*

Ce musée d'Art contemporain, fondé en 1977, présente les œuvres d'artistes inconnus ou méconnus. Il ne possède pas de collection permanente, mais organise en revanche une quinzaine d'expositions temporaires abordant les thèmes les plus divers: environnement, féminisme, médias, politique, SIDA et autres. Une vitrine donnant sur la rue offre à la vue de tous des montages ou «spectacles» thématiques accrocheurs, voire même provocants, qui ne manquent pas de retenir l'attention du passant et l'invitent, sinon à participer, du moins à réagir.

NEW YORK CITY FIRE MUSEUM

Durée: 1h. 278 Spring St. ●*stations W Houston St (lignes 1, 9) ou Spring St (lignes C, E). Plan p. 82. Ouv. mar.–sam. 10h–16h. Fermé j. f. Contribution souhaitée: 3$.* ♿ ☎*691-1303.*

Installé dans une caserne de pompiers bâtie en 1904, ce musée rassemble la plus belle collection américaine d'engins et d'objets (du 18ᵉ s. à nos jours) relatifs à la lutte contre le feu. On y trouve un fascinant mélange d'insignes, de seaux, de voitures à bras, hippomobiles ou à moteur, de clairons, de casques et de plaques d'assurance incendie.

On notera également une bouche à incendie (la première installée à New York en 1818), un mât de descente (sorte de tube vertical inventé à Chicago en 1858, et permettant aux pompiers de se laisser rapidement glisser, dès que l'alarme a été sonnée, de la caserne jusqu'au garage où sont entreposés les véhicules de service), et surtout... la dépouille empaillée d'un chien; capable de monter aux échelles et de localiser les victimes, ce dernier servit de son vivant (de 1929 à 1939) en tant que membre honoraire d'une caserne de sapeurs-pompiers de Brooklyn!

★★ NEW-YORK HISTORICAL SOCIETY

170 Central Park W. ●*stations 81st St (lignes B, C) ou 79th St (lignes 1, 9). Plan p. 91. Réouverture des salles d'exposition prévue (sous toute réserve) pour mai 1995. Bibliothèque ouv. au public mer.–ven. 12h–17h.* ☎*873-3400. Visite de la collection de gravures, de photographies et de dessins d'architecture (3ᵉ niveau) sur rendez-vous uniquement.*

Le plus vieux musée de New York, fondé en 1804, occupe un bâtiment austère de style néo-classique (1908) face à CENTRAL PARK. Trois cents ans d'histoire américaine y sont exposés sur quatre niveaux. L'édifice abrite en outre une bibliothèque de recherche réputée.

Premier niveau (First Floor) – Des objets de la collection permanente sont exposés dans les deux salles principales. Présentés dans l'auditorium, des programmes spéciaux évoquent l'influence de l'histoire américaine sur la culture populaire.

Deuxième et troisième niveaux (Second-Third Floors) – Le deuxième niveau contient plus de 150 objets (lampes, abat-jour et autres) issus des ateliers de Tiffany *(p. 129)*, qui illustrent l'évolution de la verrerie d'art depuis le simple verre soufflé monochrome jusqu'aux motifs et aux couleurs rivalisant de beauté. On découvre également une magnifique sélection d'aquarelles originales dues au naturaliste John J. Audubon, élève de David, qui parcourut les régions les moins explorées d'Amérique du Nord et réalisa de splendides planches coloriées sur les oiseaux d'Amérique. Reconstitution d'une galerie privée de New York (19ᵉ s.), la Luman Reed Gallery présente des portraits présidentiels peints par Asher B. Durand ainsi que le grandiose *Course of the Empire* par Thomas Cole, principal fondateur de l'école de l'Hudson. La bibliothèque de recherche, au même étage, abrite un manuscrit très rare d'écrits fédéralistes.

Au troisième niveau, on trouve une collection de jouets, de tirelires mécaniques et de presse-papiers mosaïqués.

Quatrième niveau (Fourth Floor) – Les salles de cet étage sont consacrées à l'art et à l'artisanat des 18ᵉ et 19ᵉ s. La Bryan Gallery, aux murs tendus de moire rouge, propose des œuvres d'art (14ᵉ-19ᵉ s.) amassées par Thomas Jefferson Bryan sur une période de 20 ans. L'école de l'Hudson est représentée par Frederic Church *(Cayambe)* et Thomas Cole (*View on Catskill Creek, New York*). *Old Kentucky*

MUSÉES

de Eastman Johnson et *The Indian,* sculpture de Thomas Crawford (1856), reflètent la richesse et la diversité de l'art américain. On remarquera également une quarantaine de portraits, dont le *Stephen Decatur* de Rembrandt Peale. De riches services en argent de l'orfèvre new-yorkais Myer Myers (18ᵉ s.) et un bureau de style fédéral, exécuté par Pierre Charles L'Enfant *(p. 63)* et utilisé par les membres du premier Congrès (1789), font partie des plus belles pièces de la collection d'art décoratif.

★ OLD MERCHANT'S HOUSE

Durée: 1/2h. 29, 4ᵉ Rue E. ●station Astor Place (ligne 6). Plan p. 85. Ouv. dim.–jeu. 13h–16h. Fermée Thanksgiving & 25 déc. 3$. ☎777-1089.

Bâtie en 1832 par un certain Joseph Brewster, cette jolie maison mitoyenne en brique de style néo-grec fut achetée en 1835 par un riche marchand, Seabury Tredwell, et demeura dans sa famille pendant près de 100 ans. C'est la seule demeure du 19ᵉ s., dans Manhattan, à avoir conservé son mobilier et ses objets d'origine. Rénovée et transformée en musée, elle illustre à présent le mode de vie d'une famille bourgeoise au siècle dernier.

Au n° 37 de la même rue se trouve une autre maison de style néo-grec, avec ses deux colonnes ioniques supportant une corniche en bois. Construite à l'origine pour le puissant homme d'affaires Samuel Tredwell Skidmore, elle est aujourd'hui dans un triste état de délabrement.

★★ PIERPONT-MORGAN LIBRARY

Durée: 1h 1/2. 29, 36ᵉ Rue E. ●station 33rd St (lignes 4, 5, 6). Plan p. 32.

Haut lieu de la culture, cette bibliothèque recèle en ses murs somptueux d'immenses collections de livres rares, de manuscrits, de dessins, d'estampes et d'œuvres diverses rassemblées par le banquier **J. Pierpont Morgan** (1837-1913), collectionneur insatiable passionné d'art, de littérature et d'histoire, ce qui explique l'accumulation stupéfiante de tous ces objets.

Les bâtiments – Bel exemple de style néo-Renaissance italienne, le bâtiment principal *(33, 36ᵉ Rue)* – dont le riche homme d'affaires avait confié la construction à la firme McKim, Mead & White en 1902 – fut terminé quatre ans plus tard, non sans quelques heurts entre Morgan et l'architecte Charles McKim. L'annexe fut bâtie en 1928 à l'angle de Madison Avenue par le fils de Morgan; une cour vitrée, meublée de tables et de chaises, relie l'édifice à une grande maison de grès brun *(angle de Madison Ave et de la 37ᵉ Rue)* qui lui servait de résidence privée.

Le bâtiment principal et l'annexe abritent aujourd'hui un véritable musée des Beaux-Arts et une remarquable bibliothèque d'étude disposant de précieux ouvrages sur le développement des civilisations occidentales. Quant à l'ancien *brownstone* du jeune Morgan, il contient désormais une librairie.

Visite

Ouv. mar.–ven. 10h30–17h, sam. 10h30–18h, dim. 12h–18h. Fermée j. f. Contribution souhaitée: 5$. ☎685-0610.

Le vestibule de l'annexe, tout resplendissant de marbres polychromes, sert d'entrée principale. Il mène *(à gauche)* à une galerie utilisée pour les expositions temporaires, et *(à droite)* à une salle de lecture *(autorisation préalable nécessaire)*. Également réservé aux expositions temporaires, un corridor un peu moyenâgeux permet de passer dans le bâtiment le plus ancien.

Cabinet de travail (West Room) – La somptuosité du cabinet de travail de Morgan se manifeste dans son **plafond** sculpté et peint (16ᵉ s.), ses tentures de damas rouge, ses vitraux (15ᵉ-17ᵉ s.) et ses meubles de bois noir. Peintures et statuettes, émaux et orfèvreries du Moyen Âge et de la Renaissance se fondent dans le décor de la pièce. La cheminée de marbre (15ᵉ s.), du sculpteur florentin Desiderio da Settignano, est surmontée d'un portrait de l'ancien occupant des lieux, exécuté par Frank Holl. Parmi les peintures, on notera un *Portrait de Maure* par le Tintoret (1570, Italie), une Madone de Perugino, des portraits en médaillon de Martin Luther et de sa femme par Lucas Cranach l'Ancien (16ᵉ s., Allemagne) et un petit portrait attribué aux élèves de François Clouet.

Ornée de panneaux en forme de demi-lune, de mosaïques et de colonnes en lapis lazuli, une **rotonde** d'inspiration Renaissance relie le cabinet de travail de J. Pierpont Morgan à la bibliothèque.

Bibliothèque (East Room) – Cette pièce, garnie de triples rayonnages allant du sol au plafond, présente des enluminures du Moyen Âge et de la Renaissance (dont certaines datent du 5ᵉ s.), joyaux d'une collection qui compte par ailleurs des milliers de lettres et de manuscrits autographes, des incunables (livres imprimés avant 1500), de superbes reliures dorées incrustées de pierres précieuses, des dessins d'artistes divers (Dürer, Rembrandt, Rubens et bien d'autres) et de nombreuses partitions manuscrites de Mozart, Beethoven, Haydn et Mahler.

Un exemplaire de la **Bible de Gutenberg** (le musée en possède trois) est exposé en permanence. Parmi les nombreuses œuvres d'art qui ornent la pièce, on admirera une somptueuse tapisserie flamande du 16ᵉ s. représentant le Triomphe de l'Avarice, accrochée au-dessus de la cheminée en marbre. Le plafond sculpté comporte des lunettes et des écoinçons peints représentant les signes du zodiaque.

★ STUDIO MUSEUM IN HARLEM

Durée: 1h. 144, 125ᵉ Rue O. ●*station 125th St (ligne 2). Carte p. 2. Ouv. mer.–ven. 10h–17h, sam.–dim. 13h–18h. Fermé j. f. 5$.* ☎*864-4500.*

Créé en 1968 comme espace de travail pour les artistes noirs, ce petit musée est devenu un important centre culturel. Il organise chaque année environ huit expositions temporaires, et tous les 18 mois, présente des œuvres tirées de sa collection permanente (environ 1400 pièces), réalisées par des artistes noirs renommés (comme Romare Bearden, Alvin Loving, Faith Ringgold et Betye Saar) ou en voie de l'être. Au rez-de-chaussée, une boutique-cadeaux propose des bijoux, des objets artisanaux et des livres.

★★ WHITNEY MUSEUM OF AMERICAN ART

Durée: 1h 1/2. **945 Madison Ave.** ●*station 77th St (ligne 6). Plan p. 95. Ouv. mer. & ven.–dim. 11h–18h, jeu. 13h–20h. Fermé j. f. 7$.* ✗ & ☎*570-3676. Le musée dispose d'une annexe dans le Philip Morris Building (p. 47).*

Un bâtiment très sobre, dessiné par Marcel Breuer et Hamilton Smith, abrite depuis 1966 l'une des plus belles collections d'art américain du 20ᵉ s. au monde. Avec ses trois étages en encorbellement qui dominent un jardin de sculptures, l'édifice constitue un exemple saisissant d'architecture dite brutaliste. Projet très controversé, la construction d'une nouvelle aile, qui permettrait d'agrandir l'espace d'exposition et la surface de bureaux, a été provisoirement mise en attente.

Grande collectionneuse d'objets d'art, elle-même sculpteur, **Gertrude Vanderbilt Whitney** (1875-1942) avait installé une galerie dans son atelier de Greenwich Village *(p. 81)* pour y exposer sa collection personnelle d'œuvres d'artistes contemporains américains. Cette galerie donna naissance, en 1931, au musée Whitney dont le fonds se compose aujourd'hui de plus de 10 000 créations de peintres tels Hopper, de Kooning, Kelly, Gorky, Prendergast, Demuth et Motherwell, ou encore de sculpteurs comme Calder, Nevelson, Noguchi et David Smith.

De nombreuses expositions présentent, tout au long de l'année, des œuvres issues de la collection permanente, et permettent au visiteur de découvrir les grands courants des arts plastiques américains du siècle; les thèmes abordés sont audacieux, novateurs, voire même polémiques.

Dans l'entrée, le **Cirque** miniature d'Alexander Calder, avec ses multiples personnages et animaux, constitue une attraction toute particulière; un film montre le fameux sculpteur en train de faire mouvoir son œuvre.

Une section spéciale est consacrée à l'art vidéo et cinématographique d'avant-garde. Depuis 1932, le musée organise en outre des biennales présentant au public un échantillon de l'art américain contemporain.

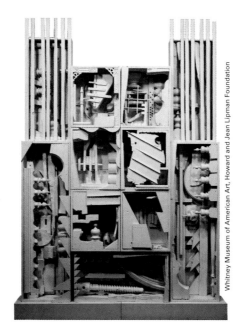

Whitney Museum of American Art, Howard and Jean Lipman Foundation

Louise Nevelson: *Dawn's Wedding Chapel II (1959)*

Seul *borough* de New York à se trouver sur le continent, le Bronx doit son nom à un certain Johannes Bronck, émigré danois venu s'installer en ces lieux en juin 1639. Son développement n'intervint qu'au cours de la seconde moitié du 19e s., autour du village de Morrisania [**AZ**] qui correspond aujourd'hui au secteur situé aux environs de la 3e Avenue et de la 161e Rue. Le village fut ainsi nommé à cause de deux membres d'une même famille: Lewis Morris, l'un des signataires de la Déclaration d'Indépendance, et le gouverneur Morris, qui participa à l'élaboration de la Constitution américaine.

Le Bronx faisait partie du comté de Westchester avant d'être incorporé à la ville de New York

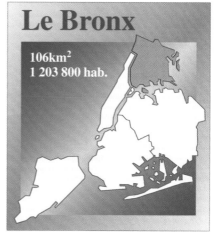

Le Bronx

106km²
1 203 800 hab.

en 1898. Il est aujourd'hui relié à Manhattan par 12 ponts (dont 2 ferroviaires) et 6 tunnels de métro. Sa partie Sud est à prédominance ouvrière, les groupes les plus aisés résidant plutôt dans les quartiers Nord. L'Est du *borough* possède quant à lui le plus grand parc de New York, Pelham Bay Park *(p. 158)*, avec sa plage de sable très en vogue, Orchard Beach.

Le nombre d'originaires d'Europe centrale et de l'Est dont se compose une importante partie de la population du Bronx a tendance à diminuer, tandis que celui de Noirs et de Portoricains ne cesse d'augmenter.

CURIOSITÉS   *Plan p. 156*

★★★ **Bronx Zoo** – *Sur le Bronx River Parkway, à la hauteur de Fordham Rd.* ●*descendre à la station Pelham Parkway (lignes 2, 5) pour gagner l'entrée (Bronxdale Entrance). Ouv. avr.–oct. t. l. j. 10h–17h (sam.–dim. 17h30). Reste de l'année t. l. j. 10h–16h30. 5,75$ (mer. gratuit), 2,50$ hors saison.* ✗ ♿ ☏*718-367-1010.* Ce jardin zoologique est situé dans le Bronx Park, lui-même aménagé à la fin du 19e s. à l'emplacement des «West Farms», grande propriété bordant les rives de la Bronx River que jalonnaient alors de nombreux moulins. Sur 107ha de forêt vivent plus de 4 000 animaux appartenant à plus de 600 espèces différentes, qui évoluent dans des espaces à l'intérieur de bâtiments ou en plein air, généralement séparés des visiteurs par un simple fossé.

Bill Meng/Wildlife Conservation Society

Léopard des neiges

Visite – *Pour obtenir une bonne vue d'ensemble du site, emprunter le train-navette (avr.–oct. lun–ven. 10h–16h30, sam.–dim. & j. f. 10h–17h; 2$) qui effectue le tour complet du zoo, ou le téléphérique Skyfari (mêmes horaires que le train-navette) qui offre de belles vues du complexe. Les visiteurs peuvent également se promener à pied (plan p. 156).*

Le monorail Bengali Express *(mai–oct. lun–ven. 10h–16h30, sam.–dim. & j. f. 10h–17h; 1,50$)* traverse l'**Asie sauvage** (Wild Asia), terrain boisé et accidenté de 14ha permettant d'observer, dans un paysage proche de leur habitat naturel, de nombreux animaux rares et dangereux (tigres de Sibérie, éléphants d'Asie et autres). Le **Monde de la jungle** (Jungleworld) *(avr.–oct. lun.–ven. 10h–17h, sam.–dim. & j. f. 10h–17h30; reste de l'année, t. l. j. 10h–16h30; fermé les 2 dernières semaines de fév.)* recrée l'environnement tropical humide du Sud de l'Asie: on y voit des forêts, des torrents, des cascades, des plantes et toute une vie animale (mainates, nasiques, léopards et gavialidés).

Parmi les autres pôles d'attraction du zoo, noter la **Réserve de babouins** (Baboon Reserve), la Maison des reptiles (Reptile House), la Grande volière (DeJur Aviary), le Pavillon des oiseaux aquatiques (Aquatic Bird House), le Monde de la nuit (World of Darkness) *(mai–oct. lun.–ven. 10h–17h, sam.–dim. & j. f. 10h–17h30; reste de l'année t. l. j. 10h–16h30)* et le Monde des oiseaux (World of Birds), où des centaines d'oiseaux exotiques vivent dans leur milieu naturel reconstitué. Ne surtout pas manquer l'Enclos des bisons (Bison Range) et celui des **animaux rares** (Rare Animals Range) où l'on peut observer des chevaux sauvages de Mongolie et l'étrange cerf du père David (du nom de celui qui l'a découvert), avec ses sabots de vache, son cou de chameau, sa queue d'âne et ses bois de cerf. Le **Zoo pour enfants** (Children's Zoo) abrite plus d'une centaine d'animaux dans leur habitat familier reconstitué: marais, forêt, désert, ferme. Des expositions thématiques, auxquelles les enfants sont invités à participer, les instruisent sur l'habitat, les sens, les modes de défense et de locomotion de divers animaux *(avr.– oct. lun.–ven. 10h–17h, sam.–dim. & j. f. 10h– 17h30; 2$).*

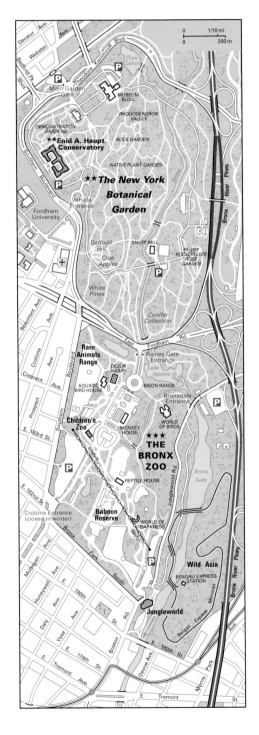

★★ **New York Botanical Garden** – *À l'angle de la 200ᵉ Rue et de Southern Blvd.* ●*station Bedford Park Blvd (lignes D, 4); marcher en direction de l'Est jusqu'à l'entrée (Main Garden Gate) sur Southern Blvd. Ouv. avr.– oct. mar.–dim. 10h–18h. Reste de l'année mar.– dim. 10h–16h. Ouv. lun. fériés. Fermé 1ᵉʳ janv. & 25 déc. 3$.* ✕ ☎*718-817-8700.* Promenade très agréable et instructive en toutes saisons, le jardin botanique du Bronx (1891) rassemble, sur une centaine d'hectares, des milliers de variétés de plantes et de fleurs qui s'épanouissent au printemps et au début de l'été. Parmi ses points d'attraction les plus courus, citons la roseraie (rose garden), la vallée des rhododendrons (rhododendron valley), les jardins expérimentaux (demonstration gardens), le jardin de rocaille (rock garden), les 16ha de forêt vierge et la serre Enid A. Haupt *(ci-dessous).* Le bâtiment du musée *(ouv. mar.–ven. 11h–18h, sam.–dim. 12h–16h; fermé sam.–dim. fériés)* abrite une bibliothèque, un herbier rassemblant un grand nombre de spécimens, un auditorium (pour des expositions relatives à l'écologie, la botanique et l'horticulture) et un magasin de souvenirs. Un restaurant a été aménagé dans le Snuff Mill, édifice en pierre du 18ᵉ s. qui domine la Bronx River.

★★ **Enid A. Haupt Conservatory** – *Fermée pour cause de rénovation. Réouverture prévue pour 1996.* Inspirée des palais de cristal du 19ᵉ s., cette immense serre (1901) s'ouvre sur Palm Court, une palmeraie sous le dôme de laquelle est exposée une belle collection de plantes tropicales.

En se promenant dans les salles, qui recréent différentes zones climatiques, le visiteur aura l'occasion de voir des plantes du monde entier. Il découvrira la végétation des déserts et pourra également admirer une jungle de fougères, une orangerie et une collection de plantes carnivores et d'orchidées très rares.

Aménagée à l'intention des enfants, la galerie n° 1 a pour but de leur apprendre à reconnaître les légumes, céréales et fruits cultivés, et les produits stockés sur les étagères de «l'épicerie» adjacente.

AUTRES CURIOSITÉS *Plan pp. 158-159*

★ **Yankee Stadium** [AZ] – *À l'angle de la 161e Rue et de River Ave.* ●*station 161st St (lignes 4, D, C).* Le premier Yankee Stadium avait été construit en 1923 par un magnat de la bière, le colonel Jacob Ruppert, pour l'équipe de base-ball dont il était propriétaire: les Yankees. Y triomphait à cette époque le grand Babe Ruth, batteur incomparable qui, durant la saison de 1927, réussit 60 «coups de circuit», record jamais égalé dans les compétitions américaines. Ruth était si populaire qu'à sa mort, en 1948, 100 000 personnes défilèrent devant son cercueil exposé dans la rotonde du stade. À l'intérieur, une plaque de bronze rappelle son souvenir ainsi que celui d'autres illustres joueurs ou dirigeants: Lou Gehrig, Mickey Mantle et Edward Grant Barrow. Signalons aussi que Joe Di Maggio, passé à la postérité pour avoir été un temps mari de Marilyn Monroe, fut une vedette de l'équipe.

Complètement rénové en 1975, le Yankee Stadium est aujourd'hui un vaste ensemble moderne d'une capacité de plus de 57 545 places, spécialement conçu pour recevoir une multitude de spectateurs friands de manifestations sportives et d'attractions de qualité. Il offre désormais une vue dégagée du terrain, et comporte des escaliers roulants pour desservir les tribunes supérieures, ainsi que des panneaux électroniques pour afficher les scores.

> **Les règles du base-ball** – Le base-ball se joue par deux équipes de neuf joueurs répartis sur un terrain en losange dont chaque angle constitue une base. La balle est lancée à un joueur, le «batteur», qui doit la renvoyer avec sa batte le plus loin possible, de préférence hors de portée des joueurs adverses. Ceci fait, il se met aussitôt à courir à la première base puis, s'il le peut, aux suivantes avant que la balle ne soit récupérée par l'adversaire et renvoyée à la base qu'il essaie d'atteindre. Lorsqu'un joueur a fait le tour des quatre bases, son équipe marque un point. Le tour complet du losange effectué en une seule fois s'appelle un *home-run* (coup de circuit).

Valentine-Varian House [BX] – *3266 Bainbridge Ave, à la hauteur de la 208e Rue E.* ●*stations 205th St (ligne D) ou Mosholu Parkway (ligne 4). Ouv. sam. 10h–16h, dim. 13h–17h. Fermée j. f. 2$.* ☎*718-881-8900.* À l'origine, cette maison de pierre était située de l'autre côté de la rue, sur un terrain acquis en 1758 par Isaac Valentine. L'endroit, qui fut pendant la guerre d'Indépendance le théâtre de nombreuses escarmouches, fut racheté en 1791 par Isaac Varian, riche fermier dont le fils devait devenir le 63e maire de New York.

La demeure, qui figure à son emplacement actuel depuis 1965, abrite aujourd'hui le **Museum of Bronx History**, où l'on peut admirer une très belle collection de gravures, de lithographies et de photographies.

Poe Cottage [AY] – *À l'angle de E. Kingsbridge Rd et de Grand Concourse.* ●*station Kingsbridge Rd (ligne D, 4). Ouv. sam. 10h–16h, dim. 13h-17h. Fermé j. f. 2$.* ☎*718-881-8900.* C'est dans cette petite maison de bois construite en 1812 que l'écrivain Edgar Allan Poe vécut trois ans (1846-1849) et écrivit le poème d'*Annabel Lee*.

Poe s'était retiré dans ce cottage, loin de l'agitation de New York, dans l'espoir de sauver de la tuberculose son épouse Virginia Clemm, qui devait tristement succomber à la maladie en 1847. Le brillant écrivain mourut lui-même deux ans plus tard à Baltimore, ravagé par l'alcoolisme; il avait à peine 40 ans.

La maison, transférée de l'autre côté de la rue en 1913, fut transformée en musée en 1917. À l'intérieur sont présentés des souvenirs de l'auteur de ces *Contes extraordinaires* qui fascinèrent tant Baudelaire *(projection de diapositives: 20mn)*.

★ **Van Cortlandt House Museum** [AX] – *Sur Broadway, derrière le Visitor Center de Van Cortlandt Park.* ●*station Van Cortlandt Park (ligne 1). Ouv. mar.–ven. 10h–15h, sam.-dim. 11h–16h. Fermé j. f. 2$.* ☎*718-543-3344.* Construite en 1748, cette demeure coloniale a été admirablement conservée par la National Society of Colonial Dames et par la ville. George Washington y aurait couché et tenu conseil ici avant de faire son entrée triomphale à New York, en novembre 1783.

Reconstitué avec le plus grand soin, le mobilier intérieur reflète le raffinement et l'art de vivre de la petite noblesse new-yorkaise des 18e et 19e s. Parmi les neuf pièces ouvertes au public, remarquer le «salon hollandais», la cuisine et la nursery, contenant l'une des plus vieilles maisons de poupées d'Amérique.

Bronx Community College [AY] – *À l'angle de University Ave et de la 181e Rue O.* ●*station Burnside Ave (ligne 4).* Fondé en 1891 pour être le campus de l'université de New York dans le Bronx, ce groupe de 18 bâtiments est aujourd'hui occupé par le Bronx Community College. D'un calme provincial, il est perché sur les hauteurs proches de l'Harlem River.

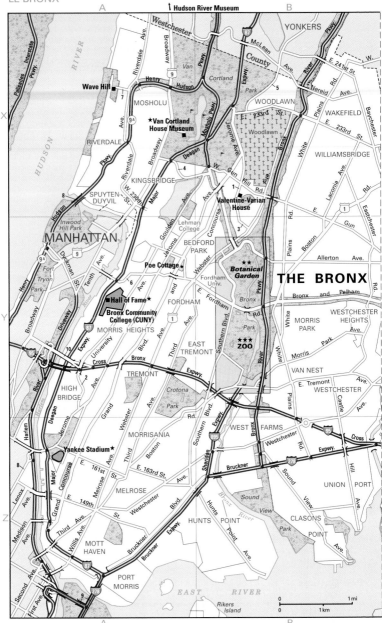

★ **Hall of Fame for Great Americans** – *Sur Hall of Fame Terrace, à la hauteur de la 181e Rue O. Ouv. t. l. j. 10h–17h.* 🍴 ☎*718-220-6003.* Cette «Galerie de la renommée», de style académique, forme une sorte de colonnade de 192m de long évoquant un mausolée. Le monument (1900, Stanford White) fut érigé à la mémoire des hommes et femmes illustres des États-Unis. Choisis au moins 25 ans après leur décès, les candidats (artistes, écrivains, politiciens, savants...) sont sélectionnés par un comité spécial. Parmi les 102 personnages ainsi honorés, citons Harriet Beecher Stowe, George Washington Carver, Edgar Allan Poe *(p. 157)*, Walt Whitman, John James Audubon *(p. 152),* Susan B. Anthony, les frères Wright, Henry Wadsworth Longfellow, Washington Irving *(p. 176),* et les Présidents Ulysses S. Grant, Thomas Jefferson et Abraham Lincoln.

Pelham Bay Park [**CXY**] – ●*station Pelham Bay Park (ligne 6).* Le plus grand parc de la ville offre un très grand nombre d'activités de plein air, comme le golf, la marche, le cyclisme, le tennis, l'équitation, les jeux de balle et la pêche. L'endroit le plus populaire est **Orchard Beach**, plage de sable fin de plus d'un kilomètre de long, très fréquentée les jours de canicule.

★ **Bartow-Pell Mansion** [**CY**] – *Ouv. mer., sam. & dim. 12h–16h. Fermée j. f. & 3 dernières semaines d'août. 2,50$.* ☎*718-885-1461.* L'histoire de ce site remonte à 1654, époque à laquelle Thomas Pell acheta le terrain aux Indiens Siwanoy. Robert Bartow, descendant de Pell, éleva (entre 1836 et 1842) le manoir en pierre de style néo-classique qui domine le détroit de Long Island. L'intérieur raffiné révèle une architecture néo-grecque (escalier elliptique) et un mobilier de style Empire américain.

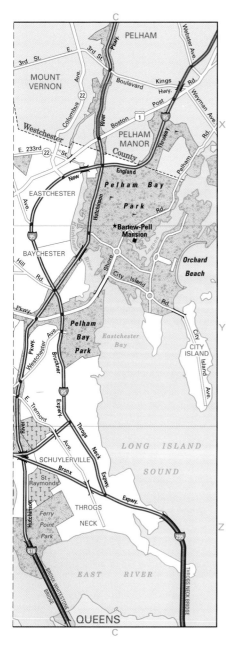

Wave Hill [AX] – *625, 252ᵉ Rue O.* ●*station 231st St (lignes 1, 9) puis bus 7, 10 ou 24 (arrêt 252nd St). Ouv. 15 mai–15 oct. mar.–dim. 9h–17h30 (mer. nocturne). Reste de l'année mar.–dim. 9h–16h30. Fermé 1ᵉʳ janv. & 25 déc. Entrée gratuite (sam.–dim. 4$). Visite guidée des jardins et des serres dim. 14h15. ⚒& ☎718-549-3200.* Ouvert au public depuis 1965, ce domaine de 11ha au bord de l'Hudson possède de magnifiques serres et jardins, des prairies ondoyantes et des bois luxuriants. Ses 7ha de jardins paysagers abritent plus de 3 000 espèces de plantes et de nombreuses essences d'arbres. On peut y suivre des programmes d'architecture paysagiste, d'horticulture et de gestion des sols.
Le site comporte également une demeure de 1843, restaurée dans les années 1960, dans laquelle ont résidé des personnages aussi célèbres que Mark Twain, Teddy Roosevelt et Arturo Toscanini *(p. 167)*.

*Les **cartes** et les **guides** Michelin*
sont complémentaires.

Utilisez-les ensemble!

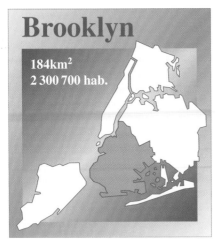

Brooklyn

184km²
2 300 700 hab.

Situé à l'extrémité Ouest de Long Island *(p. 179)*, Brooklyn (comté de Kings) s'étend de l'East River à Coney Island, et des «Narrows» à Jamaica Bay. Plus peuplé que Manhattan, ce *borough* est presque aussi ancien que son voisin et rival envers lequel les vieux Brooklynois, fiers de leur accent et de leurs traditions, affectent une certaine indifférence.

Un riche et long passé – Fondé en 1636 par des colons hollandais qui le baptisèrent Breuckelen (terre coupée) en souvenir d'une petite ville des environs d'Utrecht, Brooklyn se situait à l'origine sur Wallabout Bay, à proximité des anciens chantiers navals de la Marine américaine. La ville s'étendit peu à peu le long de la côte en direction de l'Ouest. Au 18e s., un bac qu'empruntaient les fermiers de Long Island pour vendre leurs produits la reliait à Manhattan. Au début du 19e s., Brooklyn était devenu un secteur résidentiel fort agréable où nombre de riches New-Yorkais choisirent d'élire domicile tout en continuant à travailler à Manhattan. Un émigré français, Moreau de Saint-Méry, raconte que déjà, de nombreux financiers se rendaient chaque jour à Wall Street. En 1834, Brooklyn obtint le statut de ville indépendante; l'endroit comptait alors 30 000 habitants. Devenu un important centre industriel et commercial, il fut rattaché – non sans lutte – à New York en 1898, après avoir absorbé plusieurs villages dont les noms servent encore à désigner ses différents quartiers.

Depuis 1883, date de l'achèvement du célèbre PONT DE BROOKLYN, le *borough* est directement relié à Manhattan. En 1903 s'y ajouta le pont de Williamsburg, puis en 1909, celui de Manhattan. La première ligne de métro desservant Brooklyn fut réalisée en 1905. Plus récemment, le tunnel Brooklyn-Battery, terminé en 1950, et le PONT VERRAZANO-NARROWS, ouvert en 1965, sont venus faciliter les communications entre Brooklyn et les autres municipalités.

Un monde à part – Depuis longtemps déjà, Brooklyn est sorti de son isolement, comme en témoignent ses innombrables habitants qui, tous les jours, vont travailler à Manhattan. Pourtant, l'immense *borough* new-yorkais a réussi à conserver une identité propre, éloquemment décrite par Betty Smith dans son livre *A Tree Grows in Brooklyn* (1943). Nombreux sont d'ailleurs les écrivains qui ont séjourné à Brooklyn, notamment dans le quartier de Brooklyn Heights *(ci-dessous)*, depuis Walt Whitman qui, en 1846, collaborait au *Brooklyn Daily Eagle*, jusqu'à Truman Capote, en passant par Herman Melville, John Dos Passos, Thomas Wolfe, Arthur Miller, Richard Wright et Norman Mailer.

Brooklyn frappe par son gigantisme: près de 200km² de labyrinthe de rues et d'avenues s'allongeant à l'infini, bordées de maisons sans caractère construites pour la plupart à crédit, ce qui lui avait valu le surnom de «ville en papier»; à quelques exceptions près, le *borough* ne contient pratiquement pas de gratte-ciel.

Fascinante mosaïque ethnique où se côtoient Italiens, Noirs, Juifs, Grecs, Arabes, Polonais, Scandinaves, Sud-Américains et Antillais, Brooklyn cache, sous une apparente uniformité, une grande diversité de quartiers: Park Slope, zone résidentielle de choix; Brooklyn Heights, charmante enclave très «Vieille Amérique»; Williamsburg, secteur ouvrier dominé par les communautés juive hassidique, espagnole et italienne; Flatbush, avec ses élégantes demeures privées et ses rues commerçantes animées; Bensonhurst, où réside une importante population d'origine italienne; et enfin, Bedford-Stuyvesant, dont les maisons abritent beaucoup de Noirs.

★★ BROOKLYN HEIGHTS *Plan p. 161*

Zone fortifiée pendant la guerre d'Indépendance, Brooklyn Heights fut le quartier général de Washington pendant la bataille de Long Island. L'endroit fait aujourd'hui penser à une petite ville de province au calme reposant.

Ses rues étroites sont bordées d'arbres (grand luxe à New York), de *brownstones* et de maisons de ville dont l'aspect illustre un peu tous les styles de l'architecture américaine du 19e s.

Promenade *Durée: 2h. Parcours: 4,5 km.* ●*station Clark St (lignes 2, 3).*

En sortant du métro, marcher en direction de Monroe Place et passer devant l'hôtel St George *(à l'angle de Clark et Monroe Sts)*, qui fut jadis le plus grand établissement hôtelier de New York. Seule une petite partie du bâtiment *(donnant sur Henry St)* fonctionne encore en tant qu'hôtel, le reste ayant été converti en immeuble d'habitation.

Tourner dans Monroe Place.

Au **46 Monroe Place** s'élève une maison de brique et de grès de style néo-grec dont on remarquera les urnes en fer forgé, disposées sur des socles de pierre; les ananas qui surmontaient ces urnes étaient autrefois un symbole d'hospitalité.

Prendre à droite Pierrepont St et continuer jusqu'à l'angle de Henry St.

Le **82 Pierrepont Street** est un splendide exemple de style néo-roman Richard-sonien, avec ses murs massifs, ses arches arrondies et ses bas-reliefs. Hôtel particulier à l'origine, cet édifice construit en 1890 fut par la suite agrandi et converti en appartements.

Tourner dans Willow Street.

Remarquer, aux **n°s 155**, **157** et **159**, trois demeures de style fédéral aux portes finement travaillées. Le n° 159 est relié par un tunnel au **n° 151**, ancienne écurie transformée en appartement. De l'autre côté de la rue, les **n°s 108-112** sont de pittoresques exemples de style Queen Anne, mixture de styles roman, gothique et Renaissance utilisant les matériaux les plus divers.

Prendre à droite Orange St.

Au n° 75, un simple édifice de brique abrite la **Plymouth Church of the Pilgrims** *(ouv. sept–juin dim.–ven. 9h–17h; juil.–août mar.–ven. 9h–17h)*, première église congrégationaliste de Brooklyn bâtie en 1846. Connu pour ses sentiments anti-esclavagistes et ses convictions progressistes, Henry Ward Beecher y délivra pendant une quarantaine d'années ses sermons passionnés. Abraham Lincoln assista deux fois au culte en 1860, et d'éminents orateurs y prononcèrent des allocutions. Dans le Hillis Hall, remarquer de beaux vitraux dus à Tiffany.

Revenir vers Hicks St et tourner à gauche dans Middagh St.

Des maisons de style fédéral, construites dans les années 1820, bordent la rue. Les mieux conservées se trouvent aux **n°s 31-33** (maison à double pignon) et au **n° 24**.

Reprendre Willow St jusqu'à Cranberry St, et continuer vers l'East River jusqu'à Brooklyn Heights Esplanade.

L'esplanade, qui domine le port, offre des **vues★★★** superbes sur le FINANCIAL DISTRICT. Le spectacle est particulièrement impressionnant au crépuscule, lorsque s'allument, au-delà du fleuve, les innombrables lumières des gratte-ciel. Derrière l'esplanade s'alignent des maisons dotées de charmants jardinets.

Suivre la terrasse jusqu'à son extrémité. Prendre à gauche Montague St, puis à gauche, Pierrepont Place.

Sur **Pierrepont Place**, on admire, aux **n°s 2** et **3**, deux des plus élégantes demeures en grès brun de New York.

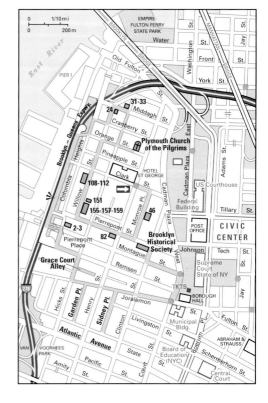

Reprendre Montague St. De Montague Terrace, prendre à gauche Remsen St. Tourner ensuite à droite dans Hicks St.

Sur la gauche se trouve **Grace Court Alley**, pittoresque ruelle qui desservait les communs des belles demeures de Remsen Street.

Continuer sur Hicks St et prendre à gauche Joralemon St.

À l'angle de Hicks Street et de Joralemon Street se trouvait la maison de campagne de Philip Livingston, l'un des signataires de la Déclaration d'Indépendance. Le général Washington aurait réuni en ces lieux, le 29 août 1776, son état-major, pour préparer un plan d'évacuation de son armée. De jolies petites rues bordées d'arbres croisent Joralemon Street, comme **Garden Place** et **Sidney Place**.

Continuer sur Joralemon St en direction de l'Est jusqu'à la hauteur de Court St.

Le Civic Center contraste avec le quartier résidentiel par la masse de ses bâtiments administratifs tels que le Borough Hall (ancienne mairie de Brooklyn) et la poste principale, de style néo-roman Richardsonien. En descendant Fulton Street, on pourra faire des emplettes dans un célèbre grand magasin, Abraham & Strauss.

Suivre Montague St, rue commerçante de Brooklyn Heights. Prendre à droite Clinton St, et continuer jusqu'au prochain croisement.

Brooklyn Historical Society – *128 Pierrepont St.* Cette société se fait l'interprète de l'histoire de Brooklyn au moyen de livres, de documents et d'objets divers. Elle organise également des expositions, des programmes éducatifs, des concerts et des visites commentées, et abrite le seul musée d'histoire du *borough*.

Brooklyn's History Museum – *Ouv. mar.–sam. 12h–17h. 2,50$.* ♿ ☎*718-624-0890.* À partir des cinq symboles de Brooklyn: le pont, les docks, les Brooklyn Dodgers (équipe de base-ball), les Brooklynites (habitants) et Coney Island, le musée retrace l'histoire du *borough* et de sa population.

Terminer sa visite par une promenade sur **Atlantic Avenue**, bordée de magasins d'alimentation, de boutiques d'antiquaires et de restaurants exotiques (essentiellement du Moyen-Orient).

QUARTIER DE PROSPECT PARK *Plan p. 163*

★ **Prospect Park** – ●*station Grand Army Plaza (lignes 2, 3). Programme des activités et manifestations en cours* ☎*718-965-8999.* Parcouru de chemins et de sentiers divers, cet agréable parc aux pelouses entrecoupées de bouquets d'arbres, de ruisseaux et d'un lac, s'étend sur plus de 210ha. Il fut dessiné en 1860 par Frederick Law Olmsted et Calvert Vaux, à l'origine de CENTRAL PARK.
L'entrée principale du parc est située sur la Grand Army Plaza, majestueuse place ovale ornée d'un monument à la mémoire du Président Kennedy et d'une arche dédiée aux victimes de la guerre de Sécession.

Boathouse Visitor Center – ●*station Prospect Park (lignes D, S). Ouv. mai–oct. sam.–dim. 12h–17h.* ♨ ♿. Inspiré d'un bâtiment vénitien du 16ᵉ s., l'ancien hangar à bateaux (1905) a été restauré et sert désormais de bureau d'accueil. C'est le point de départ des visites découvertes du parc.

Lefferts Homestead – ●*station Prospect Park (lignes D, S). Ouv. mai–déc. sam.–dim. 12h.–17h.* ♿. Un gracieux toit à la Mansart coiffe cette ferme de style colonial du 18ᵉ s., remontée à l'intérieur du parc en 1918 et transformée en musée. La maison contient des meubles d'époque et de belles boiseries sculptées à la main.

★★ **Brooklyn Botanic Garden** – *1000 Washington Ave.* ●*station Eastern Parkway (lignes 2, 3). Ouv. avr.–sept. mar.–ven. 8h–18h, sam.–dim. 10h–18h. Reste de l'année mar.–ven. 8h–16h30, sam.–dim. 10h–16h30.* ♨ ♿ ☎*718-622-4433.* Situé à l'Est de Prospect Park et au Sud du Brooklyn Museum *(ci-dessous)*, ce jardin botanique de 20ha séduit par sa variété. Véritable oasis de fraîcheur, il contient un jardin japonais (Japanese Garden), le jardin Shakespeare (Shakespeare Garden) et le jardin des enfants (Children's Garden).
Les quatre bâtiments de sa **serre** (Conservatory) abritent une flore très riche et une rare collection d'arbres miniatures japonais *(ouv. avr.–sept. mar.–dim. 10h–17h; reste de l'année mar.–dim. 10h–16h).* Ne pas manquer la roseraie (Rose Garden), les allées de cerisiers, le jardin des simples (Herb Garden) et le jardin des senteurs (Fragrance Garden), conçu pour les aveugles.

Brooklyn Public Library – ●*stations Eastern Parkway (lignes 2, 3) ou 107th Ave (ligne D). Ouv. mar.–jeu. 9h–20h, ven.–sam. 10h–18h, dim. 13h–17h. Fermée mi-juin–mi-sept. le dim.* ♿ ☎*718-780-7700.* La bibliothèque municipale de Brooklyn est un énorme bâtiment de forme triangulaire (1941) contenant environ 1 600 000 ouvrages. Cinquante-huit annexes réparties dans le *borough* dépendent d'elle.

Park Slope – Situé à l'Ouest de Prospect Park, c'est l'un des plus beaux quartiers résidentiels de Brooklyn. Avec ses larges allées ombragées, ponctuées de flèches d'églises et de jolies maisons de ville, il illustre le Brooklyn du 19ᵉ s. Les demeures reflètent les tendances architecturales de la période comprise entre la guerre de Sécession et la Première Guerre mondiale.

Montauk Club – *À l'angle Nord-Est de Lincoln Place et de la 8ᵉ Av.* Cette maison de grès et de brique fut construite en 1891 et rappelle, par son architecture, un palais vénitien. Ses frises évoquent des scènes ayant trait à l'histoire des Indiens Montauk.

★★ **BROOKLYN MUSEUM** *3h. Plan p. 163. 200 Eastern Parkway.* ●*station Eastern Parkway (lignes 2, 3). Ouv. mer.–dim. 10h–17h. Fermé 1ᵉʳ janv., Thanksgiving & 25 déc. 4$. Visites guidées (1h) possibles.* ♨ ♿ ☎*718-638-5000.*

Installé dans un énorme bâtiment de style académique dessiné par le célèbre cabinet d'architectes McKim, Mead & White, le musée de Brooklyn propose une étonnante collection de plus de 15 millions d'artefacts, allant des antiquités égyptiennes à l'art contemporain américain.
Commencé en 1895, l'édifice n'allait jamais être achevé selon les spécifications d'origine. Divers éléments, notamment l'aile Ouest et la façade centrale, avec son fronton et son péristyle, furent ajoutés au début des années 1900. En 1934, le bureau d'architectes chargé du projet résilia son contrat, et la construction de l'ensemble fut interrompue. Mais en 1986, le musée confiait aux architectes Arata Isozak et James Stewart Polshek la délicate tâche d'achever les travaux tout en améliorant la surface d'exposition existante. Entièrement remise à neuf, l'aile Ouest (surtout sa galerie d'art contemporain, au 5ᵉ niveau) illustre particulièrement bien ces efforts de rénovation.

Premier niveau (First Floor) – Dédié aux arts primitifs, cet étage rassemble une collection éclectique d'objets réunis, en grande partie, par Stewart Culin, conservateur du musée au début du siècle. La galerie africaine présente de très belles

★★NY Aquarium

SHEEPSHEAD BAY

statuettes en bois, des masques et des boucliers cérémoniels ainsi que des bâtons de sorciers. Les salles consacrées au Indiens d'Amérique du Sud et du Nord contiennent des parures précolombiennes, des tissus Paracas datant de 100 av. J.-C., des poteries péruviennes et mexicaines et de somptueux mâts totémiques façonnés par les Haida (tribu de la côte Nord-Ouest). Des sculptures, des instruments de musique et des coiffures originaires de Nouvelle-Guinée, de Nouvelle-Zélande et des îles Salomon, illustrent l'art des peuplades d'Océanie.

Au même étage, le grand hall d'entrée accueille à longueur d'année des expositions temporaires consacrées à l'art contemporain. Des salles adjacentes exposent aussi des œuvres tirées de la collection permanente du musée.

Deuxième niveau (Second Floor) – Cet étage est consacré à l'art d'Extrême-Orient et du Moyen-Orient. Plusieurs galeries présentent des objets de Chine, de Corée, du Japon, d'Asie du Sud-Est et d'Inde. La section chinoise contient un bel ensemble de bronzes et de jades, des porcelaines, des peintures et de magnifiques émaux cloisonnés. Celle d'art coréen et japonais expose des sculptures, des

163

céramiques, des peintures, des objets en métal ouvragé et des estampes. Des peintures bouddhistes, des céramiques, des tapis et des tissus en provenance d'Inde, du Népal et du Tibet viennent compléter la collection, sans parler de miniatures persanes, de tapis et d'objets divers venant de la ville de Nishapur, qui donnent un aperçu de l'art islamique.

Troisième niveau (Third Floor) – Exposée à cet étage, l'extraordinaire **collection égyptienne** – parmi les plus belles du monde – permet de retracer l'évolution de la civilisation du Nil. On y admirera un sarcophage en granit rose datant de la IVe dynastie (2500 av. J.-C.), un magnifique buste du pharaon Ptolémée II, l'étrange sarcophage d'un ibis sacré en bois doré et argenté, et de gracieux objets précieux en albâtre ou en pierre.
Quelques antiquités grecques et romaines (vases, mosaïques et bijoux) et 12 bas-reliefs assyriens provenant du palais d'Assurbanipal à Nimrud (Irak) retiendront également l'attention.

Quatrième niveau (Fourth Floor) – Le principal attrait de cet étage consacré aux arts décoratifs vient d'une fascinante série de reconstitutions d'**intérieurs** américains (parloirs, petits salons, salles à manger des milieux modestes et aisés) du 17e s. à nos jours, ornés de pièces d'argenterie et d'étain, de céramiques et de meubles issus de la collection du musée. On remarquera tout particulièrement l'intérieur hollandais de la Jan Martense Schenck House (1625), ainsi qu'une série de meubles «fantaisie» du 19e s.
Les salles consacrées aux costumes et aux textiles comprennent une superbe collection de vêtements américains et européens de différentes époques.

Cinquième niveau (Fifth Floor) – La collection de tableaux et sculptures européennes et américaines occupe la totalité de l'étage. Parmi les peintures anciennes figure une intéressante série d'œuvres italiennes, primitives ou de la Renaissance. Remarquer notamment un splendide *Saint Jacques* de l'artiste vénitien Carlo Crivelli (15e s.) ainsi que des tableaux de Sano di Pietro, Alvise Vivarini et Maso di Banco. La section dédiée à la peinture européenne moderne comprend une belle sélection d'œuvres impressionnistes de Degas, Monet, Morisot, Sisley et Pissarro.
Dans la rotonde (Iris and B. Gerald Cantor gallery) sont exposées 58 sculptures de **Rodin**: portraits, formes inachevées, compositions empreintes de sensualité, sujets mythologiques, et tout un groupe de sculptures rattachées à ses créations les plus célèbres: *La porte de l'Enfer, Balzac* et *Les bourgeois de Calais* (noter les attitudes expressives d'Eustache de Saint-Pierre, de Pierre de Wiessant et d'Andrieu d'Andres, trois des six bourgeois de Calais qui offrirent leur vie au roi d'Angleterre au 14e s. pour sauver leur ville de la famine). Remarquer aussi l'*Âge d'airain*, pour lequel Rodin fut accusé d'avoir moulé sur le modèle vivant tant l'œuvre était réaliste, et la *Belle heaulmière*, image de la vieillesse et de la déchéance physique.
Mondialement connue, la superbe collection de **peintures américaines** permettra au visiteur d'étudier le développement de l'art américain à travers une série de portraits et de paysages exécutés par des artistes de renom tels que Copley, Eakins, Homer *(In the Mountains),* Sargent *(Paul Helleu Sketching, and His Wife),* Cassatt, Chase et Bellows.
La section consacrée à l'école de l'Hudson présente de grandes toiles réalisées par Bierstadt *(A Storm in the Rocky Mountains, Mt. Rosalie),* Cole, *(The Pic-Nic)* et Durand *(First Harvest in the Wilderness).* Grâce à la générosité d'un bienfaiteur, la collection de peintures et sculptures américaines modernes s'est enrichie d'une trentaine d'œuvres d'artistes bien connus comme Georgia O'Keeffe, Max Weber, Marsden Hartley et Stuart Davis.
Installée dans l'aile Ouest (récemment rénovée), la galerie d'art contemporain présente quant à elle 80 créations européennes et américaines réalisées depuis la Seconde Guerre mondiale. On y admirera tout particulièrement des tableaux de Joseph Kosuth, Philip Pearlstein, Mark Rothko et Pat Steir.

The Brooklyn Museum

Albert Bierstadt: *A Storm in the Rocky Mountains, Mt. Rosalie*

Jardin des sculptures (Sculpture Garden) – Au fil des années, le musée a rassemblé *(derrière le bâtiment principal, près du parc de stationnement)* une impressionnante collection de linteaux, de chapiteaux, de frises et d'ornements divers sauvés d'immeubles en démolition.

BROOKLYN ET ALENTOURS   Plan pp. 166-167

★ **Shore Parkway** [ACZ] – De Bay Ridge jusqu'à QUEENS et à l'AÉROPORT KENNEDY, cette agréable route panoramique suit de près le rivage atlantique en procurant des vues successives sur le pont Verrazano-Narrows et sur STATEN ISLAND, les Rockaways et Jamaica Bay.
Par une belle journée ensoleillée, lorsque l'éclat de la lumière et le scintillement des flots s'allient à l'immensité des horizons, la promenade offrira un dépaysement total par rapport à Manhattan pourtant si proche...

★★ **Pont Verrazano-Narrows (Verrazano-Narrows Bridge)** [AZ] – *Péage: 6$/voiture.*
● *station 95th St-4th Ave (ligne R).* Dressant sa silhouette arachnéenne au-dessus des «Narrows», les célèbres détroits qui donnent accès à la baie de New York, ce pont suspendu – le plus long des États-Unis – relie Brooklyn à STATEN ISLAND. Il porte le nom de **Giovanni da Verrazano**, marchand florentin au service du roi François Ier, qui découvrit le site de New York en 1524. À l'entrée du pont *(côté Brooklyn)*, un monument commémoratif a été érigé avec des pierres du château de Verrazano, en Toscane, et des galets de
Dieppe, d'où partit le grand navigateur.
Le gigantesque ouvrage, dont les travaux furent lancés en janvier 1959, doit sa réalisation à la Triborough Bridge and Tunnel Authority. Le 21 novembre 1964, le pont allait être inauguré en présence du gouverneur Nelson Rockefeller et de l'ingénieur en chef, O.H. Amman, qui conçut également le PONT GEORGE WASHINGTON.

> **Quelques chiffres** – Longueur totale: 2,04km. Plus longue travée: 1,3km. Hauteur des pylônes par rapport au niveau de l'eau: 210m. Diamètre des plus gros câbles: 1m. Le pont, sous lequel ont passé les plus grands transatlantics, comporte deux étages à six voies de circulation chacun, mais ne possède pas de passage pour les piétons.

Coney Island [ABZ] – ● *lignes B, N, F, O, M, D.* Au Sud de Brooklyn, cette presqu'île baignée par l'océan Atlantique fut jadis une station balnéaire très prisée du public, offrant de nombreux amusements. À son apogée, elle attirait – certains dimanches d'été – plus d'un million de visiteurs. Aujourd'hui, l'endroit n'est plus ce qu'il était autrefois. Cependant, la promenade de planches, la plage et quelques attractions continuent à attirer de nombreux visiteurs pour qui l'endroit reste un agréable lieu de détente.

Un peu d'histoire – Du temps des Hollandais, il n'y avait là qu'une île sablonneuse, peuplée uniquement de lapins, ce qui lui avait valu le surnom de Konijn Eiland (île des lapins), que les Anglais transformèrent en Coney Island.
Dès 1830, les vastes plages de l'île commencèrent à être fréquentées, principalement par les gens fortunés. Coney Island s'enorgueillissait alors d'hôtels élégants, d'un hippodrome, de casinos et de salons de thé. Puis vers 1880, la station se transforma en un lieu de divertissements à bon marché, et la fréquentation changea. Les premières montagnes russes, ayant fait leur apparition en 1884, furent complétées une dizaine d'années plus tard par une grande roue (*Ferris wheel*, du nom de son inventeur, l'ingénieur George W.G. Ferris, qui la construisit pour l'exposition universelle de Chicago en 1893) et un manège de chevaux de bois.
La principale curiosité de Coney Island était donc son parc d'attractions dans lequel grand huit et grande roue rivalisaient avec les trains fantômes, manèges divers et stands de tir. La vedette fut longtemps la **tour à parachutes**, structure (aujourd'hui désaffectée) de 75m de haut, érigée à l'occasion de la foire de 1939-1940. Elle permettait aux amateurs de sensations fortes de descendre dans un fauteuil suspendu à un parachute que guidaient des câbles. La période faste de Coney Island s'acheva dans les années 1940. La fréquentation diminua, les commerces périclitèrent et les bâtiments tombèrent peu à peu en décrépitude...

★★ **New York Aquarium** [BZ] – *À l'angle de la 8e Rue O. et de Surf Ave.* ● *station W 8th St-New York Aquarium (lignes F, D). Ouv. t. l. j. 10h–17h. 6,75$.* ✕ ċ ☎ 718-265-FISH.
L'aquarium de New York, créé en 1896, se trouvait à l'origine dans Battery Park *(p. 66)*, et y demeura jusqu'en 1942, époque à laquelle il fut transféré dans le Bronx Zoo. En 1957, il devait enfin déménager à la présente adresse. Dans les bassins extérieurs évoluent des baleines (l'aquarium fut d'ailleurs le premier à élever des bélugas en captivité), des otaries, des dauphins et le seul morse du Pacifique de New York. On peut également voir une colonie de pingouins, et un bassin à requins dans lequel diverses espèces semblent faire bon ménage.
Dans les aquariums intérieurs, parfois décorés de coraux, s'ébattent quelque 10 000 spécimens appartenant à plus de 300 espèces des quatre coins du monde: poissons des récifs du Pacifique, piranhas, nautiles (mollusques à coquilles spiralées), anémones de mer et autres. On trouve également des spécimens de la faune de l'Hudson, des lacs africains et de la mer Rouge. Ouvert en 1989, **Discovery Cove** réunit une soixantaine d'expositions sur plus de 1850m². On y découvre un bassin à marées, la reproduction d'un récif corallien vivant où de petits poissons filent comme des flèches au milieu d'anémones et d'anatifes, et un bateau de la Nouvelle-Angleterre, équipé pour la pêche au homard. Enfin, Sea Cliffs, inauguré en 1992, donne au visiteur l'occasion d'admirer morses, phoques, loutres de mer et otaries à fourrure dans leur habitat naturel reconstitué. *En été et en automne ont lieu des démonstrations avec les dauphins et les otaries. En hiver et au printemps, des baleines se joignent aux otaries.*

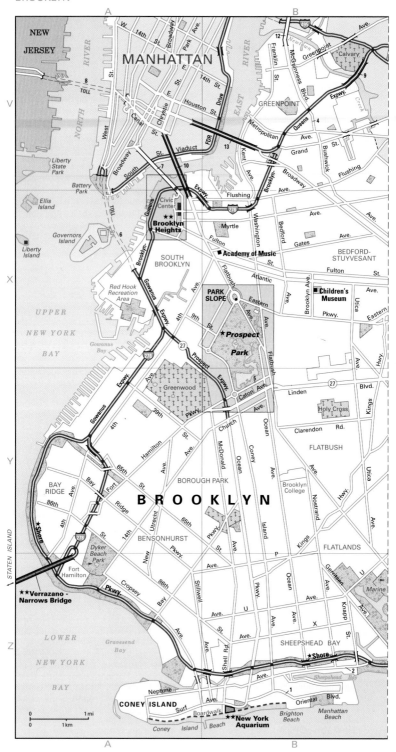

Brooklyn Children's Museum [BX] – *145 Brooklyn Ave, à l'angle de St Mark's Ave.* ● *station Kingston Ave (ligne 3). Prendre Eastern Parkway vers l'Ouest et tourner à droite dans Brooklyn Ave; continuer vers le Nord jusqu'à la hauteur de St Mark's Ave. Ouv. mer.–ven. 14h–17h, sam.–dim. & vacances scolaires 12h–17h. Fermé 1ᵉʳ janv., Thanksgiving & 25 déc. 3$.* ☎718-735-4400. Fondé en 1899 à Brower Park, ce musée fut l'un des premiers de son genre à être tout spécialement destiné aux enfants.

Il occupe, depuis 1977, un bâtiment aux couleurs vives. Invités à participer aux activités, les jeunes visiteurs y trouveront des expositions allant de l'histoire aux arts du spectacle en passant par la science. Le musée organise également divers ateliers à l'intention des familles, et offre des spectacles tout au long de l'année.

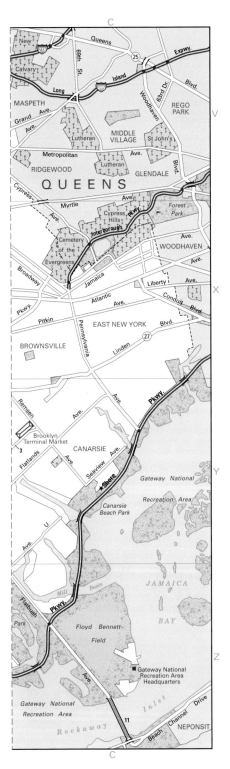

Brooklyn Academy of Music [BX] – *30 Lafayette Ave. Les programmes sont répertoriés dans les journaux locaux.* Situé dans un imposant bâtiment de style Beaux-Arts édifié en 1908, l'Académie de Musique de Brooklyn a accueilli de célèbres personnes. C'est par exemple ici que Stanley rendit compte, pour la première fois en public, de sa rencontre avec Livingstone et qu'Enrico Caruso, le fameux ténor italien, fit ses adieux à la scène.

D'autres noms comme Arturo Toscanini (tour à tour directeur de la Scala de Milan, du Metropolitan Opera, puis du New York Philharmonic Orchestra), Isadora Duncan (danseuse américaine) et Sarah Bernhardt restent liés à l'Académie qui, chaque année, offre une gamme étendue de programmes (danse, théâtre, musique, conférences).

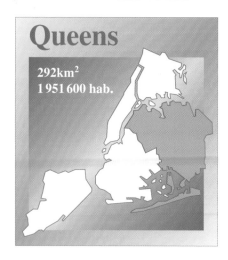

Queens

292km²
1 951 600 hab.

Le plus vaste *borough* de New York fut nommé en l'honneur Catherine de Bragance, épouse de Charles II d'Angleterre (1630-1685). Il se situe sur Long Island, à l'Est de Brooklyn, et s'étend de l'East River au Nord, à Jamaica Bay au Sud. Queens comprend une section industrielle autour de Long Island City, où des artistes ont rénové d'anciens ateliers, et une aire résidentielle au Sud-Est, du côté de Forest Hills et de Jamaica. Le *borough* contient également deux aéroports: Kennedy et LaGuardia, un champ de courses: l'Aqueduct Race Track [CZ], et deux stades: le Shea Stadium [BX] et le USTA National Tennis Center [BX].

CURIOSITÉS *Plan pp. 170-171*

Compte tenu des distances qui séparent les sites et de leur emplacement excentré, il est préférable de visiter Queens en voiture.

Jamaica Bay Wildlife Refuge [CZ] – ●*station Broad Channel (ligne A). Suivre ensuite Noel Rd jusqu'à Cross Bay Blvd et tourner à droite (1,3km). Bureau d'accueil des visiteurs à gauche. Ouv. t. l. j. 8h30–17h. Promenades et activités diverses.* & ☎718-318-4340. Cette paisible réserve naturelle, bordée au Nord par l'aéroport Kennedy, est riche en oiseaux terrestres et aquatiques, pour la plupart migrateurs. Elle fait partie du Gateway National Recreation Area, l'un des plus grands parcs urbains des États-Unis.

Un **sentier de nature★** à travers les marais offre de jolies vues sur Manhattan, à l'Ouest *(parcours: 3km; durée: 1h 1/2; se procurer un permis au bureau d'accueil).*

Cross Bay Boulevard conduit plus au Sud à **Rockaway Beach★** (●*toute station située entre les arrêts 25th et 116th St; lignes A, C , H),* bande de terre qui s'étire sur 8km et qui, par beau temps, attire les New-Yorkais venus respirer l'air marin.

★ **American Museum of the Moving Image** [AX] – *À l'angle de la 35ᵉ Av. et de la 36ᵉ Rue, à Astoria.* ●*station Steinway St (lignes R, G). Prendre Steinway St en direction du Sud et tourner à droite dans la 35ᵉ Av. Ouv. mar.–dim. 12h–16h (sam.–dim. 18h). 5$.* & ☎718-784-0077. Aménagé sur le site des anciens studios Astoria, ce musée est consacré à l'histoire et à l'évolution de l'image dans le domaine du cinéma, de la télévision et de la vidéo.

Les collections comprennent des œuvres de réalisateurs comme Nam June Paik et Red Grooms, des costumes, accessoires et souvenirs de la télévision et de l'industrie cinématographique, des extraits de films, vidéoclips et spots publicitaires. Des projections de films issus de la collection permanente sont présentées par roulement.

★ **Isamu Noguchi Garden Museum** [AX] – *32-37 Vernon Blvd.* ●*station Broadway (ligne N). Navettes sam. & dim. depuis Manhattan; appeler le musée pour connaître les horaires. Ouv. avr.–nov. mer. & sam.–dim. 11h–18h. 4$. Visites guidées (1h) 14h.* & ☎718-204-7088. Les relations à la fois conflictuelles et harmonieuses entre l'homme et la nature caractérisent la sculpture de cet américain d'origine japonaise, **Isamu Noguchi** (1904-1988), célèbre pour ses jardins sculptés (UNESCO,

Isamu Noguchi Garden Museum

Shigeo Anzai/Isamu Noguchi Foundation

Paris), ses espaces publics (Hart Plaza, Détroit), ses fontaines, ses jardins et ses décors de théâtre. Noguchi aménagea lui-même son ancien atelier en musée en 1985. À l'intérieur, 12 salles différentes exposent plus de 250 œuvres d'art. Un film *(50mn)* sur la vie de l'artiste est projeté régulièrement *(1er niveau)*. Dehors, un paisible jardin, dans lequel ont été disséminées quelques sculptures, est planté de pins japonais noirs.

Jamaica Arts Center [CY] – *161-04 Jamaica Ave.* ●*station Parsons Blvd (lignes E, F), puis bus 053 ou 054 (arrêt 161th St). Ouv. lun.–sam. 9h–17h. Galerie ouv. mar.–sam. 9h–17h.* ☎*718-658-7400.* Créé en 1972, ce centre culturel propose des expositions artistiques et offre des cours divers (arts du spectacle et autres).

Reformed Church of Newtown [BY] – *85-15 Broadway, à Elmhurst.* ●*station Grand Ave-Newtown (lignes R, G). Ouv. mar.–dim. 10h–17h. Fermée j. f.* Fondée en 1731, cette église réformée hollandaise fut entièrement reconstruite en style néo-grec en 1831.

Flushing [CX] – Une petite communauté portant le nom hollandais de Vlissingen (lequel se transforma plus tard en Flushing) fut établie sur ce site en 1643. Très vite, l'histoire locale fut illustrée par les **Quakers**, secte religieuse prônant un pacifisme total. Les Quakers furent souvent persécutés, notamment à Flushing même où leur chef, John Bowne, résida quelque temps. Le culte quaker est pratiqué dans des édifices sans aucun ornement, les **Friends' Meeting Houses**. Flushing possède l'un des plus anciens bâtiments de ce genre aux États-Unis *(sur le Northern Blvd, près de Linden Place)*, datant de 1694.
Au 137-15 Northern Boulevard, remarquer le **Town Hall**, ancien hôtel de ville (restauré) de Flushing, construit en 1862 dans le style néo-roman.

Bowne House [CX A] – *37-01 Bowne St.* ●*station ligne 7 jusqu'à Main St. Visite guidée seulement (1h), mar. & sam.–dim. 14h30–16h30. Fermée mi-déc.–mi-janv. 2$.* ☎*718-359-0528.* Cette demeure, la plus ancienne de Queens, date en partie de 1661. Elle fut habitée par neuf générations successives de Bowne, dont John Bowne *(ci-dessus)*, et contient un mobilier des 17e et 18e s. ainsi que des étains, peintures et documents divers.

Kingsland House [CX B] – *143-35, 37e Av. Ouv. mar. & sam.–dim. 14h30–16h30. 2$. Visites guidées possibles.* ☎*718-939-0647.* Bâtie vers 1785, cette vieille ferme allie traditions hollandaise et anglaise, notamment par sa porte d'entrée et sa cheminée centrale. Elle abrite aujourd'hui un musée d'histoire ainsi que les bureaux de la Queens Historical Society.

Flushing Meadow-Corona Park [BC Y] – Jadis un marécage, puis une décharge publique, ce parc de 516ha fut aménagé pour recevoir la première foire de New York en 1939. À cette occasion avait été creusé le **Meadow Lake**, long de 1,2km, ainsi que plusieurs bâtiments, dont le **New York City Building**. Ce dernier accueillit les séances des Nations Unies *(p. 49)* de 1946 à 1949; il abrite à présent un musée d'Art *(ci-dessous)* et une patinoire.
En 1964-1965, la parc fut le site de la seconde foire de New York. De cet événement subsistent le **Hall of Science** [C], récemment rénové, comprenant aujourd'hui un musée de Science et Technologie, et l'**Unisphère** [D], structure de 43m de haut représentant les continents.
Au Nord du parc, le **Shea Stadium** [BX] date lui aussi de la foire de 1964-1965. Utilisé par les New York Mets (fameuse équipe de base-ball), ce complexe sportif peut contenir jusqu'à 60000 spectateurs.

Queens Museum of Art [BY M1] – *À l'intérieur du New York City Building.* ●*station Willets Point–Shea Stadium (ligne 7). Ouv. mer.–ven. 10h–17h, sam.–dim. 10h–17h. Fermé 1er janv., Thanksgiving & 25 déc. 3$.* ☎*718-592-5555.* Outre ses expositions temporaires, le musée d'Art de Queens présente des montages sur l'artiste Keith Haring et sur l'histoire du New York City Building *(ci-dessus)*.
Il abrite également une impressionnante maquette de New York représentant la ville avec ses cinq *boroughs*.

Queens County Farm Museum – *73-50 Little Neck Parkway, dans Floral Park. Suivre le Long Island Expressway jusqu'à la sortie 32. Continuer vers le Sud sur Little Neck Parkway jusqu'à l'entrée du musée.* ●*station Q-Gardens (lignes E, F), puis bus Q46 (arrêt Little Neck Parkway). Jardins ouv. toute l'année t. l. j. 9h–17h; musée sam.–dim. 12h–17h.* ☎*718-347-3276.* Ce musée de plein air s'étend sur un terrain 19ha. Avec ses sentiers, ses champs et ses bâtiments de ferme, il apporte une note de fraîcheur loin de l'animation de la ville.
La ferme flamande du 18e s., les serres, les granges, les hangars et le parc à animaux offrent un aperçu des origines rurales de Queens.

Aéroport Kennedy (John F. Kennedy International Airport) [CZ] – *Pour plus de détails, consulter les Renseignements pratiques en fin de volume.* L'un des aéroports les plus fréquentés du monde, JFK, comme on l'appelle, couvre environ 2000ha (Charles de Gaulle à Roissy, 3000ha) à l'extrémité Sud-Est de Queens, le long de Jamaica Bay. Il assure surtout le trafic international, mais aussi des vols intérieurs; pour ce qui est du fret, il reçoit environ 35% de toutes les importations et exportations aériennes du pays.
C'est en 1942 que fut entreprise, à l'emplacement du golf d'Idlewild, la réalisation de ce complexe gigantesque placé à partir de 1947, sous l'égide du Port Authority of New York and New Jersey. Inauguré en 1948, le New York International Airport reçut son nom actuel en 1963, en hommage au président disparu.

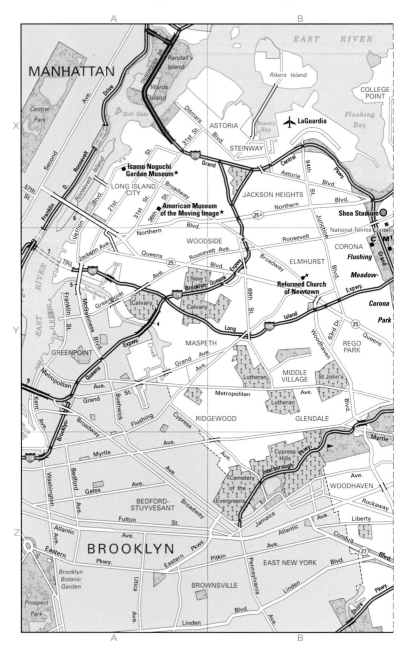

International Arrivals Building – Le bâtiment des arrivées internationales (610m de long) fut conçu par le cabinet d'architectes Skidmore, Owings & Merrill. Sa partie centrale, voûtée, est occupée par le hall d'arrivée, les parties latérales étant réservées aux compagnies étrangères. À côté de l'immeuble s'élève la plus haute tour de contrôle aérien d'Amérique du Nord (98m, 11 étages).

★ **TWA International Building** – Construit en 1962, cet édifice est une œuvre majeure de l'architecte Eero Saarinen (p. 40). Évoquant un grand oiseau aux ailes déployées, le bâtiment principal se compose de quatre voûtes en berceau qui s'interpénètrent et reposent sur quatre points.

Parsons Blvd.	CX	Whitestone Expwy.	CX
Queens Blvd.	ACY	Willets Point Blvd.	CX
Rockaway Blvd.	BDZ	Woodhaven Blvd.	BCY
Roosevelt Ave.	ACXY	14th Ave.	CX
Shore Pkwy.	BZ	21st St.	AX
Southern Pkwy.	CDZ	31st St.	AX
Springfield Blvd.	DXY	46th Ave.	CX
Sutphin Blvd.	CZ	63rd Drive	BY
Union Turnpike	CDY	69th St.	BY
Utopia Pkwy.	CXY	94th St.	BX
Van Wyck Expwy.	CXZ	164th St.	CY
Vernon Blvd.	AXY	212th St.	DY

PONTS ET TUNNELS

Bronx-Whitestone Bridge	3 CX
Kosciuszko Bridge	4 AY
Pulaski Bridge	5 AY
Queensboro Bridge	6 AX
Queens-Midtown Tunnel	7 AY
Throgs Neck Bridge	8 CX
Triborough Bridge	AX
Williamsburg Bridge	AY

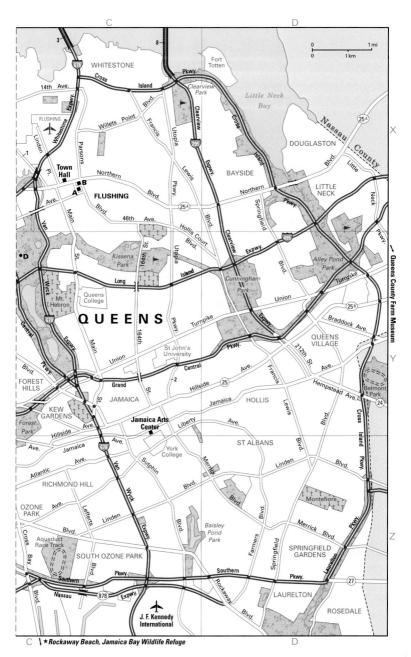

Aéroport LaGuardia [BX] – *Pour plus de détails, consulter les Renseignements pratiques en fin de volume*. Situé à 13km de Manhattan, en bordure des baies Flushing et Bowery, ce grand aéroport fut édifié en 1939 et baptisé en l'honneur de **Fiorello H. La Guardia**, maire de la ville de 1934 à 1945, et lui-même pilote. En dépit de sa petite superficie, LaGuardia est capable d'assurer la plupart des vols intérieurs de la région.

Aéroport LaGuardia ☎ **718-333-3400**   *Aéroport Kennedy* ☎ **718-656-4520**

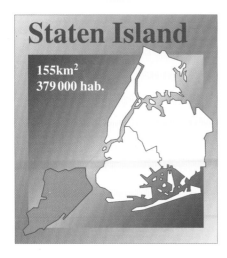

Staten Island

155km²
379 000 hab.

Staten Island (comté de Richmond) tient son nom des états *(Staten)* généraux hollandais tenus au 17e s. à La Haye. Encore relativement peu construit à l'exception de St George, son chef-lieu, ce *borough* «oublié» a conservé son caractère campagnard qui étonne à si peu de distance de Manhattan. Presque entièrement plate, l'île possède toutefois le point culminant de la côte Atlantique au Sud de l'état du Maine: Todt Hill (125m). Formée par la moraine frontale d'un glacier quaternaire, elle mesure environ 22km de long sur 13km de large. Sur la côte Sud-Est se succèdent de vastes plages de sable blanc encore peu fréquentées, dont les plus connues sont South Beach et le Gateway National Recreation Area (ce dernier comprenant Great Kills Park et Miller Field). Banlieue-dortoir, Staten Island compte toujours parmi ses habitants les descendants de vieilles familles installées ici depuis le 18e s.

CURIOSITÉS *Plan p. 173*

Pour visiter les sites suivants, les visiteurs peuvent prendre le bus au départ de la gare maritime de St George ou, pour certaines directions, le Staten Island Rapid Transit (plan p. 173).

★ **Ferry de Staten Island** – *Départ de la gare maritime de St George; arrivée à celle de Whitehall (Manhattan). Fonctionne 24h/24. Passagers seulement. Aller-retour 0,50$.* ⏱ ☎718-390-5253. Toute visite de New York devrait prévoir une traversée sur le célèbre ferry de Staten Island.

Sur son trajet exposé aux vents, le ferry longe la statue de la Liberté et offre des **vues**★★★ magnifiques sur Manhattan et la baie. Il fonctionne jour et nuit et transporte environ 21 millions de passagers par an. Son exploitation fut à l'origine de la fortune des Vanderbilt *(p. 46).*

St George [BY] – Siège du gouvernement du comté et du *borough* depuis 1920, cette petite ville d'aspect provincial à la pointe Nord-Est de Staten Island, face à Manhattan, est entourée de pavillons de banlieue et de jardins.

C'est devant St George qu'était imposée, dans les années 1850, la quarantaine aux navires arrivant d'Outre-Atlantique.

Staten Island Institute of Arts and Sciences [BY M] – *75 Stuyvesant Place. De la gare maritime, marcher en direction de l'Ouest et tourner à gauche dans Wall St. Continuer jusqu'à la hauteur de Stuyvesant Place. Ouv. lun.–sam. 9h–17h, dim. 13h–17h. Fermé j. f. 2,50$.* ⏱ ☎718-727-1135. Fondée en 1881, la plus vieille institution culturelle de Staten Island présente d'intéressantes collections illustrant l'histoire, la géologie, la flore et la faune de l'île.

Elle propose par ailleurs de fréquentes expositions de peinture, de sculpture, d'arts graphiques, de mobilier et de photographie.

Snug Harbor Cultural Center [BY A] – *1000 Richmond Terrace. De la gare maritime de St George, prendre le bus S40. Ouv. lever–coucher du soleil. Fermé 1er janv., Thanksgiving & 25 déc. Renseignements* ☎718-448-2500. Établie en 1833, cette ancienne maison de retraite pour marins se compose de 28 bâtiments (restaurés) répartis sur un terrain de 32ha. Certains, de style néo-grec, surplombent le bras de mer Kill van Kull. L'ensemble, transformé en un centre culturel et artistique, comprend notamment le New House Center for Contemporary Art *(ouv. mer.–dim 12h–17h; contribution souhaitée)*, le Staten Island Children's Museum *(ci-dessous)* et le Staten Island Botanical Garden. Concerts, expositions et spectacles divers y sont donnés toute l'année.

Staten Island Children's Museum – *Ouv. mar.–dim. 12h–17h. Fermé j. f. 3,25$.* ⏱ ⏱ ☎718-273-2060. Ce musée s'adresse tout spécialement aux enfants de 5 à 12 ans. Les activités qu'il propose leur permettent de s'éduquer par le jeu, l'image, les travaux manuels et la visite sur le terrain.

Staten Island Zoo [BY] – *614 Broadway. De la gare maritime de Staten Island, prendre le bus S48 jusqu'à l'angle de Forest Ave et Broadway. Tourner à gauche dans Broadway, et continuer jusqu'au zoo. Ouv. t. l. j. 10h–16h45. Fermé 1er janv., Thanksgiving & 25 déc. 3$ (entrée gratuite mer. après-midi).* ⏱ ⏱ ☎718-442-3100. Aménagé dans Barrett Park, ce petit zoo ouvert en 1936 possède une collection renommée de serpents et de reptiles.

★ **Jacques Marchais Center of Tibetan Art** [BZ B] – *338 Lighthouse Ave. Depuis la gare maritime de Staten Island, prendre le bus S74 jusqu'à Lighthouse Ave. Tourner à droite et remonter la colline. Ouv. avr.–nov. mer.–dim. 13h–17h. Fermé j. f. 3$. Visites guidées (1h) possibles.* ☎718-987-3478. Perché sur Lighthouse Hill dans des jardins enchanteurs, ce musée possède une remarquable collection d'objets d'art illustrant la culture, la religion et la mythologie du Tibet, du Népal, de la Chine, de la Mongolie et de l'Inde. L'ensemble a été aménagé de manière à évoquer un petit temple de montagne bouddhiste. Parmi les œuvres exposées figurent un autel bouddhiste ainsi qu'une *thangka* tibétaine, grand parchemin représentant la verte Tara, déesse de la compassion universelle. Cette œuvre picturale, peinte au 17ᵉ s., a été minutieusement restaurée par un artiste tibétain, Pema Wangyal, selon les techniques artisanales traditionnelles.

High Rock Park Education Center [BY C] – *200 Nevada Ave. De la gare maritime de Staten Island, prendre le bus S54 jusqu'à Rockland Ave; tourner à droite dans Nevada Ave. Ouv. t. l. j. 9h–17h.* ♿ ☎*718-667-2165.* Cette large étendue de forêt se situe au centre de l'île. Le terrain varié, la faune et la flore en font un agréable but de promenade. Le centre propose une variété de programmes sur l'environnement, et anime de nombreux programmes culturels.

★ **Historic Richmond Town [BZ]** – *441 Clarke Ave. De Richmond Rd, prendre à gauche St Patrick's Place, puis à droite Clarke Ave, ou prendre le bus S74 au départ de la gare maritime de Staten Island. Ouv. avr.–déc mer.–dim. 13h–17h. Reste de l'année mer.–ven. 13h–17h. Fermé 1ᵉʳ janv., Thanksgiving & 25 déc. 4$.* ♿ ☎*718-351-1611. Billets en vente au musée.* Situé dans Richmond Town, l'un des premiers établissements de l'île qui en est aussi le centre géographique, ce village historique se compose de 29 bâtiments restaurés, tous ouverts au public. Maisons, boutiques d'artisanat, ateliers, école... animés par les villageois en costume d'époque, retracent la vie de cette communauté du 17ᵉ au 19ᵉ s. À l'occasion, des artisans procèdent à des démonstrations de techniques d'antan.

Visitor Orientation Center – Troisième **County Court House** (palais de justice) de l'île, à l'époque où le gouvernement du comté siégeait à Richmond Town, cet imposant édifice de style néo-grec (1837) abrite aujourd'hui le bureau d'accueil des visiteurs.

Staten Island Historical Society Museum – Certaines parties de cet élégant bâtiment en brique datent du 19ᵉ s., époque à laquelle il servait de bureau au greffier du Tribunal de comté et au Tribunal des successions. Divers objets et documents exposés retracent l'histoire de l'île.

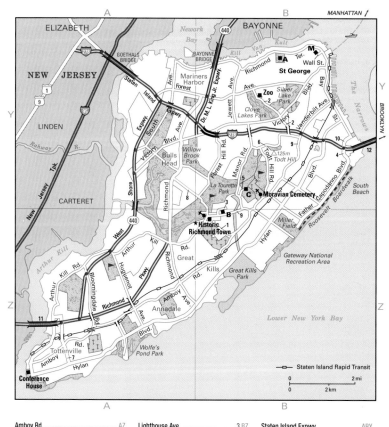

Stephens-Black House – Ce bâtiment, situé face au bureau d'accueil, fut la résidence de la famille Stephen D. Stephens qui tint le magasin adjacent jusqu'en 1870. La maison est garnie de meubles datant du milieu 19e s., et la boutique renferme des marchandises vendues à l'époque de la guerre de Sécession.
De part et d'autre, l'**imprimerie** (Print Shop) et la **ferblanterie** (Tinsmith Shop) sont des bâtiments d'origine. Selon la saison, on y voit des artisans travailler comme autrefois, pour le plus grand plaisir des visiteurs.

Des souvenirs nostalgiques de l'enfance (poupées, jeux et jouets) sont présentés aux étages supérieurs de la **Bennett House**.
De l'autre côté de Richmond Road s'élève une demeure de style colonial hollandais, **Guyon-Lake-Tysen House**, construite au milieu du 18e s. Son aménagement intérieur est très représentatif de l'époque. Des démonstrations de tissage et le filage sont proposées en saison.

Treasure House – Il s'agit d'une ancienne tannerie *(en cours de restauration)* établie au début du 18e s. par un protestant français émigré. Un siècle plus tard, le propriétaire des lieux découvrait un trésor dissimulé dans les murs: 7 000 dollars en or.

Voorlezer House – Construit à la fin du 17e s., ce bâtiment fut utilisé à l'origine comme église et comme école paroissiale. Il s'agirait peut-être du plus ancien établissement d'enseignement primaire des États-Unis.

Moravian Cemetery [BY] – Ce cimetière paisible, qui ressemble à un jardin, dépend d'une église des Frères Moraves, secte fondée au 15e s. en Bohême (Moravie). Ralliés au protestantisme durant le 17e s., les Frères Moraves professaient une doctrine austère basée sur la stricte observation des préceptes de la Bible.
L'église blanche, à l'entrée, fut reconstruite en 1845 par la famille Vanderbilt dont l'un des membres avait adhéré à la secte au 17e s. L'église d'origine (1763), de style colonial hollandais, sert aujourd'hui de bureau administratif.

Conference House [AZ] – *7455 Hylan Blvd. Prendre le Rapid Transit (direction Tottenville) au départ de la gare maritime de Staten Island. Arrêt: Bentley St. Prendre à droite Hopping Ave, à gauche Amboy Rd, puis à droite Satterlee, et continuer jusqu'au Hylan Blvd. Ouv. mi-mars–mi-déc. mer.–dim. 13h-16h. Fermé Thanksgiving. 2$. Visites guidées (45mn) possibles.* ☎718-984-6046. Situé à la pointe Sud-Ouest de Staten Island, ce bâtiment fut baptisé en souvenir des négociations qui s'y déroulèrent entre Anglais et Américains (John Adams et Benjamin Franklin) le 11 septembre 1776 après la bataille de Long Island, dans une vaine tentative de mettre fin à la menace de la guerre d'Indépendance.
L'édifice (17e s.), restauré, abrite aujourd'hui un musée historique. Son intérieur, orné d'objets du 18e s., évoque l'époque à laquelle vivait le propriétaire original des lieux, le colonel Christopher Billtop. Du rivage s'offrent de magnifiques vues sur la rivière, la baie et l'état du New Jersey.

*Utilisez le **guide vert Michelin Le Québec**.*

Vous y trouverez les informations nécessaires
et tout un choix d'itinéraires régionaux
destinés à vous faire découvrir
la «Belle Province».

Environs de New York

La renommée de New York a quelque peu masqué les attraits de ses environs que le touriste de passage a tendance à négliger. Et pourtant, ils offrent des paysages particulièrement variés, collines et forêts, îles et plages, forts et sites historiques que les New-Yorkais apprécient d'ailleurs énormément. Les luxueuses propriétés de milliardaires à Long Island et dans le Westchester en témoignent, comme les innombrables demeures plus modestes des banlieusards. La région dispose par ailleurs d'une excellente infrastructure touristique, avec un important réseau de routes et d'autoroutes, de nombreux hôtels et motels et une gamme étendue d'activités sportives (tennis, golf, yachting et canotage, équitation, ski, natation) qui en font un pays rêvé pour les week-ends ou les vacances.

Pour rester dans le cadre de ce guide, essentiellement consacré à New York, nous décrivons seulement ici, au départ de la grande cité, trois promenades classiques qu'un automobiliste peut faire durant le week-end ou en une journée. Il va de soi que des excursions plus lointaines sont possibles, qui auraient par exemple pour but les chutes du Niagara, les Catskills ou les Adirondacks, Albany et Saratoga dans l'état de New York, les Berkshires et Old Sturbridge Village dans le Massachusetts, ou encore New Haven et Old Mystic Seaport dans le Connecticut *(consulter le guide vert Michelin Nouvelle-Angleterre).*

★★★ VALLÉE DE L'HUDSON

Durée : 3 jours. Carte p. 176.

L'Hudson prend sa source dans les Adirondacks et se jette dans la mer après avoir parcouru plus de 500km. Il est relié aux Grands Lacs par le canal Érié, qui fut autrefois une voie très fréquentée entre les villes d'Albany (capitale de l'état de New York) et de Buffalo (sur le lac Érié, près du Niagara). Ce fleuve majestueux, qui traverse un décor romantique, voire grandiose, où alternent tour à tour montagnes escarpées et pics boisés, a été célébré par les écrivains et surtout, au milieu du 19ᵉ s., par les peintres de l'école de l'Hudson *(p. 26)*, dont les plus illustres représentants sont Thomas Cole, Albert Bierstadt et Frederic Edwin Church.

EXCURSION *281km aller-retour*

Cet itinéraire ne couvre que le cours inférieur de l'Hudson qu'il faut longer de préférence à l'automne, lorsque l'«été indien» revêt d'or le manteau de forêts dévalant jusqu'au fleuve. Nous recommandons à ceux qui ne disposent que d'une journée de remonter la vallée par la rive Est et de revenir par la rive Ouest afin d'éviter d'avoir la lumière à contre-jour. Les routes US 9 à l'aller, et US 9W au retour, procureront quelques échappées sur l'Hudson.

Quitter Manhattan par le Henry Hudson Parkway. Prendre la sortie 23. Suivre Broadway (Rte 9) en direction du Nord sur 4,5km. Prendre à gauche Ashburton Ave, puis à droite Warburton Ave.

Hudson River Museum of Westchester – *511 Warburton Ave, à Yonkers. Ouv. mer.–sam. 10h–17h (ven. 21h), dim. 12h–17h. Appeler pour connaître les horaires pendant les vacances. 3$, planétarium 4$.* ☎914-963-4550. Située sur les berges de l'Hudson, cette demeure en pierre de style victorien fut construite en 1876 pour John Trevor, homme d'affaires local. L'intérieur comprend quatre pièces restaurées évoquant la vie d'une famille de la haute bourgeoisie au 19ᵉ s.
Une aile moderne, ajoutée en 1969, propose des expositions temporaires sur l'art, l'histoire et la science. Consacré au monde des étoiles, l'**Andrus Planetarium** présente des spectacles d'astronomie à l'aide du planétaire Zeiss M1015.

Suivre Warburton Ave vers le Nord pour rejoindre la Rte 9 à Dobbs Ferry. Au-delà d'Irvington, une route sur la gauche, W Sunnyside Lane, mène jusqu'à Sunnyside, sur les berges de l'Hudson.

Lyndhurst

★ **Sunnyside** – *Visite guidée (1h 30mn) seulement, mars–déc. mer.–lun. 10h–17h, avr. sam.–dim. seulement. Fermé janv.–fév., Thanksgiving & 25 déc. 6$.* ♿ ☎*914-631-8200. Un forfait pour Sunnyside, Philipsburg et Van Cortlandt donne droit à 20% de réduction sur l'entrée de tous les sites.* Sunnyside est l'ancienne propriété de l'humoriste et érudit **Washington Irving** (1783-1859), qui l'acheta en 1835 et y vécut les 25 dernières années de sa vie. La maison, aujourd'hui convertie en musée, contient de nombreux meubles et souvenirs de l'écrivain qui, sous le nom de Diedrich Knickerbocker, publia la parodie du premier guide touristique sur New York, ironisant sur la période hollandaise. Le domaine s'étend sur la rive orientale de l'Hudson, et ses 8ha, aménagés dans le style paysager du 19e s., offrent des vues splendides du fleuve.

★ **Lyndhurst** – *Sur la Rte 9, à Tarrytown, 0,8km au Nord de Sunnyside. Ouv. mai–oct. mar.–dim. 10h–16h15. Reste de l'année sam.–dim. 10h–16h15. 7$. Visites guidées (45mn) possibles.* ♿ ☎*914-631-0046.* Perchée sur une falaise boisée dominant le fleuve, la pittoresque silhouette de Lyndhurst évoque de loin une demeure seigneuriale des bords du Rhin. C'était à l'origine une villa de deux étages qui fut construite en 1838 par Alexander Jackson Davis pour un ancien maire de New York, William Paulding. La maison fut agrandie en 1865 pour son propriétaire suivant, George Merritt. En 1880, le riche financier Jay Gould racheta cette propriété de 27ha, et Lyndhurst resta dans sa famille jusqu'à la mort de sa fille, la duchesse de Talleyrand-Périgord, en 1961. Éclatante expression de style néo-gothique, la demeure compte d'innombrables tourelles, pinacles et porches qui accentuent sa forme irrégulière. À l'intérieur, les éléments décoratifs gothiques dominent: plafonds voûtés et nervurés, vitraux, arches et mobilier très lourd. Dans la salle à manger, noter les colonnettes en simili marbre et les tentures murales en cuir, très en vogue au siècle dernier.

★ **Philipsburg Manor** – *Sur la Rte 9. Mêmes tarifs et horaires de visite que pour Sunnyside.* ♿ ☎*914-631-8200.* Le manoir de Philipsburg n'a guère changé depuis le début du 18e s., époque à laquelle il s'agissait d'une importante minoterie. Le moulin à eau broie toujours du blé, et la demeure en pierre, construite en 1680 par Frederick Philipse, fondateur de l'entreprise familiale, est décorée de meubles d'époque.

La propriété comporte également un barrage en chêne long de plus de 60m, ainsi qu'une grange du milieu du 18e s.

Poursuivre la Rte 9 vers le Nord, et passer à Ossining (site du pénitencier de Sing-Sing, aujourd'hui appelé Ossining Correctional Facility). Prendre la sortie Croton Point Ave. Tourner à droite, puis encore à droite sur S Riverside Ave.

Van Cortlandt Manor – *À proximité de la Rte 9. Mêmes tarifs et horaires de visite que pour Sunnyside.* ఉ ☎914-631-8200. Résidence des Van Cortlandt pendant 260 ans, ce manoir a aujourd'hui retrouvé l'allure qu'il avait pendant la guerre d'Indépendance (1775-1783). Le propriétaire qui en administrait les 35 000 ha était alors Pierre Van Cortlandt, patriote et premier lieutenant-gouverneur de l'état de New York. La demeure aurait accueilli des personnalités aussi célèbres que Benjamin Franklin, La Fayette, le comte de Rochambeau et John Jay, premier président de la Cour suprême américaine

L'intérieur abrite le mobilier familial, les peintures et la vaisselle d'étain d'origine, et les champs, les jardins et l'ensemble des bâtiments (dont la maison du passeur) évoquent la vie dans la vallée de l'Hudson au 18e s.

> *Reprendre la Rte 9 vers le Nord jusqu'à Peekskill, puis bifurquer à gauche pour prendre la Rte 6 vers l'Ouest; au Bear Mountain Bridge (pont), prendre la Rte 9D vers le Nord.*

La route, plongeant tantôt dans la vallée et remontant tantôt vers les sommets, offre de très beaux panoramas sur le fleuve et les hautes falaises appelées New Jersey Palisades.

★ **Boscobel** – *Sur la Rte 9D, 6,5 km au Nord de la jonction avec la Rte 403. Visite guidée (45 mn) seulement, avr.–oct. mer.–lun. 9 h 30–17 h. Reste de l'année mer.–lun. 9 h 30–16 h. Fermé janv.–fév., Thanksgiving & 25 déc. 6 $; jardins seulement 3 $.* ☎914-265-3638. Boscobel est une charmante demeure de style fédéral située à l'écart de la route, dans un parc dominant la vallée de l'Hudson. Les travaux, commencés par States Morris Dyckman (1755-1806) en 1804, furent achevés après sa mort par son épouse Elizabeth, en 1808. Dans les années 1950, la propriété sur laquelle se trouvait initialement Boscobel fut vendue, et la maison en partie détruite. Un comité se forma alors dans le but d'acquérir ce chef-d'œuvre en péril, et le bâtiment fut déplacé, pièce par pièce, près de Garrison. Là, dans un parc ressemblant à celui qu'elle avait quitté, la demeure fut reconstruite et réaménagée, et elle ouvrit ses portes au public en 1961.

L'ensemble a la sobriété et l'élégance de son époque. Le corps central de la façade, avec ses fines colonnes et ses ornements sculptés, contraste avec l'extérieur dépouillé du bâtiment. L'intérieur présente des courbes gracieuses, des cheminées aux motifs classiques, des boiseries finement travaillées et un escalier d'honneur éclairé par une fenêtre de style palladien. L'ameublement est en partie celui d'origine; noter les buffets de la salle à manger, caractéristiques de la période fédérale.

> *Continuer par la Rte 9D (direction Nord), puis reprendre la Rte 9 vers le Nord jusqu'à Poughkeepsie, site du célèbre Vassar College (ci-dessous). Prendre ensuite la Rte 44/55 vers l'Est, et tourner à droite dans Raymond Ave (Rte 376).*

Vassar College – *Sur Raymond Ave.* Vassar compte parmi les universités privées les plus illustres du pays. Fondée en 1861, cette vénérable institution était alors réservée aux jeunes filles. Devenue mixte en 1969, elle accueille aujourd'hui 2 250 étudiants dont 42 % d'hommes.

Les bâtiments du campus reflètent à la fois les tendances traditionnelles et modernes de l'architecture. Deux résidences universitaires à remarquer: Ferry House (1951, Marcel Breuer) et Noyes House (1958, Eero Saarinen). La bibliothèque, agrandie en 1976, abrite quelque 700 000 volumes.

> *Reprendre la Rte 9 et la suivre jusqu'à Hyde Park.*

Avant de pénétrer dans le village de Hyde Park, remarquer sur la gauche le campus du **Culinary Institute of America [A]**, prestigieux établissement préparant ses élèves aux carrières de la restauration. Il est possible de dîner dans les quatre restaurants tenus par les étudiants *(réservations nécessaires ☎914-471-6608)*.

Hyde Park – *À 9,5 km au Nord de Poughkeepsie, sur la Rte 9.* Agréable lieu de villégiature qui attirait autrefois la haute société new-yorkaise, Hyde Park acquit sa renommée sous la présidence de Franklin D. Roosevelt. Ce dernier, y passant régulièrement ses vacances, avait appelé l'endroit sa «Maison-Blanche d'été».

★★ **Maison natale de Franklin D. Roosevelt** (Home of Franklin D. Roosevelt National Historic Site) – *Ouv. mai–oct. t. l. j. 9 h–17 h. Reste de l'année jeu.–lun. 9 h–17 h. Fermée 1er janv., Thanksgiving & 25 déc. 5 $. Visites guidées possibles.* ఉ ☎914-229-9115. Cette propriété fut acquise en 1867 par James Roosevelt, père de Franklin Delano Roosevelt qui naquit ici en 1882. La maison date du début du 19e s., mais a été modifiée et agrandie depuis. À la suite d'un grave incendie au début des années 1980, son intérieur a été en grande partie remis à neuf. Il renferme, de même que la bibliothèque et le musée, de nombreux souvenirs du Président disparu (1882-1945) et de sa famille. Dans l'ancienne roseraie, un simple monument funéraire en marbre blanc signale l'emplacement de la tombe de Roosevelt et de son épouse Eleanor.

Maison d'Eleanor Roosevelt (Eleanor Roosevelt National Historic Site) – *Sur la Rte 9G. Visite guidée (45 mn) seulement, mai–oct. t. l. j. 9 h–17 h. Nov.–déc. jeu.–lun. 9 h–17 h. Fermée janv.–avr., Thanksgiving & 25 déc.* ఉ ☎914-229-9115. Un film de 20 mn sur la vie d'Eleanor Roosevelt est projeté dans la salle d'où partent les visites guidées. Ce site paisible sur les bords de la rivière Fall Kill a souvent accueilli les Roosevelt lors de promenades ou de pique-niques familiaux.

En 1925, une petite maison en pierre fut construite sur la propriété. L'année suivante, Eleanor Roosevelt (1884-1962) et des amis installèrent des ateliers dans un nouveau bâtiment afin de procurer un travail et des revenus complémentaires aux paysans de la région. Après la Grande Dépression, le bâtiment – reconverti en maison d'habitation et baptisé «Val-Kill» – devint la résidence préférée de la Première

Dame des États-Unis. Après la mort de son mari, Eleanor Roosevelt y passa les dernières années de sa vie, y travaillant, y accueillant ses amis et y recevant des dignitaires étrangers.

★★ **Vanderbilt Mansion** – *À 3,2km au Nord de la maison de Franklin D. Roosevelt. Ouv. mai–oct. t. l. j. 9h–17h. Reste de l'année jeu.–lun. 9h–17h. Fermée 1er janv., Thanksgiving & 25 déc. 2$. Visites guidées possibles. ♿ ☎914-229-9115.* À quelque distance au Nord de Hyde Park, Frederick W. Vanderbilt et son épouse Louise firent construire cette somptueuse résidence de style académique dont la réalisation (1896-1898) fut confiée au célèbre cabinet d'architectes McKim, Mead & White. La demeure, aujourd'hui devenue site historique national, témoigne désormais d'un passé révolu. Son intérieur contient un belle collection d'œuvres d'art et de meubles des 16e et 17e s.
Quant aux jardins, ils représentent l'un des meilleurs exemples de paysagisme romantique américain; car avant que les Vanderbilt ne l'achètent, la propriété avait appartenu à plusieurs passionnés d'horticulture, dont le docteur Hosack *(p. 37)*, célèbre botaniste qui y avait fait planter des arbres exotiques.
Au bas de la propriété, des sentiers de promenade au bord de l'eau offrent d'agréables **vues** vers le Nord et le Sud.

Revenir à Poughkeepsie, traverser l'Hudson et continuer sur la Rte 9W.

★ **Storm King Art Center** – *Suivre la Rte 9W jusqu'à la sortie Cornwall Hospital, puis prendre à gauche la Rte 107; à l'intersection, tourner à droite et suivre la Rte 32 Nord jusqu'au pont; immédiatement après celui-ci, prendre à gauche Orr's Mill Rd. Parc ouv. avr.–nov. t. l. j. 11h–17h30. Musée ouv. mai–oct. t. l. j. 11h–17h30. 5$. ☎914-534-3190.* Unique en son genre, ce musée de sculptures contemporaines en plein air couvre 81ha de prairies, de collines, de forêts et de pelouses. Parmi les grands noms représentés, citons Alexander Calder *(The Arch)*, Mark di Suvero, Alexander Liberman *(Iliad)*, Henry Moore, Louise Nevelson, Isamu Noguchi *(Momo Taro)* et David Smith. Les œuvres de grande taille sont souvent exposées dans un site spécialement aménagé pour elles.
Une ancienne résidence privée de style dit «normand», construite en 1935 et aujourd'hui transformée en musée, contient des sculptures plus petites ainsi que des collections de peinture et d'art graphique présentées par roulement.

★★ **West Point** – *À 16km au Sud-Est du site précédent, sur la Rte 218 Sud.* Le siège de la fameuse Académie militaire américaine, véritable St-Cyr des États-Unis, occupe un joli site sur une colline dominant l'Hudson.

Une pépinière d'officiers – Au début du 18e s., West Point était déjà utilisé comme poste militaire commandant la vallée de l'Hudson. Vers la fin des années 1700, sur l'initiative du général Henry Knox, ministre de la Guerre de l'époque, le site devait accueillir sa première école d'entraînement pour artilleurs et ingénieurs. Mais ce n'est qu'en 1802 que le Congrès en fit officiellement l'Académie militaire des États-Unis.
À ses débuts, l'école comptait à peine 5 officiers et 10 cadets. Elle réunit aujourd'hui plus de 4 200 élèves, hommes et femmes. Parmi les célébrités sorties de ses rangs, on peut citer les généraux MacArthur (promotion 1903), Patton (1909), Eisenhower (1915) et Schwartzkopf (1956), ainsi que les astronautes Borman (1950), Aldrin (1951), Collins (1952), White (1952) et Scott (1954).

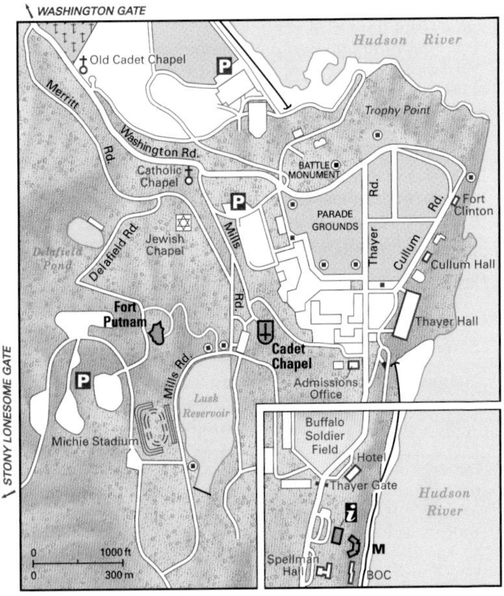

Les installations – Dans le **bureau d'accueil des visiteurs** *(ouv. t. l. j. 9h–16h45; fermé 1er janv., Thanksgiving & 25 déc.; visite guidée avr.–oct. toutes les 30mn, nov.–mars t. l. j. 11h & 13h; 4$; ✕ ♿ ☎914-938-2638)*, des films et des expositions présentent l'histoire et les curiosités de West Point, et montrent les différents aspects de la vie quotidienne d'un cadet.
Plusieurs bâtiments sont ouverts au public. Situé dans une aile du Thayer Hall, ancien manège intérieur, le **musée** *(ouv. t. l. j. 10h30–16h15; fermé 1er janv., Thanksgiving & 25 déc.; ♿)* contient l'épée de Napoléon et le bâton du maréchal Goering ainsi qu'une collection retraçant le développement des armes automatiques de la guerre de Sécession à nos jours. On peut également voir la **chapelle des Cadets** (Cadet Chapel), exemple de style «militaire gothique», construite en 1910

(ouv. t. l. j. 8h–16h15; fermée 1ᵉʳ janv., Thanksgiving & 25 déc.; &); le **Fort Putnam**, ouvrage du 18ᵉ s. restauré en 1907 puis en 1976 *(ouv. juin–oct. jeu.–lun. 11h–15h);* le monument aux morts (Battle Monument), à la mémoire des soldats tombés au cours de la guerre de Sécession; et Trophy Point, d'où les troupes révolutionnaires lancèrent les chaînes destinées à empêcher les vaisseaux anglais de remonter l'Hudson.

Les parades – *Renseignements* ☎914-938-2638. De début septembre à novembre et de la mi-mars à mai se déroulent des revues militaires célèbres dans toute l'Amérique pour la précision avec laquelle les cadets manœuvrent tout en conservant cette rigidité de buste et ce léger tic de jambe qui caractérisent leur manière de défiler.

Continuant vers le Sud à descendre la vallée, la route 9W côtoie **Bear Mountain**, point culminant (397m) du Palisades Interstate Park.

Champ de bataille de Stony Point (Stony Point Battlefield) – *Sur Park Rd, à proximité de la Rte 9W. Ouv. mi-avr.–oct. mer.–sam. 10h–17h, dim. 13h–17h.* & ☎914-786-2521. Ici eurent lieu, en juillet 1779, de violents affrontements au cours desquels les troupes du général Wayne prirent d'assaut le poste fortifié de Kings Ferry; ce dernier, tenu par les Anglais, occupait alors un emplacement stratégique sur la ligne américaine de communications Est-Ouest. Chaque année *(mi-juillet)* ont lieu des reconstitutions de la terrible bataille. Le site, aujourd'hui aménagé en parc avec des aires de pique-nique, offre de très belles vues de l'Hudson et contient un **musée** *(ouv. mi-avr.–oct. mer.–sam. 10h–16h30, dim. 13h–16h30).* Sur ces lieux se trouve également le plus vieux phare de l'Hudson.

Pour revenir sur Manhattan, suivre le **Palisades Interstate Parkway** en direction du Sud (la route procure de superbes **vues★★** sur Yonkers, le Bronx et Manhattan) et prendre le pont George Washington.

★★ LONG ISLAND

Durée: 2 jours. Carte pp. 180-181.

Pour les New-Yorkais, Long Island (6 878 300 hab.) évoque à la fois une banlieue résidentielle et une région de détente. L'île, séparée du continent par le détroit de Long Island (Long Island Sound), mesure approximativement 200km de long sur 32km de large et couvre une superficie de 4 462km². Elle englobe à la fois les comtés de Nassau et de Suffolk et deux des principaux *boroughs* de New York: Queens (comté de Queens) et Brooklyn (comté de Kings).

Centre urbain fortement peuplé à l'Ouest, Long Island revêt un aspect de plus en plus rural au fur et à mesure que l'on s'éloigne de la grande métropole américaine. L'île ne manque pas de personnalité, que l'on se promène dans la campagne doucement ondulée, parsemée de terrains de golf et de courts de tennis ou de cottages, que l'on suive la côte Nord, surnommée «Gold Coast» (côte d'or) à cause de l'opulence de certaines résidences, ou encore la côte Sud, aux longues plages de sable blanc.

Très diversifiée, l'activité économique de Long Island repose sur les industries légères, les services et l'agriculture. Le comté de Suffolk est par exemple le plus grand producteur agricole de l'état de New York, et de nombreuses fermes se sont spécialisées dans les cultures maraîchères, l'élevage et les produits laitiers. Il convient également de noter les pommes de terre et les canetons, produits locaux recherchés, ainsi que les vignobles de North et de South Fork. Principalement exploités sur la côte Est de l'île, les fruits de mer (huîtres, palourdes, coquilles St-Jacques et homards) jouissent quant à eux d'une réputation méritée. Chaque jour, des bateaux de pêche appareillent des ports de la côte Sud et de Montauk Point, à l'extrémité Est de l'île.

CÔTE NORD (North Shore)

Bordée par le détroit de Long Island, la côte Nord présente une alternance d'échancrures rocheuses, de plages, de bois touffus, de petites baies, de criques et de falaises escarpées. Elle se prolonge jusqu'à Orient Point par une péninsule longue d'une quarantaine de kilomètres.

★★ Stony Brook – *Ouv. mer.–sam. 10h–17h, dim. 12h–17h. Fermé 1ᵉʳ janv., Thanksgiving & 24–25 déc. 6$.* & ☎516-751-0066. Charmant village de style fédéral typique de l'Amérique des 18ᵉ et 19ᵉ s., Stony Brook se situe dans un cadre rural enchanteur. Au cœur du petit hameau se dresse un complexe muséologique, **The Museums at Stony Brook**, qui regroupe un musée de voitures à chevaux, un musée d'art et un musée d'histoire ainsi que plusieurs bâtiments d'époque, dont une forge, une école et une grange.

★★ Carriage Museum – Ce musée décrit, sous forme d'expositions thématiques, l'incidence des transports sur la vie américaine. Il contient une très belle collection de diligences, de chariots, de traîneaux, de véhicules d'enfants et autres, et comprend même un bus richement décoré ainsi qu'une caravane de gitans.

Art Museum – Les **œuvres★** (peintures et dessins) de **William Sidney Mount** (1807-1868) et celles d'autres artistes du 19ᵉ et 20ᵉ s. y sont présentées par roulement. On remarquera tout particulièrement *Farmer Whetting His Scythe* (Le fermier aiguisant sa faux), *Dancing on the Barn Floor* (La danse dans la grange) et *The Banjo Players* (Les joueurs de banjo).

History Museum – D'anciens appeaux de chasse et des **reproductions miniatures** d'intérieurs de maisons constituent l'un des intérêts de ce musée. On y voit par ailleurs des expositions temporaires présentant des objets tirés de la collection permanente ou provenant des fonds d'autres institutions.

★ **Sunken Meadow State Park** – *Ouv. toute l'année. 4$/voiture (entrée gratuite Labor Day–Memorial Day).* ✕ ♿ ☎*516-269-4333.* Ce parc offre une large gamme d'activités de détente: golf (27 trous), baignade (longue plage de sable fin en bordure du détroit de Long Island), aires de pique-nique, sentiers de promenade et pistes cyclables, de quoi satisfaire les goûts de tous.

★ **Sands Point Preserve** – *95 Middleneck Rd, à Port Washington. Ouv. mi-fév.–mi-nov. mar.–dim. 10h–17h.* ☎*516-571-7902.* Ancienne demeure du capitaine Harry F. Guggenheim, **Falaise★** – l'une des dernières grandes propriétés de la «Gold Coast» – est un manoir de style normand (1923) situé dans un domaine de 91ha. Une cour conduit à la maison, décorée d'une loggia en arcades qui domine le détroit de Long Island. À l'intérieur est exposée une collection d'artefacts français et espagnols des 16e et 17e s. *(visite guidée seulement, mer.–dim. 12h–15h30; durée: 1h; les enfants de moins de 10 ans ne sont pas admis; 4$).*

★ **Vanderbilt Museum** – *Sur Little Neck Rd, à Centerport. Ouv. mar.–sam. 10h–16h, dim. 12h–16h. Fermé 1er janv., Thanksgiving & 25 déc. 5$. Visites guidées (1h) possibles.* ✕ ☎*516-854-5555.* Située dans un parc de 17ha dominant le port de Northport, l'ancienne maison de campagne de William K. Vanderbilt Jr abrite aujourd'hui un musée. Les collections réunies par l'arrière-petit-fils du «Commodore» *(p. 46)* au cours de ses voyages (maquettes de bateaux, armes, spécimens d'histoire naturelle, objets divers) sont présentées dans le **Marine Museum** et dans une des ailes de la demeure. Le **Vanderbilt Planetarium** propose quant à lui des spectacles d'astronomie *(programme et horaires* ☎*516-854-5544).*

Cold Spring Harbor – Vers le milieu du siècle dernier, Cold Spring Harbor était l'un des principaux centres baleiniers de Long Island. Le port abritait alors plusieurs navires spécialement équipés pour la pêche au cétacé. Les commandants de ces bateaux étaient originaires de New Bedford (dans le Massachusetts) et de Sag Harbor *(p. 182).*

★ **Whaling Museum** – *Ouv. Memorial Day–Labor Day t. l. j. 11h–17h. Reste de l'année mar.–dim. 11h–17h. Fermé 1er janv., Thanksgiving & 25 déc. 2$.* ♿ ☎*516-367-3418.* Ce musée de la pêche à la baleine propose d'excellentes expositions. On remarquera en particulier une baleinière toute équipée, telle qu'elle était à bord du brick *Daisy,* lors de l'expédition de 1912 partie de New Bedford. À côté, un diorama détaillé montre Cold Spring Harbor vers 1840, à l'apogée de l'industrie baleinière. D'autres expositions retracent l'illustre passé de la pêche au cétacé sur Long Island, et permettent aux visiteurs d'écouter le chant des baleines ou de s'étonner devant la taille d'un crâne d'orque (ou épaulard).

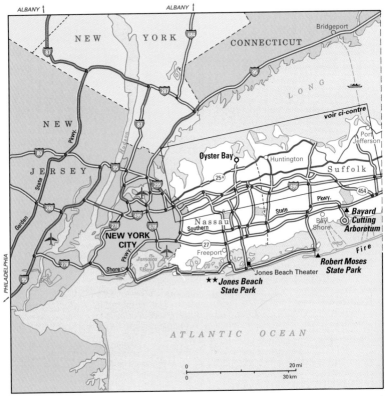

Les collections du musée contiennent également des harpons, des instruments de navigation divers, des maquettes de baleiniers, des gravures et des cartes anciennes. Noter la riche collection de *scrimshaw* (sculptures exécutées dans des défenses, mâchoires ou dents de mammifères marins), forme d'artisanat pratiquée par les pêcheurs de baleines.

Nassau County Museum of Fine Art [M]– *À Roslyn Harbor. Prendre la Rte 25A Est, traverser le viaduc de Roslyn et tourner à gauche sur Museum Drive. Ouv. mar.–dim. 11h–17h. Fermé j. f. 3$. Visite guidée (1h) 14h.* ✕ ᴖ ☎516-484-9337. Ce musée des Beaux-Arts est installé dans une propriété construite au tout début du siècle pour Lloyd Bryce, trésorier général de New York, et rachetée en 1919 par Childs Frick, fils du fameux collectionneur Henry Clay Frick *(p. 120)*. La demeure en briques, de style néo-géorgien, abrite aujourd'hui des expositions temporaires consacrées à toutes les périodes de l'art. Le parc paysager, avec ses 59ha de pelouses, de pièces d'eau et de jardins raffinés, constitue un cadre idéal pour accueillir les sculptures de plein air. Celui-ci organise également des spectacles de danse, des concerts et des conférences.

Oyster Bay – À la fois lieu de villégiature, port de plaisance et banlieue résidentielle, Oyster Bay compte environ 7 000 habitants. Le cimetière Young abrite la tombe **[A]** de **Theodore Roosevelt** *(p. 87)*.

★★ **Planting Fields** – *Sur Planting Fields Rd, à Oyster Bay. Ouv. t. l. j. 9h–17h. Fermé 25 déc. 3$/voiture. Entrée gratuite Labor Day–avr. lun.–ven.* ᴖ ☎516-922-9200. Ancienne propriété du financier William Robertson Coe, Planting Fields est un vaste domaine de 165ha dont une partie a été transformée en arboretum, le reste ayant été préservé dans son état naturel. On peut y admirer 600 espèces de rhododendrons et d'azalées *(floraison: mi-avr.–mai)*; un jardin «synoptique» groupant toutes sortes de plantes ornementales sur 2ha; une remarquable collection sous verre de camélias *(floraison: fév.–mars)*; et des serres remplies d'orchidées, d'hibiscus, de bégonias et de cactées. Dans ce parc à l'anglaise, coupé de larges allées, se dresse le Coe Hall, bel exemple d'architecture de style élisabéthain *(visites guidées avr.–Labor Day 13h30–15h30; durée: 1h; 2$)*.

★ **Sagamore Hill National Historic Site** – *Sur Cove Neck Rd. Visite guidée (30mn) seulement, t. l. j. 9h30–16h30. Fermé 1ᵉʳ janv., Thanksgiving & 25 déc. 2$.* ᴖ ☎516-922-4447. Située à l'Est du village d'Oyster Bay, cette gracieuse demeure a conservé l'apparence qu'elle avait sous la présidence de Theodore Roosevelt (1901-1909) qui y passa de nombreux étés.
Dans l'ancien verger, le **Old Orchard Museum** propose des expositions et un film *(20mn)* retraçant la vie publique et privée du Président américain.

Raynham Hall – *20 W Main St. Ouv. mar.–dim. 13h–17h. Fermé 1ᵉʳ janv., Thanksgiving & 25 déc. 2$.* ᴖ ☎516-922-6808. Cet ancien manoir-ferme joua un rôle important pendant la guerre d'Indépendance. C'était la demeure du père de Robert Townsend, chef du service de renseignements du général Washington à New York. L'intérieur contient des meubles et des souvenirs de cette époque.

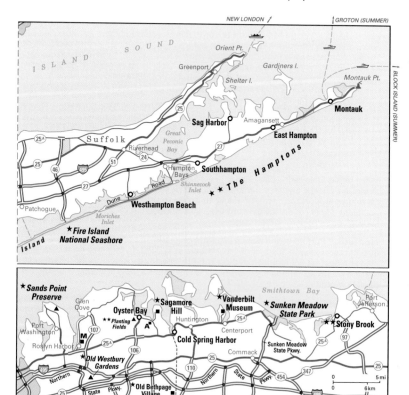

CÔTE SUD (South Shore)

Frangée d'un véritable chapelet de cordons littoraux, la côte Sud offre de belles plages de sable fin très courues en fin de semaine et pendant les vacances. Elle s'ouvre à la fois sur l'océan Atlantique et sur la baie Great South.

★★ **Jones Beach State Park** – Cette station balnéaire jouit de plus de 10km de plages face à l'océan et à la baie. On y trouve le célèbre **Jones Beach Theater** ainsi que des piscines chauffées, des terrains de sport et des aires récréatives. Un château d'eau, dont la forme rappelle le campanile de la basilique St-Marc à Venise, a été construit sur un puits d'eau douce.

★★ **Les Hamptons** – Ce nom désigne toute une série de stations de villégiature qui s'étendent sur environ 56km le long de la côte Sud de Long Island, de Westhampton Beach (sur la baie de Shinnecock) à Amagansett.

Westhampton Beach – Ancienne communauté de marins, Westhampton Beach attire aujourd'hui des musiciens, des écrivains et des artistes new-yorkais durant les week-ends et les vacances. Chaque année *(début août)* a lieu le Westhampton Beach Outdoor Art Show, festival de plein air.
Une promenade en voiture le long de Dune Road, sur l'étroit cordon littoral *(24km)* qui s'étend de Moriches Inlet à Shinnecock Inlet, permet d'admirer de nombreuses demeures aux styles très divers, de la maison typique de la Nouvelle-Angleterre (bardeaux bruns et encadrements blancs) au simple bungalow.
Remarque: prudence au volant; très étroite par endroits, la route devient impraticable par mauvais temps.

Southampton – Plus grande communauté des Hamptons, cette fameuse station balnéaire possède de magnifiques propriétés. Jobs Lane accueille le **Parrish Art Museum**, consacré à l'art américain des 19e et 20e s., avec son importante collection d'œuvres de William Merrit Chase et de Fairfield Porter; le musée *(ouv. mi-juin–mi-sept. jeu.–mar. 11h–17h, dim. 13h–17h; reste de l'année jeu.–lun. 11h–17h, dim. 13h–17h. 2$. & ☎516-283-2118)* présente également des expositions temporaires issues de la collection permanente.

East Hampton – De nombreux écrivains et artistes ont été attirés par le calme de cette jolie bourgade et par son charme pittoresque.
La place du village, avec son étang flanqué de belles maisons anciennes, et les magnifiques ornes centenaires qui bordent **Main Street**, sa rue principale, confèrent à East Hampton un caractère bien anglais.

Bayard Cutting Arboretum – *Sur la Rte 27A. Ouv. avr.–oct. mer.–dim. 10h–17h (reste de l'année 16h). Fermé 1er janv., Thanksgiving & 25 déc. 3$/voiture. Entrée gratuite Labor Day–Memorial Day lun.–ven. ☎516-581-1002.* Établi en 1887 par William Bayard Cutting sur les plans de l'architecte-paysagiste Frederick Law Olmsted *(p. 89)*, l'arboretum couvre 279ha de bois et de plantations. La pinède contient beaucoup de spécimens d'origine (sapins, épicéas, pins et autres conifères). Des rhododendrons et des azalées *(floraison: mai–juin)* bordent les chemins et les allées, et des fleurs sauvages poussent à profusion.

Fire Island – Longue bande de terre de 51km dont la largeur ne dépasse pas 800m, cette île interdite à la circulation automobile contient une zone protégée de 560ha connue sous le nom de **National Seashore★**.
Watch Hill et Sailors Haven, les deux régions les plus développées de la réserve naturelle, proposent toutes sortes d'activités: promenades de découverte de la nature, baignade surveillée et programmes divers. Les deux sites sont en outre dotés d'une marina et d'un café-restaurant.
Des ferries relient Patchogue, Sayville et Bay Shore à Watch Hill et à Sailors Haven ainsi qu'aux villages de l'île, dont certaines portions sont fréquentées par la communauté *gay. Les ferries pour Watch Hill partent de Patchogue juin–Labor Day 10h15–15h05 (6 départs quotidiens). Hors saison 2 départs quotidiens. Pas de service nov.–mi-mai. Aller simple (25mn) 5,50$. Horaires: Davis Park Ferry Co ☎516-475-1665.*

Robert Moses State Park – Ce parc à la pointe Ouest de Fire Island évoque le souvenir de Robert Moses, ancien surintendant des parcs de Long Island. Ses dunes servent de refuge aux oiseaux aquatiques et sa grève se prête particulièrement bien à la pêche au lancer (méthode qui consiste à lancer l'appât dans la mer à un endroit où les vagues se brisent sur le rivage).

Montauk – Port de pêche situé à la pointe orientale de Long Island, au cœur d'une étroite péninsule de 16km couverte de bois et bordée de falaises, de dunes et de plages blanches, Montauk attire de nombreux sportifs amateurs de pêche en haute mer. Le phare de Montauk, construit en 1795, s'élève à l'extrémité de la péninsule, dans le Montauk State Park.

Sag Harbor – Avec ses docks, son port niché dans une anse bien abritée et ses maisons de style colonial, Sag Harbor a conservé l'atmosphère et le charme d'antan. La petite communauté côtière, que George Washington appelait le «port d'entrée» des États-Unis, possède le **Custom House**, premier bureau de douane de l'état de New York *(ouv. juil.–août mar.–dim. 10h–17h; juin & sept.–oct. sam.–dim. & j. f. 10h–17h; 1,50$; visites guidées possibles; & ☎516-941-9444).*
Un édifice de style néo-grec abrite le **Sag Harbor Whaling Museum** *(ouv. mai–sept. lun.–sam. 10h–17h; dim. & j. f. 13h–17h; 3$; & ☎516-725-0770);* l'intérieur recrée la maison d'un capitaine de baleinier et présente par ailleurs des expositions relatives à l'industrie baleinière.

AUTRES CURIOSITÉS

★★ **Old Bethpage Restoration Village** – *Sur Round Swamp Rd. Ouv. mars–déc. mer.–dim. 10h–17h. Nov.–déc. 10h–16h. Fermé 1er janv., Thanksgiving & 25 déc. 5$.* ✕ ☎*516-572-8400.* Nichée dans une vallée de plus de 80ha, Old Bethpage est une communauté rurale active qui recrée l'ambiance d'un village américain d'avant la guerre de Sécession. Plus de 25 bâtiments historiques reflétant l'héritage architectural de Long Island ont été sauvés de la destruction et transportés sur le site de la ferme Powell. En flânant dans le village, on peut apprécier le travail des artisans (forgeron, cordonnier, tailleur) et celui des paysans dans les champs. D'autres activités telles que la tonte des moutons ou la fabrication de bougies peuvent être observées au gré des saisons

★ **Old Westbury Gardens** – *Sur Old Westbury Rd. Ouv. mai–mi-déc. mer.–lun. 10h–17h. Jardins 6$, intérieur & jardins 10$. Visites guidées (1h 30mn) possibles.* ⚅ ☎*516-333-0048.* Ce domaine de 32ha, avec ses bois, ses jardins et ses pièces d'eau, appartenait jadis à John S. Phipps, financier doublé d'un sportif. La demeure de style néo-géorgien a conservé l'aspect qu'elle avait au début du 20e s. Son intérieur, décoré de meubles anciens, contient des toiles de maîtres anglais (Thomas Gainsborough et John Singer Sargent), des miroirs dorés et toutes sortes d'objets d'art.

★★ UNIVERSITÉ DE PRINCETON (Princeton University)

Durée: 1 journée. Plan ci-dessous.

Située au cœur du New Jersey, dans une petite communauté résidentielle, l'université de Princeton est l'une des plus célèbres écoles *Ivy League* (terme réservé aux plus prestigieux établissements d'enseignement supérieur aux États-Unis) du pays. Malgré la multitude de bureaux et de centres de recherche, la ville reste un endroit où il fait bon vivre.

Accès – *177km aller-retour. Un service de cars relie Princeton à New York; informations disponibles au Port Authority Bus Terminal. Par la route, quitter Manhattan par le Lincoln Tunnel et prendre le New Jersey Turnpike vers le Sud jusqu'à la sortie 9; tourner à droite, et après avoir traversé la rivière Lawrence, emprunter la Rte 1 en direction de Penns-Neck; tourner à droite au panneau Princeton-Hightstown. Princeton est également accessible en train (New Jersey Transit) depuis Penn Station.*

Un peu d'histoire – En 1746, un petit groupe de pasteurs presbytériens entreprit de doter les colonies du centre d'une université, qu'ils baptisèrent College of New Jersey. D'abord établie à Elizabeth, puis à Newark, l'université s'installa finalement à l'endroit actuel en 1756, après l'achèvement du Nassau Hall *(p. 184)*. Ce dernier était alors le plus grand édifice d'Amérique du Nord à vocation éducative.

Pendant la guerre d'Indépendance, l'université servit de caserne et d'hôpital aux troupes britanniques puis américaines. Sa prise d'assaut par Washington, le 3 janvier 1777, mit fin à la bataille de Princeton, gagnée par l'armée révolutionnaire. En 1783, l'université abrita le gouvernement fédéral pendant six mois, et c'est là que fut signé le traité de paix définitif. À l'occasion du 150e anniversaire de sa fondation, le College of New Jersey, déjà appelé Princeton College, devint Princeton University.

Depuis le 18e s., Princeton se distingue pour son enseignement des sciences politiques et ses programmes de recherche scientifique (la première chaire de chimie des États-Unis y fut créée en 1795). Depuis Woodrow Wilson, qui en fut le recteur de 1902 à 1910, l'université met l'accent sur la recherche individuelle et encourage l'enseignement en petits groupes de travail. Comme dans beaucoup d'autres établissements américains, aucune surveillance spéciale n'est exercée les jours d'examen, confiance étant faite aux élèves.

L'université compte aujourd'hui environ 680 professeurs à plein temps et 6300 étudiants, dont 42% bénéficient de bourses ou de prêts spéciaux. Autrefois réservée aux hommes, Princeton est devenue mixte en 1969, et les femmes représentent désormais une tiers de la population estudiantine au niveau licence.

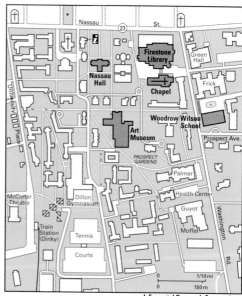

J. Forrestal Research Campus

VISITE

Un service gratuit de guides est assuré toute l'année par les étudiants eux-mêmes. Renseignements et horaires: Orange Key Guide Service, Maclean House ☎609-258-3603.

Le campus se compose de 135 bâtiments répartis sur un terrain de 243ha. Nous ne décrirons ici que les plus importants.

Nassau Hall – Cet édifice majestueux, autour duquel s'ordonne un campus verdoyant et ombragé, doit son nom à la maison d'Orange-Nassau qui régnait sur l'Angleterre à l'époque de la fondation de l'université. Le bâtiment abrite aujourd'hui les services administratifs.

Harvey S. Firestone Library – Riche d'environ 5 millions de volumes, la bibliothèque met à la disposition de ses usagers 850 boxes individuels pour étudier et plusieurs salles de conférences.

Chapelle – Elle peut recevoir 2000 fidèles. On y voit une chaire en bois du 16e s. provenant du Nord de la France.

Musée d'Art – *Ouv. mar.–sam. 10h–17h, dim. 13h–17h. Fermé j. f.* &. ☎*609-258-3788.* Particulièrement riche en tableaux de style Renaissance et Baroque, le musée d'Art de l'université expose également des gravures, des photographies et des dessins (présentés en alternance) ainsi que des œuvres de l'Anquité orientale, gréco-romaine et précolombienne *(niveau inférieur).* On peut aussi admirer des toiles impressionnistes et des peintures françaises du 20e s. (prêt à long terme de la fondation Henry and Rose Pearlman).

Woodrow Wilson School – Véritable pépinière de diplomates, d'administrateurs et d'hommes d'état, cette célèbre école consacrée aux affaires publiques et internationales fut créée en 1930.

James Forrestal Research Campus – Ses installations, situées derrière le lac Carnegie, à l'écart du campus proprement dit, ont été inaugurées en 1951. Elles sont principalement destinées à la recherche dans les domaines de la physique, de la chimie et des mathématiques appliquées, et abritent le Plasma Physics Laboratory, centre de recherche sur la fusion.

Découvrez la nature à New York!

Les zoos
Bronx Zoo★★★ *(p. 155)*
New York Aquarium★★ *(p. 165)*
Central Park Zoo/Wildlife Conservation Center★ *(p. 92)*

Les jardins botaniques
New York Botanical Garden★★ *(p. 156)*
Planting Fields★★ *(p. 181)*
Brooklyn Botanic Garden★★ *(p. 162)*

Les jardins et parcs d'agrément
Central Park★★★ *(p. 89)*
Fort Tryon Park★★ *(p. 110)*
Old Westbury Gardens★ *(p. 183)*
Prospect Park★ *(p. 162)*

CALENDRIER DES MANIFESTATIONS

La liste suivante est une sélection des manifestations annuelles les plus prisées. Certaines de ces manifestations durent plusieurs semaines, voire plusieurs mois, et leurs dates varient parfois d'une année à l'autre. Pour plus de détails, consulter le *New York Times* (édition du dimanche), le *New Yorker* ou le *Village Voice*, ou contacter le New York Convention & Visitors Bureau ☎ 397-8222.

Manifestation, *Lieu*   ☎

Janvier–février

New York National Boat Show, *Jacob K. Javits Center*	216-2000
Nouvel An chinois, *Chinatown (p. 73)*	373-1800
Black History Month *(dans plusieurs endroits)*	722-9534
Montée à l'Empire State Building	860-4455

Mars

Art Expo New York, *Jacob K. Javits Center*	800-331-5706
New York Flower Show, *Pier 92 (51e Rue O., sur l'Hudson)*	757-0915
Parade de la Saint-Patrick, *5e Av., de la 44e à la 86e Rue (p. 35)*	
Cirque Ringling Brothers, Barnum & Bailey, *Madison Square Garden*	465-6000
Biennale 1997 du Whitney Museum of American Art *(p. 154)*	570-3676

Avril–mai

Easter Extravaganza, *Radio City Music Hall (p. 39)*	247-4777
Parade du dimanche de Pâques, *5e Av. (p. 35)*	
Greater New York Orchid Show, *Winter Garden, World Financial Center*	945-0505
Rockefeller Center Flower Show	632-3975
Macy's Spring Flower Show, *rez-de-chaussée du magasin Macy's (p. 194)*	494-5432
Spring Flower Show, *New York Botanical Garden, Bronx*	718-817-8700
Arts in Bloom, *Brooklyn Botanic Garden*	718-622-4433
Ninth Avenue International Food Festival, *9e Av., de la 37e à la 57e Rue*	581-7217
You Gotta Have Park, *Central Park*	315-0385
Memorial Day Celebration, *South Street Seaport*	669-9400
Washington Square Outdoor Art Exhibit *(p. 80)*	982-6255

Juin

Spectacles d'opéra gratuits, *Great Lawn, Central Park*	362-6000
Festival de jazz, *zoo de Central Park (Sea lion pool)*	861-6030
Rose Garden Tours, *New York Botanical Garden, Bronx*	718-817-8700
Parade de la communauté portoricaine, *5e Av.*	
JVC Jazz Festival, *Carnegie Hall et autres endroits*	787-2020
Concerts du New York Philharmonic Orchestra *(dans divers parcs de la ville)*	875-5709
Central Park SummerStage, *Rumsey Playfield*	360-2777

Juillet-août-septembre

Serious Fun, *Alice Tully Hall, Lincoln Center*	875-5400
Feux d'artifice de Macy's, *Hudson (de Chambers St à la 14e Rue)*	494-5432
Salute to New York City, *New York Philharmonic Orchestra, Great Lawn, Central Park*	875-5709
Shakespeare dans Central Park, *Delacorte Theater*	598-7100
Summer Pier Concerts, *South Street Seaport*	748-8600
Summergarden Concerts, *Museum of Modern Art (p. 147)*	708-9480
Mostly Mozart Festival, *Lincoln Center*	875-5400
Music on the Boardwalk, *Coney Island, Brooklyn*	718-625-0080
Lincoln Center Out-of-Doors	875-5400
Classical Jazz, *Alice Tully Hall, Lincoln Center*	875-5400
Championnats de tennis (US Open), *USTA National Tennis Center, Flushing Meadows, Queens*	718-271-510
Washington Square Outdoor Art Exhibit *(p. 80)*	982-6255
Fête de San Gennaro, *Mulberry St, Little Italy (p. 74)*	226-9546
Race for Mayor's Cup, *port de New York*	669-9400

Octobre

Festival du film de New York, *Lincoln Center*	875-5610
Parade de Columbus Day, *5e Av., de la 44e à la 86e Rue*	249-9923
Parade de Halloween, *Greenwich Village*	758-5519

Novembre–décembre

Marathon de New York, *du pont Verrazano-Narrows à Central Park*	860-4455
Tournoi de tennis Virginia Slims, *Madison Square Garden*	465-6741
Parade Macy's de Thanksgiving, *de Central Park W à Herald Square*	494-5432
Christmas Spectacular, *Radio City Music Hall (p. 39)*	247-4777
Arbre de Noël géant: illuminations, *Rockefeller Center*	698-8676
Nouvel An: compte à rebours, *Times Square (p. 54)*	

AVANT LE DÉPART

Pour organiser son voyage, rassembler la documentation nécessaire ou vérifier certaines informations, s'adresser en premier lieu à l'office de tourisme, l'ambassade ou le consulat des États-Unis le plus proche de son lieu de résidence:

Belgique	Ambassade des États-Unis, 27, boul. du Régent, 1000 Bruxelles ☎2-513-38-30.
	Office de tourisme des États-Unis, 350, av. Louise, 1050 Bruxelles ☎2-648-43-56.
Canada	Consulat des États-Unis, BP 65, Succursale Desjardins, Montréal H5B 1G1 ☎514-398-9695.
	USA Tourist Information, BP 5000, Station B, Montréal, Québec H3B 4B5 ☎1-900-451-4050 (environ 2$/minute).
France	Ambassade des États-Unis, 2, av. Gabriel, 75382 Paris Cedex 08 ☎1-42-96-12-02.
	Office de tourisme des États-Unis, BP 191167, Longjumeau Cedex 9 (uniquement par correspondance). Renseignements téléphoniques (lun.–ven. 10h–17h) ☎1-42-60-57-15 ou Minitel 3615 code USA.
Luxembourg	Ambassade des États-Unis, 22, boul. Emmanuel-Servais, 2535 Luxembourg ☎352-46-01-23.
Suisse	Ambassade des États-Unis, Jubiläumstrasse 93, 3005 Bern (lun.–ven. 8h30–17h30) ☎31-357-70-11.

Les visiteurs pourront également contacter le New York Convention & Visitors Bureau (2 Columbus Circle, New York, NY 10019 ☎397-8222), syndicat d'initiative de la ville, pour obtenir toutes sortes de renseignements et de brochures sur les principales curiosités à voir, les manifestations saisonnières, les restaurants, les différentes formules d'hébergement et les loisirs. Chaque année, le New York Convention & Visitors Bureau publie par ailleurs une version réactualisée du *Big Apple Guide*, disponible gratuitement.

Formalités d'entrée – Pour un voyage de tourisme ou d'affaires de moins de 3 mois, un passeport en cours de validité suffit pour les visiteurs belges, français et suisses, à condition de présenter leur billet aller-retour. Les ressortissants canadiens doivent fournir une preuve de leur identité, passeport ou à défaut, certificat de naissance (le permis de conduire ne suffit pas). Un formulaire de demande d'exemption de visa (I-94W), remis par la compagnie de transport, est à remplir. En général, aucune vaccination n'est demandée. Le visa étant toujours nécessaire pour certaines catégories de voyageurs et pour certains pays, il est recommandé de s'informer d'avance sur les règlements en vigueur et les documents requis à l'entrée aux États-Unis, auprès de son agence de voyage, de l'ambassade ou du consulat américain le plus proche de son lieu de résidence.

Assurances – Les frais médicaux et surtout hospitaliers sont très coûteux aux États-Unis. Il est donc fortement conseillé de souscrire avant son départ à une **assurance médicale** de type Europ-Assistance (3, rue Scribe, 75009 Paris ☎1-41-85-85-85) ou Mondial Assistance (2, rue Fragonard, 75807 Paris Cedex 17 ☎1-40-25-52-04). Les citoyens canadiens pourront s'informer auprès de la Croix Bleue du Canada (550, rue Sherbrooke Ouest, Montréal H3A 1B9 ☎514-286-8403).

Douanes – Il est interdit d'introduire en territoire américain des produits alimentaires (charcuterie, viande, fromages, fruits, légumes), des plantes, des fleurs et certains médicaments (se renseigner avant le départ), mais il est permis d'amener avec soi un litre d'alcool, 200 cigarettes et des cadeaux représentant une valeur égale ou inférieure à 100$. Les animaux domestiques doivent être accompagnés d'un certificat de vaccination contre la rage, délivré par le pays d'origine.

Quand visiter New York – Saison courte et imprévisible, le **printemps** offre de belles journées ensoleillées (5°-17°C) qui peuvent tout de même céder la place à de soudaines chutes de neige (fréquentes en avril). L'**été** est étouffant (le thermomètre monte souvent à 32°C et plus) et le taux d'humidité est élevé, surtout en juillet et en août; à l'intérieur des bâtiments, des autobus et des wagons du métro, le froid saisit le visiteur à cause de l'air conditionné (il faut toujours prévoir d'emporter un pull ou une veste avec soi). La saison privilégiée pour visiter New York est sans aucun doute l'**automne**, quand la chaleur disparaît pour faire place à des températures agréables (8°-20°C). Enfin, l'**hiver**, bien que très froid (souvent aux environs de 0°C), bénéficie d'un temps généralement sec et vivifiant. Les fortes chutes de neige sont relativement rares.

Concordance des températures										
Degrés Celsius	35°	30°	25°	20°	15°	10°	5°	0°	–5°	–10°	–15°
Degrés Fahrenheit	95°	86°	77°	68°	59°	50°	41°	32°	23°	14°	5°

COMMENT ALLER À NEW YORK

Avion – La plupart des compagnies aériennes desservent les trois grands aéroports de l'agglomération new-yorkaise: Kennedy et Newark (vols domestiques et internationaux), et LaGuardia (États-Unis et Amérique du Nord).

Se renseigner auprès de son agence de voyages afin de connaître les conditions en vigueur, les programmes de circuits organisés, les vols charters et d'une manière générale, les vols à prix réduits.

La durée moyenne d'un vol transatlantique, depuis Paris, est de 7-8 heures dans le sens France-Amérique et de 6-7 heures dans le sens inverse (à moins, bien sûr, de voyager à bord du Concorde, auquel cas le vol ne dure qu'à peine 3h 45mn).

L'**aéroport John F. Kennedy (JFK)** se trouve dans Queens, à 24km de Manhattan (trajet d'environ 1h en voiture). Renseignements ☎ 718-656-4520. Aide au voyageur ☎ 718-656-4870. Lui aussi dans Queens, l'**aéroport LaGuardia (LGA)** n'est qu'à 13km de Manhattan (compter 30mn en voiture). Renseignements ☎ 718-333-3400.

L'**aéroport de Newark**, dans le New Jersey, se situe quant à lui à 26km de Manhattan (soit 45mn en voiture). Renseignements ☎ 201-961-2000. Aide au voyageur ☎ 201-623-5052.

La liste suivante fournit l'adresse et le numéro de téléphone (appel gratuit à l'intérieur des États-Unis) de quelques transporteurs aériens représentés à New York:

Compagnie	Adresse à New York	Réservation ☎
Air Canada	15, 50e Rue O. (5e & 6e Av.)	800-776-3000
Air France	120, 56e Rue O. (6e & 7e Av.)	800-237-2747
Alitalia	666, 5e Av. (53e Rue)	800-223-5730
American Airlines	18, 49e Rue O. (5e & 6e Av.)	800-227-2537
British Airways	530, 5e Av. (44e Rue)	800-247-9297
Continental	1384 Broadway (38e Rue)	800-525-0280
Delta	1384 Broadway (38e Rue)	800-221-1212
Finnair	11, 39e Rue E. (Madison Ave & 5e Av.)	800-950-5000
Iberia	509 Madison Ave (53e Rue)	800-772-4642
JAL	655, 5e Av. (52e Rue)	800-525-3663
KLM	437 Madison Ave (48e Rue)	800-777-5553
Lufthansa	750 Lexington Ave (59e & 60e Rues)	800-645-3880
Northwest	299 Park Ave (49e Rue)	800-225-2525
Sabena	720, 5e Av. (56e Rue)	800-955-2000
SAS	1384 Broadway (38e Rue)	800-221-2350
Swissair	608, 5e Av. (49e Rue)	800-221-4750
United	260 Madison Ave (38e & 39e Rues)	800-241-6522
USAir	1384 Broadway (38e Rue)	800-428-4322
Varig	630, 5e Av. (50e & 51e Rues)	800-468-2744

Transport à destination des aéroports – Bus, navettes et taxis assurent la liaison entre les trois aéroports et les différents *boroughs* new-yorkais. La durée du trajet est variable, surtout aux heures de pointe (7h–9h et 16h30–18h).

Le **Carey Airport Express Coach Bus** (☎ 718-632-0500) relie les aéroports Kennedy (13$ aller simple) et LaGuardia (9$ aller simple) à certains points de Manhattan (Grand Central Railroad Terminal, Port Authority Bus Terminal et plusieurs hôtels du secteur Midtown). Les bus fonctionnent 7 jours sur 7, à raison d'un bus toutes les demi-heures. Un service assure également la navette entre les deux aéroports (6h–24h; 10$; compter une heure).

La compagnie **Gray Line Air Shuttle** met à la disposition des voyageurs un service de minibus leur permettant de se rendre dans n'importe quel quartier de New York (notamment dans les grands hôtels qui se situent entre la 23e et la 63e Rue). Ce service fonctionne 7 jours sur 7 de 6h à 19h dans le sens Manhattan-aéroports, et de 6h à 23h dans le sens contraire. Coût de l'aller simple (départ Manhattan, secteur Midtown) à destination de Kennedy: 16$; LaGuardia: 13$; Newark: 18$. Pour se faire déposer devant son hôtel, le visiteur appellera directement la réception de l'établissement où il compte séjourner, ou composera le ☎ 757-6840 ou le 800-451-0455 (appel gratuit).

Les navettes à destination de l'aéroport de Newark sont assurées par le **NJ Transit #300 Airport Express Bus** au départ du Port Authority Bus Terminal, à l'angle de la 42e Rue et de la 8e Avenue (24h/24; toutes les 15mn; 7$ aller simple; 12$ aller-retour), et par l'**Olympia Trails Airport Express Bus** (t. l. j. 6h–24h; toutes les 20mn; 7$ aller simple; 14$ aller-retour) au départ de Pennsylvania Railroad Station, Grand Central Railroad Terminal et One World Trade Center (☎ 964-6233).

Les **taxis** permettent aux voyageurs de se rendre rapidement de leur aéroport au centre-ville. En moyenne, la course coûte de 20 à 25$ au départ de Kennedy, de 15 à 20$ au départ de LaGuardia, et environ 30$ au départ de Newark (plus le péage des ponts et des tunnels). Pour éviter de se faire surfacturer, il est recommandé de se faire prendre en charge par un taxi jaune ou *yellow cab* (chauffeurs agréés).

La compagnie Carey Limousine Service (☎ 800-336-4646) propose un service de **voitures avec chauffeur** à tarifs fixes pour les trajets entre Kennedy (75$) ou LaGuardia (60$) et Manhattan (secteur Midtown).
Pour en savoir plus sur les différentes formules de transport entre New York et les aéroports de la région, contacter le Port Authority of New York & New Jersey, One World Trade Center, New York, NY 10048 ☎ 800-AIR-RIDE.

Bateau – Pour ceux qui disposent des cinq jours nécessaires pour la traversée, la Cunard Line propose une liaison transatlantique à bord du merveilleux paquebot Queen Elizabeth II. L'un des deux voyages peut s'effectuer en avion. Pour plus de détails, s'adresser à la Cie Générale de Croisières, 2-4, rue Joseph-Sansbœuf 75008 Paris ☎ 1-42-93-81-82.

Train – Les deux principales gares ferroviaires de New York se situent à Manhattan (secteur Midtown). De la **Pennsylvania Railroad Station** (31e & 33e Rues et 7e & 8e Av.; renseignements ☎ 582-6875 ou 800-872-7245) partent des trains pour Long Island (renseignements ☎ 718-217-5477) et des trains AMTRAK desservant le reste des États-Unis et le Canada (le *Metroliner* relie notamment New York à Montréal; départs quotidiens 8h15 & 20h45; arrivée à Montréal 17h30 & 10h45 le lendemain). La ligne ferroviaire express PATH (renseignements ☎ 435-7000), qui assure la liaison entre Manhattan et de nombreuses villes du New Jersey, dessert aussi «Penn Station». De **Grand Central Railroad Terminal** (42e Rue & Park Ave; renseignements ☎ 532-4900) partent les trains de banlieue Metro-North (Harlem, Hudson, New Haven).

Autocar – Principale gare routière de la ville, le Port Authority Bus Terminal (42e Rue & 8e Av.; ☎ 564-8484) assure des services transcontinentaux et locaux; de là partent aussi des bus en direction des trois grands aéroports de la région. Renseignements et horaires: Peter Pan ☎ 800-237-8747, Greyhound ☎ 800-231-2222. La compagnie Greyhound propose des forfaits (prix variables selon la nature, la durée et la saison) permettant l'utilisation illimitée du réseau Greyhound américain et canadien sur une période fixée; on peut se procurer ces forfaits au 625, 8e Av., New York, NY 10018, ☎ 971-0492 ou auprès de représentants agréés de Greyhound (France: Council Travel ☎ 1-46-34-02-90; Belgique: Voyages Ictam ☎ 2-512-38-13; Suisse: Promar ☎ 1-295-59-60).

Voiture – Plan p. 17. New York se situe au carrefour de plusieurs grandes routes: New York Thruway (I-287 et I-87) et New England Thruway (I-95) au Nord, Bergen Passaic Expressway (I-80) à l'Ouest et New Jersey Turnpike (I-95) au Sud.

HÉBERGEMENT

Le New York Convention & Visitors Bureau (☎ 397-8222) distribue gracieusement une **liste** des différents types d'établissements hôteliers de la ville (avec tarifs, adresses, numéros de téléphone et fax, et services proposés). Avec près de 65 000 chambres d'hôtel, New York propose des formules d'hébergement adaptables par chacun selon son budget et ses goûts. Les hôtels les plus luxueux se trouvent dans le secteur Midtown, aux alentours de la 5e Avenue, de Park Avenue et de Madison Avenue. D'autres, moins coûteux, sont situés dans le quartier des théâtres. Les visiteurs qui recherchent le calme opteront pour les quartiers de Murray Hill et de Gramercy Park, ou pour Central Park South, face au parc. Dans Midtown et l'Upper East Side, de nombreux hôtels-résidences proposent des suites et des appartements entièrement meublés, et mettent à la disposition de leur clientèle un large éventail de services (femme de chambre, personnel multilingue). Les chaînes comme Best Western, Days Inn, Holiday Inn, Novotel et Quality Inn possèdent quant à elles des hôtels dans tout Midtown.
Pour les hôtels de luxe, il faut compter un minimum de 250$ par nuit; pour les hôtels confortables à prix moyen, de 100 à 250$; et pour les hôtels plus modestes, entre 60 et 90$ *(renseignements sur les taxes hôtelières p. 195)*. Il est recommandé de réserver à l'avance. De nombreux établissements proposent des formules promotionnelles (le prix de la chambre inclut parfois le petit déjeuner, une visite guidée, un repas dans un restaurant, voire même une place de théâtre). On peut réserver des chambres d'hôtels à prix réduit par l'intermédiaire de l'Express Hotel Reservations (service gratuit; lun.–ven. 10h–19h; ☎ 303-440-8481), ou des appartements meublés (à la journée, à la semaine ou au mois) par l'intermédiaire de l'American Property Exchange ☎ 415-863-8484.
La formule **bed & breakfast** (logement chez l'habitant, en sa présence ou non) constitue une alternative aux hôtels. Les types d'hébergement proposés vont du plus sophistiqué (avec petit déjeuner, cuisine, salle de bains, domestique) au plus modeste, et les prix varient en moyenne de 60 à 300$ la nuit, selon le lieu choisi. Dans certains cas, un séjour minimum de deux nuits est requis. Pour réserver (principales cartes de crédit acceptées), contacter City Lights Bed & Breakfast, PO Box 20355, Cherokee Station, New York, NY 10028 ☎ 737-7049 ou Urban Ventures, Inc, 38 W 32nd St, Suite 1412, New York, NY 10001 ☎ 594-5650.
Pour les petits budgets, s'adresser au Malibu Studios Hotel, 2688 Broadway (35-75$/nuit; ☎ 222-2954) ou à l'International House, 500 Riverside Drive (25-60$/nuit; ☎ 316-8434). L'International American Youth Hostel est une **auberge de jeunesse** qui se situe au 891 Amsterdam Avenue, dans un immeuble classé. L'hébergement se fait en dortoirs, et les prestations comprennent une cafétéria, une laverie, un jardin et des salles de réunion (23$/nuit; 60$/nuit pour une chambre individuelle avec réservation préalable; ☎ 932-2300). New York possède aussi des **YMCA** (Young Men's Christian Associations). Le Vanderbilt YMCA se trouve au 224, 47e Rue E. (☎ 756-9600); le West Side YMCA (5, 63e Rue O. ☎ 787-4400) comporte un club sportif et un restaurant. Le prix des chambres est de 42$/nuit, et il est conseillé de réserver, surtout l'été (mai–sept.).

COMMENT SE DÉPLACER

Grâce à son plan géométrique en grille *(p. 191)*, Manhattan est facile à parcourir sans se perdre. Pour découvrir un quartier, le meilleur moyen est de marcher (à condition, bien sûr, de prendre certaines précautions, notamment d'éviter les rues désertes et les parcs après le coucher du soleil). Pour les longues distances, il faut songer à d'autres moyens de transport.

Transports publics – Très populaire, le métro new-yorkais assure le transport quotidien de quelque 3,3 millions de passagers. Il est néanmoins plus intéressant de parcourir la ville à bord de l'un des 3 700 bus publics qui desservent Manhattan et les autres *boroughs*. La plupart suivent les axes Nord-Sud le long des avenues, et les axes Est-Ouest sur les principales rues transversales.
Les visiteurs seront avisés d'éviter la véritable frénésie qui s'empare de New York aux **heures de pointe** (7h–9h et 16h30–18h), et de laisser les transports publics aux New-Yorkais et banlieusards.

Métro – *Plan pp. 6-9.* Le métro new-yorkais est géré par le New York City Transit Authority. D'une efficacité remarquable, il opère jour et nuit, 7 jours sur 7, même si certaines lignes ne fonctionnent pas en permanence. Les bouches de métro sont repérées par des globes verts (service 24h/24) ou rouges (horaires restreints). Le tarif de transport est unique (quelle que soit la distance parcourue): un jeton ou *token* coûte 1,25$ et peut s'acheter dans tous les guichets des stations. Des panneaux indiquent la direction des trains: Uptown (vers le Nord), Downtown (vers le Sud ou le centre) ou Brooklyn-bound (vers Brooklyn). Le métro comprend des trains omnibus et des trains express. Une fois sur le quai, il faut s'assurer de la destination du train, car des rames ayant des destinations différentes utilisent la même voie. Un indicatif en lettres ou en chiffres, visible en tête de train ou sur les voitures, permet de reconnaître la destination. Les correspondances sont indiquées sur le plan par un carré jaune. Attention: la même station peut avoir des noms différents selon les lignes.
La fréquence des trains est de 2 à 10 minutes aux heures de pointe, de 10 à 15 minutes dans la journée, et toutes les 20 minutes de minuit à 5h du matin. Aux heures creuses, et particulièrement après minuit, il est conseillé de se déplacer en groupe ou de voyager dans la voiture occupée par le chef de train (en général, au centre de la rame).

Autobus – Très agréable pour découvrir le spectacle des trottoirs new-yorkais, le bus est cependant un moyen de transport lent car il s'arrête tous les deux ou trois blocs; il faut compter plus d'une heure pour aller du Nord de Central Park au Sud de Manhattan. Il y a plus de 200 lignes d'autobus à New York. Leur trajet et leur destination sont affichés à l'avant du bus que l'on attend à l'un des nombreux arrêts (généralement situés à l'angle des rues) indiqués par un panneau. Le trajet coûte 1,25$ (paiement: montant exact au jeton de métro); si l'on désire changer de bus en cours de trajet, il faut demander au chauffeur un ticket de transfert *(transfer)*. Pour descendre, tirer sur la cordelette au-dessus des vitres (le message *Stop requested* signale au conducteur qu'il faut s'arrêter). De nombreux bus sont équipés d'ascenseurs pour chaises roulantes.
Des plans de métro ou d'autobus s'obtiennent gratuitement auprès des bureaux d'accueil du Port Authority Bus Terminal et de la gare du Grand Central, dans les stations de métro ou auprès du New York Convention & Visitors Bureau. Pour tout renseignement sur les horaires, composer le ☎ 718-330-1234 (t. l. j. 6h–21h).

Ferry et tramway aérien – Le Staten Island Ferry *(p. 172)* relie Manhattan à Staten Island (départ de la gare maritime de Whitehall 24h/24; 0,50$ aller-retour; ☎ 806-6940). Un autre ferry dessert Hoboken, dans le New Jersey (départ du World Financial Center lun.–ven. 6h50–23h; sam.–dim. 10h–22h; 2$ aller simple; ☎ 908-463-3779). Roosevelt Island *(p. 111)* est desservie par un tramway aérien (départ 60e Rue & 2e Av. t. l. j. 6h–2h toutes les 15mn sauf aux heures de pointe: 7h30–9h30 & 16h30–19h toutes les 7mn); 1,40$ aller simple; ☎ 832-4543).

Taxi – Les fameux taxis jaunes new-yorkais, que l'on doit héler au passage, constituent une impressionnante flotte d'environ 12 000 véhicules agréés. Ils ont des stations à proximité des principaux hôtels de Manhattan, des grands centres de transit (gares, etc.) et des lieux de spectacles et de distractions les plus populaires. Les taxis prennent un maximum de quatre passagers. Le prix moyen d'une course est de 1,50$ pour la prise en charge, plus 0,25$ pour chaque cinquième de mile supplémentaire. Il convient également d'ajouter 0,20$ par minute d'attente; les courses de nuit (20h–6h) sont majorées de 0,50$.
Pour signaler une perte, composer le ☎ 302-8907; veiller à préciser le numéro d'identification du taxi indiqué sur le tableau de bord et sur le reçu.

Location de véhicules – Il est facile de louer une voiture à New York, chose que les New-Yorkais eux-mêmes font beaucoup quand ils veulent sortir de la ville. Les principales sociétés de location de véhicules sont représentées dans les grands aéroports de la région, et en plusieurs points de Manhattan et des autres *boroughs*. À titre indicatif:

Compagnie	Adresse à New York	Réservation ☎
Avis	217, 43e Rue E. (2e & 3e Av.)	800-831-2847
Budget	225, 43e Rue E. (2e Av.)	800-527-0700
Hertz	310, 48e Rue E. (1ère & 2e Av.)	800-654-3131
National	142, 31e Rue E. (3e Av. & Lexington Ave)	800-227-7368

Les prix varient énormément d'une compagnie à l'autre. La plupart des agences de location proposent des réductions saisonnières; il s'agit donc de bien se renseigner avant de s'engager. Le mode de paiement le plus pratique est la carte de crédit (de type Visa, American Express ou MasterCard/Eurocard), faute de quoi le loueur exigera une forte caution en argent liquide. On peut, bien sûr, réserver une voiture depuis l'Europe; se renseigner auprès de son agence de voyages. Les locations se font à la journée, à la semaine ou au mois, et le kilométrage est le plus souvent illimité. Il est possible de déposer sa voiture dans une ville autre que celle d'origine, mais il faut alors s'attendre à payer une prime de rapatriement.

Les voitures de location sont toutes automatiques, et la signification des repères de levier de vitesse est la suivante: R (marche arrière), P (parking, voiture bloquée), 0 ou N (point mort), D (marche avant), 1 et 2 (pour les côtes un peu raides).

De nombreuses sociétés de services de limousines et de voitures d'affaires offrent des prestations de transport dans le centre-ville et les *boroughs*, ou peuvent personnaliser un itinéraire pour la journée en fonction des besoins spécifiques du visiteur (en moyenne 60$/h). Pour obtenir la liste de ces sociétés, consulter le guide officiel *Big Apple Guide (p. 187)*.

Conduite dans Manhattan – Il est très utile d'avoir une voiture pour visiter les environs de New York, mais dans la ville même, les problèmes (circulation, stationnement) sont tels qu'ils ne rendent pas la visite très aisée. On trouve difficilement à se garer, surtout en semaine, et les places de parking sont très chères (une taxe de 14% s'ajoute au montant, et les cartes de crédit ne sont généralement pas acceptées). Il est donc préférable de laisser le véhicule au parking de l'hôtel.

La liste suivante recense les stations-service et parkings ouverts 24h sur 24:

Parkings	Adresse	☎
Chelnik Parking	345 South End Ave (près du World Trade Center)	321-2316
Rockefeller Center Garage	50, 49e Rue O. (5e & 6e Av.)	698-8530
919 Third Ave Garage	229, 55e Rue E. (2e & 3e Av.)	753-2972
Meyers Parking	141, 43e Rue O. (6e & 7e Av.)	221-8948

Stations-service		
Mobil	153, 7e Av. (19e Rue)	989-0022
Gulf Oil	23e Rue E. & East River Drive	686-4546
Hess Oil	502, 45e Rue O. (10e Av.)	245-6594
BP Oil	722, 1ère Av. (92e Rue)	722-2222

Comment se diriger – Grâce à son plan géométrique en grille *(p. 25)*, Manhattan est facile à parcourir sans se perdre. Au Nord de la 14e Rue, la ville s'est organisée autour d'un quadrillage ordonné d'avenues Sud-Nord et de rues perpendiculaires Est-Ouest qui se coupent à angle droit; seul Broadway, chemin préexistant, a échappé à ce plan en grille et le traverse en diagonale. Au Sud de la 14e Rue, le repérage – beaucoup plus difficile – justifie l'emploi d'un plan de ville.

Les avenues – Au nombre de 12, elles sont numérotées d'Est en Ouest, de l'East River à l'Hudson River.

Certaines ne portent pas de numéro mais un nom, comme Park Avenue (la 4e), l'Avenue of the Americas (la 6e), Central Park West Avenue (la 8e, le long de Central Park), Columbus Avenue (la 9e à partir de la 57e Rue), Amsterdam Avenue (la 10e à partir de la 57e Rue) et West End Avenue (la 11e à partir de la 53e Rue). D'autres ont été ajoutées au plan original: Madison Avenue (entre la 5e Av. et Park Ave) et Lexington Avenue (entre Park Ave et la 3e Av.). La 5e Avenue, épine dorsale de Manhattan, sépare la ville entre l'East Side et le West Side. Les numéros des immeubles le long des avenues s'accroissent du Sud au Nord.

Pour localiser une adresse sur une avenue donnée, prendre le numéro de l'adresse, supprimer le dernier chiffre, diviser le reste par deux (sauf indication contraire) puis ajouter ou soustraire le nombre clé indiqué ci-après. Le résultat indique la rue perpendiculaire la plus proche du bâtiment sur l'avenue. Ainsi, la rue la plus proche du 500, 5e Avenue est la 43e Rue (500 —> 50 : 2 = 25 + 18 = 43).

Avenues A, B, C, D	+3	8e Av.	+10
1ère Av.	+3	9e Av.	+13
2e Av.	+3	10e Av.	+14
3e Av.	+10	Amsterdam Ave	+60
4e Av.	+8	Broadway: 23e-192e Rues	−30
5e Av.		Columbus Ave	+60
jusqu'au n° 200	+13	Lexington Ave	+22
nos 201-400	+16	Madison Ave	+26
nos 401-600	+18	Park Ave	+35
nos 601-775	+20	Central Park West *(diviser par 10)*	+60
nos 776-1286 *(ne pas diviser par 2)*	−18		
nos 1287-1500	+45	Riverside Drive: au-dessous	
Ave of the Americas	−12	de la 165e Rue *(diviser par 10)*	+72
7e Av.		West End Ave	+60
au-dessous de la 110e Rue	+12		
au delà de la 110e Rue	+20		

Les rues – Elles se divisent en deux parties, Est et Ouest, de part et d'autre de la 5e Avenue. Les numéros des immeubles commencent à partir de la 5e Avenue (ou de Central Park) et changent de centaine entre les avenues. Ainsi: entre la 5e et la 6e Avenue (Ave of the Americas), les numéros vont de 1 à 100 avec la mention Ouest, entre la 6e et la 7e, de 101 à 200, etc. Du côté Est, du fait de la présence de Madison et Lexington Avenues, les premiers blocs sont par cinquantaine: de 1 à 50 entre la 5e Avenue et Madison Avenue, de 51 à 100 de Madison Avenue à Park Avenue, etc., puis par centaine après la 3e Avenue. Exemple: une adresse libellée 110, 42e Rue E. se trouvera entre Park Avenue et Lexington Avenue, une autre libellée 110, 42e Rue O. se trouvera entre la 6e et la 7e Avenue

Les blocs – Les pâtés de maisons délimités par les avenues et les rues sont appelés *blocks*. Ils sont beaucoup plus longs entre deux avenues qu'entre deux rues. Le bloc sert d'unité de distance au New-Yorkais qui dira par exemple: «Le musée d'Art moderne se trouve à 6 blocs de Central Park».

À SAVOIR

Syndicat d'initiative de la ville, le **New York Convention & Visitors Bureau** (ouv. lun.–ven. 9h–18h, sam.–dim & j. f. 10h–15h ☎ 397-8222) se situe au 2 Columbus Circle. Le personnel (multilingue) est disponible pour répondre aux questions, donner des conseils utiles et fournir plans et brochures, y compris le *Big Apple Guide*, guide officiel de la ville de New York.
Le **Times Square Visitor & Transit Information Center** (ouv. t. l. j. 10h–19h) se trouve à l'angle de la 42e Rue et de la 7e Avenue. Son personnel (lui aussi multilingue) fournit aux touristes des plans de métro et d'autobus et offre des informations sur les hôtels, les restaurants, les boutiques, les théâtres, les manifestations culturelles, les musées et les curiosités à voir.
Le New York Borough President's Office propose un service unique (gratuit) appelé **Big Apple Greeter**: des guides volontaires (étudiants ou professionnels du tourisme) organisent des promenades guidées (d'une durée de 2 à 4h) des différents quartiers new-yorkais. Réserver au moins deux semaines à l'avance auprès du Big Apple Greeter, Manhattan Borough President's Office, 1 Centre St, New York, NY 10007 ☎ 669-8159.

Consulats étrangers à New York		☎
Belgique	1313 Ave of the Americas	586-5110
Canada	1251 Ave of the Americas	596-1600
France	934, 5e Av.	606-3688
Luxembourg	17 Beekman Place	888-6664
Suisse	665, 5e Av.	758-2560

Heure locale – Le décalage horaire est de 6 heures entre Paris et New York, qui se situe dans la zone EST (Eastern Standard Time): quand il est 15 heures en France, il est 9 heures sur la côte Est des États-Unis. Ce décalage est de 7 heures en avril et de 5 heures en octobre, selon les différents horaires d'été et d'hiver.

Électricité – La tension est de 110 volts et 60 périodes. Les appareils européens nécessitent un adaptateur à fiches plates.

Jours fériés – La plupart des banques, des administrations, des bâtiments publics et des établissements scolaires sont fermés les jours suivants:

New Year's Day (jour de l'an)	1er janvier
Martin Luther King's Birthday	3e lundi de janvier
Presidents' Day	3e lundi de février
Memorial Day (fête du souvenir)	Dernier lundi de mai
Independence Day (fête nationale)	4 juillet
Labor Day (fête du travail)	1er lundi de septembre
Columbus Day	2e lundi d'octobre
Veterans Day (fête des anciens combattants)	11 novembre
Thanksgiving Day (fête d'action de grâces)	Dernier jeudi de novembre
Christmas Day (Noël)	25 décembre

Quelques fêtes traditionnelles – Du fait des origines très variées des habitants de New York, les fêtes se rattachent à diverses religions, à différents folklores: fêtes juives, avec le Passover, le Rosh Hashannah, le Yom Kippour et l'Hannukah; fêtes orientales, avec le Nouvel An chinois; fêtes des saints italiens (San Gennaro) ou irlandais (Saint-Patrick). Deux fêtes sont particulièrement importantes aux États-Unis. Sorte de Mardi gras américain, **Halloween**, le 31 octobre (veille de la Toussaint), s'accompagne de tout un folklore dont les fameuses *jack-o'-lanterns*, potirons sculptés en forme de visage dans lesquels on met une bougie; leur douce lumière éclaire les enfants déguisés qui viennent frapper à la porte pour demander des bonbons. Fête d'action de grâces que célébrèrent les pèlerins du Mayflower pour leur première récolte, **Thanksgiving** est l'occasion de se réunir en famille autour de la dinde farcie servie avec de la gelée d'airelles.

Ken Straiton/First Light

Heures d'ouverture des commerces, services et bureaux – Les bureaux sont généralement ouverts du lundi au vendredi de 9h à 17h, les commerces du lundi au vendredi de 10h à 18h (jeu. 21h), le samedi de 10h à 18h, le dimanche de 12h à 18h. Certains petits magasins de quartier – qui offrent toutes sortes de produits allant des articles de première nécessité aux fleurs en passant par les repas à emporter – restent souvent ouverts au-delà de 22h. *Pour les heures d'ouverture des banques, se référer à la p. 195.*

Bureaux de poste – La poste centrale de New York (8ᵉ Av. & 33ᵉ Rue O.) est ouverte 24h sur 24. La poste du Grand Central Railroad Terminal (Lexington Ave & 45ᵉ Rue) fonctionne du lundi au vendredi de 8h à 21h, le samedi de 9h à 13h. Pour obtenir la liste des bureaux de poste de Manhattan et des autres *boroughs*, se reporter aux pages bleues de l'annuaire téléphonique, sous la rubrique «US Government».
Quelques tarifs d'affranchissement pour des envois normaux à l'intérieur des États-Unis: lettre 0,32$ (28,35g), carte postale 0,20$. Courrier international: lettre 0,50$ (14g), carte postale 0,40$. Les bureaux de poste proposent également un **service express** (États-Unis et étranger). Pour plus de détails, contacter le US Postal Customer Assistance Center (aide à la clientèle) au ☎ 967-8585.
Le courrier en poste restante doit être adressé de la façon suivante: General Post Office – General Delivery, 390 9th Ave, New York, NY 10001 (ne pas oublier d'indiquer le nom du destinataire!).

Téléphone/Télégrammes – Pour effectuer un appel interurbain à l'intérieur des États-Unis ou au Canada, composer le 1 (appel direct) ou le 0 (opérateur) + indicatif de zone (3 chiffres) + numéro du correspondant (7 chiffres). Pour appeler l'étranger, composer le 011 (appel direct) ou le 01 (opérateur) + indicatif du pays (France: 33; Belgique: 32; Suisse: 41; Luxembourg: 352) + numéro du correspondant. Beaucoup d'hôtels majorent les appels. Il est donc recommandé de téléphoner d'une cabine publique (on en trouve à tous les coins de rues et dans les lieux publics; elles acceptent des pièces de 5, 10 ou 25¢. et parfois même des cartes de crédit, surtout dans les aéroports). Tous les numéros commençant par 800 sont gratuits. Pour bénéficier de tarifs interurbains avantageux, téléphoner après 17h (réduction de 35 à 60% selon l'heure); pour réduire le coût d'une communication États-Unis–France, appeler entre 19h et 8h (le lendemain).
Pour envoyer un **télégramme** ou un **mandat**, contacter Western Union (1414 Broadway; lun.–ven. 7h–24h, sam.–dim. 8h–24h; ☎ 800-325-6000 24h/24).

Personnes handicapées – La plupart des bâtiments publics, autobus urbains, sites touristiques, églises, hôtels et restaurants sont dotés d'un accès pour fauteuil roulant. Les personnes handicapées bénéficient d'une réduction de 50% sur tout le New York Transit System (☎ 806-6900). Pour obtenir (gratuitement) le guide *Access for All*, contacter Hospital Audiences, Inc, 220 W 42nd Street, New York, NY 10036 ☎ 575-7676.

La presse new-yorkaise – Elle est très riche en quotidiens et en périodiques. Le *New York Times* est imprimé chaque jour en 1,2 millions d'exemplaires. Son numéro spécial du dimanche (1,8 millions d'exemplaires) est composé de différentes sections dont une sur les spectacles. Les autres quotidiens sont le *Daily News* et le *New York Newsday*. Le *New York Post* n'est publié qu'en semaine. D'autres quotidiens nationaux, tels le *Washington Post*, *USA Today*, *Miami Herald* et *Los Angeles Times*, et différents journaux étrangers sont également en vente dans les kiosques de la ville.
Parmi les hebdomadaires, le *New York Magazine*, le *New Yorker* et le *Village Voice* réunissent des articles très intéressants sur l'art, les spectacles et les manifestations culturelles à New York et dans ses environs. Enfin, *City Guide* et *Where New York* (disponibles gratuitement dans les hôtels et les restaurants) fournissent des renseignements pratiques sur les boutiques, les restaurants et les divertissements.

MAGASINS ET BOUTIQUES

Vêtements (luxueux dans Midtown, amusants dans SoHo ou le Village), machines électroniques, appareils-photos, disques, jouets, linge de maison, livres, antiquités... Dans cette ville qui abrite à la fois les plus grands magasins du monde et les boutiques les plus chics, les tentations s'offrent partout, et l'on a tôt fait de se ruiner en «faisant des affaires». Le New York Convention & Visitors Bureau publie un guide de l'acheteur intitulé **Guide to Shopping**, qui recense les différents commerces et les regroupe par catégories. La liste ci-dessous en propose une sélection:

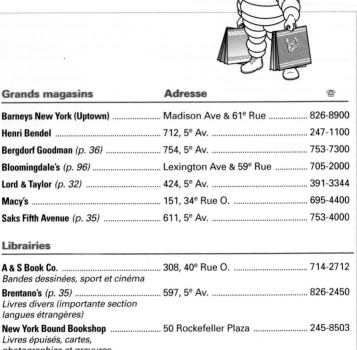

Grands magasins	Adresse	☎
Barneys New York (Uptown)	Madison Ave & 61e Rue	826-8900
Henri Bendel	712, 5e Av.	247-1100
Bergdorf Goodman *(p. 36)*	754, 5e Av.	753-7300
Bloomingdale's *(p. 96)*	Lexington Ave & 59e Rue	705-2000
Lord & Taylor *(p. 32)*	424, 5e Av.	391-3344
Macy's	151, 34e Rue O.	695-4400
Saks Fifth Avenue *(p. 35)*	611, 5e Av.	753-4000

Librairies

A & S Book Co. *Bandes dessinées, sport et cinéma*	308, 40e Rue O.	714-2712
Brentano's *(p. 35)* *Livres divers (importante section langues étrangères)*	597, 5e Av.	826-2450
New York Bound Bookshop *Livres épuisés, cartes, photographies et gravures*	50 Rockefeller Plaza	245-8503
Rizzoli *(p. 42)* *Livres divers (importante section langues étrangères)*	31, 57e Rue O.	759-2424
Traveller's Bookstore *Guides touristiques et cartes*	22, 52e Rue O.	664-0995

Magasins spécialisés

Dean & DeLuca *(p. 77)* *Épicerie fine*	560 Broadway	431-8350
FAO Schwarz *(p. 37)* *Jouets pour enfants, jeux vidéos*	767, 5e Av.	644-9400
Fortunoff *(p. 36)* *Bijoux, argenterie, accessoires pour la table*	681, 5e Av.	758-6660
Steuben *(p. 36)* *Cristal*	715, 5e Av.	752-1441
Tiffany & Co *(p. 36)* *Bijoux, cristal, vaisselle, argenterie*	727, 5e Av.	755-8000
Zabar's *(p. 97)* *Épicerie fine*	2244 Broadway	787-2000

Prendre aussi le temps de fouiner dans les différents **marchés aux puces** de la ville, comme l'Antique Flea Market (26e Rue & Ave of the Americas; sam.–dim. 9h–17h; ☎ 243-5343) ou encore le SoHo Antiques Fair and Collectibles Market (Broadway & Grand St; sam.–dim. 9h–17h; ☎ 682-2000). Des marchés aux puces se tiennent également à l'angle de la 76e Rue et de Columbus Avenue (dim.) et à celui de Charles Street et de Greenwich Avenue (sam.). Véritable bazar urbain, le Manhattan Art & Antiques Center (1050, 2e Av.; ☎ 355-4400, *p. 41*) abrite des étalages de porcelaines orientales, de bijoux, de meubles anciens et d'œuvres d'art. Noter enfin le marché (fruits, légumes, denrées alimentaires) qui se déroule le mercredi et le samedi à Union Square *(p. 113)*.

Boutiques de musées – On peut s'y procurer de belles copies des œuvres exposées (bijoux, sculptures, papeterie, gravures, affiches, livres d'art, etc.). La liste suivante est une sélection des boutiques de souvenirs les plus intéressantes :

Musée	Adresse	☏
American Craft Museum	40, 53e Rue O.	956-6047
American Museum of Natural History	Central Park W & 81e Rue	769-5100
Brooklyn Museum	200 Eastern Parkway	718-638-5000
Cooper-Hewitt National Design Museum	2, 91e Rue E.	860-6868
Frick Collection	1, 70e Rue E.	288-0700
Guggenheim Museum	1071, 5e Av.	423-3615
International Center of Photography	1133 Ave of the Americas	768-4680
Metropolitan Museum of Art	5e Av. & 82e Rue	535-7710
Museum for African Art	593 Broadway	966-1313
Museum of Modern Art	44, 53e Rue O.	708-9669
Museum of the City of New York	5e Av. & 103e Rue	534-1672
Pierpont-Morgan Library	29, 36e Rue E.	685-0610
South Street Seaport	12 Fulton St	748-8600
Studio Museum in Harlem	144, 125e Rue O.	864-0014
Whitney Museum of American Art	945 Madison Ave	570-3676

L'ARGENT

Banques et bureaux de change – La plupart des établissements bancaires se trouvent dans le secteur Midtown ou dans le Financial District (quartier des affaires). Ils sont généralement ouverts du lundi au vendredi de 9h à 15h, parfois même le samedi de 9h à 12h, et leurs horaires sont plus étendus dans les gares (Pennsylvania Railroad Station, Grand Central Railroad Terminal) et dans les aéroports (bâtiment des arrivées internationales et terminal Delta de l'aéroport Kennedy : t. l. j. 8h–21h ; ☏ 718-656-8444).

La Chemical Bank offre un service de change dans toutes ses agences de Manhattan. La compagnie Thomas Cook possède également un bureau de change au 41, 42e Rue E. (lun.–ven. 9h–18h, sam. 10h–18h ; ☏ 883-0400) et au 511 Madison Avenue à l'angle de la 53e Rue (lun.–sam. 9h–17h ; ☏ 757-6915). Deux points de change (Chequepoint Foreign Exchange) se trouvent aussi au 22 Central Park South entre les 5e et 6e Avenues (lun.–ven. 8h–20h, sam. 9h–21h, dim. 10h–19h ; ☏ 750-2400) et au 1568 Broadway à l'angle de la 47e Rue (lun.–ven. 8h–21h, sam. 8h–22h, dim. 9h–19h30 ; ☏ 869-6281). L'agence American Express (374 Park Ave & 53e Rue ; ☏ 421-8240) propose toute une gamme de services dont un bureau de change.

Cartes de crédit – Il n'est pas conseillé de circuler dans New York avec de grosses sommes en argent liquide. Mieux vaut utiliser des cartes de crédit (American Express, Visa ou MasterCard/Eurocard) ou des chèques de voyage (acceptés dans toutes les banques commerciales), en petites coupures de 10$, 20$ ou 50$ acceptées partout comme des billets de banque (on rend la monnaie dessus).

La plupart des banques sont membres du réseau ATM (Automatic Teller Machines) qui permet aux visiteurs du monde entier de retirer de l'argent avec des cartes bancaires ou les cartes de crédit les plus répandues. Il est conseillé aux visiteurs de s'adresser à leur banque pour obtenir la liste des établissements intégrés au réseau, ainsi que s'enquérir des frais de transaction. Quelques numéros (gratuits) de téléphone à retenir en cas de perte de sa carte de crédit : American Express ☏ 800-528-4800 ; MasterCard/Eurocard ☏ 800-627-8372 ; Visa ☏ 800-336-8472.

Devises – Le dollar se divise en 100 cents. 1 cent = 1 penny, 5 cents = 1 nickel, 10 cents = 1 dime, 25 cents = 1 quarter. À la mise sous presse, le dollar valait 5,64 F français, 33,34 F belges et 1,34 F suisse.

Taxes et pourboires – La première fois que l'on se présente à la caisse d'un magasin, on est surpris de s'entendre énoncer un prix supérieur à celui inscrit sur l'étiquette du produit choisi. C'est que la ville de New York prélève une taxe de vente de 8,25%. À celle-ci s'ajoutent 5% supplémentaires (soit un total de 13,25%) plus 2$ par nuit pour les chambres d'hôtels ; cette taxe n'étant pas incluse dans les prix annoncés par les établissements hôteliers, les voyageurs devront anticiper ce coût supplémentaire.

Il est d'usage de laisser un pourboire *(tip)* de 15 à 20% dans les restaurants, car le service n'est pas compris dans la note. Quant aux chauffeurs de taxis, ils reçoivent généralement un pourboire de 15% par course, les grooms 1$ par bagage, les chasseurs 1$ par taxi et les femmes de chambre 2$ par jour.

TOURISME

Pour partir à la découverte de New York, le visiteur ne manque pas de choix. La brochure intitulée *Big Apple Sightseeing Services*, distribuée gracieusement par le New York Convention & Visitors Bureau, fournit une liste des différents programmes de visite proposés par plusieurs tours-opérateurs new-yorkais: circuits en bus, excursions en hélicoptère, visites guidées de la ville, de ses quartiers et de ses musées, promenades en bateau autour de Manhattan et soupers-croisières dans le port. Les personnes disposant de peu de temps pourront se référer aux itinéraires de visite de deux et quatre jours décrits en début de volume *(pp. 10-13)*.

New York Convention & Visitors Bureau

Compagnie	☎	Programme de visite
Circle Line Sightseeing Yachts	563-3200	Tour de Manhattan en bateau *(p. 12)*. Croisière quotidienne dans le port (19h–21h; oct.–déc. départ 17h30)
Gray Line	397-2600	Tours en bus *(p. 10)*, en bateau et en hélicoptère
Island Helicopter Sightseeing	683-4575	Tours en hélicoptère (jour & nuit)
Liberty Helicopter Tours	465-8905	Tours en hélicoptère (jour & nuit)
New York Double-Decker Tours	967-6008	Visite guidée en bus des quartiers de Midtown et Downtown (forfait à la journée)
World Yacht	630-8100	Dîner-croisière avec orchestre (19h–22h)

New York pour les enfants – Spécialement conçus à l'intention des enfants, plusieurs musées new-yorkais comme le Children's Museum of Manhattan et le Brooklyn Children's Museum *(p. 166)* offrent des programmes destinés à éduquer et divertir les plus jeunes. Beaucoup d'institutions grand public (American Museum of Natural History et autres) comportent par ailleurs des sections qui intéresseront les petits comme les grands. De mai à septembre, les bibliothèques et salles de spectacles municipales proposent quant à elles un grand nombre d'activités et de programmes spéciaux. Divers théâtres, comme le *Marionette Theater* (Central Park ☎ 988-9093), organisent des spectacles pour les jeunes et les moins jeunes, tandis que les nombreux parcs et zoos de la ville fournissent maintes occasions de s'amuser. À quelques stations de métro du centre-ville, les plages de Coney Island *(p. 165)* et d'Orchard Beach *(p. 158)* offrent toutes sortes d'amusements (les enfants apprécieront tout particulièrement les montagnes russes du parc d'attractions Astroland de Coney Island). Le magazine *New York Family* publie un calendrier mensuel des manifestations susceptibles d'intéresser les familles. Pour s'en procurer un exemplaire gratuit, composer le ☎ 914-381-7474. Le New York Convention & Visitors Bureau *(p. 192)* met gracieusement à la disposition des parents une autre brochure informative: *New York for Kids*.

SPECTACLES ET DISTRACTIONS

Riche en spectacles et distractions de toutes sortes, New York offre à ses habitants et visiteurs de quoi se divertir tout au long de l'année. Au printemps, la ville accueille des compagnies de théâtre venues du monde entier. Avec l'été vient le temps des festivals en plein air et des représentations gratuites dans les parcs de la ville. Très suivie en raison de la qualité des artistes qui s'y produisent, la saison d'opéra dure de septembre à mai. Et puis, Broadway *(liste des théâtres p. 53)* se réserve la primeur de ces fameuses comédies musicales, spécialités américaines qui font ensuite le tour du monde. De nombreux musées et bibliothèques organisent par ailleurs des soirées musicales, des conférences ou des projections de films. Les divers centres culturels des *boroughs* new-yorkais proposent quant à eux une gamme variée de distractions. Pour obtenir une liste détaillée des spectacles proposés, consulter la section «Arts and Leisure» du *New York Times* (numéro du dimanche), *Where New York* ou le calendrier des manifestations *(p. 186)*.

Lincoln Center for the Performing Arts – Véritable temple du théâtre, de la musique et de la danse, le Lincoln Center (Broadway & 64e Rue; saison: mi-sept.–mi-mai) accueille de nombreuses troupes, mais il y a beaucoup d'abonnés et les salles se remplissent vite. La majorité des places sont retenues longtemps à l'avance, certaines représentations affichant complet avant même que les billets ne soient mis en vente. Le Lincoln Center Charge (☎ 721-6500) assure la vente de billets permettant d'assister aux représentations de l'Avery Fisher Hall et de l'Alice Tully Hall. Pour tous les autres spectacles du Lincoln Center, contacter directement sa billetterie (une commission de 4,25$ est prélevée; les billets peuvent être retirés sur place ou envoyés par la poste) ou réserver par l'intermédiaire du Ticketmaster (☎ 307-4100). La plupart des cartes de crédit sont acceptées.

Salle		☎
Alice Tully Hall	Concerts de la Chamber Music Society of Lincoln Center & artistes invités	875-5050
Avery Fisher Hall	Concerts du New York Philharmonic & artistes invités	875-5030
Metropolitan Opera House	Opéras & spectacles de l'American Ballet Theater	362-6000
New York State Theater	Opéras & spectacles du New York City Ballet	870-5570

Autres salles – Pièces de théâtre, spectacles de danse, concerts et représentations en tous genres sont également donnés dans d'autres salles de New York, dont voici une sélection:

Apollo Theatre *(p. 104)*	253, 125e Rue O.	749-5838
Beacon Theatre	2124 Broadway	496-7070
Carnegie Hall *(p. 42)* & Weill Recital Hall	156, 57e Rue O.	247-7800
City Center	131, 55e Rue O.	581-1212
Joyce Theater *(p. 111)*	175, 8e Av.	242-0800
Madison Square Garden	7e Av. (31e & 33e Rues)	465-6741
Merkin Concert Hall	129, 67e Rue O.	362-8719
Radio City Music Hall *(p. 39)*	1260 Ave of the Americas	247-4777
Symphony Space	95e Rue & Broadway	864-5400
Town Hall	123, 43e Rue O.	840-2824

Carnegie Hall

Bart Barlow/New York Convention & Visitors Bureau

Spectacles de Broadway – Les visiteurs peuvent appeler le Broadway Show Line (☎ 563-2929) pour obtenir le programme complet des spectacles de Broadway et réserver leurs billets. Mais là aussi, attention: certaines pièces à succès se jouent plusieurs années de suite à bureaux fermés, et les places sont retenues longtemps à l'avance. Les titulaires de cartes de crédit (principales cartes acceptées) pourront commander des billets plein tarif auprès de Ticketmaster (☎ 307-4100) et Tele-charge (☎ 239-6200 ou 800-233-3123), moyennant une commission de 4,75$ qui s'ajoute au prix du billet. Mais le choix des places n'est pas garanti. Pour réserver un fauteuil précis, contacter directement (poste ou téléphone) le guichet de vente des billets du théâtre en question. Si l'on ne peut obtenir de billets sur les lieux du spectacle, on peut tenter sa chance auprès de billetteries agréées (consulter les pages jaunes de l'annuaire), mais il faut alors s'attendre à payer une commission substantielle (jusqu'à 33%). Dans les grands hôtels, la réception se charge parfois de faire des réservations pour la clientèle.

Billets à prix réduit – Pour les scènes de Broadway, les théâtres «Off-Broadway», les soirées du Lincoln Center et les spectacles en tous genres, les kiosques portant l'enseigne TKS proposent, le jour même de la représentation, des billets bénéficiant d'une réduction de 25 à 50%. Les billets disponibles pour les spectacles moins prisés sont généralement nombreux, mais le choix des places reste limité.

Times Square Theater Center (Broadway & 47e Rue; ☎ 768-1818)
- ◆ soirées (lun.–sam. 15h–20h)
- ◆ matinées (mer. & sam. 10h–14h)
- ◆ soirées & matinées (dim. 12h–20h)

Lower Manhattan Theater Center (2 World Trade Center; niveau mezzanine; ☎ 768-1818)
- ◆ soirées (lun.–ven. 11h–17h30; sam. 11h–15h30)
- ◆ matinées et dimanche: billets vendus la veille (11h–20h)

Des billets à prix réduit sont également disponibles le jour même, pour des spectacles de musique et de danse, au Music & Dance Booth (Bryant Park, 42e Rue & Ave of the Americas; ☎ 382-2323; *plan p. 32*). De plus, le Convention & Visitors Bureau *(p. 192)* met gracieusement à la disposition des visiteurs les **Twofers**, coupons qu'ils pourront échanger au guichet sur les lieux du spectacle contre deux billets avec une réduction de 33%. Pour assister (gratuitement) à l'enregistrement de certaines **émissions télévisées** (Geraldo, Donahue, Late Show, etc.), écrire à CBS (524 W 57th St, New York, NY 10019) ou NBC (30 Rockefeller Plaza, New York, NY 10112).

«New York by night» – Clubs, caveaux et «boîtes» où l'on vient écouter du jazz, du rock, de la musique tous azimuts... immenses discothèques... dîners dansants sur les airs d'un grand orchestre... spectacles de variétés et de music-hall... bars de quartiers où l'on peut observer les modes les plus extravagantes... on trouve de tout à New York. De grands artistes se produisent sur les scènes de nombreux cabarets parmi lesquels on nommera l'Oak Room (Algonquin Hotel), le Café Carlyle (Carlyle Hotel) et le Rainbow & Stars (Rockefeller Plaza).

Restaurants – New York offre une étonnante variété de restaurants (plus de 17 000), de quoi satisfaire les goûts et les budgets les plus divers. Pour mieux apprécier l'ambiance new-yorkaise, le visiteur peut savourer un repas chaleureux dans un bistro de quartier, se délecter d'un *bagel with cream cheese* (petit pain rond tartiné d'un fromage onctueux) tout juste sorti du four dans l'un des nombreux *coffee shops* de la ville, ou grignoter un bretzel salé à la moutarde acheté au coin de la rue. Les cuisines du monde entier y sont représentées: chinoise (plus particulièrement dans Chinatown), italienne (quartier de Little Italy), européenne (surtout dans les secteurs Midtown et Downtown), japonaise, mexicaine, indienne (Little India), grecque, turque, pakistanaise, du Moyen-Orient (Brooklyn Heights), etc. On trouve aussi des restaurants bien américains ou portés sur la «nouvelle cuisine» à Greenwich Village, SoHo et Tribeca. Quelques noms à retenir: Carnegie Deli, Grand Central Oyster Bar, Mamma Leone's, Rainbow Room *(p. 39),* Russian Tea Room *(p. 42),* Sardi's *(p. 54),* Tavern on the Green *(p. 92)* et Windows of the World *(p. 60).*
Les New-Yorkais préfèrent généralement sortir dîner après 20h. Les restaurants situés à proximité du quartier des théâtres assurent un service avant (18h–19h45) et après les représentations. Certains établissements risquent d'être fermés le samedi aux heures du déjeuner; beaucoup ferment également le dimanche. Il est recommandé de réserver à l'avance tant pour le midi que pour le soir. Remarque: seuls les restaurants de moins de 35 couverts accueillent les fumeurs. Dans les restaurants plus grands, l'espace qui leur est réservé se limite au bar.

Spectacles sportifs – Des tournois de **tennis** ont lieu chaque année à Queens, au West Side Tennis Club de Forest Hills (☎ 718-268-2300), et au USTA National Tennis Center (☎ 718-271-5100) dans le parc Flushing Meadows-Corona où se tiennent les championnats internationaux de tennis de l'US Open de fin août à mi-septembre (☎ 914-696-7000). La **saison hippique** (courses de pur-sang) dure de début mai à fin juillet. Deux hippodromes sont facilement accessibles depuis Manhattan: l'Aqueduct Race Track sur Rockaway Blvd à Ozone Park (Queens), et Belmont Park (☎ 718-641-4700) sur Hempstead Avenue à Elmont (Long Island). Le Yonkers Raceway (☎ 914-968-4200), à l'angle de Central Avenue et Yonkers Avenue (à Yonkers, au Nord de New York), organise des **courses au trot** toute l'année.

	Équipe/*Stade*	Saison	Programmes & billets
Football ☻ **américain**	**NY Giants** (NFL) *Giants Stadium*	sept.–janv.	201-935-8222
	NY Jets (NFL) *Giants Stadium*	sept.–janv.	516-538-7200
Base-ball ⑪	**NY Yankees** (AL) *Yankee Stadium*	avr.–oct.	718-293-6000
	NY Mets (NL) *Shea Stadium*	avr.–oct.	718-507-8499
Basket-ball ☻	**NY Knickerbockers** (NBA) *Madison Square Garden*	nov.–avr.	465-5867
	New Jersey Nets (NBA) *Byrne Meadowlands Arena*	nov.–avr.	201-935-8888
Hockey ✓	**NY Rangers** (NHL) *Madison Square Garden*	oct.–avr.	465-6040
	New Jersey Devils (NHL) *Byrne Meadowlands Arena*	oct.–avr.	201-935-6050
	NY Islanders (NHL) *Nassau Coliseum*	oct.–avr.	516-794-9300

INDEX

Chrysler Building
Rockefeller, John D. Jr
Hébergement
25, **30**, *110*

Curiosité, site, localité.
Nom historique ou terme faisant l'objet d'une explication.
Renseignements pratiques.
Numéro de page, **référence principale**, *illustration*.

Les curiosités, sites ou localités en dehors de Manhattan portent les mentions suivantes: Bx (Bronx), Bklyn (Brooklyn), Queens, LI (Long Island), SI (Staten Island), VH (vallée de l'Hudson) et NJ (New Jersey).

Les rues ou avenues désignées par un numéro sont classées selon leur écriture en lettres (exemple: pour la 5ᵉ Avenue, voir Cinquième Avenue).

Les bâtiments désignés par un numéro de rue sont classés au nom de la rue (exemple: pour le nᵒ 500 de Park Avenue, voir Park Avenue).

Sont répertoriés séparément les **Musées** et les Lieux de culte.

Numéros d'urgence

Police–Pompiers–Ambulances		**91**
Centre anti-poison (24h/24)		764-766
Pharmacie Kaufman (24h/24)	557 Lexington Ave (50ᵉ Rue E.)	755-226
Pharmacie Concord (francophone)	425 Madison Ave	486-954
Service dentaire d'urgence		679-396

Zones d'appel

Manhattan	**212**
Le Bronx, Brooklyn, Queens, Staten Island	**718**
New Jersey	**201 & 908**

Numéros utiles

Aéroport Kennedy		718-656-4520
Aéroport LaGuardia		718-333-3400
Aéroport de Newark		201-961-2000
Grand Central Railroad Terminal (gare ferroviaire)	42ᵉ Rue E. & Park Ave	532-4900
Pennsylvania Railroad Station (gare ferroviaire)	31ᵉ & 33ᵉ Rues O. (7ᵉ & 8ᵉ Av.)	582-6875
NYC Transit Authority (réseau de transports urbains)		718-330-1234
Perte ou vol de biens	34ᵉ Rue & 8ᵉ Av.	718-625-6200
Port Authority Bus Terminal (gare routière)	42ᵉ Rue O. & 8ᵉ Av.	564-8484
Passenger Ship Terminal (bateaux de croisière)	711, 12ᵉ Av. (52ᵉ Rue O.)	765-7437
Ferry de Staten Island (gare maritime)	South Ferry – Whitehall	806-6940
New York Convention & Visitors Bureau (syndicat d'initiative)	2 Columbus Circle	397-8222
Traveler's Aid Services (SOS Voyageur)	625, 8ᵉ Av. (Port Authority Bus Terminal)	944-0013
American Express	374 Park Ave (53ᵉ Rue E.)	421-8240
Chèques de voyage volés ou perdus (24h/24)		800-221-7282
Poste centrale (24h/24)	33ᵉ Rue O. & 8ᵉ Av.	967-8585
Baby-sitters		682-0227
Horloge parlante		976-1616
Météo (24h/24)		976-1212

MANUFACTURE FRANÇAISE DES PNEUMATIQUES MICHELIN
Société en commandite par actions au capital de 2 000 000 000 de francs
Place des Carmes-Déchaux – 63 Clermont-Ferrand (France)
R.C.S. Clermont-Fd B 855 200 507
© Michelin et Cie, Propriétaires-Éditeurs 1995
Dépôt légal 3.95 — ISBN 2-06-054810-1 — ISSN 0293-9436

Printed in the United States of America 03.95.30 Universal Printing Company, St. Louis, Missouri
Cover Printing & Binding Motheral Printing Company, Fort Worth, Texas